空天巨擘

——世界航空航天工业诸强录

华润熙 周日新 王钟强 编著

北京航空航天大学出版社

图书在版编目(CIP)数据

空天巨擘：世界航空航天工业诸强录／华润熙等编著
. -- 北京：北京航空航天大学出版社，2010.6
ISBN 978-7-5124-0091-7

Ⅰ. ①空… Ⅱ. ①华… Ⅲ. ①航空航天工业－简介－世界 Ⅳ. ①F416.5

中国版本图书馆CIP数据核字（2010）第089220号

空天巨擘——世界航空航天工业诸强录

编　著　华润熙　周日新

王钟强

责任编辑　潘　静

*

北京航空航天大学出版社出版发行

北京市海淀区学院路37号(邮编100191)　http://www.buaapress.com.cn

发行部电话:(010)82317024　传真:(010)82328026

读者信箱:bhpress@263.net　邮购电话:(010)82316936

北京宏伟双华印刷有限公司印装　各地书店经销

*

开本:700×960　1/16　印张:25.5　字数:405千字

2010年6月第1版　2010年6月第1次印刷　印数:2 000册

ISBN 978-7-5124-0091-7　定价:65.00元

序

由华润熙、周日新、王钟强编著,北京航空航天大学出版社出版的《空天巨擘——世界航空航天工业诸强录》一书为读者提供了了解西方航空航天工业100强以及苏联/俄罗斯和中国航空工业发展历程与概貌的窗口,对于关注中国与世界航空工业发展的人士不失为一种有益的参考读物。

综观当今世界各国大型航空航天企业,大都经历过兴衰沉浮的过程。世界经济、政治、军事复杂多变的局面往往使航空企业陷入困境,迫使它们不断进行兼并重组、企业转型以求得新生。了解这些企业的发展历程对我们思考中国航空工业的改革和发展将有所启迪。正是:他山之石,可以攻玉。

军事工业作为相对独立产业的诞生和发展,是18世纪60年代工业革命和近代殖民地战争以后的事。在人类历史长河中的绝大部分时间里,特别是在冷兵器时代,武器装备主要是由民用企业生产的,那时的军事工业是典型的寓军于民、军民融合的产业。

正如马克思指出的:历史总是螺旋式上升的。今天,寓军于民、军民融合又成了全世界军工产业发展的新归宿。随着冷战的结束,西方军工产业掀起了集中化的浪潮,全球军工集中化浪潮至今方兴未艾。集中化的思维改变了军工产业的格局,并对民用产业产生了深刻影响。今天的工业产业正在由生产线组装产品的时代走向由网络线组装(集成)价值的时代,军事工业也不例外。更令人深思的是,军工产业这种深刻的历史性转型也是在资本市场的运作、市场需求的变化和政府的共同推动下,步入既军民融合又不断走向集中的新境界的。分析和研究这种变化的趋势和规律,并借鉴于我国国防工业特别是航空工业建设,不失为一条良径。

一、风云变幻:世界军工发展的历史天空

军工产业诞生后大致经历了四个阶段:诞生后的成长阶段、两次世界大战间的快速发展阶段,冷战期间的持续扩张阶段,冷战后的转型阶段。其中后三个阶段都发生在 20 世纪,而目前仍处在转型阶段。

1. 争夺殖民地的战争及工业革命促进了近代军工产业的诞生和成长

为取得争霸战争的胜利,各资本主义统治集团于 19 世纪中后期开始大规模地进行武装力量建设,并将当时几乎所有的先进技术和发明创造,如蒸汽机技术等都引入军事领域,从而形成最初的军工产业。

这个时期,西方古典经济学理论已经非常成熟,极大地促进了商业模式的创新,并与工业革命中不断出现的技术创新相辅相成、相得益彰,不断促进军工产业的成长壮大。股份制的企业组织形态,在西方很早就已出现,西方军工产业一出生就具有亲近资本的环境。受西方古典经济学重商主义理论影响,军火交易成了重要的国际贸易内容,使西方军工产业融入了世界,并迅速发展起来。

2. 两次世界大战推动了军工产业迅速发展

20 世纪上半叶爆发的两次世界大战,大量的民用公司参与军工生产,使民转军和军民融合成了当时的特殊风景线。同时,新的武器装备和军事技术不断涌现,新的产业不断加入到军工产业。

两次世界大战时期,除了高产出是重点之外,军工企业还十分关注自己的战时动员和资源汇集能力,使得军工产业的组织模式开始出现转变。尤其是第二次世界大战中,社会主义苏联的国营军工企业的迅速动员能力,在世界军工发展史上写下了浓墨重彩的一笔。德国法西斯上台后,实行国家资本主义,利用国家机器的力量,以隐蔽的方式,大量发展第一次世界大战后对德国作出明确限制的先进武器,给世界留下了思考的空间。

3. 冷战时期的军备竞赛刺激了军工产业持续扩张

冷战时期，以美国和苏联为首的两大军事集团，为争夺霸权，展开了长期的军备竞赛。为保证军品技术领先，军工产业科技成果不断涌现。冷战时期，高性能、高产出，而非低成本，是各国军工发展的重点。由于对武器系统高性能、高质量的要求，使得军品与民品的生产显著不同。各国长期保持高额的国防预算，支撑了庞大的军工市场，军工产业以专业化的方式快速发展，军品贸易在全球经贸中占有重要地位。

冷战时期，西方军工企业一方面加快上市等资本化运作，快速筹集军备竞赛所需资金；另一方面欧洲一些国家还不惜以政府接管的方式来维持军工快速发展。在西方用不战而胜的手法搞垮苏联后，自己回顾一下冷战时期军备竞赛的历程，也觉得不寒而栗。

4. 冷战结束后军工产业进入转型期

冷战结束至今，世界军费的变化趋势可以分为两个主要阶段：从 1987 年冷战顶点以后，世界军费开始显著下降，1998 年左右降到最低点，1999 年开始又持续上升。

冷战后随着军费大幅度减少，要保持本国军工产业的基础能力都很难。军工产业规模的合理化、军民融合和出口市场的开拓成为各国军工产业发展的重点。为使军工产业规模合理化，政府积极推进军工产业整合，甚至允许国外兼并，以缩小规模，减少内部竞争。

尽管冷战时期美苏两个阵营都穷兵黩武，但毕竟是循着两条不同的路在走。西方军民结合型的企业毕竟占多数，受市场经济规律的影响，在军备竞赛的同时，没有忘记发展确保民生的经济。而前苏联则大不相同，在僵化的计划经济下，几乎所有高科技和重工业都围绕着打第三次世界大战来运转。有人说前苏联是卫星上天，红旗落地。前苏联解体垮台成了西方军工之所以要转型的前车之鉴。当然，海湾战争后出现的新军事变革，又为西方军工企业的转型加上了新的推动力。

二、新军事变革：西方军工产业转型的风向标

为适应战略形势变化，加快军工产业调整。冷战结束后，美国对军工产业作出了两次重大调整。第一次是冷战结束后到克林顿政府执政时期，美国制定了以军工产业调整为主要内容的《国防转轨战略》，提出一个战略目标，即建立既满足军事需求，又满足商业需求的一个军民融合的“国家技术与工业基础”，核心是将经济承受能力作为军工产业调整的因素，力求优先考虑国防预算。第二次主要是指小布什政府执政以来的一段时期，美国制定了《国防工业基础转型路线图》，提出了构建“基于能力的国防工业基础”的战略思想。其核心是改变按照产品属性划分军工产业（例如造船、航空制造业等）的传统做法，将工业基础按照作战需求重新划分为5个领域，2004年进一步调整为作战空间感知、指挥与控制、兵力运用、兵力和本土保护、聚焦后勤、网络中心战6个领域。美国是整个西方军工产业的领头羊，西欧等国自然随之起舞。

1990年8月2日，萨达姆统治下的伊拉克突然占领科威特这个石油大国，此举激怒了整个西方阵营。5个多月后，以美国为首的西方联军发动了代号为“沙漠风暴”的海湾战争。强大的军事打击使伊拉克屈服了，但要立即推翻萨达姆政权，却是心有余而力不足；没打几天，战斧式巡航导弹就告罄。对于一支远征军来讲，除了人，所能投入战斗的只有武器；而对于以逸待劳的抵抗方，所能投入战斗的则是一个包含所有因素的体系。只有用一个体系对抗另一个体系，才有可能实现打得好和打得起的目标。

海湾战争之后，西方适应新军事变革的军工产业转型就更被提到了议事日程。特别是第二次战略转型后，他们开始认为，武器装备供应商应转型为一种军事服务体系供应商。军工企业应该更好地为未来战争做出重要贡献，而这种贡献的关键在于更好地提供一个武器网络（装备能力）中心体系方案的军事服务。美国国防部明确指出，应当停止将军工产业视为舰船的制造者、飞机的制造者和航天飞机的制造者，而应

当开始将其视为所需作战效果（能力）的提供者。这直接导致以美国为首的西方国家军事战略思想出现重大变革，即所谓的新军事变革，并推出了两个标志性的新理念：其一，由单项战略型武器构成的“老三位一体”（核潜艇、洲际弹道导弹、战略轰炸机）军事战略，应让位给由战略打击力量，快速机动反应部队和军事工业基础所构成的“新三位一体”军事战略，把军工直接纳入军事力量的范畴，从而使军工产业的专业界限变得更加模糊，军工产业基础将变得更加广泛。其二，实现网络中心环境下的全军联合和军工联合。各军种以未来在一体化作战空间展开有效军事行动为宗旨，发展能够与其他军种无缝联合与合成的军事能力，这在客观上也提出了模糊军种界限来发展装备技术的需要。换言之，当战争由各种兵器之间的对抗，转化为网络化分布式的体系对体系的对抗、能力对能力的对抗时，军工企业必然要从专业化与专业化的竞争转型为全价值链对全价值链（研发能力与研发能力、制造体系与制造体系、产品系统与产品系统、产业链与产业链）的竞争。在工业界联合方面，如 2004 年 9 月，美国成立了由 28 家专业化大公司组成的国际工业财团——网络中心战工业联盟，专门负责召集工业界成员，加强相关领域方面的协调。这样一个“网络中心战”的新军事变革，带来的是军工产业走向“全产业链与全价值链集成经营”的企业转型。

1993 年，时任美国国防部次长的威廉·J·佩里在一次国防工业主管参加的晚宴上发表演说，公开鼓励合并。随后美国国防部立即用军备订单作为杠杆，掀起了军工企业合并的浪潮。这次著名的晚宴随后被西方世界军工行业称之为“最后的晚餐”。当时佩里到底说了什么？外界人士不得而知，而从随后的行动中我们得知，他要求军工产业所做的正是“市场化改革、专业化整合、资本化运作、国际化开拓、产业化发展。”

“最后的晚餐”之后，美国从 20 世纪 80 年代约 50 个主要军工供应商，到 2002 年已经成为 5 个高度集中的跨军种、跨平台的主承包商，它们是波音公司、洛克希德·马丁公司、诺斯罗普·格鲁门公司、雷神公司和通用动力公司。西欧军工企业也都进行了大规模兼并重组活动，大多在国内形成了寡头、独家集团垄断的局面，并组建了欧洲超级大集团。

西方军工大洗牌之后重新搭建起了一个更为牢固的产业金字塔。这个金字塔以原材料制造供应商为基础，依次为元器件制造供应商、分系统制造供应商和最顶层的武器体系和服务集成商。军工产业体系不断扩大，边界越来越模糊（重叠），军工产业基础被看做是基于实现作战效能（能力）的各个部分组成。如在整个军事网络中，军工产业将被视为是由“六个基于作战效能的领域”：即作战空间感知、指挥与控制、兵力运用、兵力和本土保护、聚焦后勤、网络中心战领域所组成，而不再是由诸如飞机、导弹、车辆舰艇等作战平台和武器系统所组成。这对军工产业的影响无疑是革命性的。一是导致军工产业的基础更为广泛，更多的企业参与军工产业，军工企业将由提供产品平台转向提供能力体系和服务的改变。二是导致政府管理军工产业的方法和策略的改变。企业竞争战略将不是提供武器平台的竞争，而是在提供能力（价值）方面的竞争。一些重要的军工产品集成商转化为体系服务集成商。利用自动化生产线组装产品不再是它们的核心竞争力了，而以体系和系统集成能力为核心，以基于信息化基础和电子商务平台下的“商业网络线”上组装价值成了重要军工集成商的新核心竞争力。

为适应新军事变革，那些专门从事指挥、控制、通信、计算机、情报、监视和侦察的技术领域和专门提供技术服务的中小企业成为了老牌公司（产品服务集成商）的收购对象。波音公司的转型就非常典型。1993 年，波音公司的业务主要包括三大类：商业飞机、航天、防务，而到 2003 年则扩大为：商业飞机、航天、防务、网络系统、公共服务、金融业务等。经过多次横向及纵向的一体化，特别是对网络、通信等公司的兼并，波音公司形成了作战保障、力量投送、精确交战、本土与基地防御、一体化作战空间等各个领域的集成能力，成为2004年全球最大跨平台、跨领域并具有全价值链体系特征的军工主承包商。

转型的西方军工产业不断显示出更强的效能和生命力。“最后的晚餐”之后的1999年3月24日，以美国为首的北约军队发动了科索沃战争，并遭到俄罗斯的强烈反对。这场战争不单是在检验新军事变革的成效，也是在检验西方军工产业转型的成效。战争的结果是以美国为首的北约军队以零伤亡获得全胜，从而为西方新军事变革，也为西方军工企业转型颁发了一个合格证。此外，“9·11”以后的反恐战争、伊拉克战争都证明了军工产业转型越来越有效地适应着战争的新“游戏”规则。

新军事变革使得西方军工产业呈现以下新特点：

1. 产业基础不断扩大，产品体系不断增加，促进了军工产业向业务多元化转变

军工生产从过去只注重火力打击平台，发展到同时注重将各种火力打击平台链接成网络体系的信息平台的生产；也注重各种快速投放和机动能力平台的生产；还注重比如心理战等非火力打击平台的生产。

2. 业务集成跨学科、跨专业、跨行业，集成难度高，产业辐射面广，研发投入大，完成周期长。

该特点决定了军工产业的两个重要转变：一是面向军事需求和能力要求，对各种可用资源进行协同组织和管理来实现自身提供的体系集成；二是对军方由提供产品平台发展为提供作战能力体系的一站式服务的体系。

3. 军民技术界限越来越模糊（重叠），民用技术在军事领域的作用越来越明显，军民融合程度加深

如何迅速地将民用技术转为军用已成为军工产业体制机制转型的焦点，军工产业正在加速从军民结合型向军民融合型的转变。能否实现军民融合已经成为军工企业能否保持不退出军工产业的重要标志。

4. 设计制造的综合性强、专业化程度高，不断采用新技术，固定成本增高，促使军工产业通过集中化提高竞争力

只有多个产品平台共享一个集成价值链，形成资源共享优势，才有可能降低固定成本，提高军工产业生存能力，这是军工产业走向集中的主要原因和内在动力。

5. 军工产业的市场规模和投资强度由政府主导向政府主导和资本市场驱动相结合的转变

随着新军事变革的发展，军工产业长期以来深受政府政策影响的情况正在发生变化，有时甚至政府意志退到了幕后，商业运作凸显。军工企业的垄断竞争在世界范围内延伸，军工产业基础的扩大，以及通过集成和价值链纽带的连接而实现的垄断竞争格局的形成，使得具有世界竞争力的军工企业将是一些超级的产业巨头。商业资本越来越显赫地登上西方军工产业发展的历史舞台。没有资本市场，就没有西方军工产业发展和成功的历史。今天，军工产业的发展将越来越需要资本市场的支持：支持传统的军工企业适应产业环境的变化；通过资本市场平台，不断收购新的公司，实现转型；为有潜力的新兴军工企业提供资本融资平台，使之能迅速成长为军工巨头；为那些离开军工市场的公司提供退出机制，减少退出的成本。

6. 合理处理垄断和竞争的关系，在顶层消除或只保持适度国内竞争，枪口一致对外，形成强大的国际竞争力

所谓军工产业的竞争力，必然指的是国际竞争力。面对美国这样强大的竞争对手，西欧力求在整个西欧范围内消除顶层的竞争。美国为保持国际竞争优势，完全消除了大型民机的国内竞争，在军品顶层上只是适度竞争，更多的是采用相对专业化分工。俄罗斯也在积极推进集中化，目的也是要消除国内竞争，形成强大的国际竞争力。

三、资本市场：西方军工产业发展的快车道

西方军工作为一个独立的产业诞生以来，“华尔街牛”始终拉着西方军工的“套”飞速前进，而西方政府和军队在主导

军工产业发展时，都是隔着市场在幕后操作。

西方军工企业几乎从诞生之日起就完全是民办，既没有靠政府行政实现集中力量办大事的优越性，也没有皇帝的女儿不愁嫁的优越感，从诞生起就知道自己必须通过市场竞争赢得任何企业都最惹不起的客户——政府。军工几乎总是技术最密集，资金最密集的产业。技术密集意味着竞争风险最大，资金密集意味着筹融资难度最大。因此，大多数军工企业采用了最有利于分散风险和筹集资金的股份制形式，成了最早在资本市场上市筹集资金发展的产业之一。这种模式使得西方军工在发展中进退有序，游刃有余。一些老牌帝国主义列强国家的军工产业，即使在战争中几度化为灰烬，在政府的支持下，凭借着股份公司上市这样的体制，总是轻而易举地死灰复燃，并且薪火相传成为百年老店。

例如，德国的克虏伯公司，是 1903 年就上市的老牌军工企业，100 多年来享有“欧洲军火大王”之称。二战德国战败后，盟军一度解散克虏伯公司。后来出于对抗苏联的目的，又允许克虏伯公司从事军工生产。今天，整合后的蒂森克虏伯集团不仅在钢材、火炮、坦克等方面享有无可争议的领袖地位，其先进的低噪音潜艇也极其畅销。它还是一个典型的军民融合的企业，它不仅是钢铁大王，生产的电梯、机械等也久负盛名，并在上海建成世界上第一条商用磁悬浮列车。历尽沧桑的蒂森克虏伯今天仍然是西方军工 100 强之一，也是世界 500 强企业。

另一个典型的军工上市公司是波音公司。1916 年，美国一个大木材商的儿子威廉·波音创造了该公司。1934 年 9 月 4 日，波音公司股票以每股 7 美元的价格在纽约股票交易所挂牌交易。上市不仅使波音公司通过资本运作在企业分拆、专业化发展方面获得了便利的渠道，几十年后，也使波音通过资本运作进行了整合并购，回归于更高水平的全价值链经营。就在“最后的晚餐”之后，在美国国防部推波助澜之下，波音开始了一系列频繁的并购重组活动。1997 年，它以换股的形式并购了与它棋逢对手的麦道公司。值得一提的是，如果从技术角度来看，麦道在美国军工界的地位毫不逊色于波音，它是赫赫有名的F-15战机的生产商。此后波音在并购上高歌猛进，在一路吃进10多家公司的同时，也在适时吐出，不断提高自己的全价值链集成能力，其中金融在波音公司占据重要地位。可见，波音借助在资本市场运作自如的优势，极力打造自己的"全价值链"竞争优势和能力，并取得了巨大成功。

洛克希德·马丁公司也是一个上市公司，该公司从1993年并购通用动力的战术军用飞机公司(F-16战机的业务)开始，到2005年一口气吃下14家大型企业，目的就是构建全价值链的业务体系，以提高国际竞争力和满足新军事变革中军方希望得到"一站式"服务的需要。

必须清楚地认识到，这样波澜壮阔的企业并购重组，不借助资本运作是无法实现的，也是不可思议的。只有资本市场，才能提供创造奇迹的快车道，以最小的阻力，最能兼顾各方利益的方式完成了巨大的变革。西方的军工企业巨头，无论是军民融合的，还是以防务为主业的军工企业，几乎都与资本市场有不解之缘，并可得出以下重要结论。

1. 资本市场是西方军工企业快速成长成为产业巨头的沃土

在世界军工百强企业中，从上个世纪末开始，上市公司所占比例不断上升。据不完全统计，军工百强企业中，上市公司的军品销售额从1997年的51%上升到2004年的82%；而销售总额则从1997年的60%上升到2004年的92%。从2000年起，世界军工五强100%是上市公司；从2002年起，世界军工十强100%是上市公司；2003年，世界军工十五强100%是上市公司；2004年，世界军工二十强95%是上市公司。可见世界军工的巨无霸基本上都是上市公司，而且趋之若鹜地上市，显然资本市场是军工企业茁壮成长的沃土。

2. 资本市场成为西方军工企业实现集中化整合的有效平台

据统计，从全球范围军工企业并购情况来看，通过资本市场进行的并购起着主导作用。从 2001 年至 2005 年，美国军工上市公司的并购金额占美国军工企业全部并购金额的比例高达 90%以上，西欧的比例为 80%左右。可见，没有资本市场这个高效平台，西方军工企业大规模重组活动是难以实现的。

3. 产融结合的运作是西方军工产业集中化大整合的突出特点

西方现代大型军工集团，无不是产融结合的大集团。美国国防部“最后的晚餐”给金融家发了大把的入场券，资本市场在随后的西方军工产业重组中扮演了重要的角色。在美国重要的军工重组交易中，银行和投资公司都奋不顾身地跳了进去。美国前国防部长卡卢奇、科恩等，也纷纷建立商业银行和投资公司，做起军工产业合并的经纪人。

4. 西方军工产业大鱼吃小鱼的整合中，在资本市场中能否商业成功是重要筹码

在西方军工企业并购中，技术上有优势并不是兼并别人的筹码，有能力兼并别人的，几乎都是在资本市场上叱咤风云，有雄厚资本实力，不断取得商业成功的公司。可见，在军工产业发展中，技术创新和商业模式创新相比，西方更重视商业模式创新。技术和管理如果说是西方军工产业发展的一对轮子，那么管理，也就是商业模式的创新则是推动发展的主动轮。

四、痛定思痛：俄军工产业改革还会画虎不成反类犬吗

前苏联曾经拥有一个庞大的航空工业体系，最辉煌的时期，在俄罗斯地区从业人员的规模高达 220 万人。20 世纪 60—80 年代，苏联航空工业平均每年生产 150 架民用飞机、300 架直升机、600 多架军用飞机以及 390 架武装直升机，占世界航空市场 20%—30%的份额。当时，前苏联的航空工业水平仅次于美国，应该说完全与其作为超级大国的地位相称。

为了争霸世界，前苏联非常重视航空工业的发展，其发展规划和科研生产项目立项都是由苏共中央和部长会议联合做出决定的，并且发展规划和重要项目的完成情况要定期在苏

共中央政治局会议上审查和讨论。苏共中央相当于就是苏联航空工业部这个“大公司”的“董事会”，尽管计划经济体制的弊病是不言而喻的，但其优点是由苏共中央和国家领导层进行严格集中管理的航空工业，可以通过最大限度地集中国家财力、物力和人力，保证在最短时间内研制和生产出最复杂、最先进的航空装备。

苏联解体后，在经济改革方面断然采取所谓“休克疗法”，恨不得一步到位。1992 年，俄罗斯解散了航空工业部，由职能与原航空工业部完全不同的航空工业总局来代替，该局只代表国家制定政策，进行宏观调控。俄航空工业也从此分散了，再也形不成合力，人才也大量流失，从业人员下降到只有 50 万人。他们那时改革的目标瞄准的是一个正在过时的模式。就在俄罗斯军工产业进行改革的时候，西方军工产业的转型也正在启动，而西方改革的方向和俄罗斯是南辕北辙的。俄罗斯经济学家从西方经济理论武库里拾到的都是西方企业家在实践中已经感到过了时的、不称手的兵器。他们的基本思维还是：生产或者组装产品。

其实俄航空工业“休克”不久，就感觉不对劲了，长期经过集中协同行动的俄航空工业科研生产单位很快就觉得俄航空工业部解散之后，293 家企业、研究部门像一群无头苍蝇。因此，1997 年叶利钦下令成立航空航天问题咨询委员会，并且开始推动航空工业的整合。

2000 年普京当选俄罗斯总统后，指示有关部门对包括航空工业在内的俄罗斯国防科技工业近十年的改革成果进行综合评估。2001 年 5 月，俄政府批准了第一次航空工业改组与发展计划。随后把国防工业改革主导权纳入总统权力核心体系之中。在这次整合浪潮中，俄一些航空科研生产部门以解决科研与生产脱节问题为首要目标，开始自愿进行结合，纷纷组建科研生产联合体。所组建的科研生产联合体有三类：一是以军品为主的完全国有企业；二是军民并重的国家控股公司；三是完全私有化的公司。

然而，俄组建的大型科研生产联合体仍然是个松散的组织，并不是法律地位很牢固的现代企业制度下的公司。“分久必合，合久必分”。2005 年克里莫夫设计局脱离了“莫联”，2006 年底车尔尼雪夫工厂也与“莫联”分道扬镳。俄罗斯在第一次军工产业改革中的安排表面看上去很理性，可实际上是在资本层面上把军品和民品分开了，使军民结合非常困难，就更谈不上军民一体了。另外，尽管他们似有醒悟，开始走向联合，却在如何联合的思路上举棋不定，最终使得这种联合仍然是基于在产品平台专业化这种低级层面上的联合，与前苏联航空工业部那种类似于一个大公司所构成的全价值链的竞争体系相比是不可同日而语的，因此失败也就必然了。

可见在改革中，理论上的一知半解，思路的迷茫是多么的糟糕。应该说政治上的突变，对俄罗斯的军工产业产生了极大的冲击，而错误的体制改革思路则使俄军工产业雪上加霜，不但从整体上削弱了俄罗斯综合国力和战略力量，经济上也使俄蒙受损失。在俄罗斯军工体制改革之后，西方民机开始进入俄罗斯，以致俄现在惨到自己每年生产的民机不到 10 架。

前苏联航空工业部副部长后来又任俄留里卡设计局总设计师的俄罗斯工程院院士切普金在讲到俄改革失败的教训时，痛声疾呼：改革必须依靠航空工业专家。2003 年，俄总统要求航空工业局对本国航空工业进行了检查，并得出结论，在不远的将来俄罗斯将完全丧失航空大国的地位。当时，俄总理弗拉德科夫的一席话更是道出了俄航空工业的酸甜苦辣：“我们不得不非常痛苦地承认这个事实：我们没有能力生产具有竞争力的飞机，只能从国外进口。我们没有权利毁掉俄飞机制造业，政府必须认清这个问题。”事实上的确如此，美国的第四代战机 F-22 已经装备过百架，但俄罗斯人翘首以盼的第五代战机（即西方的第四代）到 2010 年 1 月才首飞。民机上则惨到从原来可以做如图-154、图-204、图-214、伊尔-96 等干线民机降为只能和欧洲合作研发支线飞机。

面对被美国甩得越来越远的局面，俄罗斯终于幡然醒悟。

2005年俄总统普京终于痛下决心，决定集中优势，扬长避短，整合目前一盘散沙、各自为政的航空工业。2006年2月20日普京签署命令，成立联合航空制造集团（OAK）。该集团几乎包括俄罗斯所有的飞机设计和制造单位，目的是建立一个在国内没有竞争的集团。该集团业务分为军用航空、民用航空和航空运输三个部分，有若干股东，未来还将上市。俄罗斯伊万诺夫副总理亲任该联合体的董事长。不过这个决定的作出也曾是阻力重重的。对于如何整合，一开始就存在两派意见，一是组建统一的航空工业公司；二是组建两个相互竞争的航空工业公司。

然而发动机如何整合还仍然众说纷纭、各说其是。苏霍伊总经理波戈相明确提出：发动机产业要整合是别无选择的，但这需要一个过程，不是一蹴而就的事。他认为，“（整合方案）是否能更快通过，取决于公司的参与者和将成为订货商的联合航空制造公司（OAK）”。他这番言论的潜台词很明白，搞发动机休想脱离我飞机自己想怎么干就怎么干，还得听我飞机的意见。他这个思想倒是“全价值链竞争”的思想。

从俄罗斯的航空发展历史来看，总是一型飞机要带出一型发动机，甚至像米格-21这型飞机，带出了三型不同的发动机，这一点和西方不同。西方有一型先进的发动机，就会推动一型新飞机诞生，而俄罗斯则是飞机发展得比发动机要快，倒是要飞机拉发动机一把，否则飞机自己的发展反过来受发动机的影响，因此飞机和发动机等构成全价值链竞争尤为重要，而从这个意义上来说，波戈相还是清醒的。

缺乏成熟的资本市场并不能有效地利用资本运作来推进改革，这是俄罗斯目前体制改革上一个致命的软肋。俄靠行政命令进行的重组整合，仍然和西方军工产业的转型差十万八千里，如果不下决心做根本性的改变，最后恐怕又是画虎不成反类犬。

俄罗斯十多年来航空工业发展之路越走越窄的现实确实值得人们深思，以下几个问题不解决，恐怕俄罗斯航空工业要走出困境是非常困难的。

1. 技术基础仅仅是综合实力的一部分，而不是综合实力的全部，只有实现成功的商业模式创新，才能重现俄罗斯航空工业昔日的辉煌

由于分散了力量以后，俄任何一家航空工业企业独立走向国际市场，从企业规模上都不是西方同行的对手，更没有西方航空企业那种借助上市的优势，迅速筹集资金的能力。可是俄军工那么多优质资产还躺着睡大觉，眼睁睁地看着其对俄国家经济的控制力和影响力被一步步侵蚀掉，而要再现俄航空工业昔日的辉煌，恐怕要付出多得多的代价。

2. 俄航空工业的衰落，已不仅仅是产业经济的问题，实际上已成为俄政权的政治隐患

是否打造一个产融结合，并有全价值链竞争力的高科技军工产业集团，对俄罗斯这样的国家来说，其实已不仅仅是简单的经济问题，而是非常复杂的政治问题。

3. 改革只有在企业资本和企业内部流程方面双管齐下，才能实现成功的融合

俄罗斯航空工业体制最大的问题是科研、生产、市场三个流程中的核心环节完全脱离，它们也都越来越认识到唯有联合，但只在企业对如何采取行政的办法进行物理堆积上做文章、下工夫，而没有在资本和流程上进行双管齐下的改革。即在企业整体层面上从资本运作的角度推动整合，而在企业的内部流程上则推动建设“优异中心”(COE)的跨地域专业整合。

4. 航空工业产业和其他产业最大的不同是，它不能只是区域市场，只能是世界市场，因此如果现代企业制度不落实，必然会使企业家缺位，从而导致企业丧失在市场中的生存能力

俄罗斯目前航空产业存在的最大问题就是完全由政府来干预整个航空工业的发展走向，政府“一放就乱，一管就死”，造成了企业家缺位。航空工业已经是市场起了很大决定作用

的“产业”，但俄政府对他们的管理仍然是换汤不换药。既然政府代表国家持有资本，理应按现代企业制度的要求，“生出”一个健康的“儿子”——具有规范法人治理结构的股份制的军工企业，并让它自己成家立业，这才是作为祖国母亲应尽的责任和义务。与俄罗斯不同的是，西方也有国有资产和国有企业，尤其军工产业中的国有企业更多，然而西方政府自己定位很准确，都是扮演“慈母”的角色。

今天，工业产业正在由生产线组装产品的时代走向由网络线组装（集成）价值的时代，而这样一种深刻的历史性转型也强烈地发生在军工产业上；高度集中化、军民融合是这次军工转型的显著特点；按照现代战争是网络分布式体系与体系对抗的要求，立足于价值链对价值链的竞争，构建全价值链的集成能力，从而有能力对用户提供一个完整系统的“一站式”服务，是这次军工产业转型的方向；只有国际竞争对手，没有国内竞争对手是这次转型的重要原则；新军事变革是今天军工转型的内因，需求的变化是军工转型的外因，而政府和资本运作则是连接西方军工转型内因和外因的纽带。除了政府因素外，企业能否在资本市场取得商业成功，是今天西方军工产业在大鱼吃小鱼的整合中的主要筹码。俄罗斯军工转型经历了惨痛的失败后，仍没有从资本和流程进行双管齐下的改革，并且企业家缺位，其做法不免令人有画虎不成反类犬之忧。

今天，世界军工产业所进行的一幕又一幕令人震撼的转型有其规律性。我们认为，世界军工产业的转型趋势、转型规律、转型方向、转型方法都很值得我们深入研究、思考和借鉴。

是为序。

2010.3.11

前　言

世界航空工业诞生于1908年的美国，其标志有二：一是莱特兄弟所创办的莱特公司把飞机制造专利出售给法国一家企业；二是莱特公司为美国陆军生产第一批飞机并于第二年交付使用。时至今日，世界航空工业走过了百年历程。

综观当今世界各国大型航空航天企业，大都经历过兴衰沉浮的过程。航空工业的发展与世界和各国的政治经济形势紧密相连。军用飞机的发展无疑与战争相关，在两次世界大战期间航空工业获得巨大发展，生产的各种军用飞机数以万计，第二次世界大战后生产规模则大大缩减。冷战时期飞机和导弹生产技术又得到极大的发展。冷战过后军事预算往往随着政府政策的变动而增减。民用飞机方面虽然总体上说是在不断发展，但周期性的波动也时有发生，例如“9·11”事件就曾对民用航空产生巨大影响。这种多变的局面往往使航空企业陷入困境，迫使它们不断进行兼并重组以求得新生。了解这些企业的发展历程对我们思考中国航空工业的改革和发展将有所启迪。

2008年11月整合重生的中国航空工业集团公司成立伊始就提出了“两融、三新、五化、万亿”的发展战略。

中航工业提出了要融入世界航空产业链、进行市场化改革、专业化整合、资本化运作、国际化开拓、产业化发展等方针政策。为此，需要加深对世界主要航空企业的了解，即了解他们的发展历程，他们如何不断进行自主创新，他们在近20年内怎样进行整合，他们曾经发展以及正在发展的产品变化，他们怎样开拓国际市场，他们怎样进行资本运作等。这些，对于我们航空工业的各级从业人员显得十分重要。为了加深了解，我们编写了本书。

英国《飞行国际》(Flight International)杂志每年要公布根据前一年的数据评定的西方世界航空航天工业100强的名单。本书对列入2009年9月公布的名单中前20名的企业以及其他10家排名虽然较后但比较重要的企业做了介绍。这30家企业的销售金额和利润在100强企业中占85%,所以可以说,了解了这30家企业的概况就基本上掌握了西方航空航天工业的主要情况。

本书第一篇介绍的30家企业中,美国拥有波音、洛克希德·马丁、诺斯罗普·格鲁曼、通用动力、联合技术、雷神、通用电气、埃尔珊通讯、霍尼威尔、德事隆、古德里奇、ITT等12家,欧洲拥有EADS、英宇航系统、泰雷斯、芬梅卡尼卡、赛峰、罗尔斯·罗伊斯、达索、萨伯等8家,加拿大有庞巴迪1家,巴西有安博威1家,亚洲有日本的三菱重工、石川岛播磨重工、川崎重工、富士重工4家、以色列有以色列宇航工业和艾尔比特系统2家,还有印度斯坦航空和韩国宇航工业。这30家企业有的研制生产整架飞机,有的研制生产各种系统,包括各种战略和战术导弹系统、各种机载和地面雷达系统以及通讯系统等,有的研制生产发动机,有的研制生产各种航空电子设备,有一些公司则兼营数项业务。这些公司大都同时从事航天业务,有的公司还发展并制造舰船和陆地武器。本书主要介绍该公司的航空业务,对它们的航天业务和其他防务业务只附带提及。

第二篇介绍的是苏联/俄罗斯航空工业。俄罗斯过去是,现在仍然是航空大国,本书也介绍了苏联/俄罗斯航空工业的发展历程、俄罗斯当前发展的各类航空产品和各家航空设计机构及生产企业的情况。

第三篇专门介绍了中国航空工业发展的概况。对美、欧、苏联/俄罗斯航空工业而言,中国航空工业是后来者。它经历了早期的艰难起步,20世纪50年代的崛起东方到改革开放后的亮翅世界,走过了近60年的发展历程。本篇较全面地介绍了中国航空工业的发展历程、管理体制沿革和产品发展的情况。

本书第一篇中列举的一些数字，包括企业员工人数、销售金额、人均销售金额、利润和利润率等，均采自英国《飞行国际》杂志 2009 年 9 月 8—14 日一期，引用的资料来源还包括《世界航空工业概览》1998/1999 版，《国外飞机手册》1982 版和《世界飞机手册》2000 年版以及其他一些期刊。

本书的编著分工：华润熙撰写第一篇及附录 1；王钟强撰写第一篇各章的链接及第二篇，并对第一、二篇配图，提供附录 2；周日新撰写第三篇及配图，并对全书统稿。

本书除了可供专业人员参考之外也可作为对航空工业界年青一代工作人员进行培训的一种参考资料。同时，我们希望也能引起广大爱好航空科技，关心航空事业发展的各级干部、企业界人士、工程技术人员、大专院校学生甚至高中学生的兴趣。

由于编著者水平所限，本书如有疏漏之处，敬请读者不吝批评指正。

编著者

2010 年 6 月

目　录

第一篇　西方航空航天工业

第二篇　苏联/俄罗斯航空工业

第三篇　中国航空工业

第一篇

西方航空航天工业

第一章　欧陆联盟——欧洲宇航防务公司

2000 年 7 月 10 日，欧洲宇航防务公司（European Aeronautic Defense & Space Company，以下简称 EADS）在欧洲诞生。它是由法国宇航·马特拉公司、德国戴姆勒·克莱斯勒公司和西班牙 CASA 公司合并而成的集团公司，从事民用飞机、军用飞机、直升机、导弹、火箭、卫星和相关系统的发展、生产和销售。总部设在荷兰的舒福尔·里克、德国的奥托布鲁恩和法国巴黎。2008 年有员工 118 349 人；销售金额为 633.08 亿美元，人均 534 922 美元；利润 40.56 亿美元，人均 34 272 美元；利润率 6.4%。该公司在 2008 年扭转了前一年的亏损局面，在英国《飞行国际》杂志 2009 年的宇航企业按销售金额的排名榜上跃升为第 1 位。

一、发展历程

2001 年初，EADS 与其在空客中的伙伴英国宇航系统公司（BAE Systems）达成协议把空中客车工业公司（Airbus Industries，以下简称空客公司）建成一个全面整合的公司，同年 7 月组建完成，其中 EADS 占 80%，BAES 占 20%。2006 年 9 月英国宇航系统公司将其在空客公司中拥有的 20%的股份以 18.7 亿英镑（27.5 亿欧元）卖给了 EADS，至此，空客公司全部为 EADS 所拥有。EADS 拥有欧洲直升机公司的全部。2001 年 4 月，EADS 的导弹业务同英国宇航系统公司和意大利的阿莱尼亚·马可尼系统公司（Alenia Marconi Systems）的导弹业务合并，组成 MBDA 公司，其中 EADS 占 37.5%的股份。新公司于 2001 年 12 月正式成立。2003 年 6 月 16 日，EADS 收购了英国宇航系统公司在欧洲的卫星和空间系统制造商阿斯特里姆公司（Astrium）中的 25%股份，成为其全资拥有人，改称欧洲宇航防务公司阿斯特里姆公司（EADS Astrium）。在支线客机 ATR 项目中 EADS 拥有 50%的股份。在“阵风”和“台风”等战斗机以及 A400M 军用运输机项目中 EADS 也拥有股份。

图为德国梅塞施米特公司研制的 Me109；该机是第二次世界大战中德国空军装备的主力战斗机，总产量达到 35 000 架。

EADS 在成立时按双总裁制工作，总裁由一名法国人路易·加洛瓦和一名德国人托马斯·恩德斯共同担任。2004 年诺艾尔·福嘉德接任法方总裁时建议改为单人领导制。经过争论后，2005 年 6 月 25 日董事会确认任命其为总裁，同时任命古斯塔夫·亨勃特为空客公司总裁。2006 年 6 月 2 日两人因 A380 计划推迟而辞职。现任首席执行官仍为路易·加洛瓦，主席博多·优伯。

二、组织机构

EADS 集团设有以下分部：

1. 空中客车公司，简称空客公司（Airbus S. A. S.），总部设在法国图卢兹。

2. 空客军用运输机公司（Airbus Military SL），从事发展制造 A400M 军用运输机，C－295 等轻型运输机和加油机，总部设在法国勃拉格纳克和西班牙马德里。

3. 欧洲直升机公司（Eurocopter），简称欧直，总部设在法国马赛附近的马里安纳。

4. 支线飞机公司（ATR），EADS 与意大利芬梅卡尼卡集团各占 50％的股份，发展、生产 ATR－42/72 系列支线飞机，总部设在法国勃拉格纳克。

5. EADS 阿斯特里姆公司，总部设在伦敦。

6. 防务和安全系统部（DS），以下又分 5 个分部：EADS 军用飞机系统，参与的项目包括 Mako/HEAT 教练机、“阵风”、“幻影”2000 战斗机、“台风”战斗机；EADS 服务公司；MBDA 公司，主营导弹；防务电子公司，主营传感器和航电；防务和通讯系统公司，主营电子和软件系统。

7. EADS 索卡塔公司(Socata),位于巴黎附近的勒·布尔歇,从事发展和生产轻型飞机。

8. EADS 北美公司。

9. EADS EFW 公司,位于德国德雷斯顿,从事货机改装。

10. EADS 索杰玛公司(Sogerma),总部位于法国罗切福特,从事飞机结构件和机舱装备制造。

11. EADS 3 西格玛公司(3 Sigma),位于希腊雅典,从事发展制造无人机和靶机。

空客公司 2008 年共交付 483 架客机,相当于每个工作日交付 1.85 架。图为位于法国西南部图卢兹的空客公司总部。

三、主要飞机分部概况

(一) 空客公司

空客公司是 EADS 中的民用飞机分部,EADS 收入的三分之二和利润的 80%来自空客公司。空客公司主要工作场地分设在法国、德国、英国和西班牙等 4 国的 16 个地方，包括法国的图卢兹、圣纳泽尔、南特和阿尔伯特；德国汉堡、不来梅、诺顿汉、瓦雷尔和劳菲姆；英国布里斯托附近的菲尔顿和位于威尔斯地区的布劳托姆以及西班牙马德里和加的斯等。飞机总装在法国图卢兹和德国汉堡进行。在中国天津也设有 A320 飞机的装配线。空客公司在美国、日本和中国设有分公司。空客公司制造大约一半的世界大型客机，有员工 57 000 人。现任首席执行官为托马斯·恩德斯。

空客公司在图卢兹和汉堡有两条生产线。图为在汉堡总装中的 A321。

直到 1960 年代末，欧洲的各飞机制造商在同美国公司竞争的同时也在互相竞争，虽然它们都很有创新能力，但其生产规模相对较小，而美国则幅员辽阔，二战又促进了其航空工业的发展，二战后飞行逐渐成为人们的主要旅行方式，从而促进了民机的发展。相比之下，欧洲的厂商在同它们的美国同行竞争时就处于了劣势。

1965 年欧洲各航空公司提出需要一种新的中短程的“空中客车”，各国的航空企业及其政府都认识到，在发展满足这种需求的飞机时必须联合起来，才能同波音、麦道和洛克希德等强大的美国企业竞争。1960 年代中期，当时的霍克·西德利公司与法国的布雷盖公司和北方公司联合组成小组，研究空中客车的设计，初步提出了 HBN 100 方案。1966 年，法、德、英的航空企业分别向三个国家的政府提出了要求资金的报告。

图为原中国北方航空公司执飞的 A300－600R。

1967 年初在编写的关于发展一种 320 座的双发客机的建议书中开始采用 A300 这一品牌。当年 7 月 25 日，三国政府对该项目发表声明，称为了加强欧洲在航空技术领域里的合作从而推动欧洲的经济，应采取适当的措施来联合发展并生产一种名为“空中客车”的客机，表示同意项目进入定义阶段。此后罗杰·贝特尔被任命为 A300 项目的技术主任。贝特尔制订了一份分工计划作为今后“空中客车”生产的基础：法国负责制造驾驶舱，飞行控制和中机身的下部；霍克·西德利制造机翼；德国将制造前、后机身段和中机身的上部；荷兰将制造襟翼和扰流板；西班牙则制造水平尾翼。1967 年 9 月，德、法、英三国政府在伦敦签署了一份理解备忘录，批准继续发展研究并确认法国南方航空工业公司为牵头公司，法、英两国各占 37.5％工作份额，德国占 25％，罗罗公司将负责制造发动机。

在协议签订两年后英法两国政府都对该项目表示怀疑。备忘录规定在 1968 年 7 月 31 日之前必须拿到 75 架飞机的订单，但航空公司对 300 座的 A300 态度冷淡，这就使合伙各方提出发展一种可采用现有发动机的 250 座客机的建议(后来被称为 A300B)，这样就可使发展费用大大降低。但英国政府还是在 1969 年 4 月 10 日宣布退出，造成法国和德国各自增加其在项目中的工作份额各占 50％。霍克·西德利公司将作为有特权的转包商参与项目，设计并制造机翼。空客公司终于在 1970 年 12 月 18 日正式成立，这是一种企业的联合体，由法国的南方航空工业公司、北方航空工业公司和国有弹道导弹研究制造公司合并而成的法国宇航公司和德国 MBB 公司各承担 36.5％的工作量，英国霍克·西德利公司承担 20％，荷兰福克－VFW 公司承担 7％。各家公司所交付的部件应完整地装上各项设备，总装后即可起飞。1971 年 10 月西班牙 CASA 公司取得 4.2%的股份，法国宇航公司和德国 MBB 公司的份额减为各 47.9%。1979 年 1 月，于 1977 年接管了霍克·西德利的英国宇航公司购买了空客公司的 20%股份，法德两国的股份减为各 37.9%，CASA 公司仍保持 4.2%的股份。

A300 在 1972 年进行了首飞，其生产型 A300B2 于 1974 年投入使用。A300 是世界上第一种双发宽体客机，有很强的竞争力。虽然开始时联合体取得的成功很有限，但到 1979 年为止已经有 81 架飞机被使用。使空客公司成为飞机市场中一个真正角色的是 1981 年启动的单通道客机 A320 项目，——它在首飞之前就有了 400 多架订货。1988 年 A320 投入使用，以后又先后发展了加长型 A321 和缩短型 A319 和 A318。这一系列的客机机体较宽，采用电传操纵等新技术，与畅销的波音 737 客机形成了强有力的竞争。20 世纪 90 年代初空客公司又推出新的宽体客机 A330 和装 4 台发动机的远程客机 A340，足以与波音 767 和 747 在市场竞争中抗衡。

A380 超大客机问世之前的“空客全家福”

空客公司虽然取得了很大的成功，但在企业结构上还存在问题。作为一个联合体，其中的各个成员公司仍各自保留着其生产和工程资产，所以事实上空客公司仅是一个销售公司。由于四个成员公司所面对的固有的利益冲突，这种安排造成了效率低下。成员公司既是联合体的股东，又是其转包商。各成员在空客飞机系列的发展中互相合作，但对各自生产活动中的财务细节互相保密并力争使它们制造的部件价格最大化。

链接:从痛苦中悟出联合的道理

二战结束时,法国、德国的航空工业已成一片废墟,而战时全力从事军用飞机生产的英国航空工业这时突然失去了买主。当时,在世界客机市场中,欧洲仅占8%的份额。从第二次世界大战结束到第一架空中客车飞机问世的年代里,欧洲研制并试图销售的喷气式飞机不下10种之多,其中7种为短程飞机,相互竞争。典型的例子是法国SE210"快帆"和英国的"三叉戟"、BAC 1-11三种飞机在市场上的冲突。这些飞机都是同期研制的,载客量相近,航程也差不多。三种飞机共售出625架,这是仅能让一种飞机达到盈亏平衡点的数字,而由三种飞机分摊,两个国家3家公司当然不会有盈利可言。

很显然,欧洲的航空工业在相互竞争、自相残杀,而美国人则在同一时期推出波音707和DC-8飞机,占有世界市场的主要份额。而更重要的是,美国已开始酝酿宽体客机的研制,以满足因全球空中旅行的繁荣带来的空运量高速增长。

在这种情况下,法国、联邦德国和英国当时的航空工业公司在各国政府的敦促下开始考虑合作,原因是他们意识到如果要生存,就必须停止各自生产满足同一市场需求的相同的机型;寻求合作的另一个原因是,欧洲没有一家公司能负担得起研制一种宽体客机所需支付的巨大开支。

合作的进程不是一帆风顺的,要从过去一个国家一家公司研制一种飞机的传统做法过渡到几个国家多家公司联合研制,这涉及各自的利益分配,当然有大量的思想和组织工作需要解决。幸好这时出现了几位在促进欧洲合作中发挥关键性作用的人物,他们是后来空中客车工业公司的缔造者,对今天欧洲航空工业的重新崛起作出了极其重要的贡献。

亨利·齐格勒将军是空客工业公司首任总经理,他是欧洲各国联合起来发展航空工业的最坚定鼓吹者。二战结束不久,法国政府请他写了一份关于重新组建法国飞机工业的报告。他的看法是,法国航空工业的未来取决于欧洲各国之间的合作。在航空工业界,他的第一项重大使命是挽救受到美国政府阻挠的"协和"超声速运输机计划,他以战斗的姿态,怀着决心捍卫欧洲航空工业独立的信念进行工作。1970年他出任空客公司第一任总裁,为空客的存在和发展而战。尽管处境十分艰难,甚至有人说他是“自己祖国的叛徒，不相信法国凭自己的力量可以重建航空工业”，但他利用过去曾是忠实的戴高乐主义者的私人关系，竭尽全力维护空中客车飞机计划。

对欧洲航空工业合作作出贡献的其他人还有：罗杰·贝特尔，他是一位气动力学工程师，他按计划在合作伙伴之间分配工作，使合作伙伴在一起协调满意地工作；弗朗兹·约瑟夫·施特劳斯，是一位德国政治家，被任命为空中客车工业公司监督委员会首任主席；菲利克斯·克拉赫特，是一位工程师，他策划组建了当今生产空中客车飞机部件并运到图卢兹和汉堡进行总装的遍布整个欧洲的复杂网络。

如果没有他们的顽强努力，几个独立性很强的欧洲伙伴通过一项多国合作计划来发展欧洲航空工业，并取得今天的成就是根本不可能的。欧洲航空界至今深深怀念这些为空客公司早期发展作出重大贡献的人。

1990年代初，空客公司的首席执行官让·皮尔逊声称经济利益集团应予以废除，空客公司应该建成一个普通的公司。但是整合中的各种困难，包括四家公司资产的评估以及法律问题使该倡议被延迟。1998年12月，听说英国宇航公司(简称英宇航)与德国宇航公司(简称德宇航)已经接近要合并，法国宇航公司(简称法宇航)终止了关于空客公司转型的谈判。法国公司害怕如果英国宇航公司同MBB公司的继承人德国宇航公司合并，就将在空客公司中占有57.9%的股份从而可以主宰公司。但此事在1999年1月得到了解决，因为英方放弃了与德宇航的谈判，转而同马可尼电子系统公司合并而成为英宇航系统公司。这样，在2000年，四个合伙公司中的三家，即德国宇航公司的继承人戴姆勒·克莱斯勒宇航公司、南方航空工业公司的继承人法宇航·马特拉公司和CASA公司合并组成EADS公司，使程序得以简化。EADS拥有了法国空客公司、德国空客公司和西班牙空客公司，即空客公司的80%。英宇航系统公司将它们的生产资产转移到新公司中以换取在该公司中的股份。

空客公司自1974年5月交付其第一架A300客机以来，至今已发展成功一个从100座到800座的完整的民用飞机产品系列，见下表：

型　号	特　点	座　数	投入使用日期	已交付架数
A300	双发,双通道	228—254	1974.5	561
A310	双发,双通道	187	1985.12	255
A318	双发,单通道	107	2003.10	4 046 架(2009.10)
A319	双发,单通道	124	1996.4	
A320	双发,单通道	150	1988.3	
A321	双发,单通道	185	1994.1	
A330	双发,双通道	253—295	1993.12	647 架(2009.10)
A340	四发,双通道	239—380	1993.1	370 架(2009.9)
A350	双发,双通道	270—350	预期 2013 年中	研制中,有订货 493 架
A380	四发,双通道,双层	555—853	2007.10	38 架,有订货 190 架

空客公司试飞中心周围总是停着很多飞机。以 A340 为例,6 架飞机经过 2 000 小时试飞之后才能取得适航证。

进入 21 世纪后,空客公司研制带双层客舱的超大型客机 A380 虽然经历了挫折和延迟,但首架飞机终于在 2007 年 10 月交付给新加坡航空公司投入运行。

链接：向超大型飞机进军

从空客公司头30年的历史看，前进的步伐在加速。到1999年它已稳稳地占领了全球民用客机市场的半壁江山。1986年，空客公司获得第500架飞机订单，用了17年时间，到1989年售出第二个500架又用了3年时间，合计第一个1 000架飞机用时20年。1996年3月售出第2 000架飞机，用了7年时间。到1998年9月售出第3 000架飞机，仅用了两年半时间。

在拥有107—380座的完整飞机系列之后，空客公司下一步怎么办？从20世纪90年代开始，空客公司就考虑进军超大型飞机市场，立志用全新技术开发出一种能打破波音747在400座以上飞机市场的垄断地位的飞机。

波音公司当然不会甘心让出大飞机市场，一场激烈的竞争是必然的。出于对市场需求量不足以支撑两个互相竞争的大飞机的担心，20世纪90年代初，波音公司和空客公司曾联手进行可行性研究。最后的结论是"经济上不可行"。随后几年里，在波音公司的年度市场展望报告中，不断传出市场对400座以上大飞机需求量不大的信息，波音公司自己的超大型飞机计划也断断续续，给人以似乎没有兴趣的印象。这对空客公司的决心无疑起到一种动摇的作用。但空客公司坚定地继续推进代号叫A3××的大飞机研制计划。

空客公司认为，为了应付航空流量增长所导致的空中交通拥挤，有必要在21世纪初发展一种技术上全新的大飞机。公司预测，未来20年，这个级别飞机的市场需求是1 300架，其中空客公司至少可以占领一半份额。

从竞争的角度看，空客公司历任领导想法一致。空客公司前总裁罗杰·贝特尔认为，"如果没有A3××，空客公司的成功仅仅是局部的"，担任13年空客公司总裁，卸任不久的皮尔逊认为，"为了达到占领50%市场的目标，一定要攻克迄今一直被美国飞机垄断的市场"。空客公司认为，"A3××主要不是技术问题，而更多的是经济问题，是找到支持这项计划的投资人"。据估计，整个计划的研制费用高达100—120亿美元。

20世纪90年代末，A3××计划的进度受到亚洲经济危机的影响，日程有所推后，但各项工作仍在紧锣密鼓地进行之中，重点是争取更多的共担风险的合作伙伴，落实新技术措施以确保实现使用成本比现有大飞机降低15%的承诺。2000年6月，阿联酋航空公司率先宣布，一旦项目正式启动，它将购买10架，打破了市场坚冰。接着新加坡航空公司跟进，承诺购买16架。2000年8月，空客公司宣布A3××得到了50架确认订单和42架意向订单。2000年12月19日，空客公司在图卢兹正式宣布把A3××正式命名为A380，并举行了A380项目的起动仪式。

经过先后3次推迟交付和长时间的等待，空客公司终于在2007年10月15日向新加坡航空公司交付了首架A380飞机。10月25日，该机首次飞往澳大利亚悉尼，完成了新"巨无霸"的第一次商业飞行。

A380是欧洲最大的工业成就之一，这是一种许多人认为永远制造不出来的飞机，但和"协和"号不一样，它是技术超越经济的胜利，顺利服役之后，每年将带着成千上万的旅客进行环球旅行。A380很可能和30多年前的波音747一样，使远程旅行来一次革命。

2005年1月，超大型双层客机A380首次出厂。

在波音公司推出大量采用复合材料以及其他新技术的"梦想飞机"787后，空客公司也开始研制类似的A350客机。这样空客公司就在各种座级的客机领域里成为波音公司强有力的竞争对手，从下表可以看出近10年来在每年客机的订货和交付方面双方你追我赶的局面。

2000—2009 年空客和波音飞机订货和交付数量对比

	订货		交付	
年份	空客	波音	空客	波音
2000	520	588	331	491
2001	375	314	325	527
2002	300	251	303	381
2003	284	239	305	281
2004	370	272	320	285
2005	1111	1002	378	290
2006	824	1044	434	398
2007	1341	1413	453	441
2008	777	662	483	375
2009 年 1—9 月	123	79	358	359

由于竞争激烈，空客公司和波音公司之间常常为补贴之事产生争执。波音公司不断对空客公司从政府接受“启动补助”和其他形式的补助提出抗议，而空客公司则说波音公司通过军品和研究合同以及减税接受了非法补贴。2005 年 1 月欧盟和美国的贸易代表同意通过商谈来解决紧张关系，但商谈未能取得成功，争端愈演愈烈。双方都向世贸组织提出了诉讼。2005 年 5 月 31 日美国对欧盟向空客公司提供其所称的非法补贴立项，24 小时后欧盟也对美国立项投诉，抗议其对波音公司的支持。但后来双方代表签

第一架供试飞用的 A380 在图卢兹新建成的拉加戴尔厂房开始总装。

署了一份联合声明称:“我们联合决定,此项争端应不影响我们在更广范围内的双边和多边贸易事项上的合作。我们一直良好共事并愿意继续下去。”这样,事情就不了了之,但双方之间的紧张局面仍在继续。

空客公司与中国有良好的合作关系。自20世纪80年代起我国各航空公司就从空客公司陆续引进各种型号的客机,其中A320系列购买数量巨大。20世纪90年代我国航空工业开始为空客公司制造飞机零件,比如西安飞机工业公司(简称西飞)承担制造机翼零件,上海飞机工业公司(简称上飞)承担制造舱门等,目前A320飞机的客舱应急门100%由中国制造。我国国务院原副总理曾培炎访问空客公司时要求空客公司加强与中国航空工业的合作,得到积极响应。空客公司承诺将迅速扩大向中国企业订购飞机部件。经过一段时间的谈判,2007年6月双方达成协议,空客公司与我国天津新区和中航工业三方在天津组建合资公司,来装配向中国提供的A320系列飞机。2008年9月天津组装厂建成开工,200余名中国员工赴欧洲培训回国。2009年6月在天津组装的首架A320“中华龙”号飞机交付四川航空公司,7月首架A319飞机交付海南航空公司。9月天津组装的A320飞机交付深圳航空公司。2010年天津组装线将达到月产4架的生产规模。我国西飞承制的A320飞机机翼零件项数逐年增加,西飞在天津建厂,完成机翼的组装,直接交付飞机组装厂。

2006年11月空客公司与中方签约,在北京合资建立空客(北京)工程技术中心,空客公司参股70%,中方参股30%。该中心位于北京天竺空港工业区,将有员工200人,将承担A350XWB飞机的设计工作。2007年11月空客公司与中国国家发改委签约,中方将参与A350XWB新宽体客机5%的工作量。同时空客公司还与哈尔滨飞机工业公司(简称哈飞)签约,合资建立复合材料零件制造中心。

(二)EADS军用运输机公司

EADS的军用运输机业务有三个部分:空客军用飞机公司(Airbus Military Company)、EADS CASA的轻型运输机和空客飞机的特殊改型。

1. 空客军用运输机A400M

早在20世纪80年代初,英国宇航公司、法国宇航公司、德国MBB和美国洛克希德公司就酝酿合作发展一种新型运输机来替代C-130和

C－160，当时称为“未来国际军用运输机”，估计需要700—1000架。但到1985年，洛克希德决定自己单独研制C－130的升级型C－130J并退出合作，但意大利阿莱尼亚公司（Alenia）和西班牙CASA公司加入，以后比利时、葡萄牙和土耳其也参加进来，继续就技术、经济和合作方式进行研究。由于各国出于各自对政治和经济的考虑，意见很难统一，使项目的开展一再拖延。经过多年的磋商，最终各国认识到最好的方案还是联合研制一种商载和航程介于C－130和C－17之间的涡桨飞机，同时，为了控制费用，需要采用商业方式来发展这一项目，即成立一家空客军用飞机公司（Airbus Military Company，以下简称AMC）。1999年12月确定发展A400M，各国将总共购买225架。但不久意大利又决定退出。直到2003年5月，泛欧采购署（OCCAR）最终和空客公司签订了启动合同。180架A400M飞机将分配到7个国家：德国60架、法国50架、西班牙27架、英国25架、土耳其10架、比利时7架、卢森堡1架。飞机将在2009—2021年交付，总值为200亿欧元。2005年，南非、智利和马来西亚三国先后参与合作，分别订购8架、3架和4架，使制造计划总数达到195架。A400M原计划在2008年1季度首飞，2009年开始交付使用。但研制进度一再推迟，延至2009年12月11日终于进行了首飞。另据报道，南非和智利鉴于A400M研制费用一再上涨，于2009年11月取消原定的8架订单。目前该机共有订货184架。

参与各国大致按照购买飞机架数的比例获得负责设计和制造的份额。法国负责中央翼盒、机头、方向舵、前起落架舱、仪表舱等；德国负责中机身、襟翼、后机身60％的零件和30％的装配以及预总装等；英国负责外翼盒等；比利时负责机翼前缘、主起落架舱门等；土耳其负责前机身、尾锥和伞兵门。

在A400M项目中得益最多的要算是西班牙了，CASA公司得到了飞机总装的任务，加上水平尾翼发动机舱等部件的制造，这对提高西班牙在整个空客制造过程中的地位起了相当大的作用。CASA公司在西班牙南部的塞维利亚按照空客飞机在图卢兹的A330/340和A380的总装线复制建立了A400M的总装线，厂房面积达60万平方米。空客公司的专用运输机A300－600ST“大白鲸”将在参与制造的各国之间运输飞机部件，最后运送到塞维利亚，以便进行总装。

A400M 虽然是军用运输机，但其研制和取证却采用了民机的程序。AMC 公司采用空客传统的方法来分配任务和组织生产，其中央项目组织和 A380 的完全相同。飞机的总装和各个主要部件的责任落实到各个飞机部件管理组(ACMT)，包括设在图卢兹的中央项目管理组和系统管理组；设在英国费尔顿的机翼管理组；设在西班牙的总装和动力管理组；设在德国不来梅的机身和尾翼管理组；设立在德国乌尔姆的军用系统管理组等。在 ACMT 下面设部件管理整合组(CMIT)，每个 CMIT 下面再管理几个部件设计和制造组(CDBT)。(在土耳其的 TAI 公司和比利时的佛莱贝尔公司(Flabel)设立了 CDBT。)通过这种严密的组织方式，分布在各处(从伦敦到安卡拉)的生产现场就像在同一个工厂里运转一样。

这几架 A300 - 600ST 是专门运送空客飞机超大尺寸部件的运输机。

A400M 采用了很多新技术，机翼基本上是用碳纤维增强塑料制造的，飞行控制采用电传操纵，玻璃显示驾驶舱(即所有数据都显示在一块玻璃板上)等。A400M 可以在民用空域内飞行，还可装成各种机型，分别用于装备或兵员运输、伤员运输、空中加油和电子监控等。为了给 A400M 提供动力装置，由英国罗罗公司、法国斯奈克玛公司、德国 MTU 公司、西班牙的 ITP 公司合作组建了欧洲推进国际公司(EPI)来开发一种三轴结构，采用功率达 8 250 千瓦的涡轮螺旋桨发动机 TP400 - D6，以及直径 5.33 米的 8 叶雷梯尔·费盖克公司(Ratier - Figeac)FH386 复合材料螺旋桨，通过阿维奥公司(Avio)的齿轮箱传动，用电热除冰。螺旋桨独特的气动设计使发动机可以在飞行速度在 M 0.55—0.72 之间时保持良好的效率。整个螺旋桨系统重 650 千克，可左转或右转。在机翼上的四台发动机中，每两台发动机的螺旋桨相对转动。在发动机的研制中，罗罗公司担任发动机研制的领导工作并负责 6 级高压压气机的研制，斯奈克玛负责单级高压涡轮和燃烧室，MTU 负责中压涡轮和中压压气机等，ITP 则负责低压涡轮。

虽然项目确定时经历了种种磨难，计划也一再推迟，A400M 大型军用运输机的研制还是充分展示了欧洲在摆脱对美国的依赖方面所取得的成功。按照市场规律组织合作，落实用户订购数量是项目开展的基础。

2. EADS CASA 的轻型运输机

EADS CASA 的轻型运输机有三个项目：C－212、CN－235 和 C－295。C－212是 20 世纪 70 年代发展的轻型运输机，商载 3 吨。20 世纪 80 年代 CASA 与印尼 IPTN 公司合作发展 CN－235，有客机型和军用型，客机型可安排 44 个座位，军用型商载可达 6 吨，装用 2 台 GE 公司的 CT7－9C 发动机，功率 1 394 千瓦。C－295是 CN－235 的加长型，改装加拿大普惠公司的 PW127G 发动机，功率 1 972 千瓦，商载达 9 吨，可载士兵 75 名或 24 副担架。该机 1998 年首飞，已交付 57 架，提供给西班牙、葡萄牙、巴西和波兰等国空军使用。美国海军曾购买 4 架用于海上巡逻，还被美国海岸警卫队(USCG)的"深水"项目所选用，其型号为 HC－144A，已配备 3 架，最终可能配备 36 架。

3. 空客飞机的特殊改型

所谓特殊改型主要是指加油机，包括 A310MRTT 和 A330MRTT 加油机。前者被德国和加拿大选用，分别订购 4 架和 2 架，后者被澳大利亚、英国、阿联酋和沙特订购。但 EADS 对该机的最主要的目标是赢得美国空军的 KC－X 新型多用途空中加油机项目。EADS 为了同波音公司争夺美国空军的大订单，采取了有力的措施。其一是与美国诺格公司合作，使诺格公司和其他美国供应商可创造大量工作岗位，其二是承诺投资 6 亿美元在美国亚拉巴马州的莫拜尔建立飞机装配厂，使加油机成为"美国产"。2008 年初，美国空军经过认真评审，选定 A330MRTT，将其军用编号定为 KC－45，至此，EADS 在竞争中获胜。美国空军在今后 12—15 年间将采购 179 架 KC－45，价值将超过 350 亿美元。第一阶段合同包括系统设计、研发并提供 4 架样机，价值 15 亿美元，还包括待确定生产的一批 64 架，2010—2013 年每年 4 架，2014 年起每年 15 架，价值 106 亿美元。2008 年 6 月 28 日工厂在莫拜尔举行了开工典礼。

由于波音公司对空军的决定提出抗议，要求美国审计总署(GAO)对此举进行调查，某些国会议员又从中游说，致使原决定被推翻。国防部决

A330MRTT 空中加油机带有 17 米长的加油杆系统。

定修订招标要求，重新进行竞标。新的招标要求到 2010 年 2 月才公布。ADS 和诺格公司表示，新的投标条件明显偏袒波音公司，决定放弃竞标。空客公司总裁谴责了美国的保护主义行为。

（三）欧洲直升机公司

欧洲直升机公司（以下简称欧直）是 1992 年由法国宇航公司和德国宇航公司的直升机部合并组成的，总部在法国马赛附近的马里安纳，有员工 13 000 人，首席执行官鲁兹·伯特林（Lutz Bertling）。据 2007 年的统计，有 9 800 多架欧直生产的直升机在 140 个国家和地区服役。

欧直公司的主要产品如下表：

型　号	最大起飞重量（吨）	
AS 332/EC225“超美洲豹”（Super Puma）	10	
AS 532 / EC725“美洲狮”（Cougar）	10	
AS 365/SA365D/EC155“海豚”（Dauphin）	4—5	
AS 565“黑豹”（Panther）	4	
AS 350/355“松鼠”（Ecureuil）	2	
AS 550/555“小狐”（Fennec）	2	
EC 120“蜂鸟”（Hummingbird）	1.5	

续表

型　号	最大起飞重量(吨)	
EC 135/EC635 (Bo 108)	3	
EC 145 (UH-72A)	3.5	
EC 665“虎”(Tiger)	6	
原德国 MBB 公司的 Bo 105	2.5	
原德国 MBB 公司和日本川崎公司合作的 BK 117	3.5	
NH 90(欧直在项目中占 62.5%)	10	

欧直公司非常重视美国市场，美国海岸警卫队曾采购 99 架“海豚”直升机。为了向美国市场进军，欧直公司设立了美国欧直公司(American Eurocopter LLC)，总部和主要设施设在得克萨斯州大草原城，从事直升机的总装，发动机更换、维修、大修，备件供应和培训等业务。最近该工厂进行了扩建，将面积增加到原来的三倍。通过努力，2006 年该公司在美国陆军的“轻型通用直升机”(LUH)项目中取胜。美国陆军选择欧直的最大起飞重量为 3 585 千克的 EC-145 直升机，作为 LUH 的基础，命名为 UH-72A，采购数量为 322 架。该直升机将在美国欧直公司位于密西西比州哥伦布市的新工厂生产，为此增加了该工厂的员工人数。

欧直前身之一法宇航与中国关系密切，早在 20 世纪 70 年代我国就从当时的法宇航直升机部引进了“超黄蜂”直升机，我国后来研制的直 8 直升机就是以此为基础而发展的。20 世纪 80 年代我国引进了“海豚”直升机的生产许可权，称为直 9，目前已发展了多种改型，在哈尔滨飞机工业公司批量生产并出口。我国还同欧直以及新加坡航宇公司合作研制 EC120“蜂鸟”直升机。在项目中欧直公司承担 61%的工作份额，中国承担

欧洲直升机公司研制的“虎”式攻击直升机。

24%，新方承担15%。欧直负责旋翼和传动系统、坐椅、总装、试飞和取证；中方负责机身、着陆系统和燃油系统；新方负责尾梁、安定面、门和仪表板。EC120销售良好，目前也有部分直升机在中国总装，型号为HC120。欧直公司现与我国正在合作研制一种6吨级的直升机EC175，在中国称其为直15。

欧洲直升机公司与我国和新加坡合作研制的EC120“蜂鸟”直升机。

（四）ATR支线飞机公司

ATR支线飞机公司是由原法国宇航公司和意大利阿莱尼亚公司于20世纪80年代初按50/50比例合作建立的经济利益集团，从事研制生产40—50座涡桨支线飞机。该机于1984年首飞，起名为ATR-42，可载客40—60人，也有货运型和军用型。法方负责机翼、驾驶舱、客舱内部装饰、发动机短舱、操纵系统、除冰系统，以及民用型飞机的总装和试飞；意方负责机身、机尾、液压系统、空调系统、增压系统，以及货运型和军用型飞机的总装和试飞。该机采用加拿大普惠公司的PW100系列涡桨发动机、汉密尔顿标准公司的螺旋桨、梅西埃公司的起落架。以后又开发了加长型ATR-72，可载74人。两种机型的销售情况良好，至今共生产了801架，相当于该级别飞机世界市场的一半。法宇航并入EADS集团后，EADS拥有该项目50%的份额。

（五）EADS阿斯特里姆公司

EADS阿斯特里姆公司由EADS阿斯特里姆卫星公司、EADS空间运输公司、EADS空间服务公司三家公司于2006年7月合并而成，当时称为EADS航天公司（EADS Space），以后改称为EADS阿斯特里姆公司。EADS阿斯特里姆公司是国际空间站项目的主要参与者，有员工12 000人，下设卫星、空间运输和空间服务三个业务部。2005年11月，

EADS 阿斯特里姆公司是阿丽安娜 5 大型运载火箭的主合同商。

EADS 阿斯特里姆公司收购了荷兰航天公司(Dutch Space),即福克公司的航天分部。

EADS 阿斯特里姆卫星公司是 EADS 阿斯特里姆公司主要的业务部,有员工 6 000 人。在英、法、德、西 4 国有 9 处工作场所。首席执行官为埃弗特·杜多克(Evert Dudok)。该分部从事各种卫星的研制,包括通讯卫星、军用卫星、地球观察卫星、科学卫星和导航卫星,如伽利略系列卫星等。

EADS 阿斯特里姆空间运输公司是 2003 年由阿斯特里姆公司的空间基础设施分部和 EADS 的发射器分部(前法宇航空间分部)组成。该公司是阿丽安娜 5 发射器、国际空间站的哥伦布舱、ATV 以及一些较小的项目如“凤凰”(Phoenix)等项目的主要合同商,也参与法国的核导弹计划 M51。近来该部还参加洛克希德公司的团队,投标 NASA 的航天员勘探器(Crew Exploration Vehicle, CEV)项目。该公司的设施位于法国巴黎附近的勒-穆雷、波尔多附近的阿魁泰和德国的不来梅,负责人为阿兰·夏默。

EADS 阿斯特里姆空间服务公司主要从事军事通讯,提供以空间为基础的电讯和导航领域内的专业服务。该部有员工 170 人,工作场所设在法国巴黎、英国的朴茨莫斯和斯蒂文耐奇,以及德国的奥托勃鲁恩。首席执行官为埃里克·贝朗热。该部通过其全资子公司帕拉第姆(Paradigm)公司按照英国国防部的合同通过“天网 5”卫星向英军提供全球军事卫星通讯服务,15 年的合同价值 35 亿欧元。该部也向北约武装力量提供服务。在卫星导航领域里该部通过 iNavSat 联合体与因玛赛(Inmarsat)公司和泰雷斯(Thales)公司一起进行欧洲新的全球卫星导航系统伽利略系统的部署和运行。

阿丽安娜火箭第二级正在不来梅安装。

（六）MBDA 公司

MBDA 公司是欧洲从事导弹研制生产的公司，在世界导弹工业中排名在雷神公司之后，居第二位。在 MBDA 公司中 EADS 和英国宇航系统公司各占 37.5% 的股份，意大利芬梅卡尼卡公司占 25%；员工 10 600 人，总部设在伦敦；首席执行官为安东尼·布维耶（Antonie Bouvier）。

MBDA 公司的设施分布在法国、德国、英国、意大利各处，其主要产品包括 AIM－132、“米梯奥”、“米卡”等空空导弹，“海狼”等地空导弹、“阿帕奇”、“风暴之影”等空地导弹，“艾索赛特”等反舰导弹，“米兰”等反坦克导弹以及各种导弹系统等。

（七）EADS 防务电子公司

EADS 防务电子公司从事开发制造用于飞机、舰船、车辆的传感器、航空电子设备和电子战系统，其工作场所分布在法国、比利时、德国和美国，有员工 3 900 人。总裁为贝鲁德·文泽勒。

（八）EADS 防务通讯系统公司

EADS 防务通讯系统公司主要向用户提供满足用户特定需求的综合方案，研究设计并实施大规模集成系统，将个别的平台和子系统连成统一的网络。该公司还从事发展安全的信息和通讯系统。其服务领域包括：边境和海上监控、关键设施、人员密集地区和重大活动的监控、危机和意外事件应对、军事通讯系统、海军系统、空防系统、情报系统、工业和运输系统等。该公司拥有员工 4 800 人。

（九）索卡塔公司

索卡塔公司由里昂·莫拉纳和雷蒙德·萨尔尼尔于 1911 年创立，位于巴黎附近的勒·布尔歇，从事轻型飞机制造和飞机结构件的转包生产，有员工 1 200 人。索卡塔公司在 20 世纪生产了 94 个型号的 12 000 架轻型飞机，到 2002 年为止仍有5 700架在服役中。索卡塔公司在二战前开发过 MS405/406 系列战斗机，生产了 1 081 架，战后开发喷气飞机，产品有 MS755、MS760 和 MS880 等。1962 年公司因破产而被接管。1966 年索卡塔公司成为法国南方飞机公司的一个子公司。1970 年南方飞机公司与北方飞机公司以及 SEREB 三者合并组成法国宇航公司，索卡塔就成为其轻型飞机制造分部。20 世纪 70 年代至 80 年代开发的产品有 TB－9 坦皮科、TB－10 多巴哥、TB－20 特立尼达和 TB30 埃普西隆等。1988 年我国民航曾购买 28 架 TB－20 作为教练机。

索卡塔公司还曾与美国莫耐飞机公司（Mooney Aircraft）合作发展一种 6—8 座的公务机，售价 1 100 万美元。该飞机曾于 1993 年创造了轻型飞机用 80 小时完成环球飞行的纪录。

（十）EADS 北美公司

为了进入美国市场，EADS 集团的各个公司纷纷在美国设厂，就地制造和组装其产品并与美国公司合作，以使其成为美国制造的产品。EADS 北美公司负责对各个项目进行协调。EADS 北美公司总部设在弗吉尼亚州的阿灵顿，有员工 1 550 人。主席兼首席执行官为拉尔夫·克洛斯比。该公司的业务包括：

——固定翼飞机和直升机：欧直美国公司、空客北美公司、CASA 北美公司、索卡塔飞机公司；

——防务系统和国土安全：EADS 北美公司防务安全和系统方案、EADS 北美防务；

——航电和控制：费尔柴尔德控制公司；

——通讯：EADS 安全网络北美公司；

——空间：阿斯特里姆北美公司；

——试验设备和服务：EADS北美防务试验和服务公司、TYX公司。

链接：打破美国市场的壁垒

欧洲合作伙伴从一开始就十分清楚，仅靠来自几个伙伴国的订货，空客公司是难以生存的。主要市场挑战是，要取得长期以来只习惯于与美国波音、麦道和洛克希德三大公司共事的各国航空公司，特别是美国航空公司的信任。然而，这谈何容易。

到1975年，贝纳德·拉西埃尔出任空客公司第二任总裁时，公司只有20架A300固定订货和17架意向订货，这对于已经开发6年的计划来说实在少得可怜！令人不安的是，有些客户看到空客公司那么不景气，也想撤回它们的订单，如西班牙航空公司就取消了4架A300订货，甚至连德国汉莎航空公司也想取消订货，只是碍于德国在A300项目中政治和工业上承担的义务才只好作罢。当时，空客公司上下士气低落，生产下降到每月不到两架，法国宇航公司被迫临时裁员，濒临倒闭。

空客公司明白，要改变局面，唯一的办法是打进美国市场。从1993年组织A300美洲巡回飞行表演开始，空客公司不惜进行一场5年的搏击！与基地设在加利福尼亚州的美国主要潜在客户——西方航空公司(简称西方航)谈判的失败，曾给空客公司所有人留下十分难忘和痛苦的印象。空客人事后来回忆道，“那次的交易几乎稳操胜券了。美国两家竞争对手波音和道格拉斯公司也自认输掉了这场竞争，甚至颇有声望的《华尔街日报》也登出整版消息：‘西方航’选择了：‘空客’！然而最后却砸锅了！当空客公司派出的谈判代表到达西方航总部办公室时，他的嘴角上还挂着胜利的微笑；但当他听完西方航代表的第一句话时，犹如晴天霹雳。西方航代表说：‘祝贺你！这是一场很微妙的战斗，但你们输了……’波音在最后一分钟的努力中，把市场从欧洲人手中夺走了；人们怀疑，竞争对手用散布空客行将解散的谣言说服了西方航空公司的决策者。”西方航的经理们后来承认，他们在星期一已经决定购买A300，但到了星期五就改变了主意。

1978年4月6日这一天是载入空客历史的重要日子：美国东方航空公司(简称东方航)与空客公司签订合同，购买23架A300，另外预订9架，从此实现了空客飞机在美国市场的突破。空客公司回忆当时的情景道，“在纽约某大饭店15层，空客总裁拉西埃尔神情紧张地在房里踱来踱去，等待着即将传来的与东方航谈判最后结果的电话。这时他焦躁不安，他担心一年前与西方航谈判令人失望的场面再次重演。当电话铃终于响起时，拉西埃尔仍然忐忑不安，但电话线另一端与东方航谈判的首席代表沃德的喜气洋洋的声音给他吃了定心丸。沃德在电话里讲道：'一切都很顺利，我们签下来了。东方航总裁弗兰克·博尔曼刚刚签了一份23架A300B4的合同，另外还有9架意向订货，甚至还签了一份承诺日后继续购买A310的协议。整个合同价值35亿法郎！'"拉西埃尔感到欣喜若狂，一封胜利的电报立刻发回图卢兹，使那里的人们也如释重负、激动万分。

空客公司在这场进入美国市场的搏击中，之所以能够取胜，靠的不是与东方航总裁的关系多么好，而是A300飞机的质量真正过硬。博尔曼曾是阿波罗飞船的航天员，曾两次绕月球飞行，现在是东方航空公司总裁，他是个有独到见解的技术专家。他知道，空客飞机非常出色，十分适合他机队的需求。参观空客公司在图卢兹的装配线给他留下深刻印象。但他绝不是一个仅靠印象办事的人，他向前来推销A300的空客公司人员提出："借我4架A300，我要在蒙特利尔-迈阿密航线上试用半年，如果用得满意，我就会成为你们的客户。"空客公司领导商量后，同意了东方航的要求。1977年8月开始，东方航用借来的A300在美国北部和佛罗里达州之间进行试验，每天飞10小时，气温变化从－10℃—30℃。结果令人信服，飞机性能极好，真像空中公共汽车一样。博尔曼计算了一下，A300飞一年，与波音727比，可以为他节省4 000万美元。面对如此巨大的利益，他怎么能拒绝这种欧洲飞机呢？即使知道，如果他带头买欧洲飞机，肯定会遭到美国政府内外推行贸易保护主义的人的严厉指责，他也在所不惜了。

东方航的订货是空客飞机对美国市场的突破，而且效果很快就显露出来了，仅1978年，空客公司就获得了70架订单，从此走上渐入佳境的坦途。

（十一）EADS EFW公司

EADS EFW公司是从事货机改装的专业公司，位于德国德累斯顿，有厂房面积25万平方米，有6个宽体飞机工作区和2个标准飞机工作区，以及众多车间和试验室，有员工 1 143 人，总裁为安德雷·斯佩尔。该公司的另一项业务是制造复合材料夹芯板零件，如 A380 飞机的地板、驾驶舱安全门等，是 EADS 制造复合材料零部件的优质中心之一。该公司自 1996 年起将 A300/A310 客机改装为货机，目前每年改装 20 架货机并生产约 20 万件夹芯板零件。同时，该公司也从事加油机 A310 MRTT 的改装。

（十二）EADS 索杰玛公司

EADS 索杰玛公司从事飞机结构和客舱装备的制造，包括军民用飞机的飞行员和旅客的坐椅等。公司总部位于法国罗什福尔，有 3 个工作场所：罗切福特负责制造坐椅，梅里纳克负责制造和装配 ATR－42/72 支线飞机的机翼，图卢兹负责设计。该公司有 5 个子公司，分布在法国、摩洛哥，以及加拿大各地。

（十三）EADS 3 西格玛公司

EADS 3 西格玛公司从事无人机和靶机的设计和制造。前身是 1987 年希腊创建的 3 西格玛宇航公司，2002 年 EADS 收购了其大部分股份，改称 EADS 3 西格玛公司。总部设在雅典，生产设施在克里特岛的哈尼亚。该公司的产品有艾丽斯、艾尔克永、雷尔西斯和尼尔乔斯等型号的无人机以及遥控系统和其他电子产品。

通过建立欧洲宇航防务集团公司，欧洲各国不断地对其宇航和防务工业进行整合和调整，使其有限的资金和人力资源得到合理的使用，其产品的竞争力也得到提升，既满足了自身的需求，又成功跻身美国市场。欧洲人对此引以为豪。

第二章　航空帝国——波音公司

波音公司(Boeing Company，简称波音)是美国最大的航空航天工业企业和出口企业，总部设在芝加哥。2008 年有雇员 162 200 人，销售金额为 609.09 亿美元，人均 375 518 美元；利润 39.5 亿美元，人均24 353美元。利润率为 6.5%。现任主席、总裁兼首席执行官为詹姆斯·麦克纳尼。多年来一直在英国《飞行国际》杂志按销售金额排列的排名榜上高居榜首的波音公司2009 年只屈居第 2 位。分析家称波音公司业绩下降的原因是其技师长达 2 个月的罢工和美元的疲软。

1917 年波音公司把名称改为波音飞机公司。图中这座被称为“红房子”的木结构二层小楼既是公司总部，又是工厂，如今已照原样恢复，迁入西雅图飞行博物馆，供人参观。

一、发展历程

波音的历史充满了兼并，其中包括麦克唐纳公司、道格拉斯公司、休斯公司、洛克威尔公司和北美公司等，而这些公司的历史也是波音历史的一部分。

1916 年威廉·波音创建太平洋航空产品公司，推出其首架飞机 B&W 双翼水上飞机。一年后公司改名为波音飞机公司(Boeing Airplane)并从海军得到了第一份合同——50 架 C 型水上飞机教练机。1921 年唐纳德·道格拉斯创建道格拉斯飞机公司(简称道格拉斯)，推出第一架飞机 Cloudster，接着又为海军制造了 DT 型鱼雷轰炸机。改装的 DT 飞机在 1923—1924 年间实现了环球飞行。

波音公司的第一个产品就是这架水上飞机,净重 1270 千克,翼展 15.8 米,机长 9.48 米,乘载 2 人,最大速度 120 千米/小时,最大航程 512 千米,售价 1 万美元多一点。

1927 年波音开始用 40A 型飞机为美国邮政局运送邮件。1929 年波音与普拉特·惠特尼公司一起组成联合飞机和运输公司(UATC),公司其他成员还包括了钱斯·沃特、诺斯罗普、西科斯基和斯梯尔曼等公司,经营的业务包括飞机、发动机、螺旋桨、航空运输和机场。1928 年,北美航空公司(North American Aviation, NAA)成立。

波音公司早期是这样制造飞机的:身着裙装的女人在用木料和织物制作机翼。

1923 年波音开始制造战斗机,包括 PW－9、F4B/P－12 系列和美国首架单翼战斗机 P－26 等。1933 年波音推出了采用全金属、悬臂机翼、可收缩起落架设计的 247 型客机。同年道格拉斯公司也推出其 DC－1 客机,从此波音和道格拉斯之间开始了长达 60 年的竞争。1935 年道格拉斯的 DC－3 面世,大获成功,使波音处境艰难。1934 年按照反托拉斯法,联合飞机和运输公司解体,波音飞机公司重建。1939 年麦克唐纳飞机公司(McDonnell Aircraft)

成立。

二战期间对轰炸机的需求使波音从亏损转为飞机工业的领袖。从1940年开始，波音、道格拉斯和洛克希德三家公司共制造了12731架被称为“飞行堡垒”的B-17轰炸机；波音、贝尔和马丁飞机公司还共同制造了3970架B-29轰炸机。道格拉斯也是大赢家，制造了7477架“浩劫”、5936架SBD“无畏”、2502架A-26“入侵者”等型号的战斗机，加上数千架C-47和C-54运输机。北美公司也不落后，制造了9498架B-25“米切尔”和15586架P-51“野马”战斗机以及15498架T-6“得克萨斯人”教练机。

在二战后的1946年，波音、道格拉斯和北美公司共裁员25万多人。道格拉斯公司推出了DC-6客机和“空中袭击者”攻击机。麦克唐纳公司逐步兴起，从FH-1“鬼怪式”开始了一系列的喷气战斗机的生产。北美公司开发了“佩刀”F-86喷气战斗机，用于韩战，在世界范围内共制造了6 000架以上。1947年波音根据在风洞试验中对后掠式机翼取得的结果开发了革命性的B-47轰炸机，并随后在1952年开发了至今仍在服役的B-52战略轰炸机。为了实现多样化，1954年波音又将其经验运用到367-80型试验机的研发中。该试验机成为后来在1956年问世的KC-135加油机和1957年问世的707客机的原型机，取得很大成功。道格拉斯动作稍慢，于1958年推出DC-8客机，但在销售方面不敌波音707。707(包括720)客机共生产了1 010架。从此波音始终保持着在商用飞机领域里的优势。

波音707是四发中远程喷气运输机，是世界上第一种真正成功的喷气式飞机，商业航空飞机的典范。它的成功使波音公司迅速崛起，成为极具影响力的世界性飞机制造商。

道格拉斯公司继续在攻击机方面进行研发，制造了 2 960 架 A－3/A3D 和 A－4/A4D 等机型。北美公司在 F－86 之后也研发了超声速的 F－100 战斗机。麦克唐纳公司则推出 F－101 和 F－4“鬼怪”(Phantom) 战斗机，后者制造了 5 195 架。

F－4“鬼怪”原是麦克唐纳公司为海军研制的双座双发舰队重型防空战斗机，后来美国空军也大量采用，是第二代战斗机的典型代表，各方面的性能都比较好，不但空战性能好，对地攻击能力也很强，是美国空、海军六七十年代的主力战斗机，多次在越南、中东等地参战。

进入空间时代，波音制造了波马克地对空导弹；道格拉斯则生产了美国第一种实战型地对空导弹奈-阿加克斯；道格拉斯和北美公司一起发展了“索尔”中程弹道导弹；波音则研发了“民兵”洲际弹道导弹。道格拉斯在“索尔”的基础上研发的运载工具将麦克唐纳公司制造的“水星”空间舱送入空间，实现了美国的首次载人空间活动。1967 年，波音、麦克唐纳、道格拉斯和北美等公司联合制造了“土星 5 号”火箭，在 1969 年将北美公司制造的“阿波罗”空间飞船送上月球，实现了人类的首次登月。1961 年休斯空间和通讯公司(Hughes Space & Comminications)成立，该公司于 1963 年制造了第一个地球同步通讯卫星。

1967 年麦克唐纳公司和道格拉斯公司合并，称麦克唐纳·道格拉斯公司，简称麦道公司；北美公司也和洛克威尔·标准公司合并。在 707 成功的基础上，波音在20世纪60年代中期先后发展了727和737客机。727生产了1 832架。道格拉斯也推出DC－9客机。

进入20世纪70年代，世界航空工业界兴起了宽体客机的热潮，波音在美国空军的战略运输机C－5的竞标中的失败导致其转而将希望寄托在大型宽体客机波音747上，最终取得巨大成功。虽然随后麦道公司和洛克希德公司也分别推出DC－10和L－1011宽体客机，但波音在商用飞机领域已占据了明显的优势。当时各国的航空公司纷纷订购747客机以开辟洲际航线。波音公司的广告词“波音使人们欢聚一堂”打动了各国旅客的心。

麦道公司在军用飞机方面发展较为顺利。1972年推出空军的F－15“鹰”(Eagle) 战斗机，1978年又为海军制造了F/A－18“大黄蜂”战斗攻击机。这两种型号的飞机都不断进行改型升级。F－15曾出口到沙特、以色列和韩国等国，并曾在日本获得许可进行生产；F/A－18则曾出口到澳大利亚、加拿大和西班牙等国。麦道公司和英国宇航公司合作，在“鹞”式垂直起落攻击机的基础上研发其改进型AV－8，共制造了428架，除美、英两国军方使用外还出口到意大利和西班牙。

在20世纪70年代后期到80年代初期，波音在707的基础上发展了E－3预警机，使707的生产线得以延长。波音还推出了767和757两种型号的客机，采用同样的驾驶舱。1984年波音在初期的737－100/737－200的基础上推出采用高涵道比的CFM56发动机的737－300/737－400/737－500系列，性能得到显著提高，十分畅销。麦道则将DC－9升级改型，开发了MD－80系列客机，销路也较好。在直升机方面，波音在1960年收购了位于费城的伏托尔(Vertol)公司，组成波音·伏托尔公司，制造10吨级的CH－46“海上骑士”和15—20吨级的CH－47“支奴干”直升机。1975年麦道收购了制造“阿帕奇”直升机的休斯直升机公司；1989年波音开始和贝尔公司合作开发V－22倾转旋翼机“鱼鹰”(Osprey)。

进入20世纪90年代，波音又启动新一代737项目(737NG)，包括737－600/737－700/737－800/737－900以及一些延长航程的型号，座级范围从108座到189座。波音还开发了以737为基础的公务机(BBJ)以及“楔尾”预警机和P－8“海神”多用途海上飞机(MMA)。到2007年为

波音公司直升机部与贝尔公司合作研制的 V－22“鱼鹰”倾转旋翼飞机，是一种直升机与常规飞机的“混血儿”，装在翼尖的两台涡轮螺桨发动机可以改变方向。

止，各型 737 飞机订货量超过 7 000 架。1994 年在日本的三菱重工等公司的参与下波音推出了新型宽体客机 777，而麦道公司则成功地研发了 70 吨级的军用运输机 C－17。另外，其在商用飞机方面也做出了一番努力，在 DC－10 的基础上研发了 MD－11；在 MD－80 的基础上发展了装用国际航空发动机公司（IAE）的新型 V2500 发动机的 MD－90，但在与波音和崛起中的欧洲空客公司的竞争中，麦道始终处于劣势。在 A－12 攻击机项目和大型宽体客机 MD－12 项目被撤销后麦道公司陷入经济危机。

波音虽然在商用飞机方面势头强劲，但在军用市场上进展缓慢。波音年收入的 80％来自商用飞机，而商用飞机市场始终要面对周期性的波动。为了摆脱这种困境，波音决心要实现其业务的多样化，而实现多样化的捷径就是收购兼并。经过多年的谈判，1996 年波音以 30 亿美元收购了洛克威尔公司的航空航天业务，1997 年以 133 亿美元收购了麦道公司，以 37.5 亿美元收购了休斯公司的空间和通讯公司并以 15 亿美元收购了杰普森（Jeppeson）公司。

波音兼并麦道后，原麦道产品中与波音产品座级相同的机型全部停产，包括 MD－80 系列，MD－90 和 MD－11。兼并初期，波音保留了 MD－95 的生产线，改名波音 717，但在其交付了第 156 架飞机之后也宣告停产。由于 737－800/737－900 已涵盖了波音 757 的座级，757 在交付了第 1 050 架之后也停产。这样就使美国商用飞机的序列更加趋于规范，避免了市场秩序的混乱。在直升机方面，波音保留了 AH-64“阿帕奇”(Apache)项目，原麦道的民用直升机业务被售出，成为独立的私营公司。

图为麦道公司并入波音时的 4 种重要产品(自左至右)：AV-8B“鹞”II、F/A-18C、F-15E 和 T-45A。

这样，波音通过兼并和整合，以昂贵的代价实现了其多样化的目标——一个拥有民机、军机、航天、卫星、通讯和网络综合业务的新波音公司诞生了。

链接：80 年搏杀，道格拉斯飞机最终出局

1997 年波音公司兼并了麦道公司，10 年后的 2006 年 5 月，麦道品牌的最后一架喷气飞机——第 156 架波音 717(即原来的 MD-95)交付，这意味着美国国内两大民用客机“巨头”经过 80 多年的竞争，波音最后战胜了麦道，DC(道格拉斯)和 MD(麦道)品牌最终让位于 B(波音)品牌。

波音和道格拉斯在客机方面的竞争从 20 世纪 20 年代就开始了。1924 年，道格拉斯飞机公司两架“世界巡航者”号飞机完成了航空史上第一次环球飞行，使其名声大振。20 世纪 30 年代中期它生产的 DC-3 是当时世界上使用最广泛的旅客机。到 1939 年，全世界运输量的 90%都是由 DC-3 承担的。当时，波音公司的主要产品是军用飞机，其民用飞机在产量、市场份额、销售服务等方面远不是道格拉斯的对手。

二战结束不久，道格拉斯公司研制的 DC-6B 被业界誉为“有史以来效率最高的客机”，而 DC-7C 是第一种真正的远程民用客机，被称做“通七海”。

1953年5月，世界上第一种喷气客机——英国的“彗星”开始服役，预示喷气民用航空时代的到来，波音和道格拉斯也都加入了研制喷气客机的竞争行列。1954年波音公司率先研制出波音707，使它走在了正在研制DC-8的道格拉斯公司的前面，第一次在民机竞争中占了上风。

“道格拉斯世界巡航者”飞机，1924年完成了世界上第一次分段环球飞行，为道格拉斯公司赢得巨大声誉。

随后，两家公司在中、短程喷气客机领域展开了新的竞争。1962年，道格拉斯公司开始研制DC-9双发喷气客机，1965年12月投入航线使用，获得极大的成功，后来发展出一个完整系列。面对DC-9已经获得200架订单的胜利，波音公司不甘落后，在已有4个项目在研的情况下，仍甘冒风险，奋力一搏，于1965年2月决定研制波音737。今天，波音737仍是公司各种飞机中销路最好的。

就在波音737研制热火朝天的时候，道格拉斯公司陷入了财政危机。当时的情况不是没有生意，恰恰相反，正是因为生意太多，一时“消化不良”。1966年底，道格拉斯公司资金耗尽，董事会决定向有可能兼并的公司发出招标。此时，一向以生产军用飞机为主的麦克唐纳公司正想涉足民用飞机领域，于是一举吞并了道格拉斯公司，组成麦克唐纳·道格拉斯公司，简称麦道公司。1983年，DC-9超80改名为MD-80，表明它是麦道公司的第一种民用客机。到1999年最后一架飞机交付，各型MD-80一共生产了1 100多架，在道格拉斯民用飞机中是最成功的。

从20世纪60年代中开始，波音和麦道两家公司的竞争进一步延伸到大型飞机领域。当时，由于喷气客机迅速普及和空中旅行票价大幅度下降，旅行人数激增。不少航空公司希望有更大的飞机。1966年4月，泛美航空公司宣布，以5.25亿美元订购25架400座的大飞机，要求于1969年12月交付。波音公司随即宣布波音747上马。从签订合同到交付飞机只有3年零8个月的时间，不仅要设计、试验和制造飞机，还要建设厂房、制造工装。这无疑又是一次“赌博”。然而波音公司这次又赢了，

到 A380 问世为止，波音 747 一直是世界上最大的民用运输机。波音 747 服役后，不断改进，先后有 13 种不同型号投入使用。最初人们预计波音 747 只能售出 400 架。但出乎预料，到 2009 年 8 月 20 日，该机已经生产了 1 418 架。

1969 年 12 月按时拿到了 B747 的适航证，1970 年 1 月泛美的 B747 投入运营，开创了人类航空历史的又一个新纪元。最初估计，波音 747 只能卖出 400 架，但迄今订货量已达 1500 多架。有了波音 747，波音公司在大型民用客机市场独占鳌头 30 多年。

在大型客机竞争中，麦道公司推出了三发的 DC－10，1971 年 8 月投入运营。该机载客量较 747 少 1/3，在竞争中处于不利地位。投入运营后，一些设计缺陷，直接导致了几次事故，使飞机的声誉严重受损。另外，欧洲空客公司的 A300 问世，并在 250 座级宽体客机市场大受欢迎，DC－10因相对耗油，逐渐丧失订单。DC－10 于 1989 年停产，各型总共生产 386 架。在 DC－10 停产之后，麦道公司已无力再研制全新飞机，除维持 MD－80/MD－90 的生产外，改型出 MD－11，总共生产了 200 架。

1997 年，波音兼并了麦道。2000 年，为了继续壮大自己的品牌，波音公司决定，MD－80/MD－90、MD－11 停产，2006 年 5 月最后一架波音 717(MD－95)交付。至此，鏖战 80 年，波音最终击败道格拉斯/麦道公司，这样，有 80 年历史的 DC、MD 品牌的民用飞机逐渐退出历史舞台。

二、主要业务部门和产品

波音公司在其总部之下设有四大业务部：商用飞机部、综合防务系统部、通讯联络部和空中交通管理部。另外，公司还设有两个综合部门：从事科研开发工作的“鬼怪工作部”和公共服务部。另外还有波音投资公司(Boeing Capital)。

图为 1995 年初波音 777 在进行机翼破坏试验，两个机翼加载到极限载荷的 103%（约为 50 万磅）时，几乎同时破坏。

（一）商用飞机部 Boeing Commercial Airplanes（BCA）

波音公司商用飞机部总部设在华盛顿州伦顿市，主要设施在华盛顿州和加州，有员工 61 735 人。现任总裁为斯各特·卡尔逊。目前在生产的机种有：新一代 737、747、767、777 以及以 737 为基础的波音公务机 BBJ，军用型称 C－40“飞剪”（Clipper）。

波音公司各型商用飞机生产概况			
已停产机种	生产架数	还在继续生产的机种	已交付架数
707/720	1 010	737	6 199 架（2009.10）
717	156	747	1 418 架（2009.8）
727	1 832	767	977 架（2009.8）
757	1 050	777	816 架（2009.10）
DC－9	976	BBJ	100＋
DC－10	446		
MD－80	1 191		
MD－90	117		
MD－11	200		

与航空技术相近的导弹和航天业是波音公司实施业务多元化目标的自然选择。在海湾战争中大出风头、曾轰炸我驻南斯拉夫使馆的 MK-82(GBU-38)“杰达姆”炸弹就是波音公司的产品。

波音公司正在研制中的有被称为“梦想客机”的 787 以及 747-400 的升级型 747-8。进入 21 世纪，欧洲空中客车公司启动 A380 超大型客机项目，挑战波音 747 在大型客机领域内的垄断地位。经过仔细研究，波音决定暂缓 747 的升级计划，而是走以技术取胜的路，首先发展一种全新技术的双发飞机，当时称为 7E7，后来定名 787。所谓全新技术包括飞机的设计方法、结构、材料和制造方法。在整个项目中波音把自己定位为项目领导、总装和系统整合者的角色，吸收日本由三菱重工、川崎重工和富士重工等组成的日本飞机发展公司(JADC)参与投资 35%，承担机翼和前机身等部件；意大利阿莱尼亚公司和美国沃特公司合资组成的“全球航空公司”(Global Aeronautica)参与投资 26%，承担中机身、后机身和水平尾翼等部件，但后来“全球航空公司”交付的部件存在较严重的质量问题，这成为 787 飞机首飞推迟达 27 个月的原因之一。为了对项目进行整顿，波音先后收购了沃特公司和阿莱尼亚公司在“全球航空公司”中的股份。英国罗罗公司和 GE 公司等其他厂商则提供发动机等各种设备和部件。787 采用几台“克雷”超级计算机进行流体动力学设计计算，完全实现了数字化设计制造，效率很高。飞机广泛采用新材料，碳纤维复合材料占机体重量的 50%以上。椭圆形的机身段是在计算机控制的设备上，在旋转的模具上铺设碳纤维材料并经在直径 9 米长达 21 米的大型热压罐中固化而成的整体件。为了将分别在日本、意大利以及美国堪萨斯州和南卡罗莱纳州的工厂里制造的部件运送到总装地点，波音专门设计改装了三架专用运输机 747LCF，将尾段做成可以水平地旋转 90 度，并将机身上部的高度加大，以便将机身段和整个机翼装入，该机被称为“梦想运输机”。787 飞机的总装在华盛顿州埃弗雷特进行，由于各种设备和附件都在部件制造的过程中就装配好了，使飞机总装的周期可大大缩短，据波音估计，到第100架时，总装周期将只需6天。

波音在研制787飞机的过程中，在大型商用飞机上大范围采用复合材料方面进行了领先实践，预计将获得显著的经济收益。这一预期得到各国航空公司的积极回应，到2009年12月，得到的订货达851架，其中包括中国订购的97架。但由于各种技术的和非技术的原因，原定的首飞日期一再推迟，交付使用的时间当然也随之而推迟。2009年12月15日，波音787终于首飞成功。波音747-8项目于2005年启动。该机是由747-400发展而来，加长了机身，重新设计了机翼，采用了先进的发动机GEnx-2B；与747-400相比油耗可降低15%—17%。由于各种原因，747-8的首飞时间比计划推迟了近一年，到2010年2月8日，747-8货机型终于也首飞成功。目前747-8共有订货108架，其中货机76架，客机32架。该机的单价在3亿美元上下。波音还在规划开发737飞机的后继机，想法是将787项目中的先进技术引入到单通道飞机中，同时采用先进发动机，从而显著提高飞机的经济性和环保性，用来在8—10年后替换737。

飞机订货和交付是有周期性的。图为在交付高潮期间，数十架飞机在试飞中心前面排起长队。

链接：服务与产品同样重要

作为高科技产品的喷气客机，售后服务和技术支援十分重要。对于这一点，波音公司并不是一开始就明白的，而是收到了很多用户的“投诉”后，在用户的一片抗议声中逐渐省悟到的。

起先，波音公司的用户服务人员与业务分散在各个部门，这种做法在波音707时代，还能应付。但随着更多的波音系列飞机交付，机队越来越大，使用的地域也越来越广，过去的做法远不能适应用户的要求。就在波音747刚服役不久，有一次，波音公司总裁威尔逊带着一批高级管理人员走访欧洲的德航、法航和意航三家大客户，每到一地都遇到发人深省的不愉快经历。在德航，一位技师口若悬河一口气把波音747上装的发动机数落了半个小时，使波音公司的人插不上嘴。在巴黎，法航总裁出面，也是长篇大论地批评发动机性能不好和售后服务差，甚至取消了原来安排好的招待酒会，波音的人只好在旅馆里独自喝闷酒。在意大利，波音听到的反映与法航一模一样。访问一结束，波音的人感到无地自容，连夜返回西雅图。他们意识到事态的严重性："除非改善售后服务，否则今后别想再卖出一架飞机了。"这迫使波音总裁下决心在"脓包还没有溃烂之前予以治疗"。

波音公司的措施是成立一个单一的、能独立作业的单位，以扩大用户服务的内容和范围。公司把组建服务机构的任务交给尼布尔和布鲁两个人，他们都是威尔逊总裁主持"民兵"洲际导弹计划的得力伙伴和好朋友。两个人为改善波音公司的服务工作，付出了极大的努力。有人说，他们像两把新扫帚，要清除堆积已久的陈年老垢。在布鲁上任的头3年，平均每年有195天待在国外。

经过二三十年的努力，如今在波音民用飞机集团中已形成一个完整的民用航空服务部，他们的任务就是使在全球各地使用的10 000多架波音飞机正常运营，为用户带来满意的收益。服务部是一家以客户为中心的机构，提供综合的解决方案、产品和服务，旨在提高机队的使用率，降低成本，充分利用先进的信息管理，并确保乘客舒适健康。他们利用自己在客户支持、材料管理、维护与工程服务、机队的改进和改装、飞行运营支持等5个关键领域的能力帮助飞机运营商获得这些优势。

——全球客户支持：波音公司开发出的全球性基础设施能支持航空公司的航班计划，解决技术难题，使客户迅速获取技术信息，并且在需要时向客户交付重要产品和服务。波音在65个国家派驻了330名驻场代表；8个备件中心、23个飞行培训基地和9个部件修理中心都提供出色的支持服务。

——材料管理和备件：波音公司运营着航空业内最全面的备件销售和发行网络，库存拥有约50万种不同类型的零件，以便支持世界各地的机队。全球配送中心分布在西雅图、洛杉矶、亚特兰大、新加坡、北京、伦敦、迪拜以及阿姆斯特丹，为全球客户提供服务。一套先进的大型计算机系统连接所有的备件中心，可即时监控库存情况。波音公司每年要处理约 180 万次的零备件发货。为了方便快捷，客户可以通过链接 My Boeing Fleet 门户网站，订购备件并跟踪出货情况。

——维护和工程服务：波音民用航空服务部开发、管理并交付机队维护和工程支持所需的大量技术信息。

——机队增强和改装：波音民用航空服务部可以帮助航空公司改装飞机布局，增强机队性能，改善客舱设施。

——飞行运营支持：波音民用航空服务部为航空公司的飞行运营提供全面支持，包括创新性信息管理解决方案和全球培训网络。提供的其他服务内容还包括飞行培训和技术数据出版物，例如飞行手册、签派差异指南、最少设备主清单和其他相关文件，其中很多资料可以在 My Boeing Fleet 网站上获得。还提供飞行运营工程支持和模拟机数据支持。

波音公司的信条是："从课堂到机场，航空公司可以信赖波音的无可比拟的支援，这是波音每天都骄傲地履行的一个承诺。"今天，服务和产品一样重要，它们是波音公司开拓和巩固市场的两大法宝。

波音商用飞机部下属的杰普逊公司位于科罗拉多州安格尔伍德，主要从事航空地图、导航服务、飞行计划、飞行员供应、飞行培训和出版软件等业务。

我国航空工业与波音商用飞机公司以及前麦道公司民机部有良好的合作。早在 20 世纪 70 年代我国就曾引进 10 架波音 707 客机；80 年代开始我国西安飞机公司和上海飞机公司就为波音生产波音 737 飞机的平尾和垂尾；90 年代又承接了 737 和 757 飞机的机身尾段；目前波音所需 737 平尾和垂尾两项部件的 70%来自中国。近年来波音的转包生产还扩展到我国成都飞机公司(简称成飞)(787 方向舵，747－8 平尾等)、昌河飞机公司(767－300BCF 部件)、哈尔滨飞机公司(简称哈飞)(787 翼身整流罩)等。1985 年我国民航公司和上海航空工业公司与麦道公司签订了合作生产 MD－82 飞机的协议，内容主要包括：民航购买 25 架 MD－82 飞机；这些飞机由上海航空工业公司组装；麦道提供组装所需零部件和技术资料，提供培训和专家指导；美国联邦航空局 FAA 批准 MD－82 的生产许可证延伸到上海；飞机的售后服务则由麦道负责。自 1987 年开始上海组装的飞机陆续交付，到 1991 年 25 架 MD－82 飞机交付完毕。1989 年 12 月续签了生产MD－82和 MD－83 各 5 架的合同，1994 年 10 月，后 10 架合同完成，5 架MD－83返销美国，5 架 MD－82 交付中国用户。根据协议，麦道要安排价值相当于协议总值 30％的补偿贸易，通过从中国购买飞机零部件和其他产品来实现。据此我国上海航空工业公司为麦道制造了 MD－82 的主起落架舱门等 11 项部件数百架份，成都飞机公司则向麦道交付了 100 多个MD－82机头部件。20 世纪 90 年代我国又与麦道公司签约合作生产 20 架MD－90 客机。与 MD－82 项目相比，在 MD－90 项目中机体的国产化达到 70％。但在 1999 年 10 月首架 MD－90 取得适航证时，麦道公司已与波音公司合并，波音决定 MD－90 停产。MD－90 合作生产项目在 2000 年 3 月交付第二架飞机后终止。应该说，麦道飞机项目为我国的民机产业打下了基础。

波音公司与中国航空工业建立了良好的合作关系。

（二）综合防务系统部（Integrated Defense Systems，IDS）

波音公司综合防务系统部有员工 71 473 人，2002 年 6 月由以前的军机和导弹系统分部，以及空间和通讯分部合并而成；总部和主要设施设在密苏里州圣路易斯，总裁是詹姆斯·阿尔保；收入 387.91 亿美元，占全公司收益的56%。

波音公司最新的波音787客机于2007年7月8日出厂。

该业务部设有以下分部：

1. 先进系统分部(Advanced Systems)——负责发展波音的空间和防务客户所需要的技术，与公司的预先研究发展单位“鬼怪工作部”(Phantom Works)合作。

2. 网络和空间系统分部(Network and Space Systems)——负责“未来作战系统”(Future Combat Systems, FCS)、火箭发射系统、导弹、卫星和其他网络服务、航天飞机、空间站等(与洛克希德·马丁公司合作)项目。分部的总部设在弗吉尼亚州，总裁是罗杰·克隆(Roger Krone)，下属波音卫星发展中心(以前的休斯公司电子部)和波音防务英国有限公司。

3. 精确打击和机动系统分部(Precision Engagement and Mobility Systems)，该分部的总部设在弗吉尼亚州。总裁为约翰·洛卡德(John Lockard)。负责的项目有：

战斗机：F/A-18E/F“超级大黄蜂”舰载战斗攻击机、F-15/15E“攻击鹰”和AV-8垂直起降战斗机等；

电子战攻击机：EA-18G“咆哮者”(Growler)；

运输机：C-17“全球征服者”(Globalmaster)、空军一号等；

直升机：AH-64D“阿帕奇”、CH-47“支奴干”、V-22“鱼鹰”和可倾四转子飞机(Quad TiltRotor,与贝尔公司合作)、A－160T“蜂鸟”(Humming Bird)无人直升机等;

加油机:KC－135、KC－10、KC－767等;

预警、通讯、巡逻机:EC－135、E－3、E－4B、E－6、E－8、E－10、“楔尾”(Wedgetail)、P－8“海神”(Poseidon)等;

无人机:X－45C、X－48B等;

教练机:T－43、T－45“苍鹰”(Goshawk)等。

导弹:“波马克”(BoMARC)、AGM－48“空中弩箭”(Skybolt)、“鱼叉”(Harpoon)、AGM－86 ALCM巡航导弹、AGM－114“地狱火”(Hellfire)、AGM－109“战斧”(Tomahawk)、“硫磺石”(Brimstone)等。

X－45是美国国防先进研究计划局(DARPA)和美国空军联合提出的一项先期概念演示计划,其主要任务是用来验证无人作战飞机(UCAV)的技术可行性。图为波音公司负责研制的X－45A,已经十分成功。

4. 支持系统分部(Support Systems),负责维护、修理、大修、材料管理、培训、国际业务、先进后勤系统等。该分部的总部设在圣路易斯,总裁是帕特·芬纳然。

波音IDS在近期的两项战斗机竞标中失利,其YF－23败于洛克希德·马丁公司的F－22“猛禽”(Raptor),YF－32败于同一公司的F－35“闪电”Ⅱ,而F－15和F/A－18目前没有新的订货。虽然波音IDS手中有不少研制项目,在F－22项目的生产中也参与了一部分,但生产任务仍严重不足,正面临需要裁员7 000人的局面,真可谓“大有大的难处”。

IDS正在研制中的新产品主要包括EA－18G电子战攻击机、KC－767加油机、“楔尾”预警机、P－8“海神”海上巡逻机、X－48无人战斗机、四转子倾转旋翼机、A－160T“蜂鸟”无人直升机等。直升机方面将有500余架CH－47D和CH－47E被升级改造或“重新制造”为CH－47F和MH－47G,可使该机的生产线延长到2018年,服役期将延长至2030年。以下对一些重点项目做进一步介绍。

波音公司各种军用飞机生产概况

已停产的飞机		尚在生产和可继续生产的飞机		
型号	架数	型号	已交付架数	订货架数
KC－135	732	F－15/15E	1 198/334	
KC－10/KDC－10	60/4	F/A－18/18E/F	1 480/400	澳订购 24 架
E－3	68	EA－18G		57 ＋ 澳 6 架
E－6	16	C－17	158	190 ＋ 16(出口)
CH－47	1 000＋	KC－767		8
T－43C	19	AH－64D	1048	
T－45	207	V－22		458
B－52	744			

(1) EA－18G"咆哮者"电子战攻击机

波音在 F/A－18E/F 的基础上研制了 EA－18G 舰载电子战攻击机,2006 年 8 月首飞,2007 年开始生产,2009 年开始部署,用来替代 EA－6B。该机单价 6 600 万美元,美国海军已订购 57 架,计划将购买 85 架。澳大利亚拟将其订购的 24 架 F/A－18E/F 中的 6 架改为 EA－18G。EA－18G 与 F/A－18F 有 90%相同,如机体、有源相控阵雷达和武器系统等。该机上装有的专用电子攻击设备包括 AN/ALQ－218 宽波段接收器和 ALQ－99 高低波段战术干扰装置吊舱,最多可装 5 套 ALQ－99,可进行探测并对各种地对空导弹进行干扰。另外该机还装有 2 枚 AIM－120 自卫导弹和 2 枚 AGM－88 高速反辐射导弹。

(2) KC－767 加油机

当前美国空军的 KC－135 已使用了 40 多年,维修费用高昂。美国空军准备花 400 亿美元购买 179 架新的加油机。波音根据用户需要推出"全球加油机"(GTTA)方案,即研制以波音 767 客机为基础的 KC－767。波音还投资研制各种加油系统,包括电传操纵的可伸缩的中央加油杆和翼尖的软管及漏斗形接套等。2007 年 1 月,KC－767 和一架 B－52 轰炸机进行了空中"干接触"(未实际加油)试验。KC－767 最大可载油 88 500 千克,获得了意大利空军订货 4 架以及日本的订货 5 架。波音建议将 100 架 KC－767 租赁给美国空军,但遭到国会的质疑。2003 年 12

月，美国国防部宣布冻结该项目，并调查其涉及的腐败问题。前采购女官员达理恩·德鲁延因涉嫌与波音有勾结而被判有罪，入狱9个月。波音总裁康迪特辞职，总财务官希尔斯被停职。20世纪90年代中期，欧洲宇航和防务公司就推出了多用途加油运输机（MRTT）计划，以空客A300、A310或A330为基型发展空中加油机。在得到德、英、加、澳等国的订货后，就把目标瞄准加油机最大的用户美国。2002年EADS推出A330MRTT来回应美空军的要求，并提出准备投资6亿美元在美国亚拉巴马州的莫比尔建立装配厂，并与诺格公司合伙研制，使其成为美国出产的产品。另外，此计划还可创造1 000个就业机会，这样就可以赢得美国国会的支持。

2008年2月底美国空军宣布，EADS和诺格公司合作提供的方案中标，并宣布新加油机的代号为KC-45。合同价值将达350—400亿美元。如果要将现有的KC-135全部更换，则合同总价可望达到1 000亿美元。空军的有关人员认为，A330之所以能赢得合同，主要是其运输能力大，仅内部油箱的最大载油量就达111吨，比KC-767多50%。在保持加油机布局的情况下仍具备良好的人员和货物的运输能力，最多时可运载285名人员。对于美国空军的决定，波音表示失望，要求美国审计总署(GAO)进行调查。某些国会议员也纷纷对让欧洲来提供加油机表示“非常愤怒”，原决定最终被推翻。国防部修订了招标要求，新的招标要求到2010年2月才公布，EADS和诺格公司表示该招标要求明显偏袒波音公司，决定退出竞标。目前波音成为该项目的唯一竞标者。

(3)“楔尾”

此项目是以737飞机为基础的空中预警机。1997年波音IDS得到澳大利亚空军合同，要求提供4架空中早期预警机，后来决定增订2架。设计以737公务机为基础，装用诺·格公司电子系统部的多用途电子扫描阵雷达(MESA)，雷达装在机身顶上的一个脊翼上，可同时进行空中和海上搜索；其他改装包括机身腹部的翼面，以平衡雷达的重量，机头装有反雷达装置，以及翼梢和尾部。按澳大利亚空军的要求，机舱内装有10个操作柜，另留2个空位。人员配备为飞机驾驶2人，任务执行8—10人。

该项目原计划2006年开始交付。但后来由于整合中的问题，计划一再推迟。首批 2 架在西雅图装试，后 4 架将在澳大利亚装试。全部飞机将由澳大利亚空军第 2 中队的威廉镇基地运行。在此项目中，波音和由诺格公司、波音澳大利亚有限公司、英宇航系统澳大利亚公司以及“快达”防务服务公司组成的团队共同合作。波音澳大利亚有限公司提供培训、维护和支持，以及负责地面支持系统。“快达”提供飞机的维护和支持。2006 年 6 月 29 日，波音宣布，由于雷达和感测计算机系统的整合问题，项目计划推迟 18 个月。到 2009 年 7 月初首架交付，计划到 2010 年初全面达到性能。波音将承担 11 亿美元因推迟而产生的费用。

除了澳大利亚之外，2005 年土耳其空军也订购了 4 架，还可选购 2 架。土耳其宇航工业公司(TAI)等将承担部分零件制造以及飞机的改装和试验。首架在西雅图装试。此后 4 架将在安卡拉装试。2006 年 11 月，波音击败竞争者以色列宇航工业公司的艾尔塔(IAI Elta)分公司的以湾流 G550 为基础的预警机方案，得到韩国 4 架订货，拟于 2012 年交付，潜在用户还有意大利和阿联酋。

(4) “海神”多用途海上飞机

波音的 P－8A“海神”多用途海上飞机是由波音商用飞机分部和综合防御系统分部共同发展的，将被用来替代老旧的洛克希德公司的 P－3“奥里安”反潜巡逻机，这是一项典型的民转军项目。P－8A 选用波音 737－800 的机身，737－900ER 的机翼，装两台 CFM56－7 发动机，单台推力 120 千牛，最大起飞重量 85 吨，升限 12 500 米，航程 2 222 千米。美海军订购 108 架，印度也订购 8 架。

P－8A 项目计划制造 5 架原型机，2 架做静力试验、3 架试飞。首飞在 2009 年进行。2013 年第一个 P－8A 中队服役。P－8A 可执行远程反潜，反水面舰艇，情报监视、侦察等任务，所携带的 120 个声呐浮标全部位于机内，可根据任务需要随时设置和更改，由三个旋转发射器发射。升限和续航时间的增加使 P－8A 可同时监控更多的浮标并覆盖更广阔的搜索海域。P－8A 装有多种任务传感器，包括用来接收声呐浮标发出的无线电信号的天线、可将音频数据转变成视觉信号的声学处理器、光电/红外传感器和各种雷达、磁异常探测器等。此外，机上还装备了自卫组件，可携带 11 枚武器。P－8A 机组人员为 9 人。由于其具有较大的内部空间，可容易地进行系统升级。

IDS 另外一些尚在原型机开发验证阶段的新项目包括 X-48 无人战斗机、四转子倾转旋翼机、A-160T“蜂鸟”无人直升机等。

IDS 还设有与洛马公司合资的一些公司：海上发射公司（Sea Launch）、联合发射联盟（United Launch Alliance，ULA）和联合空间联盟（United Space Alliance，USA）。

（三）空中通讯联络部（Connexion by Boeing，CBB）

波音提供的空中通讯联络（CBB）是飞行中的连线服务，可使旅客们在搭乘飞机旅行时进行高速因特网连网。该应用系统装在飞机上的一个相控阵天线或者一个机械操纵的 Ku 波段天线上，租用卫星应答器和地面站进行工作。该项服务于 2004 年在德国汉莎航空公司的航线上启动，随后全日空、日航、北欧航空等公司签约获得此服务。2005 年华航、新加坡和韩国的航空公司也提供了这项服务。2005 年波音还启动在国际航班上提供实时的电视节目的项目。

至于使用该项服务的定价各个航空公司有所不同，一般的价格是每使用 1 小时 9.95 美元，付 29.95 美元即可无限制地使用。实践了一段时间之后，波音发现没有足够的用户使用这项服务，虽然欧洲市场还算兴旺，但是美国国内的航空公司却无法达到收支平衡（每架飞机的投资是 50 万美元）。2006 年 8 月，波音决定于 2006 年 12 月 31 日午夜终止该项服务。但波音空中通讯与美国政府的合同将继续执行，改称为“波音宽带卫星通讯网络”。

（四）空中交通管理部（Air Traffic Management，ATM）

波音公司空中交通管理部成立于 2000 年 11 月，总裁是约翰·海赫斯特。波音多年来一直致力于改进空中交通管理。随着空运数量的急剧增长，如果空管设施不加以改造，航空公司将无法扩充其机队，波音也就无法销售飞机。于是，波音从商用飞机部和综合防务系统部（IDS）的空间和通讯部抽调了一部分掌握这方面技术的专业人员组成一个新的业务单位——空中交通管理部，直接受总裁的领导。其实，改进空中交通管理本身对综合防务系统部也是有利的，因为使用范围不断扩展的无人机也需要解决空域问题。

波音认为空中交通管理不是一个技术问题，而是一个政治问题，需要将很多利害关系方组织起来一起工作，形成一个长期共享的前景。波音已经开始做美国和欧洲的一些政策制定人的工作，以明确改造的必要性，制订出下一代系统的各项要求。航空公司的目标是同样的，但是空中交通管理的利害关系方的想法差异很大。阐明要求的文件虽非完美，但较过去的要好得多。波音希望美国政府对下一代系统做出承诺，成立一个高层的多部门的项目办公室，及时得到国会的拨款，明确承诺实施空管系统的改造。

(五)"鬼怪工作部"(Phantom Works)

"鬼怪工作部"是由麦道在与波音合并前建立的，总部位于密苏里州圣路易斯市，有员工约 2 600 人；三个主要工作场所分别位于圣路易斯、南加州和华盛顿州的普吉湾；总裁是鲍勃·克雷杰。波音设在西班牙马德里的研究和技术中心也是该工作部的一个部分。

"鬼怪工作部"是波音公司的预研发展单位，是创新技术的催化器，是将未来飞行和空间活动的梦想变成现实的地方。该单位的任务是提供先进的系统方案(例如先进的国土安全和空中交通管理系统)和突破性的技术(例如先进的航电设备和复合材料)，这些系统和技术将显著地改进宇航产品和服务的性能质量和成本效益。在工作过程中"鬼怪工作部"在波音公司的各个业务单位和产品线之间互动，所以也起到一个整合的作用。

"鬼怪工作部"的研究经费有两个来源，1/3 来自波音内部，2/3 来自外部，即政府部门。研究人员按先进系统和先进技术组成小组，总共有 375 个系统和技术项目。先进系统小组致力于特定的新项目，其经费来自具体的业务单位，如美国陆军的"未来作战系统"项目的经费就由综合防务系统部出。先进技术小组则致力于为波音各个业务单位提供通用的工程设计技术、信息技术和制造技术，其经费就由波音公司的公共资金出。波音公司每年拿出收入的 3% 投入研发工作，大部分拨给业务单位的项目，如在 787 项目中鬼怪工作部得到约 1/4，相当可观。还可从国防预研项目局、国家航空航天局、海军研究局和美国空军研究实验室获得经费。

近期开展的项目有：X－32 联合攻击战斗机、"捕食鸟"(Bird of Prey)隐形战斗机、A－160"蜂鸟"无人直升机、X－37 先进技术演示机、

"超级鹈鹕"(Pelican ULTRA)超大型运输机、X-48 机身机翼一体化无人战斗机、X-53 主动气动弹性机翼(Active Aeroelastic Wing),以及与贝尔公司合作发展的"四转子倾转旋翼机"等。"鬼怪工作部"还致力于:先进的平台系统、材料、结构和制造技术、精益有效的设计方法和工具、精益的支持和服务,以及中心网络(Network-Centric)等。这些技术将被转移到当前的和预研中的军用和民用项目中去,以缩短周期并降低成本、改进质量和性能。

为了中长期需求的系统方案的开发,"鬼怪工作部"已确定了一系列关键项目,包括情报系统、多功能结构、先进材料和工艺等。至于更长期的项目,"鬼怪工作部"也开发一些"前沿"概念,确定一些业务单位尚未列入计划但具有发展潜力的产品和服务进行开拓性研究,如一种可在先进的空中管理环境中自动驾驶飞行的"空中汽车"个人运输系统等。

"鬼怪工作部"的研究人员不是完全固定的,每年约有 10%的流动。研究人员进入工作部进行研究,然后带着项目到业务单位去。工作部的业绩以转让给业务单位的技术的价值来衡量,例如当摩擦-搅拌焊接技术转移给"德尔塔Ⅳ"火箭项目时,每个油箱可节约 1 万美元。曾有一年技术转让的价值达 40 亿美元。

在"先进的低成本结构和制造"项目中,专家们致力于开发各种采用先进材料并用可靠的低成本的方法制造的创新结构方案,在加以验证后转移到波音公司的各个业务单位投入实际使用。这些技术包括:整体化结构、装配自动化、化学工艺、复合材料和耐高温非金属材料、原型件的直接数字化制造工艺等。

"鬼怪工作部"也为波音带来了新业务,例如赢得了国防预研项目局和美国空军的无人战斗机的演示合同,到开始开发时就转移给综合防务系统部;未来战斗系统项目也是这样。这些都是价值数亿美元的大项目。

(六) 公共服务部(Boeing Shared Services Group,SSG)

公共服务部设在华盛顿州伦顿市,有雇员近 9 000 人。该部为公司总部及其各个业务单位提供有效的公共服务,包括波音公司所有的现场服务、设施的维修和用于生产之外的物品的购买等。该部还负责在全公司范围内指导对灾害的预防和应对、保持业务的连续和安全运行、劳动力的雇佣和培训，以及所有公司雇员的旅行服务。该部还提供各种福利项目、虚拟工作场地、创新服务、运输和保护服务。该部通过波音房地产公司(Boeing Realty)管理公司所有拥有或租用的房地产的收购和出售业务。

公共服务部推动公司企业文化的发展。帮助员工扩展和更新其技能以改善他们就业和升迁的机会，公司支付学费的各种培训项目鼓励员工不断提高自己。

(七)波音投资公司(Boeing Capital Corporation)

波音投资公司的前身麦道财务公司成立于1968年，1997年波音并购麦道公司时更名。该公司位于华盛顿州伦顿市，有雇员171人。该公司的两个分部提供以资产为后盾的租赁服务："飞机财务服务"分部可为航空公司或政府用户提供其感兴趣的波音飞机的财务和租赁服务；"空间和防务财务服务"分部则为波音综合防务系统部的用户提供同样的服务。

三、走向全球

为了能更积极地走向全球，波音任命了一位国际关系高级副总裁，并从有担任外交官经验的人员中选用一批"国别总裁"，派往那些在市场和宇航能力方面对波音都有价值的国家，去担任波音公司驻该国的总裁。要求这些人努力去发现怎样可以在当地从人员、资源、智慧、财务和销售等方面为波音创造利益。驻各国的波音公司总裁除了销售商用飞机之外，还要去建立更密切的供应商关系，确定兼并和收购目标并开辟防务市场等。

波音已在一些国家取得进展，如在澳大利亚。1997年波音澳大利亚股份公司建立，总部设在布里斯班，有员工4 000人。主要业务包括商用飞机、军用飞机、武器、航天项目支持、模拟、运行和维护、计算机服务等。公司下有波音澳大利亚有限公司和霍克·德哈维兰公司等。

波音还在莫斯科建立了设计中心，有400名工程师分两班工作，会同在西雅图的同行，具有每天24小时的设计能力。波音还将在西班牙的马德里开设第一个美国之外的研究技术中心，第二个计划设在亚洲。除了在法、德、意、俄、英、西班牙、土耳其等国派驻国别总裁外，波音还任命了一位驻欧盟和北约的代表。

第三章　防务巨人——洛克希德·马丁公司

1995年洛克希德公司(Lockheed Corporation)和马丁·玛丽埃塔(Martin Marietta Corporation)公司合并组成洛克希德·马丁公司(简称洛马公司,Lockheed Martin Corporation),成为世界最大的防务合同商。1996年1月洛克希德·马丁公司又收购了罗拉尔公司(Loral Corporation)的防务和系统整合部。

2008年洛克希德·马丁公司有员工146 000人,销售金额为427.31亿美元,人均销售额为292 678美元;利润为51.31亿美元,人均35 144美元;利润率为12.0%;在英国《飞行国际》杂志2009年的宇航企业排名榜上按销售金额排第3位;主席兼总裁兼首席执行官是罗伯特·斯蒂文斯(Robert J. Stevens);总部设在马里兰州贝赛达。

一、发展历程

1912年埃伦和马尔科姆·劳希德兄弟二人在美国加州圣芭巴拉创立劳希德飞机制造公司。1926年公司改为洛克希德飞机公司。1929年该公司被卖给了底特律飞机公司,但大萧条使底特律飞机公司破产。1932年以罗伯特·格罗斯为首的一群投资人买下了洛克希德公司,1934年罗伯特·格罗斯被任命为新的洛克希德公司的主席。

该公司第一种成功的机型是"维佳"(Vega),制造了141架,创造了不少纪录。1930年洛克希德发展了一种小型双发运输机L-10"埃莱克特拉"(Electra),第一年生产就卖出了40架。1937年阿梅莉亚·埃尔哈特及其领航员弗雷德·努南进行的失败的环球飞行所驾驶的就是该型飞机。二战前和二战期间向美国军方和英国皇家空军提供的主要用于反潜的"赫德森"(Hudson)轰炸机也是以"埃莱克特拉"作为基础的。

二战开始时洛克希德在著名飞机设计师克莱伦斯·约翰逊

(Clearence Johnson)的指导下推出一种截击机，即 P-38“闪电”(Lightning)战斗机。P-38 设计独特，能完成对地攻击、空中格斗甚至战略轰炸等任务。与其他机种相比，P-38 击落的日本飞机最多，它还被用于击毙袭击珍珠港的策划人——日本海军上将山本五十六的战斗。

P-38 双发对转螺旋桨战斗机，是二战期间美军头号王牌飞行员理查德·邦的坐骑。

二战期间洛克希德与环球航空公司(TWA)合作开发了四发的“星座”(Constellation)运输机，用于民用和军用运输。二战期间洛克希德连同其维佳分公司总共生产了 19 278 架飞机，其中包括 2 600 架“温图拉”(Ventura)轰炸机、2 750 架 B-17“飞行堡垒”轰炸机(按波音的许可权)、2 900 架“赫德森”轰炸机和 9 000 架 P-38“闪电”战斗机等。可搭载 43 名旅客，速度达每小时 480 千米的“星座”投入生产后，首批飞机即被军方所接收，到战后各个航空公司才得到他们原先订购的飞机。这使洛克希德在战后民航事业的现代化高潮中比其他飞机制造商领先一年。

SR-71“黑鸟”是三倍声速的侦察机。1990 年 3 月 6 日，一架“黑鸟”在从洛杉矶飞往华盛顿国家航空航天博物院永久收藏时，创下一项用 67 分 54 秒从美国西海岸飞抵东海岸的新纪录

1943 年洛克希德开始在其勃班克工厂秘密研发一种新型喷气战斗机 P-80“流星”(Shooting Star)。此后该秘密工厂归洛克希德的“预研部”主管，通常被称为“臭鼬工作部”(Skunk Works)，该部门后来迁至帕姆戴尔，在洛杉矶以北 128 千米。“臭鼬工作部”因设计开发了很多成功的产品而著名，包括 20 世纪 50 年代后期的 U－2 高空侦察机、60 年代的三倍声速的 SR－71“黑鸟”(Black Bird)侦察机和 70 年代的 F－117“夜鹰”(Night Hawk)隐形战斗机等。“臭鼬”工作部常常能在较短的时期内以有限的人力完成高质量的设计。

链接：“臭鼬工厂”的来历

美国洛克希德公司有一个飞机设计班子，1943 年在著名飞机设计师凯利·约翰逊领导下成立，正式名称是“高级发展计划部”，但更多的人只知道它的绰号叫“臭鼬工厂”，有人也叫它“鼬鼠工程队”。

几十年来，十多种在世界颇享盛誉的飞机都出自“臭鼬工厂”之手，包括二战名机 P－38“闪电”、美国第一种喷气式战斗机 F－80“流星”、两倍声速的 F－104、两代“间谍飞机”U－2 和 SR－71、第一种隐身战斗机 F－117、美国第四代战斗机 F－22 和 F－35 等。除了飞机，它还创出一套工作原则和方法，在全世界航空界产生深远的影响，被公认为“在费时最少、保密性最高的情况下，在取得突破性设计方面创造了无与伦比的纪录”。今天，虽然它的带头人约翰逊已经离开人世，但“臭鼬工作部”的组织形式、工作方法仍然受到航空界的普遍推崇。

“臭鼬”工作部的标记。

也许有人会问，洛克希德公司的设计班子为什么取了“臭鼬”这个怪名字？据约翰逊本人回忆，这完全是一个偶然事件造成的：由于战时严格保密的需要，也为了提高工作效率、防止精神涣散，当时他的班子规定与型号无关的人不许随便进出。有一次，一位外面的人在闲谈中信口问卡尔弗工程师，“约翰逊在那里搞什么名堂？”卡尔弗随口回答道：“哦，他在搅拌某种饮料。”这个回答使人们把他们和当时最流行的通俗连环画《科尔·阿布纳》联系起来，连环画中有一个长头发的印第安人总是在一个大缸中搅拌着，不时投进去鼬鼠、旧鞋、破袜子等材料来配制他的“果汁”，就这样，约翰逊的设计班子被戏称为“臭鼬工作部”。今天，小鼬鼠的形象在航空界几乎和迪斯尼乐园的唐老鸭一样无人不知，在洛克希德公司很多出版物、建筑物、流动货车上，都可以看到小鼬鼠的标志。

1992年12月，“臭鼬工作部”从原来的驻地伯班克迁往帕姆代尔新址，并成为一家独立的公司，在迁址仪式上，洛克希德公司领导人表示，要继续发扬“臭鼬工作部”的传统，在一举收购通用动力公司（F－16的生产厂）战斗机业务的新形势下，让“臭鼬工作部”在公司未来的发展中发挥更大的作用。

20世纪50年代到80年代洛克希德公司发展生产的军用飞机项目包括：

F－104“星”（Starfighter）战斗机。该机是世界第一种速度达M2的战斗机，除美国外还在加拿大、德国、意大利、比利时、荷兰、日本制造，共生产了2 576架；

F－117“夜鹰”隐形战斗机，共生产64架；

U－2高空侦察机，共生产了86架；

U－2飞机是洛克希德公司的著名设计师约翰逊设计的高空侦察机。按照能高空飞行、燃油消耗最少、航程最长、续航时间应在10小时以上等条件，最后设计出来的飞机很像一架滑翔机。从1962年9月到1967年9月，先后有5架U－2在我国被击落。

SR－71“黑鸟”侦察机，速度可达M3，共生产了29架；

P－3“奥利安”（Orion）反潜巡逻机，洛克希德公司制造了650架，另外川崎重工制造了107架；

C－130“大力神”战术运输机，有 40 多种改型，总产量超过 2 300 架，在 50 个国家和地区服役，至今 C－130J 仍在生产。2007 年，继“堪培拉”、B－52、图－95 和 KC－135 之后成为第五个在原始用户连续服役 50 年的飞机。

S－3A“北欧海盗”(Viking)舰载反潜机，共制造了 187 架；

C－130“大力神”(Hercules)四发涡桨运输机。该机有很多种改型，共生产了 2 200 架以上，改型的 C－130J 仍在继续生产；

C－141“运输星”(Starlifter)四发喷气运输机，共制造了 285 架；

C－5A/B“银河”(Galaxy)可载重 120 吨的重型战略运输机，共生产 127 架，除有 14 架退役外，有 2 架扩大仓容，称为 C－5C，其余 111 架更换发动机，性能显著改进，称为 C－5M，可继续服役 40 年。

在民机方面，20 世纪 70 年代初洛克希德公司开始研制 L－1011“三星”宽体客机。为了与麦道公司竞争日本全日空航空公司(ANA)的订货，洛克希德公司向日本官员贿赂了 24 亿日元，其中当时的首相田中角荣得 5 亿日元(约合 300 万美元)。1976 年丑闻被公开揭露，田中被捕，后以 2 亿日元保释。1983 年东京地方法院判处田中 4 年有期徒刑，罚款 5 亿日元。在洛克希德方面，丑闻的暴露使公司主席丹尼尔·霍顿和副主席兼总裁卡尔·柯钦被迫辞职。洛克希德公司决定该机在交付了第 250 架后停产，这只是达到收支平衡所需的飞机架数的一半。该项目的失败使洛克希德被迫退出了民机市场。

洛克希德公司在战略导弹和航天方面的项目有：

“北极星”(Polaris)潜艇发射固体燃料弹道导弹；

“海神”(Poseidon)导弹；

“三叉戟”(Trident)导弹；

“爱琴娜”(Agena)宇宙飞船，它是世界上第一个带推进和机动发动机的宇宙飞船，可用作发射火箭的第二级或侦察系统的运载器，从 1959

年到1987年共发射了365个；

“科罗娜”(Corona)卫星，它是美国第一个照相侦察卫星系统，1960—1972年间收集了80万张照片，分辨率从8米改进为2米；

“阿波罗”发射逃逸系统和“哈勃”空间望远镜等。

马丁公司的历史始于1905年，当时格伦·马丁(Glenn Martin)开始制造滑翔机，他聘请了唐纳德·道格拉斯帮助他研发新飞机。不久他们就生产出一种小型教练机，出售给军方。后来他们又研发了一种双发轰炸机MB-2。在军方的鼓励下，马丁继续开发了B-10轰炸机并因其优异性能而获奖。1929年马丁移居巴尔的摩，道格拉斯同他分道扬镳，在加州开办了他自己的飞机公司。

为实现“全球战略”、加强“灵活反应能力”和“战略空中机动能力”，洛马公司研制了美军载重量最大的C-5“银河”亚音速远程军用运输机，能够将美军各种重型武器装备(例如M1A2主战坦克和MH-53直升机)运送到全球各地。

在继续研发轰炸机的同时，马丁也开始发展商用客机。在泛美公司的财务支持下，马丁研发了M-130“中国飞剪”号。该机重26吨，可载32名旅客飞行4 000千米从旧金山飞达火奴鲁鲁。二战期间马丁公司为盟军生产了数千架飞机，包括A-30“巴尔的摩”、B-26和B-29轰炸机、PBM海上飞船和70吨的“火星”两栖运输机等。战后马丁重返商用飞机市场，但未获成功。1951年年底乔治·本克和布拉德福德·沃尔顿接管了公司，1954年成功地扭亏为盈。马丁公司为美国空军改型制造了英国电气公司的“堪培拉”轰炸机，空军编号为B-57。接着公司的业务进入火箭和导弹领域，第一个项目是“北欧海盗”(Viking)大高度科研火箭，接着是“先锋”(Vanguard)导弹。到1960年，该公司已经是制造第二代火箭如“大力神”Ⅱ(Titan Ⅱ)等的领军者。但是与波音、道格拉斯，以及洛克希德等大公司相比，马丁公司在竞争中还是处于弱势。

20世纪30年代，马丁公司研制的M-130中有一架命名为“中国飞剪”号(China Clipper)，成为美国跨太平洋航运的开路先锋。图为“中国飞剪”飞越香港维多利亚港湾。

最终，马丁公司难以适应国防部不稳定的采购方式。1960年12月马丁公司的最后一架飞机下线后就只生产导弹，包括“斗牛士”(Matador)、“大力神”Ⅰ型及Ⅱ型和“潘兴”(Pershing)等型号的洲际弹道导弹。“大力神”Ⅲ型带有固体助推火箭，用于发射重型卫星，Ⅵ型曾用于发射国家航空航天局(NASA)的“卡西尼”土星探测器。

1961年马丁公司通过与一家制造化学产品和建筑材料的美国玛丽埃塔公司(American-Marietta Corporation)合并成立马丁·玛丽埃塔公司，以实现其产品多样化。1968年马丁·玛丽埃塔公司又收购了哈维铝业公司(Harvay Aluminium)。虽然该公司的航天项目使其闻名世界，但在20世纪60年代后期到70年代初期仍然是铝和建筑材料的主要生产商。1969年公司宇航部被选来主持1976年登陆火星的两个太空舱的制造。1973年公司签订了为NASA制造航天飞机的外燃料箱的合同。

1982年马丁·玛丽埃塔为了应对本迪克斯(Bendix)公司提出的恶意收购,造成负债13.4亿美元。为了减轻公司的债务,公司舍弃了其生产水泥、化学品和铝材的业务。20世纪80年代后期,公司活跃于能源、电讯和信息系统等领域,包括计算机技术、人工智能技术的设计、组织和管理。但即使有了这种多样化,马丁·玛丽埃塔80%的收入还是来自美国政府的合同。公司向五角大楼提供一系列武器系统,包括作为MX导弹的一个主要部分的“潘兴”Ⅱ导弹,用于空防的“爱国者”导弹和一种称为“铜头”的可制导的炮弹等。马丁·玛丽埃塔还发展了一系列用于战斗机的夜视装置。虽然在“挑战者”悲剧之后NASA的计划暂时被搁置,但公司继续为航天飞机项目制造外燃料箱。马丁·玛丽埃塔还是美国空间站的主要合同商之一。公司还为联邦航空管理局开发新的空中交通管理系统。

20世纪80年代中期,公司领导人诺曼·奥古斯汀(Norman R. Augustine)预见到美国防务预算的削减,开始推行“和平红利战略”来应对衰退,通过收购进入民用市场,以多样化战略保持财务的健康发展。1992年他以30亿美元收购了GE公司的航天业务,使公司的年销售额增加60亿美元,促进了马丁·玛丽埃塔在数字处理、人工智能和电子技术方面的发展。两年后马丁·玛丽埃塔又拓展了其在无线通讯和商用航空市场方面的能力。

但是该公司最具有戏剧性的行动是在1994年宣布同洛克希德实现“平等合并”,该合并案得到联邦贸易委员会的批准。1995年春这家涉足防务、空间、能源等领域的大型集团创建完成,成为世界最大的防务合同商。洛克希德的主席和首席执行官丹尼尔·泰勒普成为新公司的领导。经过一系列的整合重组,该公司形成了航空、航天和战略导弹、电子系统、信息和技术服务四个主要业务部门。两家公司的合并造成很多部门被精简,总人数从17万减为13万,到1999年进一步减为12万。

1996年1月,整合后的洛克希德·马丁公司收购了罗拉尔公司的防务电子和系统整合业务部。该分部是防务电子、通讯、空间和系统整合方面的全球领先者。罗拉尔的主席兼首席执行官伯纳德·施华兹与泰勒普以及奥古斯汀一起成为洛克希德·马丁公司的三人主席办公室的首批成员。

二、组织机构和主要产品

洛克希德·马丁公司设有四个业务部，各个业务部(公司)下还设有很多子公司，在美国的 46 个州的 500 多个城市里设有 1 000 余个工作场所，在 75 个国家和地区内设有机构，雇员人数达到 14 万。各业务部的主要业务如下：

洛克希德公司在沃尔斯堡的 F-16 生产线。

(一) 航空业务部

航空业务部总部设在得克萨斯州沃斯堡，总裁是拉尔夫·希思(Ralph D. Heath)，有员工 27 000 人。该分部主要在发展和生产的产品包括：

1. C-130J“超级大力神”(Super Hercules)

该机是 1999 年起服役的新改型，装用 4 台功率 3424 千瓦的罗罗公司 AE2100D3 涡桨发动机和道蒂(Dowty)公司的 R391 六叶半月形复合材料螺旋桨。

2. F－16“战隼”(Fighting Falcon)

F－16是全世界使用最广的单发轻型多用途战斗机，原先是由通用动力公司研制生产的，1993年该项目卖给了洛克希德公司。1978年推出的F－16A/B型，单价1460万美元，1984年推出C/D型，单价1880万美元。除美国外该机还曾在荷兰、比利时、土耳其、韩国组装制造，共制造了4400架以上，用于25个国家和地区的空军。中国台湾买了150架F－16A/B型，多年来还想买C/D型，一直没有实现。洛马公司还曾为阿联酋研发了F－16E/F型，装用推力达144千牛的F110－GE－132发动机，称为“沙漠隼”。

3. F－22“猛禽”(Raptor)

F－22“猛禽”隐形战斗机。

F－22性能优异。该机装2台普惠公司的F119发动机，带有矢量喷口，飞机的机动性好，可进行急转弯；不用加力燃烧室速度可达1.5马赫；飞机的高度隐形性保证了安全性；可为飞行员提供360度战斗空间；据称其杀伤力为F－15的三倍。F－22价格昂贵，单价约1.4亿美元。美国空军最初提出要750架，后减为381架，接着又降到243架的底线，但在2005年被国防部砍到183架。2009年空军又争取到增购4架，达187架。到2009年9月已交付145架。国防部提出到2012年年初完成第187架后停产。众议院则不同意停产，抛出再增产12架的提案，但被参议院否决，最终结局尚不得而知。为了应对数量不足的问题，空军正在制定一系列F－22的升级计划，以使其能发挥更大的作用。F－22虽然是洛克希德·马丁公司主持的项目，但波音公司也参与其中。波音公司西雅图工厂负责制造机翼和后机身等部件。

4. F－35“闪电”Ⅱ(Lightning Ⅱ)

F－35“闪电”Ⅱ战斗机以前称为“联合攻击战斗机”(Joint Strike

Fighter, JSF)。1996 年 11 月 16 日美国军方要求各公司提出一种用来替换几种目前在服役中的机型的战斗机方案,洛克希德·马丁公司和诺斯罗普·格鲁曼公司,以及英国宇航系统公司联合组成的团队提出了 X-35,波音提出了 X-32。2001 年 10 月 16 日,X-35 被选中,洛马公司胜出,被授予"系统发展和演示"(SDD)合同。2006 年 2 月 19 日首架 F-35A在沃尔斯堡工厂下线,随后进行了大量的地面试验,9 月 15 日发动机点火试验,12 月 15 日进行了首飞。

F-35 是单座单发隐形多用途攻击战斗机,可进行空中近距攻击、战术轰炸和空中战斗。据称其空战能力将仅次于 F-22,与传统战斗机相比,空对空作战要有效 4 倍,对地攻击要有效 8 倍,侦察和对地面防空力量的遏制要有效 3 倍,同时还可显著改进航程和简化后勤维护工作。F-35采用一体化航电系统,可将来自机载和机外传感器的信息进行融合,提高飞行员对处境的知情度。F-35 还采用高速数据网络、声音识别系统和头盔安装的显示装置等先进系统。

F-35 装用单台普惠公司的 F135 加力涡扇发动机。GE 公司和罗罗公司合作发展的 F136 发动机为候选发动机。按规定,F-35 试飞时和初期生产型均采用 F135,到第 6 批生产型飞机制造时发动机要经过竞标确定。对于短距起飞垂直降落型飞机所用的发动机,不论是 F135 还是 F136,其上都装有罗罗公司研发并制造的升力系统,其中包括升力风扇、传动轴、滚动杆和矢量喷口等。美国国防部曾多次提出撤销 F136 项目,但遭国会否决。

鉴于 F-22 价格高昂,美国又启动"联合攻击战斗机"(JSF)计划,被定位为低成本的武器系统,后定名为"闪电"Ⅱ,它是 20 世纪最后一个重大的军用飞机研制和采购项目,现在已经成为一个多国参加的合作计划。

美国是 F-35 项目的主要用户和财务支持者,英国、意大利、荷兰、加拿大、挪威、丹麦、澳大利亚、土耳其 8 国贡献了 43.75 亿美元。总研发经费约需 400 亿美元,将主要由美国政府承担。预计美国还将花 2 000 亿美元来购买 2 400 架飞机。9 个合伙国在 2035 年前可得到共计 3 100 架飞机。F－35 的单价在 5 000—6 000 万美元之间。

国际参与按贡献大小和购机数量分三个级别，英国是唯一的 1 级伙伴，贡献 25 亿美元。意大利和荷兰为 2 级，分别贡献 10 亿和 8 亿美元，其余均为 3 级。各个伙伴都力争更多的生产份额和技术转让。即使是作为 1 级伙伴的英国，也对美国限制对其转让软件技术而不满，威胁说要另行发展“台风”战斗机的海军型。

各个伙伴的分工：洛马公司负责飞机总装、系统整合、任务系统、前机身、机翼和飞行控制系统；诺格公司负责有源相控阵（AESA）雷达、中机身、武器库和拦阻系统；英国宇航系统公司负责后机身、尾部、飞行员生命支持和逃逸系统、电子战系统、燃油系统、飞控软件，并组装英国购买的飞机；阿莱尼亚公司负责意大利以及除美国和英国以外的国家所购买的飞机的组装。

F－35 有三种型别，三种型别的零部件有 80％相同：

F－35A 常规起降型（CTOL）：即空军型，是最小最轻的型别，将用来替代 F－16 和 A－10，美国空军计划购买 1763 架；

F－35B 短距起飞垂直降落型（STOVL）：尺寸与 A 型相似，因加上垂直飞行系统而重量增加，载油量减少，用来替代“鹞Ⅱ”。

F－35C 舰载型（CV）：机翼加大，可折叠，各个控制面加大，起落架加强，航程和商载增加，用来替代 F/A－18A/B/C/D。美国海军计划购买 480 架。

目前 F－35 战斗机还继续在试飞过程中。

航空业务部的生产设施包括：

1. 得克萨斯州的沃尔斯堡工厂，负责生产各型 F－16 战斗机，还是日本三菱重工 F－2 战斗机的转包商。该工厂还负责为 F－22 战斗机制造中机身和发展支持系统以及 F－35 战斗机的总装；

2. 佐治亚州的玛丽埃塔工厂，负责生产 C－130J 运输机并承担 C－141 和 C－5 战略运输机的发动机和航电更新，负责 F－22 战斗机的总装和试飞；

3. 加州的帕姆代尔工厂，为 F－22 战斗机制造前机身、驾驶舱、垂直和水平尾翼，以及隐形的机翼和尾翼前缘、襟翼、副翼、天线和天线罩以及

F－117的升级等任务；

4. 该部还在佛罗里达州、密西西比州、宾夕法尼亚州和西弗吉尼亚州设有工厂承制各种部件。

（二）空间和战略导弹业务部

空间和战略导弹业务部总部设在科罗拉多州丹佛，负责人为乔娜·马圭尔(Joanne Maguire)。主要业务为设计、整合和制造商用和军用卫星、导弹防御系统、战略导弹系统和NASA用来替代目前使用的航天飞机的“奥利安”飞船等。

该业务部设有以下分部：

1. 导弹防御系统部。其项目有：机载激光器(Airborne Laser，ABL)；终端大高度区域防御(Terminal High Altitude Area Defense，THAAD)；中度扩展的空防系统(Medium Extended Air Defense System，MEAD)；多目标击杀器(Multiple Kill Vehicle，MKV)等。

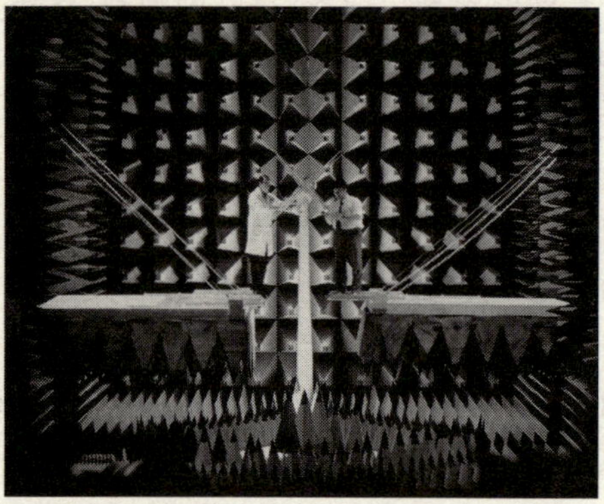

洛马公司的一个微波暗室，技术人员正在调试试验件。

2. 商业用空间项目部。该分部设计制造商业用地球同步通讯卫星。

3. 军用空间项目部。

4. NASA和民用空间系统部。制造“奥利安”飞船、“凤凰”飞船、“哈勃”空间望远镜等。

5. 潜射弹道导弹部。制造“三叉戟Ⅱ”型导弹。

该业务部总部虽设在丹佛，但主要工厂是在加州森内维尔，该地有40多处建筑，员工8 000人。商业项目的新工厂设在宾夕法尼亚州新镇，但最终整合和试验仍在森内维尔进行。在森内维尔附近的帕洛-阿尔托设有“先进技术中心”。

(三) 电子系统业务部

电子系统业务部设有以下分部：

1. 海上系统和传感器分部

该分部总部在新泽西州莫雷斯镇，员工13 000人，总裁是弗雷德·莫萨雷(Fred P. Moosally)，从事研发“沙漠鹰”无人机(Dessert Hawk UAV)、MK41垂直起飞系统、Aeqis战斗系统、F-16/F-35航电、“深水系统”项目等。

2. 导弹和火控分部

该分部总部在佛罗里达州奥兰多，另一主要工作场所在得克萨斯州大草原城，从研发生产空对空和空对地导弹，包括“长弓”和“地狱火”等反坦克导弹。

3. 模拟、培训和支持分部

4. 系统综合分部

该分部位于纽约州奥瓦格，员工5 000人。该分部原先是IBM公司联邦系统公司，1994年被罗拉尔公司收购，1996年罗拉尔并入洛马公司。从事B-52和A-10等飞机的电子升级等项目，是新一代美国总统直升机项目(VH-71/US101)的牵头合同商。

5. 先进技术实验室

6. 桑迪亚斯公司(Sandia Corporation)

(四) 信息系统和全球服务业务部

信息系统和全球服务业务部总部设在马里兰州盖瑟斯堡，有员工2万人，是美国政府的信息技术合同商。该业务部包括：克努尔斯原子能实验室；企业方案和服务；综合系统和方案；奥林康和STASYS；技术事业；运输和安全方案。

(五) “联合空间联盟”和“联合发射联盟”

洛马公司同波音公司合资建立了联合空间联盟(United Space Alliance,USA)和联合发射联盟(United Lanuch Alliance, ULA)。

联合空间联盟有限责任公司成立于1995年8月，总部设在得克萨斯州休斯顿，有员工1万人，年收入20亿美元，总裁兼首席执行官为迈克尔·麦克库莱。该联盟是由于NASA要求与单一的合同商来签订与其各项航天飞机项目，包括“发现号”、“亚特兰蒂斯号”和“奋进号”等的合同而成立的。联盟的业务包括航天员和飞行控制员的培训、飞行软件的开发、航天飞机所载物品的整合，航天飞机的准备、发射、运行和回收等。该联盟也向国际空间站提供培训和运行计划。联盟的工作场所主要在得克萨斯州的约翰逊航天中心和佛罗里达州的肯尼迪航天中心以及亚拉巴马州和华盛顿哥伦比亚特区。当前正在执行的合同是NASA与联盟签订的2006—2010年的航天飞机项目执行合同，到2010年航天飞机项目将终止，但合同可以延长5年到2015年。合同为按费用偿付的合同。

联合发射联盟成立于2006年12月，总部设在科罗拉多州丹佛，有员工3 800人，总裁为迈克尔·盖斯。该联盟采用波音的“德尔塔Ⅱ”和“德尔塔Ⅳ”(DeltaⅡ,Ⅳ)以及洛马的“阿特拉斯 V”等运载工具为美国政府客户提供空间发射服务。该联盟的工作场所在亚拉巴马州的德卡图，工程中心在科罗拉多州的利特尔顿。

(六) 其他分部

洛马公司下属的部门和子公司很多，包括：地区性公司，如洛马英国公司、洛马加拿大公司、洛马阿根廷公司等；职能性公司，如洛马资产公司、洛马财务公司等；合资公司，如与GE公司和罗罗公司合资的凯利航空中心(Kelly Aviation Center)、与欧洲宇航和防务集团及欧洲导弹公司合资的“米德国际公司”(MEAD International)、与克鲁谢夫(Khruichev)和RSC能源公司合资的国际发射服务公司(International Launch Services)等。

第四章 并购重生——诺斯罗普·格鲁曼公司

诺斯罗普·格鲁曼公司(Northrop Grumman Corporation)总部位于加州洛杉矶,2008年有员工123 600人。销售金额338.87亿美元,人均274 167美元;利润－1.11亿美元,人均898美元;利润率－0.3%。在英国《飞行国际》杂志2009年的宇航企业排名榜上按销售金额排名第4位。主席兼首席执行官罗纳德·休格(Ronald D. Sugar),总裁兼首席运行官威斯利·布什(Wesley G. Bush)。

诺斯罗普公司和格鲁曼公司都是20世纪20年代后期成立的飞机制造公司,在数十年的历程中都曾有过骄人的业绩。但在激烈的市场竞争中这两家公司也都经历了很多挫折,以致往往陷于困难的处境之中。1994年两家公司决定合并,诺斯罗普公司以21.7亿美元收购了格鲁曼公司,组成诺斯罗普·格鲁曼公司(简称诺格公司)。以后又通过一系列收购、兼并和重组而逐步壮大,成为世界排名第4位的宇航和防务合同商。

一、发展历程

诺斯罗普公司的创办人约翰·克努森·诺斯罗普早先在道格拉斯公司工作,1927年转到洛克希德公司,领导研发"维佳"型飞机,(就是阿梅莉亚·埃尔哈特1932年单人飞越大西洋所用的飞机。)1928年诺斯罗普成立了自己的公司艾维昂公司(Avion Corp.),研究发展全金属飞机和飞翼式飞机。两年后公司被波音的联合飞机和运输公司收购。1932年诺斯罗普与道格拉斯合伙开办他的第二家公司,研发"阿尔法"(Alpha)全金属飞机,外形与"维佳"相似但更为坚固而有效。"阿尔法"形成了道格拉斯公司的新一代飞机系列DC-1、DC-2、DC-3,建立了飞机的新标准,致使双翼、木制的飞机成为过去。

图为二战期间在太平洋战场大量装备的“野猫”，它曾和格鲁门公司开发的“海盗”、“恶妇”等战斗机一起，在太平洋海空战中打败了日本的扩张。

1939年诺斯罗普离开道格拉斯成立了诺斯罗普飞机公司（Northrop Aircraft Company）。1940年首架“飞翼”起飞，起名N－1M，以后发展成为B－35和B－49，但未被军方选用。虽然B－49遭遇失败，但诺斯罗普公司制造的号称“黑寡妇”的P－61夜航战斗机在二战中作出了重要贡献。

20世纪五六十年代诺斯罗普公司发展制造了F－5“自由战士”轻型战术战斗机，主要作为美国的“军援”战斗机，生产了2 200架以上，出口到巴西、智利、埃及、伊朗、沙特、马来西亚、泰国等30多个国家和地区。中国台湾曾合作生产该机200架。F－5的教练机型T－38是美国空军主要教练机之一，诺斯罗普公司向美国空军交付了1187架。T－38也用于NASA和美国海军以及“雷鸟”特技飞行队。

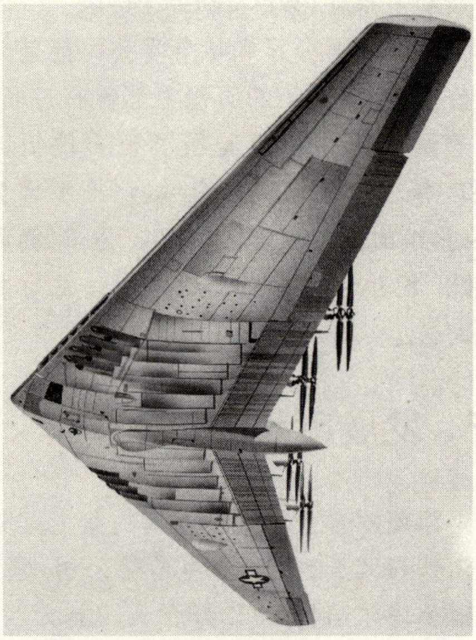

图为二战期间，诺斯洛普根据军方要求研制的B－35飞翼轰炸机原型机。

20世纪70年代美国国防部为新一代战斗机招标，诺斯罗普公司的F－17在与通用动力公司的F－16竞争中失败。F－17后来由诺斯罗普和麦道一起重新设计，成为以后的F－18“大黄蜂”。F－18有两种型别：F－18A舰载型和F－18L陆基型，麦道为舰载型的主合同商，诺斯罗普为陆基型的主合同商，双方互为转包商。但后来双方之间产生争端，F-18A 型销售的数量比 F-18L 多，诺斯罗普提出诉讼，认为麦道违反了合作协议。1985 年法院判决诺斯罗普胜诉，得到 5 000 万美元赔偿。但以后麦道就成为整个项目的主合同商，诺斯罗普成为转包商。

20 世纪 80 年代诺斯罗普自费研制了 F-20"虎鲨"(Tiger shark)战斗机以供出口，但 1986 年美国空军选定 F-16 作为防卫北美的主要机种。一些国家就希望得到技术更先进的 F-16 战斗机。诺斯罗普抱怨美国政府对 F-20 推销不力，又禁止出口到台湾，使诺斯罗普只能宣布终止 F-20 项目。

也是在 80 年代诺斯罗普开始研发 B-2 隐形战略突防轰炸机。该机的隐形性好，机体呈三角形，表面有抗反射涂层，其雷达反射截面积只有 B-52 的千分之一，无空中加油时航程达 11 100 千米，可携带核武器或常规武器。美国空军原计划购买 135 架，后减为 75 架，苏联解体后最终减为 21 架。B-2 的 1994 年价格为 7.27 亿美元，加上研发费和备件，每架费用达 21 亿美元。1988 年首架飞机下线，1993 年首架交付。B-2 曾先后在科索沃、阿富汗和伊拉克战争中亮相。

诺斯罗普在美国空军的 ATF 项目中再次败于洛马，空军认为洛马控制成本和按期交付的能力更强。诺斯罗普在发展 B-2 和 ATF 项目中欠下大量债务，新上任的总裁肯特·科雷萨(Kent Kresa)着手整顿，更换了一半的高级管理人员，把总部和无用的生产设施出售以减轻债务，把希望全部寄托于 B-2 项目。

诺斯罗普公司开发飞翼方面的经验终于在 B-2 隐形轰炸机研制中派上用场。

后来，诺斯罗普得到 13 亿美元信贷，希望通过收购来实现业务多样化以摆脱对 B-2 项目的依赖。1992 年诺斯罗普与卡莱里集团(Carlyle Group)合资收购了 LTV 公司的沃特飞机公司(Vought Aircraft

Corp.)。1994年机会来临，诺斯罗普与马丁·玛丽埃塔公司竞争收购格鲁曼公司，马丁·玛丽埃塔出价19亿美元，诺斯罗普以21.7亿美元取胜，1994年4月收购完成。

1929年雷罗伊·格鲁曼在长岛创建了格鲁曼飞机工程公司(Grumman Aircraft Engineering Corporation)。1932年格鲁曼公司制造了首架海军战斗机FF-1，经逐步改进，研发成功首架机翼可折叠的F4F型飞机，使航母可载双倍的飞机。二战期间格鲁曼先后研发了一系列新机，包括J4F"野鸭"两栖飞机、TBF"复仇者"海军攻击机、F6F"巫婆"战斗机等。F-6F可以反击日本三菱公司制造的高度机动而动力强大的"零"式战斗机，在太平洋战争中很多次对日军的海空袭击中起到了主力作用，得到当时美国海军部长的赞扬。当时F-6F每月生产500架，到战争结束时共生产了17 000多架。

战后，飞机厂商纷纷转向研制生产民机，竞争激烈。格鲁曼公司继续为海军服务，在F7F"虎猫"和F8F"熊猫"两种飞机之外还研发了一系列新机，包括AF-2"防卫者"、F9F"黑豹"(Panther)和该公司的首型喷气机F10F"美洲虎"(Jaguar)。20世纪50年代格鲁曼公司又研发两种两栖飞机："野鸭"和"信天翁"，以及新的喷气机"虎"(Tiger)、"美洲狮"(Cougar)和"入侵者"(Intruder)等。1958年该公司研发了首型喷气公务机"湾流I"(Gulfstream I)，很快就卖出了200架。

X-29是美国国家航空航天局(NASA)X系列试验飞行器中十分重要的一员，由格鲁门公司负责研制和早期试验工作，用于试验前掠翼技术以及为达到下一代战斗机所要求的高机动性、轻重量、低成本、高效率而应用的其它先进技术。

进入20世纪60年代，当时的美国总统肯尼迪提出登月计划，即阿波罗计划。每次要使用2艘飞船，绕月飞行的指令舱由麦道制造，登月舱则由格鲁曼制造。NASA的合同规定格鲁曼要制造15个登月舱，10个试验舱和2个任务模拟器，实际上只制造了12个。从此格鲁曼就进入了航天业务。1969年人类首次登月，到1972年还进行了几次，在这些飞行中格鲁曼的飞船几乎无懈可击。格鲁曼与NASA建立了良好的关系。格鲁曼后来被NASA选制造航天飞机的机翼。格鲁曼飞机工程公司改名为格鲁曼公司(Grumman Corporation)以反映其业务的多样性。

格鲁曼与国防部在20世纪五六十年代建立起来的良好关系到70年代出了问题，双方在313架F-14“雄猫”(Tomcat)变后掠机翼战斗机的价格上产生了矛盾。该机的研制和生产费用超过预算，如按原定价格交付，格鲁曼每架要亏损100万美元。格鲁曼在《纽约时报》、《华盛顿邮报》和《华尔街日报》等媒体上刊登广告，声称完成合同将使公司破产。在损失得到补偿之前拒绝向海军继续交付飞机。以后海军同意支付损失并签订新的合同，每年对价格进行调整。F-14在1973年开始服役。该机可同时瞄准24个目标并对6个进行攻击，其性能在利比亚作战中得以展示。

图为格鲁门公司为美国海军研制的最后一种舰载飞机——F-14变后掠翼战斗机。

除了F-14之外，格鲁曼还研发并生产了E-2C“鹰眼”(Hawkeye)空中预警指挥中心，可在300万立方英里的空域内跟踪600个目标。1982年以色列在与叙利亚的空战中运用E-2C指挥，以2架的代价击落叙方92架战机。此外格鲁曼还制造了A-6“入侵者”(Intruder)攻击机和EA-6B“徘徊者”(Prowler)雷达干扰机，还为美国空军将42架通用动力公司的F-111战斗机改装为EF-111电子干扰机。

格鲁曼飞机的复杂电子系统引起军方“改造论”者的批评，认为现代作战飞机过分复杂，造成管理困难。这种宣传给格鲁曼带来了麻烦。格鲁曼进一步向海军和外国政府推销F-14的努力遭遇失败。格鲁曼设法使其产业多样化，但并不成功。公务机销售不佳，促使格鲁曼将公务机分部出售，成为湾流公司(Gulfstream Aircraft Systems Corp.)。1978年格鲁曼从一家公司收购了生产公共汽车的分部，但该分部生产的公共汽车底盘产生裂纹，引起用户不满，造成格鲁曼损失 2 亿美元。1983 年格鲁曼将该分部出售。这段时间格鲁曼可谓流年不利，1981 年格鲁曼面临恶意收购，经动员工人进行示威游行，支持公司拒绝收购，虽经法院判决格鲁曼胜诉，但其又面临涉嫌贿赂丑闻。民品开发不成功，耗费大量金钱的科研项目也无成果，形成债台高筑，1989 年时债务达 8.84 亿美元。

进入 20 世纪 90 年代，新的总裁上任，大量裁减人员，努力减少债务，为了摆脱对军机项目的依赖，积极开发综合电子和数据系统。这些措施虽然使情况有所改善，但未能改变对政府的依赖。

学者认为格鲁曼要摆脱困境要么大力扩展其业务，要么将自己出售。1994 年机会来临，诺斯罗普与马丁·玛丽埃塔同时争取收购格鲁曼，结果诺斯罗普以 21.7 亿美元取胜。诺斯罗普从格鲁曼得到电子监控技术和与海军的密切联系，两家陷于困境的公司通过合并形成了一股新的力量。

新成立的诺格公司力求实现业务的多样化，发展防务电子和系统整合业务。1996 年诺格公司以 29 亿美元收购威斯汀豪斯电气公司（Westinghouse Electric Corp.）的防务和电子系统业务。1997 年又以 7.5 亿美元收购从事防务信息技术和战场管理系统的劳吉康公司（Logicon Inc.），但在试图收购得克萨斯仪器公司（Texas Instruments Inc.）和休斯电子公司（Hughes Electronics Corp.）时败于雷神公司。此时诺格成为继波音、洛马和雷神之后的美国排名第 4 位防务合同商。1997 年诺格公司同意以 116 亿美元被洛马收购，但美国政府不愿洛马处于垄断地位，1998 年美国司法部终止了该合并计划。

新公司的战略是扩展防务工业，包括电子和系统整合业务，继续收购活动。1999 年收购了加利福尼亚微波公司（California Microwave Inc.），还买下了瑞安航空公司（Ryan Aeronautical），该公司制造“全球鹰”（Global Hawk）高空长航时无人侦察机，可提供实时图像信息。

进入 21 世纪，诺格公司已成为高端无人机领先制造商之一。其他收购的公司还包括康泰克研究公司（Comptek Research Inc.）和联邦数据公司（Federal Data Corp.）等。诺格公司扩展防务工业的方针导致其放弃了民机业务，2000 年 7 月诺格公司以 12 亿美元将沃特公司卖给了卡莱里集团。至此诺格公司形成了三大主要业务部：综合系统、防务电子和信息技术。

2001 年 4 月，诺格公司完成了对立顿工业公司（Litton Industries Inc.）的收购，得以增强其在导航、制导系统、船用电子、电子战系统和信息技术方面的实力。收购热还在继续，诺格接着又收购了从事开发基于空间的感测系统和地面数据处理系统的“金-考普”（Gen Corp Inc）公司，该系统用于导弹预警。这样，公司就增加两个业务部：电子元件部和船舶系统部。接着，2001 年 11 月，诺格公司又战胜通用动力公司以 26 亿美元（包括 5 亿债务）收购了从事研发和制造核动力航母和核潜艇的纽波特纽斯造船公司（Newport News Shipbuilding Inc.），成为公司的第 6 业务部。于是，诺格公司成为全世界最大的造船商，美国排名第 3 位防务商。

诺格公司 RQ－4A“全球鹰”无人机，是美军现役最重要的无人侦察机，翼展 36 米，可以在 1.98 万米高空飞行，能为地面部队提供接近实时的高清晰现场画面。

二、组织机构和业务项目

诺格公司设有多个业务部，分别从事用于情报、监视、侦察、通讯、战斗指挥、攻击、电子战、导弹防御、大地观察以及空间探测等任务的各种有人飞机、无人飞机、航天飞机、卫星、高能激光系统、微电子系统等的发展、整合、生产和支持。

（一）电子系统业务部

该业务部是通过兼并西屋电子系统公司、加州微波公司和立顿工业公司等而组建的，是诺格公司最大的业务部，有员工 24 000 人，分布在 120 处场所工作。销售金额占全公司的 20%。总部位于马里兰州巴尔的摩附近的林西肯高地。主要业务项目包括：用于 F－35 战斗机的 AN/APG－81 的有源相控阵雷达；用于 F－22 战斗机的 AN/APG－77 的有源相控阵雷达（与雷神公司合作）；用于 F－16E/F Block 60 的 AN/APG－80 有源相控阵雷达；用于波音“楔尾”预警机的多功能有源相控阵雷达；用于 F－16 升级的 SABR 有源相控阵雷达；用于 E－2D“先进鹰眼”（Advanced Hawkeye）侦察机的 APY－9 有源相控阵雷达；用于 AH－64“阿帕奇”直升机等的“长弓”（Longbow）空对地反坦克导弹；AGM－114“地狱火”空对地反坦克导弹；联合监视瞄准攻击雷达系统（Joint STARS）；用于 F－15 战斗机的 ALQ－135 雷达干扰装置等。

（二）综合系统业务部

该业务部总部和西部分总部设在加州艾尔赛根多，东部分总部设在纽约州贝思佩奇。无人机系统开发中心设在加州圣迭戈。该部的业务是将情报、监视、侦察和攻击系统进行无隙的整合，业务领域包括：

1. 综合攻击

B－2“幽灵”隐形轰炸机的维护和升级；参与洛马公司的 F－35“闪电”Ⅱ战斗机项目，负责设计制造中机身、武器舱和拦阻系统，负责研发有源相控阵雷达；X－47B 无人海军战斗机系统，可自主在航母上起降和进行空中加油。

2. 指挥、控制、通讯、计算机、情报、监视和侦察系统（C4ISR）

（1）E－2C/D“先进鹰眼”预警指挥机的升级，2003 年诺格公司获得价值 19 亿美元的 E－2D“先进鹰眼”的系统开发和演示合同。2007 年 8 月和 11 月两架样机开始试飞，2009 年将转至海军试飞中心试飞。该机的核心是洛马公司的 APY－9 雷达。2009 年诺格公司将交付最后 2 架 E－2C 并制造 3 架试生产的 E－2D 用于运行评估。美国海军计划从 2011 年开始购买 75 架 E－2D。

（2）E－8C 联合监视瞄准攻击雷达系统的升级。

（3）RQ－4“全球鹰”（Global Hawk）高空长航时无人侦察机的发展改型。

(4) MQ－8“火力侦察兵”(Fire Scout)无人直升机等。

3. 空中机动性系统

KC－45(KC－30)新一代加油机。

4. 电子战系统

E－6A“徘徊者”电子干扰机；E/A－18G“咆哮者”电子攻击机；百万兆瓦级空中激光发射装置(Airborne Laser, ABL)，可在敌方弹道导弹发射和起飞阶段将其击毁。

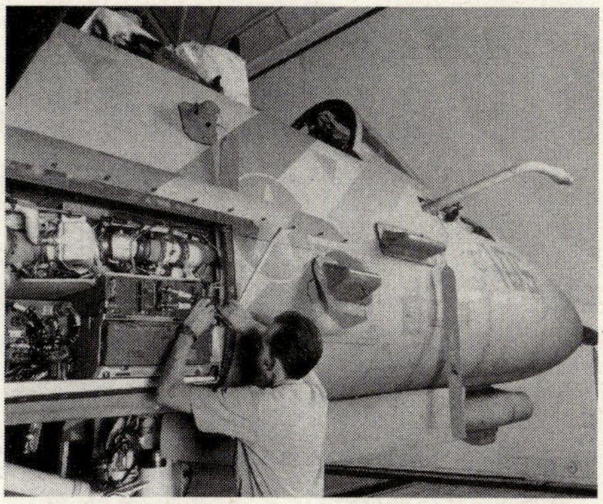

由诺格公司研制的机载自我保护干扰机(ASPJ)，装在F－14D上，是战斗机综合电子对抗系统的重要组成部分。

(三) 信息技术和服务业务部

该业务部有员工18 500人，分布在220处工作场所。下设信息技术部，在弗吉尼亚州麦克莱恩；任务系统部，在弗吉尼亚州雷斯顿；技术服务部，在弗吉尼亚州赫恩顿。

(四) 空间业务部

该业务部总部位于加州雷东多滩，员工9 300人。下设民用系统分部，为美国国家航空航天局(NASA)和美国国家海洋和大气管理局(NOAA)进行宇宙探测；军用系统分部，为军方提供全球通讯；导弹系统分部，照看美国空军和导弹防卫局(MDA)的洲际弹道导弹，保持其处于应战状态；系统工程整合和试验分部；技术和新兴系统分部。

该业务部还包括以下专业公司：适应性光学公司(Adaptive Optics Associates, AOA)，发展电子光学和光学机械产品；阿斯特罗宇航公司(Astro Aerospace)；先锋光电子公司(Cutting Edge Optronics)，发展大功率激光元件；微电子产品和服务公司(Microelectronics Products and Services, MPS)，发展磷化铟和砷化镓等半导体；新奥珀梯克斯公司(SYNOPTICS)，发展先进晶体固态激光材料和元件。

（五）造船业务部

该业务部有员工 40 000 人，下设位于弗吉尼亚州纽波特纽斯的纽波特纽斯造船厂和位于密西西比州帕斯卡果拉的海湾海岸造船厂。

纽波特纽斯造船厂是世界上最大的造船厂，是美国制造核动力航母的唯一工厂，也是美国两家制造核潜艇的工厂之一（另一家是通用动力公司）。纽波特纽斯造船厂曾制造 9 艘“尼米兹”级核动力航母，正在制造第 10 艘“乔治 · W . 布什”号。

诺格公司通过多次兼并和重组，从单纯的军用飞机制造商转变为集航空、航天、电子、信息和造船等业务为一体的，能适应当前信息战要求的防务合同商，跻身于世界宇航防务工业的前列。

第五章　垂直整合——英国宇航系统公司

英国宇航系统公司(British Aerospace Systems)于 1999 年 11 月 30 日成立,总部设在英国范堡罗,主席是理查德·奥尔弗(Richard Olver),首席执行官为伊恩·金(Ian King),2008 年有员工 94 000 人,销售金额 309.28 亿美元,人均 329 018 美元;利润 37.16 亿美元,人均39 532 美元;利润率为 12.0%。在英国《飞行国际》杂志 2009 年的宇航企业排名榜上按销售金额排第 5 位。

一、发展历程

英国是航空工业的元老国家。第二次世界大战前后,有很多制造各种军用和民用飞机的公司,经过多次合并重组,最后组成了英国宇航系统公司(British Aerospace Systems)。英国宇航系统公司的发展历程需要从其原来的各个成员公司说起。英国宇航系统公司是由英国宇航公司与马可尼电子系统公司合并而成,英国宇航公司则又是由英国飞机公司和霍克·西德利公司合并而成的,而这两家公司又是由一系列的飞机制造公司整合而成的。

(一) 英国飞机公司(British Aircraft Company, BAC)

英国飞机公司由维克斯·阿姆斯特朗飞机有限公司、布里斯托飞机公司、英国电气有限公司和亨廷飞机公司合并而成。

1928 年维克斯·阿姆斯特朗有限公司将其航空业务组建成维克斯航空有限公司并接管了超级船舶航空工厂(Supermarine Aviation Works),改称超级船舶航空工厂(维克斯)有限公司,1938 年重组为维克斯·阿姆斯特朗飞机公司(Vickers Armstrong Aircraft)。该公司的军机产品包括著名的惠灵顿轰炸机和原超级船舶公司制造的“喷火”式战斗机等,该机在二战期间是英国皇家空军的主力。民机方面曾研发制造“子爵号”(Viscount)和“先锋号”(Vanguard)涡桨客机以及VC－10喷气客机等。20世纪60年代我国曾引进过“子爵号”客机。

由原休普马林公司生产的“喷火”式战斗机，共生产20 351架，它在第二次世界大战时立了大功。

1910年创建的布里斯托飞机公司(Bristol Aircraft)位于布里斯托附近的菲尔顿(Filton)，二战开始时布里斯托公司是世界最大的飞机制造商，生产的“布法特”战斗机、“勃兰汉姆”轰炸机和博福德鱼雷机除供皇家空军使用外，还提供给英联邦国家和美国空军。20世纪50年代研发了“不列颠尼亚”(Britannia)涡桨客机和运输机，用于英国海外航空公司(BOAC)和西班牙航空公司等。布里斯托飞机公司还曾研发了“侦察犬”等型号的地对空导弹。

创建于1918年的英国电气有限公司，总部设在兰开夏。从事研发和制造包括飞机在内的多种产品。二战时，该公司制造了770架汉德利·佩奇(Handley Page)公司的“汉普顿 ”轰炸机和2 000多架“哈利法克斯”4发重型轰炸机，战争末期还制造了1 300多架德·哈维兰公司的“吸血鬼”喷气战斗机。战后研发出两项大获成功的项目，即“堪培拉”(Canberra)轰炸机和“闪电”(Lightning)战斗机。“堪培拉”轰炸机共生产了1 352架，自1951年起在英国皇家空军服役，直到2006年年中才全部退役，在后期主要是用于电子对抗、侦察和空中加油等用途。该机除英国外，还在美国和澳大利亚按许可权生产，美国编号为B－57。

1933年成立的珀西法尔飞机公司(Percival Aircraft Co.)，1944年并入亨廷集团(Hunting Group)，1954年称为亨廷·珀西法尔飞机公司(Hunting Percival Aircraft Co.)，1957年改称亨廷飞机公司。该公司研发生产了很多种以“珀西法尔”命名的教练机。后期开始研究设计客机，以后发展成为BAC 1－11客机。

1959年到1960年间，英国政府考虑到英国的飞机公司数量过多，力量分散，难以与美国的各大公司竞争。这样，在政府的压力下上述四家公司的飞机和导弹业务合并组成英国飞机公司。该公司将其继承来的项目，继续大力发展，取得很大成功。这些项目包括：

维克斯公司“子爵”号是世界上第一架涡轮螺桨式客机，至 1964 年 3 月停产时，各型总生产量达到 400 余架。

1. 从亨廷公司的设计研发而成的 BAC 1－11 客机，1963—1989 年共生产了 244 架，其中一半以上销往美国，是英国客机中最成功的项目之一。该机采用 2 台斯贝 511/512 涡扇发动机，单台推力 47 千牛，载客 100 人。但后来遭遇 DC－9、波音 737、F－28 等飞机的激烈竞争，数次改型均未成功。1982 年罗马尼亚政府引进该机的许可权，在布加勒斯特生产，取名 ROMBAC1－11，到 1989 年共交付 9 架。到 20 世纪 90 年代该机逐步退役，目前仍有少数在非洲运行。

2. 从维克斯·阿姆斯特朗飞机公司继承而来的 VC－10 客机，1962—1970 年共生产 54 架，自 1964 年 4 月起在英国海外航空公司投入使用。该机还出口到巴林的海湾航空公司、锡兰航空公司、黎巴嫩的中东航空公司和东非航空公司等非洲的航空公司服役。该机可载客 150 人，最大起飞重量约 152 吨，航程可达 9 400 余千米，巡航速度 933 千米/时。该机装有 4 台罗罗公司的康威涡扇发动机，单台推力 100 千牛。1978 年起英国皇家空军将其改装为军用运输机和空中加油机，至今仍有部分在服役中。

3. 从布里斯托飞机公司的研究项目 B.188 为基础，与法国宇航公司合作发展成功“协和号”超声速客机。当时有 10 多家航空公司订货，但因石油危机而纷纷取消。原计划制造 300 架，但后来实际上只制造了 16 架。35 亿英镑研发费只能由英法两国政府承担。英国航空公司有 7 架投入跨大西洋航线使用，法国航空公司有 6 架。“协和号”以 2 179 千米/时的巡航速度飞行，双倍声速，可在不到 4 小时的时间内从伦敦或巴黎到达纽约。“协和号”可载客约 100 人，但其所耗费的燃油与载客 400 人的波音 747 相当，所以票价很贵，2000 年时纽约-巴黎的来回票价要 8 148 美元。2000 年 7 月 25 日一架“协和号”在巴黎起飞时失事，导致全部“协和号”停飞。虽然 2001 年 11 月恢复了飞行，但由于油价高涨，“协和号”终于在 2003 年 11 月 26 日终止飞行。自 1976 年起“协和号”共飞行了 2 万多小时，为超声速客机的发展积累了宝贵的经验。

英法合作制造的超声速客机“协和号”，可在不到 4 小时内从伦敦飞达纽约。

4. 从英国电气航空有限公司接管了“堪培拉”轰炸机和“闪电”战斗机的改装发展和服务。改装为空中加油机的“堪培拉”飞机直到 2006 年年中还在英国皇家空军服役。1964 年，“闪电”战斗机在沙特阿拉伯进行了飞行表演，1966 年沙特政府购买了 40 架“闪电”战斗机以及其他飞机和导弹。英国飞机公司从沙特的合同中获利很多。沙特与英国在防务领域的密切合作关系一直延伸到现在。

5. “狂风”(Tornado)战斗机项目也是英国飞机公司获得巨大成功的项目。1969 年 3 月英国飞机公司与德国的 MBB 公司、意大利飞机公司和荷兰的福克公司组成帕那维亚飞机公司(Panavia Aircraft GmbH)，来研发一种多用途战斗机。后来荷兰退出，英、德、意三国签订“进展意向书”，项目正式开始。三国分别承担研发费用和工作，英国和西德各占42.5%，意大利占15%。英国负责前机身和尾部，德国负责中机身，意大利负责机翼。1974年英国首架原型机首飞，正式命名为“狂风”。同年，三国签订首批飞机生产合同。到1998年9月生产全部结束，各型“狂风”飞机共生产了992架，其中英国401架，德国359架，意大利100架，出口沙特120架。“狂风”主要有3种型别：对地攻击型IDS、防空型ADV和电子对抗和侦察型ECR。飞机装2台联合涡轮公司的RB199加力涡扇发动机，单台静推力43.8千牛，加力推力76.8千牛。联合涡轮公司由英国罗罗公司、德国MTU公司和意大利的菲亚特(Fiat)公司组成。飞机的最大起飞重量为28吨。

图为英、德、意三国合作制造的“狂风”多用途战斗机，共生产了992架。

6. 英国飞机公司的另一项主要产品是与法国布雷盖公司合作组成的“欧洲战斗教练和战术支援飞机制造公司(SEPECAT)”的“美洲虎”(Jaguar)超声速轻型攻击机、教练机。该机最大起飞重量为15.7吨，装有2台罗罗公司和法国透博梅卡公司合作研发制造的“阿杜尔”涡扇发动机。“美洲虎”共生产了504架，英国206架，法国204架，其余94架出口到印度、阿曼、尼日利亚和厄瓜多尔。印度除购买40架外还自行组装45架并按许可权生产了46架。目前“美洲虎”仍在服役中。

7. 英国飞机公司还发展制造导弹，主要产品包括“轻剑”、“海贼鸥”、“海狼”、“旋火”以及原布里斯托公司的“侦察犬”和原英国电气公司的“雷鸟”等。

(二) 霍克·西德利飞机公司(Hawker Siddeley Aircraft)

在英国飞机公司组建的同一时期,霍克·西德利飞机公司也兼并了阿夫罗公司、德·哈维兰飞机公司、布兰克本飞机公司和福兰德飞机公司,组成另一家大型飞机制造企业。霍克·西德利公司起源于1920年组建的霍克工程公司,1933年改名为霍克飞机有限公司。1935年霍克飞机公司收购了J. D. 西德利(J. D. Siddeley)所拥有的公司,组成霍克·西德利飞机公司。还接管了格罗斯特飞机公司(Gloster Aircraft Co.)和飞行训练服务公司等。二战期间,霍克·西德利是英国最主要的航空企业之一,制造了很多飞机,霍克的"飓风"(Hurricane)式战斗机与"喷火"式齐名,是不列颠海峡保卫战中的主力。战后霍克·西德利公司发展了"猎人"(Hunter)战斗机、攻击/教练机,各种型别共生产了1972架,除英国空军外还用于印度等国。20世纪50年代公司改组成为霍克·西德利集团,飞机分部称为霍克·西德利飞机公司,导弹分部称为霍克·西德利动力公司。

阿夫罗公司由阿利奥特·罗于1919年在曼彻斯特创建。第一次世界大战时生产了8 340架Avro-504木制双翼教练机。二战期间制造了7 000多架"兰开斯特"(Lancaster)轰炸机。战后研发了"火神"(Vulcan)三角翼战略轰炸机,曾用于1982年的马岛战争。在民机方面,阿夫罗公司曾研发Avro-748客机及其军用型,装用2台罗罗公司的达特涡桨发动机。1963年,阿夫罗公司并入霍克·西德利飞机公司,Avro-748被称为HS-748,以后演变为英国宇航公司的ATP。另一种客机Avro-146改为HS-146,最后成为BAe-146。

德·哈维兰飞机公司由齐奥佛雷·德·哈维兰于1920年创立,开始时主要制造单座和双座双翼机,型号有"吉普赛蛾"(Gipsy Moth)、"虎蛾"(Tiger Moth)等。二战期间生产著名的DH-98"蚊"式(Mosquito)木质战斗机,获得巨大成功。战后开始研发喷气机,包括喷气战斗机DH-100"吸血鬼"等和喷气客机DH-106"彗星"(Comet)号。"彗星号"1952年开始服役,但两年内出了三次空难。1958年,改进的"彗星4"重返天空,但已无法与美国的波音707和DC-8竞争。1962年德·哈维兰公司再次研发客机,研制出装三台罗罗公司的"斯贝"512涡扇发动机的

BAe146 最初是霍克·西德利公司 1972 年研制的 HS. 146，也是英国作为一个航空大国独立研制的最后一种全新的涡扇式短程运输机，装 4 台莱康明公司的 ALF502 发动机，1983 年开始交付使用，截至 1993 年停产，共生产 221 架。

DH－121“三叉戟”（Trident）。但该飞机销路不好，只生产了 117 架，相对来说，波音 727 则生产了 1 800 多架。中国民航曾购买了 35 架“三叉戟”客机，除投入航线运行外还有部分用做专机，其中一架曾载着林彪等在 1971 年 9 月 13 日在蒙古温多尔汗坠毁。德·哈维兰飞机公司还研发过一种公务机 DH－125，也曾研制导弹，产品包括“火光”空空导弹和“蓝条纹”弹道导弹等。1960 年德·哈维兰飞机公司被霍克·西德利公司收购。德·哈维兰飞机公司曾在澳大利亚和加拿大成立分公司，并入霍克·西德利公司后，这些分公司分别卖给了两国政府，成为独立的公司。

布兰克本飞机和发动机公司于 1914 年创建，1939 年改称布兰克本飞机有限公司（Blackburn Aircraft Ltd.）。该公司早期曾制造了很多飞机，20 世纪 50 年代研发制造了 B－101 贝佛利（Beverley）重型运输机，英国皇家空军曾订购 47 架；1958 年研发 B－103“掠夺者”（Buccaneer）攻击机。1960 年公司并入霍克·西德利飞机公司。

1937 年亨利·福兰德收购了英国水上飞机有限公司（British Marine Aircraft Ltd.），改名为福兰德飞机有限公司，为布里斯托公司的制造飞机部件，后来又为德·哈维兰公司的“蚊”（Mosquito）战斗机和维克斯公司的“惠灵顿”轰炸机做转包生产。其首架自行设计的飞机是 Fo. 108，作

英国宇航公司所属阿夫罗航宇公司以 BAe146 为基础，研制生产的 RJ 支线喷气客机，于 1992 年开始交付使用，有 70、85、100 和 115 座四种型别。

为发动机进行空中试验的飞机。1950 年，曾设计过“堪培拉”和“闪电”等飞机的派特担任该公司董事长，设计了“米奇”教练机，后来又设计了 Fo. 144“蚊”式(Gnat)轻型喷气式教练机、战斗机。“蚊”共生产了 449 架，除用于皇家空军外还出口到芬兰、南斯拉夫和印度。印度还按许可权进行生产并加以改进升级，称为“无畏”，成为当时印度空军的主要作战飞机。英国皇家空军则主要将其用于“红箭”特技飞行队，在 1964—1979 年间曾闻名于世。1959 年福兰德公司被霍克·西德利收购。

霍克·西德利公司在被其所兼并的公司的基础上继续发展并生产多种产品，包括原德·哈维兰公司的“三叉戟”客机，编号改为 HS－121；公务机 DH－125 改为 HS－125，后来又改为 BAe－125；在“彗星号”的基础上发展 HS－801“猎迷”(Nimrod)反潜机和预警机；在原阿夫罗公司的 Avro－748 的基础上发展 HS－748 涡桨客机和军用型 HS－780“安多佛”；继续发展生产原阿夫罗公司的“火神”轰炸机，共制造 136 架。在原布莱克本公司的“掠夺者”攻击机的基础上继续发展生产，共生产了约200架。

以“彗星”机体为基础发展而成的“猎迷”海上巡逻/反潜机。

霍克·西德利公司在这一时期最成功的项目是研发了第一种实用的可垂直短距起落的喷气战斗机“鹞”(Harrier)。“鹞”式飞机装用一台罗罗公司的带矢量喷口的“飞马”(Pegasus)涡扇发动机。后来又发展了“海鹞”(Sea Harrier)和“鹞Ⅱ”(AV-8B型，由美国麦道公司生产)。各种型号共生产了824架，用于英国皇家空军和海军、美国海军陆战队、西班牙、意大利、印度和泰国海军等，大部分“鹞”式飞机仍在服役中。另外一项很成功的项目是“鹰”(Hawk)攻击机、教练机，编号HS1182，装用一台“阿杜尔”发动机，1974年首飞。该机型已生产900余架，还在继续生产，除英国外还出口到加拿大、澳大利亚和芬兰等国。英国皇家空军也用“鹰”来替代“蚊”作为“红箭”特技飞行队的表演飞机。美国麦道公司还在“鹰”的基础上发展了T-45“苍鹰”(Goshawk)教练机。

图为霍克·西德利公司(现已并入英宇航)研制生产的“海鹞”战斗机，它是目前唯一投入实际使用的可垂直/短距起落的战斗机。

霍克·西德利动力公司的导弹项目包括：原阿夫罗公司的“蓝钢”、原德·哈维兰公司的“火光”、与法国马特拉公司合作的“战槌”，以及“红顶”(Red Top)、“海标枪”(Sea Dart)和“海蛞蝓”(Sea Slug)等。

（三）英国宇航公司（British Aerospace plc）

英国航空工业即使进行了上述的合并，所取得的成功还是很有限的，仍无法与国外同行竞争。国会特别委员会建议进行航空工业的第二次重组。1977年4月，霍克·西德利飞机公司和霍克·西德利动力公司被国有化，并与英国飞机公司和苏格兰航空公司（Scottish Aviation）合并组成英国宇航公司（British Aerospace plc，BAe），由英国政府作为国有企业来经营。此时英国的飞机工业基本上已经统一成为一家公司，留在外面的只有专业从事直升机制造的韦斯特兰公司和肖氏兄弟公司。前者后来并入意大利阿古斯塔公司，后者则并入加拿大庞巴迪集团。

苏格兰航空公司原先是一所飞行学校，1938年开始做飞机的维修和改装工作。战后该公司制造了多用途军用飞机"先锋"（Pioneer）和"双先锋"（Twin Pioneer）。在比德尔飞机有限公司（Beatle Aircraft Ltd.）倒闭后，制造其设计的"牛头犬"教练机。在汉德利·佩奇飞机公司（Handley Page Aircraft Co.）倒闭后，接管生产"喷气流"（Jetstream）涡桨支线飞机。汉德利·佩奇飞机公司成立于1909年，一战时就开始制造重型轰炸机，二战时设计制造了HP-52"汉普顿"轰炸机和4发"哈利法克斯"轰炸机。这些轰炸机屡建战功，与阿夫罗公司的"兰开斯特"轰炸机齐名。该公司1947年收购了密尔斯飞机公司（Miles Aircraft），成立汉德利·佩奇运输机有限公司，发展12—19座的小型涡桨支线飞机"喷气流"，但最终仍无法独立生存，被并入苏格兰航空公司。而苏格兰航空公司最后又被并入英国宇航公司。

英国宇航公司于1978年正式组建成立，当时是欧洲最大的防务合同商。公司的防务业务包括军用飞机、导弹、小型武器和军火、战舰和战斗指挥系统等。英国宇航公司积极参与国际合作和合资，有30多个合作伙伴。在民机方面，原先霍克西德利公司只是作为空客公司的转包商，为日300制造机翼，1979年1月英国宇航公司以5亿美元购买了空客公司的20%股份，正式成为其成员之一。在防务业务方面，在英、德、意三国合作组建的帕那维亚飞机公司的"狂风"战斗机项目中英国宇航公司拥有42.5%的股份；英国宇航公司参与欧洲导弹动力集团，研发"特莱盖特"（Trigat）第三代反坦克导弹，英宇航、法宇航、德宇航三家均平等参与，在玛特拉·英宇航动力公司中双方各占 50%，发展导弹系统，1995 年英宇航与瑞典萨伯公司合资组成萨伯·英宇航“鹰狮”公司，研发制造并销售“鹰狮”战斗机，后来又进一步购买了萨伯公司 35%的股份。1984 年英、法、德、意、西五国达成协议，联合发展“欧洲战斗机”(EFA)，后来法国退出，英、德在项目中各占 33%，意大利占 21%，西班牙占 13%。意大利占 21%，西班牙占 13%。1986 年英宇航与德、意、西三国的有关公司一起组成了欧洲战斗机公司，负责研发和生产“欧洲战斗机”。英宇航负责前机身、前翼和右翼上的活动面。该项目经历了长时间的推迟，1996 年四国就修改的计划达成协议。英宇航的份额增加到 37.5%，飞机的需求量从原来的 765 架减为 620 架，英国 232 架，德国 180 架，意大利 121 架，西班牙 87 架，飞机命名为“台风”(Typhoon)。该机于 1994 年 3 月首飞，2003 年 8 月开始服役。除了四国之外奥地利订购了 15 架，沙特订购了 72 架，到 2009 年底已交付共 200 架以上。

1979 年英国政府宣布了将国有企业私有化的计划，1979 年 12 月 31 日，英国宇航公司成为一家私有有限公司。1981 年 1 月 2 日，公司采用新的章程，注册为公有公司，成为公有公司的第一年，虽然为 BAe－146 和 A310 支付了 5 000 万英镑的研发费，英国宇航公司还是实现税前利润 7 100 万英镑，比预期超出 600 万英镑。此时“狂风”战斗机已通过研发阶段，进入全面生产。1983 年英国宇航公司说服其他伙伴同意其在 150 座空客 A320 客机项目中占有 26%，得到英国政府支持，提供 2.5 亿英镑信贷。按照协议，英国宇航公司负责制造 A320 的机翼。

作为私有公司，英国宇航公司在决策方面有了更多的独立性。1985 年英国政府出售了其拥有的 48%股份，只保留了特殊的 1 英镑股份，以确保公司处于英国控制之下。1985 年英国宇航公司成为英国和沙特阿拉伯之间的“阿尔-亚玛玛”(Al Yamamah)项目的主合同商，这是英国历史上最大的防务出口合同。英宇航向沙特提供“狂风”和其他军用飞机。在 20 世纪 90 年代初期，沙特合同的价值达到公司防务业务的一半。早些时候公司还与麦道合作制造用于美国海军陆战队的“鹞”式战斗机的 AV－8B 改型。

20 世纪 80 年代后期到 90 年代初，公司进行重组，将卫星通讯业务卖给了玛特拉·马可尼空间公司，公务机业务卖给了美国雷神公司，加上又获得了向沙特出口的第二期合同，公司的财务状况得到显著改善。此时世界局势发生了很大的变化，冷战结束。美国防务工业开始整合，1997年波音和麦道合并，洛克希德与马丁公司合并，诺斯罗普与格鲁曼合并，组成了一批世界最强大的防务企业，但欧洲却未能跟上。英宇航的防务业务总经理约翰·威斯顿说："欧洲的防务预算不到美国的一半，却要支持数量三倍于美国的防务合同商，显然是不合理的。"欧洲各国政府希望他们的防务合同商能合并成为一家单一的宇航防务公司。英宇航开始寻求与欧洲联合。经过三年谈判，英宇航和马特拉将各自的导弹业务合并，合资组成马特拉·英宇航动力公司。1997年通过收购西门子公司的"西门子·珀来赛"(Siemens - Plessey)公司在英国和澳大利亚的业务，从而扩大其防务电子业务。英宇航继续剥离其非核心业务，大体上回到其防务宇航工业的基础上来，财务状况稳步改善，1997年税前利润达5.96亿英镑，比前一年增加31%。新班子面临的最大挑战就是怎样进一步与欧洲联合。

(四) 从英宇航公司到英宇航系统公司

早在1995年英宇航就与德国戴姆勒·克莱斯勒宇航公司(Daimler Chrysler Aerospace, DASA，简称德宇航)商谈共同创建一个跨国宇航防务公司，也考虑把法宇航包括进去，但必须在其实现私有化之后。这个整合的第一步就是将空客公司从一个联合体改组成为一个公司。除空客公司外，英宇航和德宇航在帕那维亚公司的"狂风"项目和欧洲战斗机公司的"台风"项目中一直是合作伙伴，比较容易谈得拢。1998年年底双方初步达成合并协议。

与此同时，英国的主要家用和防务电子、通讯和工程公司，即通用电气公司(General Electric Company plc, 简称GEC)也处于整合其防务工业的压力之下。GEC倾向于与英宇航合并，以此同强大的美国公司竞争。当GEC宣布要将其下属的防务电子公司，即马可尼电子系统公司(Marconi Electronics Systems, 简称MES或马可尼公司)出售时，英宇航立即放弃了与德宇航的合并而转向MES，形成一种"垂直整合"，意思是将制造战斗机的厂商同向其提供飞机电子系统的厂商结合起来。马可尼公司是一家百年老店，创建于1897年。1968年被GEC收购后，"马可尼”这一名称就被GEC用于其所有防务业务。GEC自一战时期就开始军品生产，当时主要是无线电和灯泡，二战时军工生产得以加强，主要是制造雷达，战后一直是英国和世界主要防务合同商之一。1998年，马可尼公司以14亿美元收购了一家美国主要防务商特拉科公司(Tracor)。1999年11月30日这项77亿英镑的合并完成，英国宇航系统公司正式成立。英国宇航系统公司向政府保证，合并不会造成垄断。公司保证在发包任务时对外部公司和本公司的分公司平等对待，在公司实现私有化时外国个人或集体不得持有15%以上的股份或控制董事会的多数，公司的主席和首席执行官必须是英国人。英宇航与德宇航分道扬镳后，德宇航公司就与法宇航公司以及西班牙CASA公司组成欧洲宇航和防务公司。

英国宇航系统公司在其首个年度报告中说明，公司将扩展其在美国的业务和投资，因为美国的防务预算是整个西欧的两倍。该报告还确认要发展陆地系统。2000年，英国宇航系统公司和马特拉的合资公司马特拉·马可尼公司与德宇航的空间分部合并成立阿斯特里姆公司，2003年6月，英国宇航系统将其股份以8 400万英镑卖给了EADS。2001年1月，空客的法、德、西三方决定将空客公司从效率低下的联合体结构重组成为一个真正的合资公司时，英国空客公司则保留在外。到2006年，英国宇航系统将其在空客公司中的股份出售。2001年11月英国宇航系统公司关闭了在伍德福德的阿夫罗支线飞机的生产线，支线飞机业务只留下租赁、备件和培训，其公务机业务则早已卖给了美国雷神公司。至此英国宇航系统公司已基本上退出了民机业务。2001年英国宇航系统公司在马特拉·英宇航动力公司和阿莱尼亚·马可尼系统公司中的股份并入MBDA公司，组成世界第二大的导弹制造商。

在退出欧洲的同时，英宇航系统大力扩展其在美国的业务。英国宇航系统公司斥资20亿英镑参与由洛马公司牵头的“闪电”Ⅱ F-35联合攻击战斗机项目，成为项目中的一级合作伙伴，负责制造后机身、水平和垂直尾翼以及各种系统。英国宇航系统公司在美国收购时受到的阻力较其他欧洲公司要小，通过这些收购，包括由马可尼收购的信息和电子系统制造商特拉科和战车和火炮制造商联合防务工业公司(United Defense Industries)等，英国宇航系统公司已成为在美国最大的外国防务商。英国宇航系统公司将其在美国的业务组成英国宇航系统联合公司(British Aerospace Inc.)。

二、组织机构和业务项目

英国宇航系统公司确定其“内部市场”包括英国、美国、瑞典、澳大利亚、沙特和南非。英宇航系统是英国国防部的主要供应商,在2004—2005年度中是唯一一家获得订货超过10亿英镑的公司,但其对美国国防部的销售金额比英国更多。

目前英国宇航系统公司主要有以下业务部门:

1. 军用飞机部:设计、发展、生产军用飞机,包括“台风”战斗机、“狂风”战斗机、“猎迷”反潜预警机、F-35“闪电”Ⅱ战斗机、“鹰”教练机、攻击机、“螳螂”(Mantis)无人机等;

2. 支线飞机部:承担以前英国制造的支线飞机,包括阿夫罗支线飞机、BAe-146、ATP、“喷气流”等的租赁、备件和培训等;

3. 舰艇部:潜艇、水面舰船、水下作战系统(鱼雷和扫雷系统等),包括阿斯图特级核潜艇、45型防空驱逐舰和伊丽莎白皇后级航母等;

4. 陆地战斗系统部:包括在美国的联合防务工业公司(UDI)和英宇航系统陆地系统公司等;

5. 综合系统技术部:防务电子、综合指挥和控制系统(C2)、雷达、模拟器、气象系统、数据链、C-4ISR、战役管理系统等;

6. 电子和综合系统部:包括在美国的特拉科公司等;

7. 客户部:信息技术(BAE-IT)、船舶修理、军火等;

8. 公共服务部。

除上述部门外还有:

英国宇航系统公司澳大利亚公司。该公司是澳大利亚第三位防务合同商,提供飞机支持、培训、模拟、通信和指挥系统,是波音737预警机项目的主要转包商,有雇员2 600人。

英国宇航系统公司与沙特之间有玛阿尔-亚玛协议,协议规定英国宇航系统公司为沙特提供完整的防务体系。2006年8月18日,沙特签订合同，由英国宇航系统公司提供 72 架“台风”战斗机，合同价值最终可达 60 亿—100 亿英镑；同年 9 月 10 日沙特又签订了价值 25 亿英镑的合同，为其 80 架“狂风”战斗机升级。该公司在沙特有雇员 4 600 人。

英国宇航系统公司还拥有南非英国宇航系统公司陆地系统公司(BAE Systems Land Systems South Africa)的 75%的股份，是南非最大的军用车辆制造商。

英国宇航系统公司在瑞典除在萨伯公司有股份外还收购了制造陆地作战系统的阿尔维斯·维克斯(Alvis Vickers) 和 UDI 及其各下属公司，组成英国宇航系统瑞典公司(BAE Systems AB)，有雇员 1 750 人。

英国宇航系统公司逐步退出民机业务并大力在美国开展收购，已发展成为以军用飞机、舰艇、陆地战斗系统和电子信息系统等为主要业务的防务合同商，建立起包括美、英、澳、沙特、南非和瑞典的独特的市场范围。

三、英国宇航系统公司与中国的合作关系

我国早期的民航客机有很多是从英国宇航系统公司的前身引进的，包括 20 世纪 60 年代从维克斯·阿姆斯特朗公司引进的“子爵”号，70 年代从霍克·西德利公司引进的“三叉戟”以及 80 年代从英国宇航公司引进的 BAe - 146 等；从 20 世纪 70 年代后期起我国从后来并入英国宇航系统公司的马可尼公司等引进包括数据显示系统、雷达测距系统、惯性导航系统等在内的 7 项电子设备，用于改装歼 7M 和歼 7PG，成为我国军机出口的支柱产品。1990 年以后，英国宇航系统公司开始退出民机业务并致力于发展美国市场，与我国的合作未有新的进展。

第六章　海陆空天——通用动力公司

通用动力公司(General Dynamics Corporation)是美国陆海空军事装备的制造商,但目前其最主要的业务是发展信息系统和技术;公司总部设在弗吉尼亚州的福尔斯彻奇;主席是尼古拉斯·查勃拉加(Nicholas D. Chabraja),副主席兼首席执行官是杰伊·约翰逊(Jay L. Johnson);2008年有员工92 300人,销售金额293亿美元,人均317 443美元,利润36.53亿美元,人均39 577美元,利润率为12.5%。在英国《飞行国际》杂志2009年的宇航企业排名榜上按销售金额位居第6位。

一、发展历程

(一)以制造舰艇起家

1899年爱尔兰移民约翰·荷兰创建了电动船舶公司(Electric Boat Company,以下简称电船),其意愿是研制潜艇,目的是帮助爱尔兰攻击英国海军船只,但未获成功。后来他得到电子业巨头艾萨克·赖斯(Isaac Rice)的财务支持,交换条件是荷兰将专利权和公司的管理权转让给他。赖斯成功地把潜艇卖给美国海军以及若干外国,包括正在进行战争的日本和俄国,还通过维克斯(Vickers)公司卖给英国。潜艇售价每艘30万美元,赖斯获利甚丰,但荷兰作为总工程师每周只能得到90美元工资。

一战期间潜艇的力量被充分认识。电船获得很多利润丰厚的订单,强大的财务力量使其开始一系列收购活动。一战结束后,接替赖斯经营公司的亨利·卡斯进行了改组,转向制造水面船只。二战初期,德国和日本的战争行动促使美国加紧备战,开始向电船订购潜艇、巡逻艇和鱼雷艇,使电船获得新生。在美国政府向轴心国宣战后,电船及其各分公司就被动员起来开足马力生产,制造了数百艘潜艇和水面船只,对太平洋海岛争夺战的胜利作出了很大贡献。

(二) 进入航空领域

二战后公司的生产大减，从 13 000 名员工减为 4 000 人，促使公司寻求业务的多样化，于是，公司进入航空领域，组成了通用动力公司。1947 年，电船以 2 200 万美元收购了加拿大飞机公司(Canadair Ltd，以下简称加空)，加空在战时曾制造过飞船和改装的 DC－4，战后生产和销售都显著减少。朝鲜战争开始后，加上冷战形势的发展，使军工生产需求增加，加空开始生产 T－33 教练机、F－86 战斗机和 DC－6 运输机等，其业务量已超过电船，在这种情况下，1952 年 2 月成立通用动力公司来统一管理加空和电船的业务。接着，1954 年，通用动力公司又从阿特拉斯公司(Atlas Corporation)手中收购了统一沃尔梯飞机公司(Consolidated Vultee Aircraft Company)，成为通用动力公司的康维尔分部(Convair)，制造一系列军用和民用飞机，包括 440 型客机，F－102 和 F－106 等型战斗机，“阿特拉斯”和“康托尔”火箭，B－24、B－36 和 B－58 等型轰炸机。该分部还参与发展核动力飞机。但是此时波音和道格拉斯已经开始发展喷气客机 707 和 DC－8，康维尔却由于种种原因未能及时推出相应的产品，其 680 型和 880 型飞机均未能进入市场，通用动力公司只能放弃民机项目，损失惨重。

在这一时期内，舰艇仍然是公司的重要业务之一。1954 年公司发展制造了世界第一艘核潜艇“魟鱼”号，或称“鹦鹉螺”(Nautilus)号。1963 年，通用动力公司以 5 亿美元从伯利恒钢铁公司(Bethlehem Steel Works)收购了昆西造船厂。1971 年，电船与其主要竞争者纽波特纽斯造船厂一起获得研发新型(即 688 型)洛杉矶级核潜艇的合同。1973 年，通用动力公司与冷藏工程公司签订协议，共同建造液化天然气运输船。20 世纪 80 年代通用动力公司的船舶业务又有新的进展，获得政府合同，维修用于“快速部署力量”的塔克斯供应船和研发一系列新的舰艇，包括价值 5 亿美元的俄亥俄级“三叉戟”核潜艇等。

康维尔的民机项目使通用动力公司的财务状况出现危机。芝加哥建材业巨头亨利·克朗建议将其拥有的材料服务公司(Material Services Corporation)与通用动力公司合并，换取新公司 20％的股份。1959 年达成交易，公司财务情况有所好转。克朗实际上掌握了公司的管理权。

20 世纪 60 年代，美国国防部招标研发一种战斗轰炸机，企图用来替代 B－52，通用动力公司与格鲁曼公司合作参与并与波音竞争，方案被五角大楼选中。康维尔分部在其位于得克萨斯州沃斯堡的工厂发展制造 F－111 战斗机。为了同时满足空军和海军的需要，采用了可变后掠机翼设计。F－111 有两种型号，以对地攻击为主要任务的 F－111A 空军型和以空中截击为主要任务的 F－111B 海军型。由于军方对设计规范更改频繁，研制周期延长，费用增加，最后海军型被取消，但空军型发展出了多种改型，包括 F－111C、F－111D、F－111E 和 F－111F 型，另还有 FB－111A 战斗轰炸机和 EF－111A 电子干扰机等。各型飞机共制造了 562 架。

图为美国通用动力公司 1962 年开始研制的 F－111 超声速战斗轰炸机，它也是世界上最早的实用型变后掠翼飞机。

1971 年，克朗将公司总部从纽约迁到圣路易斯。与此同时，通用动力公司在航空业务方面又有了一个发展的机会。美国国防部宣布一项 2 亿美元的计划，研发一种新的战斗机，供美国空军和盟国使用。通用动力公司吸取 F－111 项目的经验教训，小心谨慎地研发其 F－16“战隼”(Fighting Falcon)项目，将费用预算控制在规定的范围内，飞机性能优于规范的要求，结果在竞争中胜过了诺斯罗普公司推出的 F－17，1978 年开始在沃斯堡工厂生产。但在这时期，麦道公司的 F－15“鹰”也在全面生产，抢去了战斗机市场中的一块很大的部分。美国政府为了对通用动力公司进行补偿，将F－16大力向北约国家和其他美国的盟国推销。1976 年，加拿大政府以 3 800 万美元从通用动力公司手中将加空买回。1985 年通用动力公司收购了赛斯纳飞机公司(Cessna Aircraft Company)。

链接：长盛不衰的 F－16“战隼”

在全世界使用最多的 20 种战斗机中，高居榜首的是美国 F－16“战隼”。最初它是通用动力公司研制的，第一架原型机于 1974 年 2 月首次试飞，第一架生产型是1978年年底交付给美国空军的。1993年，通用动力公司改组，把F-16全套业务卖给了洛克希德公司，如今它仍是洛·马公司的重要产品之一。到2005年3月18日，美国空军购买的2 231架全部交付完毕。迄今，洛·马公司向全球24个国家和地区售出的F-16高达4 400多架。

从1978年开始交付至今，31年过去了，F-16在美国战斗机装备中仍占据重要地位。专业人士分析，F-16计划获得成功的主要原因之一是"基本设计十分先进，起码超前20年"。据认为，目前除了服役不久的F-22和还在研制中的F-35之外，美国迄今还没有一种战斗机的"根基像F-16一样好"。也就是说，尽管F-16是"高低搭配"中的低档战斗机，但其性能较低只是相对F-15而言的，而成本低是实实在在的。从技术水平上看，F-16在某些方面甚至比F-15还要先进。之所以如此，是因为在F-16上率先采用了一大批至今尚属"时尚"的新技术，包括变弯度机翼、翼身融合体、边条翼、电传操纵、高过载座舱和侧位驾驶杆。

F-16长盛不衰的另一个关键因素是从计划初期就不断改进，特别是电子设备，使F-16的性能在边生产边改进的过程中不断推出技术性能更好的新型别，形成一个庞大的系列。F-16多次参战战绩不俗。首先把F-16推上实战的是以色列。1981年6月7日，以色列的8架F-16在6架F-15的掩护下，采用低空飞行，往返飞行2 000余千米，偷越3个国家的领空，一举摧毁了伊拉克核反应堆。8架F-16投下的16枚907千克级重磅炸弹全部命中目标，飞机安全返航。1982年6月9日，以色列空军又故技重演，用F-16为突击主力，F-15作掩护，仅用了6分钟就摧毁了叙利亚贝卡谷地的19个萨姆-6地空导弹阵地，228枚萨姆-6导弹全部被毁。随后又与F-15一起在贝卡谷地空战中创造了击落叙利亚80余架飞机而自己无一损失的战例。据统计，在参加海湾战争的多国部队十几种数千架作战飞机中，F-16数量最多，达251架；出动量最大，达13 480架次；在空军飞机出动率最高，达95.4%。20世纪在90年代以来的多次战争中，F-16堪称"主力空中杀手"。

（三）开展战车制造业务

1982年，通用动力公司收购了克莱斯勒公司（Chrysler Corporation）

的战车分部，包括其设在密执安州沃伦和俄亥俄州利马的工厂，改名为通用动力公司的"陆地系统"分部。该分部接手原克莱斯勒公司从美国政府获得的制造陆军新一代主战坦克M1"艾布拉姆斯"(Abrams)的合同。M1坦克是为应对苏联当时的新型T72坦克而研发的，以莱科明公司研发制造的1 500马力的AGT1500涡轮发动机为动力，速度可达每小时45英里。M-1坦克还带有计算机控制的火炮瞄准结构，可使坦克在崎岖的地形中高速行进时仍能保持高的射击精度。首批样车交付后，军方发现M-1存在一些基本设计缺陷，首先是排气温度过高，使步兵无法靠近；再者，燃油消耗较高，给后勤支援造成困难，弹药舱也显小。为了提高热效率，发动机厂商设计了一个先进的热交换器，将排气引入一个迷宫式的回热装置，用排气的热量来加热进入发动机的空气，既可节省燃料，又可降低排气温度。与柴油发动机相比，涡轮发动机具有体积和重量小，加速性好等优点，但也有燃料消耗大等缺点。M1坦克以后又有M1A1和M1A2等改型，共有订货7 457辆。

(四) 紧缩调整和再次发展壮大

20世纪90年代初冷战结束，防务预算减少。虽然海湾战争促进了M1坦克和F-16的销售，通用动力公司仍然面临严峻的局面，必须进行调整，成为一个较小的、业务更集中的、能赢利的公司。1991年新总裁威廉·安德斯根据市场现实，实施一系列措施，包括裁员、缩减研发经费、抛出外围业务和减少资本支出等，共出售了17亿美元的资产，终于扭亏为盈。1993年安德斯在年度报告中宣称改造完成。具体剥离的项目包括：1992年将导弹项目以4.5亿美元卖给休斯飞机(Hughes Aircraft)公司；1992年将赛斯纳飞机公司以6亿美元卖给德事隆(Textron)集团；1993年将沃斯堡分部以15亿美元买给洛克希德公司；1994年将空间系统分部(康维尔分部)以2.09亿美元买给马丁·玛丽埃塔公司。

至此，通用动力公司只剩下两大主要业务部：核潜艇和装甲车。公司员工人数从1991年的86 000人减为1993年的30 500人，公司的债务下降94%，营业收入增加9 800万美元，从1991年的2.11亿美元增至1993年的3.09亿美元。到1994年后期，在给股东分发特殊红利后，公司仍拥有10亿美元的现金，实际上已无债务。

从这坚实的根基出发，公司开始为扩展其主要业务进行收购。1995年从某投资集团手中以3亿美元收购制造舰艇的巴斯船厂。这样，通用动力公司就在美国6家私有舰艇制造公司中拥有2家：位于康州格劳顿的电船潜艇厂和位于缅因州巴斯的巴斯船厂。当时巴斯船厂获得海军合同，制造11艘"艾基斯"导弹驱逐舰，电船则获得15亿美元的合同，制造最后一艘"海狼"潜艇，命名为"吉米·卡特号"。

通用动力公司收购造船厂的行动还在继续。1998年11月以4.15亿美元收购了纳斯科股份公司(NASSCO Holding Incorporated)，该公司拥有在圣迭戈的军舰厂。纳斯科公司的加入使通用动力公司的船舶产品线实现了多样化。该厂为海军制造医疗船和战斗支援船，还制造民用船舶，如油轮等。此时，通用动力公司已拥有6家制造海军舰艇的私有船厂。但是当通用动力公司在1999年提出以14亿美元收购纽波特纽斯造船厂时，五角大楼曾为了防止通用动力公司处于垄断地位而予以阻止。

1996年，陆地系统分部获得价值2.17亿美元的合同，为美国海军陆战队制造一种新型两栖战车。该战车到2014年最终可能会生产1 000辆以上，价值可达40亿美元以上。同年，巴斯船厂参与一个联盟，从海军获得合同，制造12艘两栖攻击艇，价值8亿美元。1997年公司继续其收购计划，从洛·马公司以4.5亿美元收购两项业务：制造先进火炮和火控系统的武器系统公司，以及制造炮塔和传动系统的防务系统公司。这些公司合并成为一个新的武器系统分部，与陆地系统分部一起组成战斗系统业务部。进入21世纪，该业务部的销售收入快速增长，2005年增长14%，2006年增长19%，超过240亿美元，净收入达18.5亿美元。

(五) 开拓信息系统和技术业务

1997年年中，尼古拉斯·查勃拉加接替担任公司总裁，将收购目标转向新的领域，即正在快速发展的电子和系统集成业务，成立了公司的第三个业务部：信息系统和技术业务部。1997年10月，以2.67亿美元从朗讯技术公司(Lucent Technologies Inc.)收购了先进技术系统公司(Advanced Technology Systems Company)。该公司生产水下监视系统、信号处理和振动控制系统。接着又以5亿美元收购了赛雷典公司(Ceridian Corporation)的一个分部，即计算机装置国际公司(Computer

Devices International)。这一交易带来了三家信息系统公司:通用动力公司信息系统公司(General Dynamics Information Systems Inc.)、加拿大计算机装置公司(Computing Devices Canada)和英国的计算机装置有限公司(Computer Devices Company Ltd. UK)。1999年9月,信息系统和技术业务进一步得到扩展,公司以10.1亿美元收购了GTE公司的三家公司,这些单位重组成为一家公司,称为通用动力政府系统公司(General Dynamics Government Systems Corporation),专门从事指挥、控制、通讯和情报系统、电子防御系统和军政部门的信息系统的研发。

(六)重返航空业务

1999年7月,通用动力公司重返航空业务,以价值约50亿美元的证券交易收购了制造公务机的领先企业湾流宇航公司(Gulfstream Aerospace Corporation)。该公司曾研制生产各种型号的公务机1 500多架。湾流宇航公司的加入使通用动力公司的产品中民用项目的百分比大大增加,对年度收入的稳定非常有利。

湾流宇航公司代表了通用动力公司目前拥有的宇航业务,在公务机研发和制造方面居于领先位置。公司总部在佐治亚州萨凡纳,生产设施分散在美国各地以及英国的卢同和墨西哥的墨西凯利等地。

"湾流"公务机是格鲁曼飞机工程公司1957年开始研发的,"湾流"Ⅰ涡桨公务机1958年8月首飞,获得成功,共生产了200架。1967年格鲁曼公司将民机业务与军机分开,公务机业务迁到萨凡纳,开始研制生产"湾流"Ⅱ涡扇公务机,共生产了256架。

1978年格鲁曼将"湾流"飞机生产线卖给了美国喷气工业公司(American Jet Industries),公司改名为美国湾流公司,研发了"湾流"Ⅲ,1979年首飞。该公司还收购了罗克韦尔公司的"空中指挥员"项目,组成湾流宇航公司。同年克莱斯勒公司收购了湾流宇航公司,开始研制生产"湾流"Ⅳ-SP和"湾流"Ⅴ。

1999年通用动力公司以50亿美元收购了湾流宇航公司。2001年湾流宇航公司又收购了以色列的银河宇航公司(Galaxy Aerospace),将银河宇航公司的产品重新命名:将"埃斯特拉 SPX"(Astra SPX)称为G100,"银河"称为G200。湾流宇航公司原有的产品也重新命名:"湾流"

F－16 是美国通用动力公司最成功的杰作，迄今产量超过 4 000 架。

Ⅴ称为 G550，“湾流”Ⅵ称为 G300，“湾流”Ⅳ － SP 称为 G400。以后又推出很多改型。2005 年湾流宇航公司成为首家在飞机上提供飞行中高速互联网(BBML)的公务机制造商。2006 年湾流宇航公司宣布萨凡纳工厂的 7 年扩展计划，将出资 4 亿美元，建设新的销售和设计中心，面积 62 500 平方米的服务中心，同时将提供 1 100 个就业机会。

湾流宇航公司 2008 年仍在生产的产品如下：

G150　　　基于以色列飞机公司的“埃斯特拉 SPX”；
G200　　　基于以色列飞机公司的“银河”；
G250　　　新的中等宽度机舱喷气公务机；
G350/G450　基于“湾流”Ⅳ － SP；
G500/G550　基于“湾流”Ⅴ；
G650　　　新的宽机舱喷气公务机。

其中 2008 年 3 月上马的超大型、超远程 G650，号称“航程最远、速度最快(最大速度达 M0.925)、座舱最宽敞、驾驶舱最先进的公务机”，预计 2012 年交付。迄今，湾流宇航公司已生产了 1 300 多架公务机，广泛应用于民用、商业、政府机构、私人、军用等各个领域，跻身美国《财富》杂志 500 家最大企业中有超过 1/4 的公司使用“湾流”公务机。

进入 21 世纪，通用动力公司的业务得到蓬勃发展。2000 年纳斯科公司赢得 6.5 亿美元合同，为英国石油公司埃美柯公司制造三艘双壳油

图为通用动力公司的"阿特拉斯"运载火箭，它1994年被马丁·玛丽埃塔公司收购。

轮。陆地系统分部和通用汽车公司合资，被陆军选来制造一种8轮装甲车 LAV Ⅲ，计划总共制造约2 100辆，总价40亿美元以上。2001年初，通用动力公司又以5.2亿美元收购了制造军火、推进剂、卫星推进系统和电子产品的珀莱麦科斯技术公司（Primex Technologies Inc.），改名为通用动力公司军火和战术系统分部，并入战斗系统分部。同年，通用动力公司又第二次试图收购纽波特纽斯造船厂，但最终该船厂经国防部批准被诺·格公司收购。自1994年到2001年，通用动力公司总共增加了19家公司。阿富汗和伊拉克战争后军费开支直线上升，通用动力公司从政府合同中得益良多。

2003年，公司以11亿美元收购了通用汽车公司的防务业务，使其在装甲车业务中的领先地位得到巩固。同年后期，公司又扩展了其信息系统和技术分部，以15亿美元收购了沃利典公司（Veridian Corp.），该公司向国防部和其他情报机构提供网络安全设施和服务。2006年又收购了安蒂恩国际公司（Anteon International Corp.），该公司的客户包括防务、国土安全和情报机构。这样通用动力公司的信息系统和技术分部就发展成为公司按收入来说最大的分部。

通用动力公司生产的"毒刺"肩射地对空导弹。

二、组织机构

通用动力公司主要设 4 个业务部：

(一) 信息系统和技术(指挥和控制系统)分部，是公司最大的分部；

(二) 船舶系统(战舰和潜艇)分部；

(三) 战斗系统(坦克和两栖战车)分部；

(四) 宇航系统(公务机)分部。

第七章　多种经营——联合技术公司

联合技术公司（United Technologies Corporation，UTC）是一家多种经营的大型企业集团，总部设在美国康涅狄格州的哈特福德市；2008年有员工223 100人，总销售金额586.81亿美元，人均263 026美元；总利润76.25亿美元，人均34 178美元；总利润率13.0%；销售金额中属于航空业务的245.4亿美元，利润中属于航空业务的36.99亿美元；航空业务利润率15.1%。在英国《飞行国际》杂志2009年的宇航企业排名榜上按航空业务销售金额位列第7位。现任主席为乔治·大卫（George David），总裁兼首席执行官是路易斯·切尼弗特（Louis R. Chenevert）。

目前该公司主要有三大业务，即发动机、飞行系统和建筑系统。发动机业务包括制造航空发动机的普拉特·惠特尼公司，简称普惠公司（Pratt & Whitney，P&W）；飞行系统业务包括制造直升机的西科斯基公司（Sikorsky）和制造发动机电子控制系统、飞机空调系统、螺旋桨和航天产品等的汉胜公司（Hamilton - Sundstrand）；建筑系统包括制造升降梯的奥蒂斯（Otis）公司、制造空调系统的凯里（Carrier）公司等。公司还在集团一级设有研究中心。

一、发展历程

普拉特·惠特尼公司原先是由弗朗西斯·普拉特和阿莫斯·惠特尼两人所创建，以后被原莱特公司总裁弗雷德里克·布兰特·伦休勒接收，改为普拉特·惠特尼飞机公司（Pratt & Whitney Aircraft），开始研制气冷式活塞式飞机发动机。1925年圣诞节前夕，命名为“黄蜂”（Wasp）的星型气冷式发动机研制成功，性能超出预期，受到军方的赞扬。“黄蜂”发动机投产后销路很好，主要用户是波音公司和沃特飞机公司。为了确保其市场，伦休勒说服这两家公司的总裁威廉·波音和钱斯·沃特与其联合，并进一步收购了其他一些公司，于1929年1月组成了联合飞机和运输公司(United Aircraft and Transport Company),形成一个垄断集团。当时该集团包括了波音、普惠、沃特、西科斯基、诺斯罗普、汉密尔顿、标准钢铁公司(制造螺旋桨)、波音航空公司和斯托特航空公司等。该集团还赢得了邮政市场,促进了对航运和飞机的需求,控制了全美民航业和飞机工业的一半,股价不断上升。威廉·波音、伦休勒和其他一些投资人都成了百万富翁。1934年参议员布莱克提出该集团在航空业务中的垄断问题,最终促使集团解体重组。密西西比河以西的制造企业归波音公司,以东的归伦休勒在哈特福德的联合飞机公司,运输业务另外成立一家独立公司,即联合航空公司。到1950年代初,联合飞机公司的飞机业务和发动机业务之间产生利益冲突,导致沃特公司的分离。1975年联合飞机公司改称联合技术公司。

二、联合技术公司旗下的主要公司

(一)普惠公司

普惠公司是UTC中最重要的公司,目前在世界航空发动机行业中排名第三,在GE公司和英国罗罗公司之后。现任总裁:大卫·赫斯(David Hess)。总部及其民机部和制造部设在康涅狄格州东哈特福德,军机部设在佛罗里达州的西棕榈滩。民用发动机的装配试车以及大型机匣等部件的加工设在康州的密德尔镇,其余零部件的加工大部分在东哈特福德进行,此外还分散在其他一些地方,如在康州诺斯海文设有涡轮叶片生产线,在缅因州北布维克设有整流叶片生产线,在佐治亚州哥伦布设有压气机叶片的精密锻造和加工自动生产线以及涡轮盘粉末冶金等温锻造生产线等。

普惠公司自创立以后就致力于发展气冷式星型航空发动机,第一个型号"黄蜂"(Wasp)的功率为425—600马力,以后又研发了"大黄蜂"(Hornet)和"小黄蜂"(Wasp Jr.),分别用于各种飞机。30年代,这三个型号都发展成了双排气缸型,称为"双黄蜂"(Twin Wasp),功率达1 007千瓦,用于各种战斗机、轰炸机和运输机,包括当时的大飞机(52—86座),被称为"空中霸王"号的道格拉斯DC-4(C-54)。"双黄蜂"共生产了173 618台。此后还进一步研发了更大的Double Wasp和Wasp Major。后者有4排28个气缸,功率达3 208千瓦,用于B-50轰炸机。二战期间普惠公司生产的飞机发动机占整个美国发动机市场的一半。

二战后普惠开始研发喷气发动机,首先从英国的罗罗公司引进许可权,在美国生产并销售尼恩发动机。接着先后研发了J42和J48,用于各型飞机,取得了一定的成功。但是真正使普惠取得重大成就的是J57发动机。1952年4月15日,装有8台单台推力44.48千牛的J57发动机的波音B-52轰炸机原型机成功升空。此后,美国空海军都改用J57来装备其战斗机,包括北美公司的F-100超佩刀、麦克唐纳公司的F-101、康维尔公司的F-102等。这样,普惠公司就成为涡轮喷气发动机的主要制造商之一。局面一旦打开,用户纷至沓来,钱斯·沃特公司的F8U、洛克希德公司的U-2、共和公司的F-105等纷纷采用J57,使普惠在竞争中遥遥领先。在50年代中,J57的额定功率不断加大,采用加力燃烧室时推力可达87千牛。接着,普惠研发了J57的扩大型,推力可达118千牛的J75和推力为37.8—49.8千牛的缩小型J52,以适应各种飞机的需要。前者装用于F-105、F-106和改进的U-2,后者则适用于较小型的攻击机A-4、A-6以及某些导弹等。普惠功率最大的涡喷发动机是推力133.4千牛级的J58,用于洛克希德公司的三倍声速的SR-71侦察机,最小的是推力13.34千牛的JT12(J60),用于洛克希德公司的“喷气星”和北美公司的“佩刀”小型客机以及一些教练机等。

1954年7月15日,装4台J57的波音的首架喷气运输机试飞,这就是后来的C-135运输机和KC-135加油机,J57的民用型JT3和J75的民用型JT4则用于C-135的民用型波音707客机以及道格拉斯的DC-8客机。这样,普惠就成为进入民用大飞机市场的发动机供应商中的领先者。但是涡喷发动机的高耗油率妨碍了它的进一步发展。普惠在J57燃气发生器前端加上一个两级的风扇组成了JT3D涡扇发动机,性能大有改进,正式生产的707-120和DC-8都采用了JT3D。JT3D的军用型TF33则用于B-52H战略轰炸机、C-141运输机和E-3A预警机等。在20世纪60年代至70年代普惠公司又研发了用于超声速战斗机的加力涡扇发动机TF30,初始型推力为82千牛,发展型推力达93—111千牛,分别装用于格鲁曼公司的F-14A和通用动力公司的F-111F变后掠机翼超声速战斗机。

1963年普惠公司推出推力为62—73千牛的JT8D涡扇发动机。1964年初，装3台JT8D的波音727开始商业运行，波音727共交付了1 800多架。以后JT8D又先后用于麦道DC-9、波音737-100/737-200以及法国的“水星”和“快帆”等客机，成为最受欢迎的发动机，平均每个工作日要交付17台，总共生产交付了11 500台以上。70年代中期，普惠将JT8D进一步加以改进，推出JT8D-200系列，推力加大到82—93千牛，提高了效率，降低了噪声和排放，用于150座的麦道MD80系列飞机，进一步扩大了市场，生产了数千台。在这一时期内，普惠占有了单通道客机发动机市场的绝大部分，可以说是盛极一时。普惠公司还在JT3D和JT8D发动机的基础上分别研发了供地面使用的燃气涡轮发动机FT4和FT8。

20世纪60年代中，波音、麦道和洛克希德等公司都开始研发载客量300—350人的宽体客机，波音推出装4台发动机的747客机，麦道和洛克希德则分别推出装3台发动机的DC-10和称为“三星”的L-1011客机。稍后欧洲成立了空中客车工业公司（Airbus Industries），推出A300双发宽体客机。普惠瞄准这一市场领先发展推力191—236千牛的高涵道比涡扇发动机JT9D，成为波音747采用的第一种发动机，1970年1月率先装在泛美航空公司的747飞机上从纽约飞往伦敦，进入商业飞行，以后也用于麦道DC-10和空客A300。20世纪70年代后期，普惠推出JT9D-7R系列，采用三大新技术：宽弦风扇、单晶涡轮叶片和发动机电子调节装置，降低油耗8%。进入80年代，普惠又在保持外形尺寸和JT9D相同的条件下设计出全新的PW4000系列发动机，引进了许多新技术，使发动机的结构更趋于简单，零件数减少了54%，进一步降低了油耗。随后PW4000发展

图为普惠公司为A330研制的PW4168发动机，它是装在空客飞机上最大的发动机。

出风扇直径从 94 英寸到 112 英寸的，推力最大可达 400—436 千牛的各种型号，适用于波音公司在 80 年代至 90 年代推出的波音 767 和 777 以及空客 A310 和 A330 等型宽体飞机。宽体飞机使民航事业进入了前所未有的新天地，也大大地促进了大型涡扇发动机的发展。

20 世纪 70 年代末，波音公司推出波音 757 作为 727 的后继机，略加放大到 178—196 座。此时，普惠公司推出 PW2000 系列发动机，但英国罗罗公司的 RB211 - 535 已抢先夺得启动用户美国东方航空公司的订货，占了优势，PW2037/2040 大约只占有不到 40% 的市场份额。所幸其军用型 F117 被选为载重 54—68 吨的美国空军战略战术运输机 C - 17 的唯一发动机。

20 世纪 70 年代初美国空军选定麦道公司研发双发空中优势战斗机 F - 15，选定通用动力公司研发单发轻型战斗机 F - 16。通过竞争性评选，普惠的 F100 - PW - 100/200 加力涡扇发动机在两种飞机中均取胜。这两种飞机有多种改型，订货量很大，除了美国本国使用外，还有大量出口并按许可权在外国制造，如在日本制造 F - 15J，在北约国家荷兰、比利时、丹麦和挪威等国制造 F - 16 等，所以普惠的 F100 发动机获得的订货颇多。以后，F - 15 和 F - 16 又多次改型升级，普惠也将发动机更新为 F100 - PW - 220 和 F100 - PW - 229，后者推力提高 24%，达 129 千牛，推重比达 8:1，而正在研制中的 F100 - PW - 232 的推力将达 156 千牛。在洛克希德公司作为主合同商研制生产的所谓第四代隐身战斗机 F - 22 “猛禽 Raptor”项目和正在研制中的多国合作的 F - 35“闪电”Ⅱ联合攻击战斗机(JSF) 项目中，采用了包括矢量喷口系统等很多新技术的普惠的 F119 - PW - 100 和 F135 又分别赢得了合同。可以说，在新一代战斗机发动机的竞争中，普惠公司是节节取胜，不断迈上新台阶。

F135 加力涡扇发动机是 F - 35 的主选发动机，是在 F119 的核心机的基础上加上新设计的低压转子而成，包括由 2 级低压涡轮驱动一个压比很高的风扇，整个推进系统还带有预示和适情管理系统，以提供维修信息，与目前服役中的发动机相比，该机的零件数减少了 40%，提高了可靠性并可使维修简化，所有外场可更换的零件都可用一套 6 件的手工工具完成拆卸和安装。所有试飞时用的 F - 35 飞机以及初始生产交付的飞机都将采用 F135 发动机，从第 6 批交付的飞机起，发动机合同将在 F135

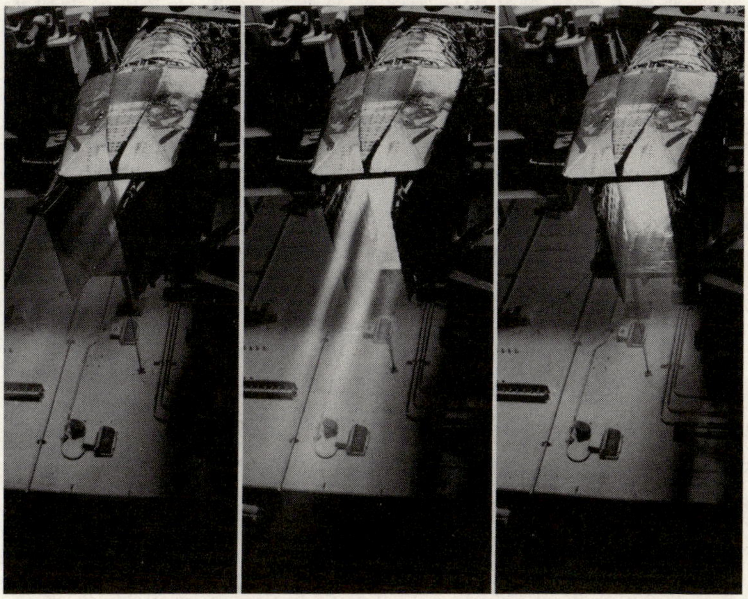

普惠公司对用于 F－22 战斗机的 F119 发动机进行试验研究。图为对装在 F－15 上的 XF119 发动机矢量喷管的不同位置进行试验分析。

和 GE 公司和罗罗公司合作研发的 F136 发动机之间竞标确定。F135 有 3 种型号，即用于常规起降型飞机的 F135－PW－100，用于舰载型飞机的 F135－PW－400 和用于短距起飞垂直降落型飞机的 F135－PW－600。F135－PW－600 发动机将包含罗罗公司提供的升力系统。该发动机起飞时产生的推力总计达 177 千牛，相比装在“鹞”式飞机上的罗罗公司的“飞马”发动机的 106 千牛提高了很多。

普惠公司还想将某些 F135 发动机的技术运用于直升机发动机。长期以来普惠公司一直是由其加拿大公司来研制生产用于直升机的涡轴发动机，在民用领域内业绩良好。但在军用直升机发动机方面，一直是被 GE 公司的产品所垄断。为了打破这一垄断局面，普惠与霍尼韦尔公司正在合资开展 HPW3000 项目，将 F135 的先进技术与霍尼韦尔在小型发动机方面的技术结合起来，研发一种 2 250 千瓦级的直升机发动机，争取在美军庞大的“黑鹰”和“阿帕奇”直升机“重新制造”项目中来取代 GE 的 T700 发动机。

尽管普惠在军机市场中取得了辉煌胜利，在宽体飞机发动机方面也仍有不俗表现，但是从20世纪80年代中期开始，由于GE公司和法国斯内克玛公司合资成立的CFMI公司研制的CFM-56高涵道比涡扇发动机凭借其优异性能在单通道客机市场中占有了优势，普惠公司一度拥有的优势就渐渐丧失殆尽。为了在这个重要市场中夺回一席之地，普惠与英国罗罗公司以及德国和日本的发动机公司联合组成国际航空发动机公司（以下简称IAE），推出V2500系列发动机。在该项目中普惠公司占有33％的份额，承担高压涡轮和燃烧室的研究设计和生产以及发动机的总装。V2500A型发动机在空客A320系列飞机的市场中取得略低于一半的份额，但由于CFM-56系列发动机独占了波音737的市场和大部分空客A-340的市场，V2500的成就与之相比，还有很大差距。而被选用于原麦道公司的MD-90飞机的V2500D型发动机，则因MD-90飞机在麦道被波音兼并后停产而随之终止生产。20世纪90年代，我国在开展MD-90飞机合作生产项目时也曾与IAE公司谈判进行V2500发动机的合作生产，随后也跟着终止。近年来普惠还推出适用于100座客机的PW6000发动机，被选用于空客的A-318飞机，但A-318订货量不多，所以该项目并未对整个民机市场造成较大的影响。可以说，在这一时期，普惠公司在单通道客机用的发动机方面的处境确实不算很好。

为了在酝酿中的新一代单通道客机市场竞争中向CFMI的统治地位挑战，普惠正在投资10亿美元苦心研制一种具有创新结构的发动机，即被称为PW1000G的齿轮传动风扇发动机GTF(Geared Turbofan)，推力范围在107—178千牛之间。其主要特点是在风扇和低压压气机之间引入一个减速齿轮箱，使低压转子可以在能取得较高效率的高转速下工作而风扇则可以在气动损失和噪声都较小的速度下工作，从而实现通过将涵道比加大到10—12来降低油耗和噪声并提高可靠性。引入齿轮箱虽然使发动机重量有所增加，但由于这种结构可使低压转子的级数和叶片的数量减少，所以整个发动机的重量还可降低。叶片数量的减少还可使发动机的维修费用显著降低。在发动机和齿轮箱的设计中普惠还采用了很多新技术，包括复材风扇叶片、整体叶轮(IBR)、低排放燃烧室等。普惠期望GTF的油耗可降低12％—13％，噪声可降低24—31分贝。据报道，加拿大庞巴迪公司以及日本三菱重工已宣布要在他们各自正在研制的C系列飞机和MRJ支线飞机上采用GTF发动机，为此普惠正在演示机的基础上研发两种尺寸的核心机，用来研制风扇直径为1.4米和1.8米的发动机，分别用于MRJ和C系列。另外，俄罗斯为其发展中的150－212座客机MS－21也选用了普惠公司的PW1000G发动机，推力为133千牛。目前空客也准备将GTF发动机装在A340飞机上进行试验以考虑将GTF用于A320飞机。波音也表示GTF发动机装用于波音737飞机也是可行的，即使该型飞机的起落架较短，问题也可以解决。普惠公司在单通道飞机市场中重整雄风的愿望能否实现，航空制造业界正拭目以待。

在航天项目方面，普惠公司还为美国航空航天局的航天飞机、空间探测器和卫星的发射制造火箭发动机。

普惠公司的工程人员在计算机上从事压气机叶片形状的研究。

普惠加拿大公司（Pratt & Whitney Canada，P&WC）简称加普惠公司，是普惠公司的小发动机分部，具有独立的研发、生产能力以及销售和支援服务队伍。其总部和主要生产设施位于加拿大魁北克省朗盖尔，靠近蒙特利尔；在安大略省的多伦多还设有从事研发的分部。该公司有员工7 400人，现任总裁为约翰·萨巴斯。

加普惠公司是作为普惠公司的发动机维修中心于1928年创建的。二战期间承担“黄蜂”发动机的装配。1952年起普惠公司集中力量研发喷气发动机，“黄蜂”发动机的生产就转到加拿大进行。20世纪50年代末加普惠公司开始研发小型涡轮发动机PT6，1963年首台发动机交付用户。此后迅速发展成功当量功率498—1 398千瓦的各种功率等级的涡桨型和涡轴型发动机系列，应用于世界各国研制生产的近100种型号的飞机和直升机。小型飞机中一些著名的型号，包括加拿大原德·哈维兰公司（现庞巴迪公司）的“双水獭”（Twin Otter），巴西安博威公司的“先锋”（Bandeirante），肖氏兄弟公司的330/

360，佩帕公司的“夏炎”(Cheyenne)系列，比奇公司的“空中国王”(King Air)和1900系列以及我国哈尔滨飞机公司的运12等涡桨飞机以及贝尔公司的贝尔212/412直升机等都采用了PT6系列发动机。各种型号各种功率的PT6发动机总共生产交付了40 000台以上，装用于80余种型号的14 000多架飞机上。该发动机的生产和发展至今仍在继续。在PT6发动机的基础上还研发了用于驱动小型船舶和小型电站或泵站，以及作为飞机辅助动力装置(APU)的ST6系列发动机。

图为普惠加拿大公司开发的PT6涡轮螺桨发动机，其功率范围500—2 000轴马力，性能好，可靠性高。

进入20世纪80年代，加普惠公司推出功率为1 800—2 750马力的PW100系列涡桨发动机，取得很大成功。当时畅销的支线飞机，如ATR42/72系列、“冲-8”系列(Q100/200/300)、“福克50”、EMB-120等都选用该系列发动机。以后又继续研发各种功率更大的型号，我国西安飞机公司研制的“新舟”-60选用了2 510千瓦的PW127J，庞巴迪公司的Q400则选用了功率达4 983千瓦的PW150A。

80年代贝尔直升机公司将轻型民用直升机业务转到加拿大，在蒙特利尔附近的米拉贝(Mirabel)设厂。此事促进加普惠公司开发了先进技术的PW200系列轻型涡轴发动机。先后推出功率为477—530千瓦的PW206和PW207两个系列，分别被5种直升机采用，包括贝尔427、阿古斯塔公司的A109E、欧洲直升机公司的EC135、麦道直升机公司的MD900/902和俄罗斯喀山直升机厂的安萨特。

除了涡桨型和涡轴型发动机外，加普惠公司还研制生产各种小型涡扇发动机，用于小型客机和公务机。早在20世纪70年代就研发了推力9.8—11.1千牛的JT15D-1和ST15D-4，80年代至90年代又先后推出推力为12.9—14.9千牛(2 900—3 045磅)的JT15D-5/5A/5D等型号。这些型号分别装用于赛斯纳公司、日本三菱公司、雷神公司的公务机和教练机。各种型号的JT15D共生产交付了6 000台以上。在JT15D

的基础上，普惠加拿大公司发展了功率达 1 000 马力的飞机辅助动力装置 PW901A 和 PW980A，分别用于波音 747－400 和空客 A380 大型客机。

进入 90 年代，加普惠公司先后研发了推力 20.46—31.14 千牛的 PW300 系列和推力 13.34—20 千牛的 PW500 系列涡扇发动机。各种型号的 PW300 和 PW500 发动机分别用于各种型号的公务机和支线飞机。这两个系列的发动机都已各交付了 1 000 台以上。近年内该公司又致力于研发一种推力为 4—13.34 千牛的 PW600 涡扇发动机系列，用于正在快速发展的各种超轻型喷气机，如赛斯纳公司的“奖状野马”、“日食”公司的“日食”500(Eclipse 500)、安博威公司的“飞鸿”100(phenom 100)等。这类超轻型喷气机将作为空中出租车提供点到点的便捷旅行服务。该型发动机可在 8 小时内完成装配，试车和发运，如果“空中出租车”概念得到成功推广，该公司计划每年制造约 500 台 PW600 系列发动机。

图为 PW300 系列发动机的第一台——PW305，起飞推力为 2 110daN，率先采用了全权数字式电子控制系统(FADEC)。

2008 年 2 月，加普惠公司启动新一代 44.5—89 千牛推力级涡扇发动机 PW800 系列，是加普惠公司推力最大的发动机系列。

(二) 西科斯基飞机公司(Sikorsky Aircraft Corp.)

西科斯基飞机公司总部和主要设施设在康涅狄克州斯特拉特福德，在佛罗里达州西棕榈滩设有试飞中心。现任总裁为杰弗里·皮诺。

俄罗斯出生的伊戈尔·西科斯基于 1918 年移居美国，1923 年创立西科斯基飞机公司，开始制造 S－29、S－35、S－38 等飞机和水上飞机，1929 年公司并入联合飞机和运输公司(联合技术公司的前身)。1939 年西科斯基重新发展他的直升机概念，研制了 VS－300 直升机，1939 年 9

月 14 日实现了首飞。经不断改进，1941 年 5 月实现了在空中悬停 1.5 小时的纪录。西科斯基得到美国陆军的合同，在此基础上开始制造实用的 XR－4 直升机。二战时制造了 131 架 R－4 系列和另外 200 架其他型号的直升机，英国威斯特兰公司按许可权制造 R－4 的后继机 R－5，称为“蜻蜓”，用于侦察和救援，在普通飞机无法到达的战区里显示了很大的优势。R－4 在 20 世纪 50 年代初的朝韩战争中得到广泛应用。R－4 还发展成民用型，称 S－51。在 50 年代至 60 年代，一些区间航空公司开始在纽约、芝加哥和洛杉矶等地开展用直升机从机场运送乘客到达市区的业务。

在随后的年代里，西科斯基不断推出新的直升机，包括 S－58、S－61、S－64 等型号。S－58 是反潜直升机，S－61 有反潜型“海王”，运输型和要人专机型(VH－3D)等型号。S－64 是大型货运直升机，称为“飞行起重机”。越战期间直升机的销售达到高峰，同时大型公司用的专机，海上石油工业和医院急救等方面也有很大的需求。但西科斯基面临贝尔公司、休斯公司、波音公司以及欧洲和苏联产品的激烈竞争。

图为 CH－53E“超级种马”，一次能带 55 名全副武装的士兵，今后将和纵列双旋翼的 CH－46 一起逐步由 MV－22“鱼鹰”倾斜旋翼机替代。

20 世纪 70 年代西科斯基推出最大起飞重量 10 吨的 S－70 直升机，装用 2 台 GE 公司 1 119 千瓦的 T700 发动机，取得很大成功，成为美军直升机的主力。其陆军型 UH－60 称为“黑鹰”，海军型 SH－60 称为“海鹰”，各种型号的 S－70 已生产交付了 2 600 架以上，约 2 000 架在美国各个军种服役，约 600 架出口到 25 个国家。日本和韩国都曾按许可权进行生产。1984 年我国也曾购买了 24 架民用型。

20 世纪 70 年代西科斯基还有两种新产品：一种是 4.5 吨级的民用直升机S－76“精神”，生产一直延续至今；另一种是在早先的 S－65 的基础上重新设计的重型多用途直升机 S－80，海军陆战队编号为 CH－53E

“超种马”,海军编号为 MH－53E“海龙”。最大起飞重量达 33 吨,装用 3 台 GE 公司的 T64 发动机,最大功率 3 368 千瓦,是西方最大的直升机。

进入 20 世纪 90 年代,西科斯基公司在 S－70 的基础上研制 S－92 / H－92“超级鹰”。参与该项目的风险合作伙伴有日本的三菱重工(7.5%)、中国直升机研究所(2%)、西班牙 Gamesa 公司(7%)、中国台湾台翔航太工业股份有限公司(6.5%)和巴西航空工业公司(4%)。按预测 2019 年前可销售 700 余架。S－92 装用 2 台 GE 公司 1 877 千瓦的 CT7－8 涡轴发动机,H－92 则装用功率达 2 300 千瓦的 CT7－8C。在 H－92 基础上,西科斯基公司正在为加拿大军方研制生产 28 架舰载型巡逻/反潜直升机 CH－148“龙卷风”(Cyclone)。

自 1957 年以来,美国的总统专用的直升机队“海军陆战队 1 号”一直是由西科斯基公司提供,先是 VH－3“海王”,以后就是 VH－60。在 23 架新一代美国总统直升机队的竞标中,西科斯基公司提出以 S－92 为基础的 VH－92 方案。但在 2005 年 1 月,美国政府宣布选定采用洛克希德和意大利阿古斯塔公司联合提出的以阿古斯塔公司的 EH101 为基础的方案。这一决定使西科斯基公司非常失望,也引起康州的很多政界人士的抗议。

20 世纪 80 年代美国陆军曾提出要求研发一种轻型武装侦察直升机(LHX 计划),用来替代现役中数量众多的 UH－1 等型直升机,最早曾计划生产 5 000 多架。1991 年西科斯基和波音合作提出的方案在竞标中获胜,被命名为 RAH－66“科曼奇”(Comanche)。波音直升机公司负责旋翼和尾桨,西科斯基公司负责机身和总装。但在 2004 年 2 月 23 日陆军宣布撤消该项目。此后美国军方决定要更新或重新制造一些现有的直升机。这就给西科斯基提供了很好的机会。2001 年陆军批准改装 1 500 架 UH－60,使其达到 UH－60M 的标准。对交付的 3 架样机进行试验后陆军倾向于不再改装升级而是新造。这种新型号的特点是主旋翼叶片采用复合材料大梁,机身得到加强,采用功率提高到 1 492 千瓦并采用全权数字控制(FADEC)的 T700－GE701D 发动机,采用玻璃显示驾驶舱、新的飞行控制系统、导航系统和综合飞机状态控制系统等。2005 年开始初始生产,2007 年陆军批准全速生产,给予了 5 年合同,2008 年订购了 6 架 UH－60M 通用型和 20 架 HH－60M 作战型。海军计划需要 500 架

MH－60。海军陆战队则订购227架CH－53K。该机最大起飞重量将达38.4吨，将是美军最大最重的直升机，巡航速度315千米/小时。该机装用3台GE38－1B涡轴发动机，7叶复合材料主旋翼，其能力将比CH－53E有显著提升。展望未来10年，可以预期西科斯基公司的销售将持续增长。

2004年8月西科斯基收购了小型直升机和滑翔机制造商施威泽(Schweizer)公司，该公司制造小型直升机、无人机和滑翔机，对西科斯基的产品线形成补充。2005年又收购了位于宾夕法尼亚州科特斯维尔的吉斯通直升机公司(Keystone Helicopter Corp.)，该公司原来承担S－76和S－92的维修和销售前的完善工作。这些兼并使西科斯基公司的业务范围更趋完整。

链接：西科斯基——把梦想变成现实的直升机发明家

伊戈尔·西科斯基1889年5月25日出生于沙皇俄国的基辅，从小受到家庭的良好教育，包括母亲为他讲述意大利人达·芬奇探索直升机的故事，使他萌生了对航空的浓厚兴趣。

1900年，11岁的西科斯基做了一个梦，梦见自己在装有舒适坐椅的座舱中，响声和震动表明，他所坐的是一种快速运动的运输工具，既不是火车，也不是轮船，他好奇地向窗外望去，发现那浩瀚的海洋、葱绿的大地就在脚下。“腾云驾雾”的感觉让他激动，叫他兴奋，就在他放声大吼的瞬间，他醒来了。不过，飞翔之梦从此深深地印在他的脑海里。

1908年夏天，19岁的西科斯基随父亲在德国度假，当他从报纸上读到美国人莱特在法国第一次飞行表演的报道时，重新勾起他童年时代对航空的热望。他千方百计说服家里人送他去法国学习航空。1909年1月，西科斯基来到当时世界航空活动的中心巴黎，在那里结识了不少航空前辈。5月份，他带着在巴黎买的一台发动机返回俄国，先后制造了两架直升机，但都没有飞起来。后来，他知道，这是因为发动机功率太小的缘故。

研制直升机遇到的挫折没有使西科斯基失望，他转向研制固定翼飞机。1911年，他先后制造了4架飞机(S－1—S－4)，边造边试飞，在实践中摸索，直到第5架终于获得成功。1912年造的第6架飞机在一次军事竞赛中获得高额奖金。这时，他被俄国波罗的海机车车辆厂聘用，出任飞机部的设计师和总工程师。其间，西科斯基带领一班人，研制出世界上第一种四发大型飞机——“巨人”和“伊利亚·穆罗麦茨”。

十月革命后，西科斯基移居美国。几年后，在其他俄国移民的资助下，西科斯基才办起一家小公司，研制出一系列水上飞机，如S-29A、S-36、S-39、S-40、S-42等。其中S-40能载客40人和6名机组人员，是当时世界上最先进，也是最大的全金属水上飞机。第一架S-40被命名为“美国飞剪号”，泛美航空公司于1931年11月19日用它首次载客飞行，是泛美航空公司开辟跨大西洋、跨太平洋航线的主要手段。

西科斯基在研制固定翼飞机的同时，仍一直关注着直升机的发展。在美国生活的那些年，西科斯基领导并参与制造出17种飞机和18种直升机。今天，西科斯基公司仍是举世公认的世界直升机制造业的“龙头老大”。

1972年10月26日，西科斯基在美国康涅狄格州伊顿市逝世，终年84岁。他传奇般的一生正如他所说的一句话：“人类制服天空、发明飞行器是最令人引为自豪的一个梦想。这个梦想让人想象，最后通过人得以实现。”这是一个不同凡响的梦，但西科斯基终于把这个梦变成实现了。

西科斯基是一位对航空业早期发展卓有贡献的俄国人。然而他的事迹在苏联航空界随着他的出走在80年漫长岁月里一直无声无息，直到1999年西科斯基110周年诞辰时，在莫斯科科技博物馆里举办了一个介绍西科斯基成就的展览，以这种方式接纳了它多年“失去的儿子”。

（三）汉胜公司（Hamilton Sundstrand Corporation）

1919年成立的标准钢铁螺旋桨公司（Standard Steel Propeller Corp.）与1920年成立的汉密尔顿航空制造公司（Hamilton Aero Manufacturing Corp.）于1929年合并组成汉密尔顿·标准公司，同时并入联合飞机和运输公司（即现联合技术公司）。该公司在1999年与成立于1905年的胜德斯特兰德公司（Sundstrand Corp.）合并组成汉胜公司。公司总部设在康涅狄克州温莎水闸（Windsor Locks, CT），员工17 000人。现任总裁为阿兰·贝莱梅尔。

1998年汉胜公司收购了法国雷梯尔·费基亚克（Ratier Figeac）公司，该公司的产品包括螺旋桨、机械式飞行控制、液压动作器、发动机零部件等。研制中的欧洲新运输机A-400M、CASA 295、CASA 235等飞机均采用该公司的复合材料螺旋桨。我国西安飞机公司的“新舟”-600支线客机也采用该公司的螺旋桨。

图为世界上年纪最大的航天员格伦研制的太空服，堪称世界上最小的单人航天器，重 258 磅，耗资 1 040 万美元。

汉胜公司的三大业务是飞机系统、工业产品以及空间、陆地和海洋产品。

飞机系统包括用于军用飞机、商用飞机、公务机的各种综合系统，其中有：电力系统、消防系统、飞机机舱空调系统——气压和温度控制、辅助动力系统、应急动力系统、发动机控制系统——全权数字电子控制（FADEC）和外部件、推进系统——螺旋桨、飞行控制系统。

工业产品包括计量泵、专用泵、螺杆式空气压缩机、气动工具、干燥机和过滤器、高速离心泵、压缩机和鼓风机等。

空间、陆地和海洋产品主要是向美国国家航空航天局提供宇航员的航天服和生命保障系统以及为国际航天项目提供环境控制、生命保障、机械系统和温度控制系统等。1969 年曾为阿波罗 11 号登月舱提供环境控制系统、燃料电池和生命保障系统。

汉胜公司的主要工厂除了在康州的温莎水闸外还设在伊利诺伊州的洛克福德、加州的珀莫纳、亚利桑那州的凤凰城、尼布拉斯加州的约克和波多黎各等地。

链接：为全公司服务的技术研究中心

美国联合技术公司的研究中心（UTRC）创立于 1929 年，至今整整 60 年了。中心设在公司总部所在地康涅狄格州东哈特福德，成立之初它是 UTC 的前身——联合飞机运输公司——的研究分部，是公司的智囊机构，主要服务于普惠公司。自 20 世纪 90 年代初以来，工作重点服务对象有所变化。在一定意义上，它不但是联技公司的研究中枢，还要为联技所有子公司服务，满足它们各自的需要。

UTRC目前有450人，其中300人是科学家，他们中间70%有博士学位。截至1999年全公司在世界各国已经持有12 000项专利，反映出联合技术公司工程技术人员的智慧和实力。当时每年约有来自公司、客户和政府的18亿美元资金投入研究和开发工作。

UTRC目前主要从事航空航天、能源、环境、综合系统、安全方面的研究。它的参与贯穿各个方面，从解决技术难题到协助将新创意变成现实。研究中心的研究成果有些是在全公司范围得到应用，有些是先在某一部门获得应用，随后在其他部门推广，如控制论及其高级应用是联技公司数十年产品开发和市场领先的关键所在，在UTC几乎所有产品，包括喷气发动机、直升机、螺旋桨、飞机和太空系统的环境装置以及民用的空调器、电梯产品都有赖于先进的控制装置。1982年，普惠公司PW2037发动机率先安装了第一台全权限数字式电子控制装置，比其竞争对手早若干年。技术中心开发的“主动式”消音系统（实际上是以噪音消除噪音），先在直升机和空调器等产品上获得应用，随后在包括普惠发动机在内的其他产品上推广。

UTRC有自己的试验设施，如风速达685千米/小时的大型亚声速风洞。它所进行的很多研究直接用于产品开发。在被选作F－22战斗机的F119发动机计划中，研究中心提供了轻型陶瓷复合材料、发动机燃油喷嘴系统和第四代电子燃油控制系统，有助于提高F119发动机燃油效率、加大航程、增大推力和减轻重量。UTRC开发的全对称矢量喷管，通过操纵发动机排气推力的方向，增加对飞机的控制，有助于提高飞机机动性和缩短起飞距离。UTRC已研制成功强度、韧性超过其他复合材料而仍然保持耐高温特性的陶瓷复合材料，这种材料在燃气涡轮发动机领域具有极大应用潜力。

三、与中国航空工业的合作

联合技术公司与中国航空工业的合作是从加普惠公司开始的，至今已有近30年的历史。1980年西安航空发动机公司开始为加普惠公司制造 PT6 发动机零件。经双方努力，该转包生产项目进展很快，1981 年西航承制的零件数增加到 100 余项。随着中国的 17 座支线飞机运 12 选用加普惠公司的 PT6A 涡桨发动机，改型的运 7－100 飞机以及后来研发的“新舟”-60 支线飞机均选用加普惠公司的 PW100 系列涡桨发动机，双方的合作仍不断发展。最近西航公司被加普惠公司授予金牌供应商称号。近年来加普惠还将转包生产扩展到哈尔滨东安发动机公司，由该公司承担 18 项机匣类零件的铸造和加工。

美国普惠公司随后也开展了与我国的合作，选定成都发动机公司为其制作各种 JT8D 发动机零件，包括火焰筒、燃气收集器等钣材焊接构件和很多种环形机匣机加件。20 世纪 80 年代后期成发的年交付金额已达到 400—500 万美元。随着麦道 MD－82 飞机项目的进展，JT8D 发动机零件制造项目也进一步得到发展。20 世纪 80 年代中期，普惠公司曾与我国就 JT8D 发动机的地面型工业燃气涡轮发动机 FT8 项目达成协议，成发公司参与 FT8 的设计并承担部分零件制造，我国海南和江苏无锡等地选用该型发动机组建了电站。

1997 年普惠公司等与西安航空发动机(集团)有限公司成立合资的西安安泰叶片技术有限公司。图为该公司举行首件叶片精密锻造庆典。

20世纪90年代联合技术公司总裁乔治·大卫竭力推进建立合资公司来发展对华合作，经过长时间的谈判，双方达成协议建立三家合资工厂，包括普惠与成发组建的发动机零件加工厂，普惠和以色列的叶片技术公司与西航组建的压气机叶片精锻和加工厂，以及加普惠与株洲南方动力公司组建的发动机零件加工厂。

我国与西科斯基公司也有良好的合作。20世纪80年代我国军方曾购买24架民用型"黑鹰"直升机。90年代我国直升机研究所和景德镇昌河飞机公司参与西科斯基公司的S-92直升机的研制和生产，在该项目中承担1.5%的份额。昌河飞机公司还承担西科斯基公司的S-76C++直升机的整机机身架内总装，2009年交付5架。另外昌河飞机公司还转包生产施威泽S300C/S300Cbi轻型直升机的部件。

联合技术公司的非航空业务，包括奥梯斯电梯公司和凯利空调器公司等也都与中方建立了合资公司，在中国各地设厂生产用于中国的产品。

第八章　导弹称雄——雷神公司

雷神公司(Raytheon Company)是世界上第一位导弹制造商，其核心业务为防务系统和军民用电子产品，2007年前也从事公务机和特种飞机的制造，2008年有员工73 000人；销售金额231.74亿美元，人均317 452美元；利润25.96亿美元，人均35 562美元，利润率为11.2%。在英国《飞行国际》杂志2009年的宇航企业排名榜上按销售金额位列第8位。雷神公司的总部位于马萨诸塞州沃尔萨姆；公司主席兼首席执行官威廉·斯旺森(William H. Swanson)。

一、发展历程

1922年劳伦斯·马歇尔和温内瓦·布什同学二人在马萨诸塞州剑桥创建美国电器公司，开发制冷技术，不久转为电子业。公司的第一项产品是一种氦整流管，称为“雷神”(Raytheon)，用来替代电池作为收音机的电源。1925年公司改名为雷神制造公司，用“雷神”的牌子推销这种整流管，获得很大成功。1928年雷神制造公司与制造电子管和开关的Q. R. S.公司合并，1933年又收购制造变压器等电力设备的ACME - DELTA公司，成为当时世界最大的真空管制造商之一。

二战初期英国发明了能产生微波的特种电子管——磁控管，可显著改进雷达发现敌方目标的能力。在麻省理工学院(MIT)的辐射实验室的支持下，雷神制造公司获得合同来制造这种装置，数月后雷神已能大量生产磁控管并制造整个雷达系统。到二战结束时，雷神承担了美国80%磁控管的制造任务。在战时雷神公司也率先制造很多潜艇用的雷达系统。雷神公司的珀西·斯潘塞发明了微波炉。

1945年雷神制造公司收购了制造海上安全设备的潜艇信号公司(Submarine Signal Co.)，开始发展导弹制导系统，1948年开始制造导弹。1950年，“云雀”(Lark)导弹首次击毁空中目标。雷神公司获得合同，研发了“麻雀”(Sparrow)空空导弹和“鹰”(Hawk)地空导弹，从此雷神公司就一直是导弹的主要生产商，其产品包括著名的“爱国者”(Patriot)反导弹导弹以及空空导弹“凤凰”(Phoenix)等。

1959年雷神制造公司收购阿贝尔科应用电子公司(Apelco Applied Electronics)，显著增强了其船舶电子业务，改名雷神公司。这段时间内雷神公司也进入民用市场，制造无线电和电视传播机和相关设备。1965年收购阿玛那制冷公司，制造冰箱和空调装置，并以此品牌销售微波炉，在该领域内占统治地位。

图为原雷神飞机公司位于威奇塔总部前面的5种公务机，包括两种喷气飞机和3种螺桨飞机。

1980年雷神公司收购了由沃尔特·比奇于1932年成立的通用飞机制造商比奇飞机公司(Beech Aircraft Corp.)，进入飞机制造领域。1993年雷神公司通过收购英国宇航公司的公务机生产线——喷气公务机公司(Corporate Jet Inc.)增加了“霍克”公务机生产线，从而扩展了其飞机业务。雷神公司将这两家公司合并组成雷神飞机公司(Raytheon Aircraft Co.)，其产品包括：“霍克”800 XP、“水平线”(Horizoa)、“比奇”喷气400A、“首相1号”(Premier 1)等喷气公务机、“空中国王”(King Air)系列双发涡桨飞机、“比奇·波南扎”(Beech Bonanza)单发活塞式飞机等。特种飞机包括T-6A“得克萨斯人”(Texan Ⅱ)单发涡桨教练机，被美国空军和海军选为初级教练机。2007年1季度，雷神公司将飞机业务出售给奥内克斯(Onex)集团。雷神飞机公司改称为霍克·比奇飞机公司(Hawker Beechcraft Company)。

1991年海湾战争时雷神公司的“爱国者”导弹得以有机会向全世界展示，显著地增加了其在美国之外的销售。为了建立其在防务电子领域内领导地位，雷神公司进行了一系列收购：1996年收购了克莱斯勒(Chrysler)公司的防务电子和飞机改装业务，1997年收购了E系统公司

(E－Systems) 和得克萨斯仪器公司(Texas Instrument)的防务业务分部,1997年还从通用汽车公司的子公司休斯电子公司收购了休斯飞机公司的宇航和防务业务,包括休斯电子公司购买到的一系列产品线,其中有从通用动力公司收购的导弹业务,戴尔科电子公司(Delco)的防务部分戴尔科系统公司(Delco Systems Operations)以及马格纳沃克斯电子系统公司(Magnavox)等。20世纪90年代雷神公司剥离了其制冷等非核心业务。

二、组织机构

雷神公司设有6个主要业务部:

1. 综合防务系统部,总部在马萨诸塞州特克斯波里;总裁是丹·史密斯,员工13 500人。

2. 情报和信息系统部,总部在得克萨斯州伽兰德;总裁是麦克·基宝,员工9 000人。主要业务包括:综合地面控制、信息保证和信息安全、环境解决方案、联邦政府的信息技术和情报等。

3. 导弹系统部,总部在亚利桑那州图森,总裁为泰勒·劳伦斯,员工12 500人。工程和生产设施分布在亚利桑那州、肯塔基州、新墨西哥州、阿肯色斯州、亚拉巴马州和加州。

4. 网络中央系统部,总部在得克萨斯州麦克金尼,总裁为科林·朔特兰德,员工12 400人。主要业务为研发并制作用于网络、指挥、控制、战区知情和空中交通管制的任务方案。主要产品和服务包括:指挥和控制系统(C2S)、战斗系统(CS)、综合通讯系统(ICS)、精密技术和元件(PTC)、空域管理和国土安全(AMHS)、雷神视觉系统(RVS)等。

5. 雷神技术服务有限责任公司(Raytheon Technical Service Company LLC),总部在弗吉尼亚州雷斯顿,总裁里克·郁瑟(Rick Yuse),员工9 000人。产品和服务包括:先进综合维护支持系统(AIMSS)、电子数据管理(ECM)、经升级的自动图解后勤环境(EAGLE)、综合后勤支持和产品(ILSP)、运行、计划、培训和资源支持服务等。

6. 空间和空中系统部,总部在加州艾尔赛根多,总裁为琼·琼斯

(Jon C. Jones)，员工 12 000 人。业务包括：火控雷达、航电、微波雷达、电子战系统、有源相控阵雷达、光电、红外感测器等。工程和制造设施设在加州的艾尔赛根多和高雷塔、得克萨斯州麦克金纳夫和密西西比州佛莱斯特等地。

各个业务部受到各个国际公司的支持，包括雷神澳大利亚公司、雷神加拿大有限公司、雷神日本公司、在西班牙的雷神微电子公司、在英国的雷神系统有限公司和在法国的泰雷斯·雷神系统公司（Thales Raytheon Systems）等。

公司的 4 大战略业务领域为：国土安全、导弹防御、精确打击以及情报监视和侦察。

三、产品和服务

雷神公司研发制造从空中、海上和陆地发射的各种导弹、机载和陆基雷达系统、武器瞄准和寻的系统、通讯和战役管理系统、卫星元件、船用电子、舰载雷达和声呐系统、自动驾驶仪、深度测定仪和全球定位系统等。主要产品有以下各类：

（一）雷达和探测器

雷神公司发展制造各种雷达，包括有源相控阵雷达、光电探测器以及其他各种机载的、舰载的和地面用的先进电子系统，包括：

1. 用于 F-15 战斗机的 APG-63 和 APG-70 有源相控阵雷达；
2. 用于 F/A-18 战斗机的 APG-65，APG-73 和 APG-79 雷达；
3. 用于 F-22 战斗机的 APG-77 雷达（与诺斯罗普-格鲁曼公司合作）；
4. ALE-50 诱靶；
5. ALR-67(V)3 和 ALR-69A 雷达警报接收器；
6. AN/APQ-181，用于 B-2“幽灵”战略轰炸机的有源相控阵（AESA）雷达的升级型；
7. 成套综合探测器 ISS，用于 RQ-4“全球鹰”无人机；
8. ASQ-228 先进寻的前视红外装置（ATFLIR）吊舱；

9. TPQ－36/37 火力侦察装置；

10. MPQ－64 可移动战地雷达；

11. SLQ－32 舰载预警系统；

12. 大型固定雷达，如 PAVE PAWS，BMEWS 以及国家导弹防御 X 波段雷达(XBR)等。

(二) 卫星探测器

雷神往往同波音、洛马和诺格等公司联合在一起参与卫星探测器业务，由位于艾尔赛根多的空间和空中系统分部负责。项目包括：

1. 空间跟踪和监视系统(STSS)，用于防御弹道导弹；

2. 海军多波段终端(NMT)，是第一个先进的新一代卫星通讯(SATCOM)系统，成功地纳入美国政府的军用卫星通讯系统(Milstar SATCOM)，采用中低数据率波形。该系统可向海军指战员通过更大的数据容量并改进对敌方干扰的保护。

3. 该分部还是雷神公司发展和生产激光产品的优良中心。

(三) 通讯系统

雷神公司的宇宙控制系统(UCS)是一种无人空中系统，被称为无人驾驶舱，可改进操作员的知情度和工作效率，同时还可提供控制多个无人机的能力，减少发生事故的可能性。

雷神公司还研发了若干种用于军事的软件无线电和数字通讯系统，例如合作攻击能力(CEC)，并参与海军和海军陆战队的内联网(NMCI)、ECHELON 和联合战术终端(JTT)等项目。

(四) 放射性材料检测系统

作为公司发展中的国土安全业务项目之一，雷神公司同其他合同商一起开发一种先进的光谱门框(ASP)系统，用于边境地区官员透视过境的车辆和集装箱的内部以发现放射性材料。

(五) 半导体材料

雷神公司制造用于电子工业的半导体材料。20 世纪后期曾制造很多集成电路和其他元件。从 2003 年起，其半导体业务集中于制造砷化镓(GaAs)元件，用于无线电通讯。雷神公司也研制氮化镓(GaN)元件，用于新一代雷达和无线电系统。

(六) 导弹防御系统

在“陆基中期防御”计划框架内，雷神公司正在研发一种陆基拦截装置(GBI)，包括一个推进导弹和一个动力外大气层歼灭器(Kinetic Exoatmospheric Kill Vehicle)，连同几个雷达部件，例如海基 X 波段雷达(SBX)和升级的预警雷达(UEWR)等。

(七) 导　弹

1. AGM－65“幼畜”(Maverick)空对地导弹

AGM－65“幼畜”空对地导弹从 1972 年至今仍在生产。有多种型号。原为休斯飞机公司产品，1997 年由雷神公司接管。重量 208—302 千克。长度 2.49 米，直径 305 毫米。弹头重量 57—135 千克。各种型号分别采用光电、红外或激光制导。速度 0.93M，射程 27 千米，采用固体火箭发动机。用于 F－16、A－10、F－15 和 F/A－18 等战斗机。

AGM－65“幼畜”，是美国原休斯飞机公司为美国海/空军研制的第一代“发射后不管”的战术空对地导弹，广泛装备 33 个国家和地区的 F－16、F/A－18、“狂风”等 25 种飞机和直升机，迄今已生产 69 000 多枚，在作战中使用 6 000 多枚，命中率高达 93%。

2. AGM－88HARM 高速反辐射导弹

AGM－88HARM 高速反辐射导弹用于摧毁敌方防空雷达系统，仅用于 F－16 战斗机。

3. AGM－129 ACM 先进巡航导弹，该导弹用于 B－52H“同温层堡垒”战略轰炸机，每架 B－52 飞机可携带 12 个。导弹长度 6.35 米，直径 705 毫米，起飞重量 1 334 千克。采用威廉姆斯国际公司的 F－112－WR

-100 涡扇发动机，速度 800 千米/小时，航程 3 704 千米。装 W80-3 核弹头。该导弹原先由通用动力公司康维尔分部发展生产，以后通用动力公司将导弹业务卖给了休斯飞机公司，休斯又将其宇航和防务业务卖给了雷神公司。

4. AGM-154 联合远距离武器(Joint Standoff Weapon，JSOW)

AGM154 为"联合防区外发射武器"(JSOM)，是一种由美国空军和海军联合研制的造价低、杀伤力高的滑翔武器，采用惯性和全球定位系统制导。

JSOW 是美国海军和陆军合资发展的空对地导弹，作为一种标准的精确制导武器，用来在标准防空武器的射程之外对具备防空力量的目标进行打击，从而可减少飞机受到的威胁。该导弹有 A、B、C 三种型号，分别采用全球定位系统、惯性和红外制导。导弹长 4.1 米，截面呈长方形，尺寸 406×519 毫米，重量 483—497 千克。低高度发射时射程 22 千米，在高高度发射时射程 120 千米。可用于 F-15、F-16 和 F/A-18 等型战斗机和各型轰炸机。各型导弹采用不同的弹头，其中 C 型采用双级弹头，第一级用来穿透装甲或混凝土，第二级为大威力炸弹。2005 年起进入美海军服役。该导弹除用于美军外还出口到加拿大、希腊、波兰、土耳其等国。

5. AIM-7"麻雀"中程半主动雷达导航空空导弹

AIM-7"麻雀"中程半主动雷达导航空空导弹用于美国陆军、海军、海军陆战队，并出口至英国、韩国、意大利和沙特；重 225 千克，长度 3.66 米，直径 203 毫米，弹头重 40 千克，采用固体火箭发动机。射程 32—50 千米，速度 M4。可装用于 F-4、F-14、F-15、F-16、F/A-18 等各种战斗机。自 20 世纪 50 年代后期开始生产到 1990 年，仍在服役中，但正在逐步被 AIM-120 替代。AIM-7 还有一种地对空改型 RIM-7"海麻雀"。

6. AIM-9"响尾蛇"(Sidewinder)热寻的短程空空导弹

AIM-9"响尾蛇"热寻的短程空空导弹 1956 年就开始生产，除了雷神公司之外还有南莫(Nammo)公司、福特宇航公司(Ford Aerospace)和罗拉尔公司(Loral Corp)等参与生产,共制造了11万个,只有约1%用于战斗。导弹重量91千克,长度2.85米,直径127毫米,弹头重量9.4千克,采用固体火箭发动机,主动红外制导。速度M2.5,射程1—18千米。

AIM-9"响尾蛇"是雷神公司研制的一种红外制导空对空导弹,也是世界上产量最大的空对空导弹,共有10多种型号,图为最新型的AIM-9X。

7. AIM-120"阿姆雷姆"(AMRAAM)先进中程空空导弹

AIM-120"阿姆雷姆"先进中程空空导弹是一种全天候现代化主动雷达导航空空导弹,1991年9月开始服役;重152千克,长度3.66米,直径178毫米,弹头重18—23千克,采用火箭发动机,可装用于各种战斗机。

8. BGM-109"战斧"(Tomahawk)巡航导弹

BGM-109"战斧"巡航导弹是一种中远程全天候亚声速巡航导弹,其C型和D型带常规弹头,A型和N型则带核弹头,M型为反舰型,其地面发射型GLCM及其发射架已按1987年"中程核力量条约"销毁。原先由通用动力公司研发,后来转由雷神公司和麦道公司研制并生产。该导弹重1 440千克,长5.56—6.25米,直径0.52米,可带或不带助推器。常规弹头重量450千克,核弹头为20万吨TNT当量的W80核弹头。采用威廉姆斯国际公司的F107-WR-402涡扇发动机,固体燃料助推器。航程2 500千米,速度880千米/时。采用全球定位系统等导航,可以从潜艇垂直发射或从鱼雷管水平发射。美国海军库存3 500个,曾向英国出售60个,还经国会授权卖给西班牙60—100个。1991年海湾战争中用了288个,也曾在科索沃战争、阿富汗战争和伊拉克战争中应用。

9. MIM－23“鹰”(Hawk)中程地对空导弹

MIM－23“鹰”(Hawk)中程地对空导弹采用固体火箭发动机，长5.08米，直径370毫米，重584千克，射程25千米，高度13 700米，速度M2.4，弹头重54千克。开始用来防飞机，后来用来反导弹。60年代开始服役，不断升级。1994年美国陆军开始用“爱国者”来代替“鹰”，2002年海军陆战队用便携式红外制导的FIM－92“毒刺”导弹来代替。该型导弹也在西欧和日本生产。该导弹共生产了40 000多个，但从未被美国用于战斗，而在外国却被广泛使用。前苏联的SA－3和SA－6导弹与其相似。

10. MIM－104“爱国者”导弹

“爱国者”是雷神公司开发的第三代中远程、中高空地空导弹系统，用来替换美国陆军的“奈基”Ⅱ和“霍克”地空导弹，在海湾战争中以成功拦截伊拉克“飞毛腿”导弹而闻名。

MIM－104“爱国者”导弹原来是一种中、高空防空导弹，1988年升级发展成为主要用来防御战术弹道导弹，称为PAC－1，以后又有PAC－2和PAC－3，PAC－3几乎是一种全新设计。基本型导弹重700—900千克，长5.8米，直径410毫米，采用固体火箭发动机，射程160千米，高度24 240米，速度M5，弹头重91千克。采用无线电通讯制导，半主动寻的；制造了8 600个以上，曾卖给德国、荷兰、西班牙、希腊、沙特、以色列、埃及、科威特、日本、韩国以及中国台湾当局。

“爱国者”导弹系统包括控制系统和发射系统。控制系统有四个方面的功能：通讯、指挥和控制、雷达监视和导弹制导。控制系统由四个部分组成，所有部件都可装在卡车或拖车上，保持高度机动，部件包括：(1)AN/MPQ－53/－65无源相控阵雷达。(2)AN/MSQ－104瞄准控制站(ECS)，是整个系统的神经中心，装在5吨卡车上，主要包括：武器控制计算机（WCC）、数据链接终端（Data Link Terminal）、甚高频通讯阵以及2个人机接口装置，装在经空调、增压和防电磁波的人员工作室内。（3）OE-349天线桅杆，也是装在5吨卡车上，包括4个4千瓦的天线，分别装在2对遥控桅杆上。天线可升高至离地面约30米高。每对天线的底座处有2个大功率放大器。（4）EPP-Ⅲ电源系统，为雷达等部件提供电源。导弹发射系统包括M901发射站，可发射4个PAC-2型导弹或16个PAC-3型导弹，另有带吊车的卡车用来装载导弹。每个导弹营还备有信息协调装置（ICC），以与网络保持连接。

关于“爱国者”导弹的功效在海湾战争时期曾被广泛宣传，吹得神乎其神，但也有很多争论。老布什总统在访问位于马萨诸塞州安多佛的雷神公司的工厂时曾说“42比41，伊拉克发射42枚‘飞毛腿’导弹，41个被‘爱国者’拦截”。但战后众议院的一个委员会在调查后写出的报告称“爱国者”完全不像大家所相信的那样有效，只拦截成功了少数“飞毛腿”，公众和国会是被雷神公司的代表所误导了。事实上，在伊拉克战争期间，“爱国者”还曾有两次误击了联军的战机，一次是英军的一架“狂风”GR-4A，另一次是一架F/A-18“大黄蜂”。

11. RIM-7“海麻雀”导弹

RIM-7“海麻雀”导弹是舰载反击来袭的飞机和导弹的导弹，从60年代的AIM-7“麻雀”导弹发展而来，可装在现有的舰艇上来代替高射炮。采用人工瞄准的雷达制导。经不断发展，重量、速度和跟踪系统均有显著改进。目前在分层防空中仍起重要作用。导弹重231千克，长3.64米，直径203毫米，弹头重量40.5千克。

12. RIM-162“改型的海麻雀”导弹

RIM-162“改型的海麻雀”导弹与“海麻雀”导弹相比，采用了功率更大的固体火箭发动机，所以射程更远，也更为灵活。重280千克，长3.66米，直径254毫米，弹头重量39千克，射程50千米。除美军使用外还出口到很多国家。

（八）高科技模拟器

雷神公司制造并运行“先进战地计算机模拟器”（Advanced

Battlefield Computer Simulator)和“高合成训练器”(Higher Formation Trainer),用来培训总部的从专业人员到公司级管理人员的各种人员。

四、矛　盾

作为防务合同商,雷神公司与美国政府部门和官员之间关系密切,往往会花很多钱来进行游说活动并提供政治献金。为此不断受到竞争者的指责和投诉。另一方面雷神公司与政府之间也有很多涉及合同的矛盾。1990年雷神公司被控非法获取空军预算等保密资料,使其在竞标中获益,被判刑事和民事罚款。1993—1994年雷神公司又为爱国者导弹项目和反导雷达项目虚报人工费而受到政府投诉,雷神公司分别支付了370万和400万美元罚款。1995年雷神公司竞标巴西的监控亚马孙河地区的毒品交易和非法采伐所用的雷达系统。巴西警方曾截获雷神公司的代表同巴西总统顾问之间的电话,涉及向某参议员行贿的事,引起该顾问和巴西航空部长辞职。1996年AGES公司投诉称雷神公司雇佣保安公司来监视AGES公司以帮助其在C-12和U-21飞机合同的报价。雷神公司被判支付300万美元并承诺向AGES公司购买零件。1999年雷神公司还被控发布虚假财务报告,对股市进行内部操纵。从以上事例说明美国的大型防务合同商为赢取合同和获取利润而采取各种非法手段是相当普遍的。

第九章　军民并举——芬梅卡尼卡公司

芬梅卡尼卡公司(FINMECCANICA)也称“机械金融集团”，成立于1948年，总部设在罗马。2008年该集团有员工73 398人，销售金额230.30亿美元，人均313 770美元；利润17.71亿美元，人均24 129美元；利润率是7.7%，在英国《飞行国际》杂志2009年的宇航企业排名榜上按销售金额位列第9位。集团现任主席乔治·扎帕(Giorgio Zappa)，首席执行官为皮尔·瓜尔瓜利尼(Pier F. Guarguaglini)。

一、发展历程

芬梅卡尼卡公司是意大利国有的“工业复兴公司”(IRI)下属的集团公司之一，拥有意大利飞机公司(Aeritalia)、安萨多(Ansaldo)能源公司等企业。IRI下属还有一些公司，分别是拥有制造直升机的阿古斯塔(Agusta)公司、萨莱尼亚(Selenia)电子公司等。1989—1992年间这些公司都先后并入芬梅卡尼卡公司，这样芬梅卡尼卡公司就成为一家经营包括宇航、防务、能源、运输等业务的集团公司。近年来该集团已由国有转变为私营，三分之二以上的股份在米兰上市，政府持股仅32.4%。

二、组织机构

芬梅卡尼卡公司下属以下各个分部：

(一) 飞机分部

飞机分部下属有：阿莱尼亚航空工业公司(Alenia Aeronautica)、阿莱尼亚航电系统公司(Alenia SIA)、阿莱尼亚马基飞机公司(Alenia Aermacchi)、阿莱尼亚复合材料回收公司(Alenia Composite)、阿莱尼亚飞机维修改装公司(Alenia Aeronavali)、ATR支线飞机公司(参股50%)、夸地力克斯公司(Quadrics)——计算机软件和硬件。

(二) 直升机分部

直升机分部下属有：阿古斯塔威斯特兰公司(AgustaWestland)、NH工业公司(参股32%)、发展生产起飞重量10.6吨的NH-90多用途军用直升机。

(三) 航天分部

航天分部下属有：泰雷斯·阿莱尼亚航天工业公司(Thales Alenia Space)(参股33%)、NGL公司(参股30%)、泰莱斯帕西奥公司(Telespazio)(参股67%)。

(四) 防务电子分部

防务电子分部下属有：西莱克斯机载系统公司(SELEX Sensors and Airborne Systems)、西莱克斯综合系统公司(SELEX Sistemi Integrati)、西莱克斯通讯公司(SELEX Communications)。

(五) 防务系统分部

防务系统分部下属有：MBDA导弹公司(参股25%)。

(六) 信息技术分部

信息技术分部下属有：埃尔萨格·戴塔玛特公司(Elsag Datamat)。

(七) 能源分部

能源分部下属有：安萨尔多能源公司(Ansaldo Energia)、安萨尔多燃料电池公司(Ansaldo Fuel Cells)。

(八) 交通运输分部

交通运输分部下属有：安萨尔多·波雷达公司(Ansaldo Breda)，制造轨道交通车辆。

（九）海军项目分部

海军项目分部下属有：欧洲海军系统公司，参股50%，制造军舰；欧洲鱼雷公司(Eurotop)，参股50%，制造鱼雷。

该公司计划放弃其非核心业务，如能源、运输和信息技术等，集中业务于宇航和防务。

三、旗下主要公司介绍

（一）阿莱尼亚航空工业公司

1969年菲亚特公司航空部(Fiat Aviation)和艾尔弗(Aerfer)公司合并组成意大利飞机公司，1990年意大利飞机公司和萨莱尼亚公司合并组成阿莱尼亚航空工业公司。主要生产设施在意大利东北部都灵。

该公司的产品项目包括：

1. 参与欧洲战斗机公司的"台风"战斗机的研制生产，参股21%。
2. 参与帕那维亚公司的"狂风"战斗机的研制生产，参股15%。
3. 与巴西安博威公司合作组成AMX国际公司，研制生产AMX战斗机，参股70%。
4. 参与美国的F-35"闪电"Ⅱ战斗机项目发展，为机翼制造的第二货源，还将负责意大利和荷兰等国订购的飞机的总装。

图为意大利与巴西合作研制的AMX攻击机。

5. 与美国沃特飞机工业公司(Vought Aircraft Industries)合资组成"全球航空工业公司"(Global Aeronautica)，各占50%的股份，在波音787项目中参股26%，承制机身段和水平尾翼。该公司正被波音收购。
6. 与波音综合防务系统部以及美国埃尔珊(L-3 Commanication)

通讯公司合作，组成全球军用飞机系统公司(Global Military Aircraft Systems,GMAS)，推出以G-222为基础的C-27J运输机，参与美国防部的联合运输机(Joint Cargo Aircraft JCA)项目的竞标并取胜。美国防部将在6年内购买78架，最终可能会购买145架。C-27J还得到意大利、希腊、保加利亚、罗马尼亚、立陶宛的订货，澳大利亚和加拿大也在考虑订购。

7. 为波音制造商用飞机部件。

8. 与俄罗斯的苏霍伊公司合资组建超级喷气国际公司(Superjet International)，参股51%。该公司将负责对苏霍伊公司制造的“超级喷气”支线飞机在西方市场开展营销和产品支持并在威尼斯建立飞机完善和交付中心。

(二) 阿莱尼亚航电系统公司

阿莱尼亚航电系统公司位于都灵，主要业务包括：航电系统、仪表和元件、飞行控制系统、导航卫星通讯、检测设备等。

(三) 阿莱尼亚马基飞机公司

图为意大利联合英、德两国共同研制的“狂风”战斗机，共生产了992架，意大利买了100架。据称，该机是西欧重要的战斗机力量，起码还要再服役25年。

阿莱尼亚马基飞机公司于1913年创建，专业从事教练机的研制生产。曾向40多个国家销售了2 000多架。2003年并入芬梅卡尼卡集团。主要设施位于意大利东北部瓦雷斯，包括实验室、车间、风洞、水道、试飞场等，占地274 000平方米，人员1 800人。

该公司的产品包括SF-260、M-311、M-290TP、MB-339CD等型教练机。目前正在发展生产的是M-346新一代高级战斗机教练机和轻型战斗机，已获得意空军订货并在2009年阿布扎比防务展时赢得阿联酋的订货 48 架，希腊和智利也有购买意向。该机装用 2 台霍尼韦尔的 F124 涡扇发动机和马可尼的数字飞控系统。最大速度可达 M1.15，最大起飞重量 9.5 吨。

该公司参与的项目还有：在 AMX 项目中承担前后机身段和航电设备安装，占 24%份额，并承担意大利空军飞机的中期升级；在“狂风”战斗机项目中承担机翼挂架、翼尖段、后缘、襟翼等，占 5%份额；在欧洲战斗机项目中承担机翼挂架、导弹携带装置、发动机罩等，占 4%份额；在 C-27J项目中承担外翼；民机发动机短舱：与法国斯内克玛公司下属的优罗·伊斯潘诺公司（Hurel-Hispano）组建合资公司发展 100 座以下飞机的发动机舱。

（四）阿莱尼亚复合材料回收公司（Alenia Composite）

阿莱尼亚复合材料回收公司是波音和阿莱尼亚联合在意大利南部兴建循环使用复合材料的设施。参与合作的还有英国和意大利的其他公司和意大利国家能源和环境新技术研究所（ENEA）。各方签署了意向书，计划 2009 年中后期运行。该设施全面运行后可望每年处理 1 000 吨复合材料废件并可创造 75 个就业岗位。翻新的材料可用于非关键结构件，如内衬、坐椅和工具等。

（五）阿莱尼亚飞机维修改装公司

阿莱尼亚飞机维修改装公司于 1947 年创建，1981 年并入意大利飞机公司，2001 年成为阿莱尼亚飞机维修改装公司，专业从事飞机大修和改装。设施位于威尼斯、那不勒斯等地，曾进行 DC-10 飞机客机改货机和驾驶舱升级。

（六）ATR 支线飞机公司

ATR 支线飞机公司于 1981 年由当时的法国宇航公司和意大利飞机公司合资创立，各占 50%股份。主要产品为 ATR42 和 ATR72 系列支线飞机，标准布局分别为 48 座和 68 座。意大利方面的工厂设在那不勒斯附近，负责制造机身和尾段，飞机总装和试飞在法国图卢兹进行。我国西安飞机公司为 ATR42/72 项目制造机身段。

(七) 阿古斯塔威斯特兰公司

2001年元旦英国GKN集团和芬梅卡尼卡集团达成协议,决定将它们属下的威斯特兰(Westland)直升机公司和阿古斯塔(Agusta)直升机公司合并组成阿古斯塔威斯特兰公司,各占50%的股份。2004年芬梅卡尼卡集团以10.6亿英镑收购了GKN的股份,阿古斯塔威斯特兰公司就被芬梅卡尼卡集团独资拥有。

图为阿古斯塔公司研制的A129"猫鼬"攻击直升机。

阿古斯塔公司组建于1907年,开始时制造固定翼飞机,后来转产摩托车。1952年公司开始按许可权生产贝尔公司的贝尔47轻型直升机,先后生产了1 200架以上。20世纪60年代公司继续制造贝尔公司的直升机,包括UH-1"伊洛魁人"和"喷气突击队员"等,也生产其他美国公司的直升机。1971年公司自行设计的A109"动力"3吨级双发涡轮军民用直升机首飞,1979年达到每月生产12架,该机后来发展了很多改型,出口到多个国家。1980年阿古斯塔公司与英国威斯特兰公司合资组成"EH工业公司",研发15吨的EH101"灰背隼"(Merlin)直升机。20世纪80年代阿古斯塔公司推出其第一种4吨级战斗直升机A129"猫鼬",还与法国、德国和荷兰合作研发11吨级的NH90多用途军用直升机。1998年阿古斯塔公司与贝尔公司组建合资公司贝尔·阿古斯塔宇航公司,生产AB139直升机和BA609倾转旋翼机,即V-22"鱼鹰"的民用型。贝尔退出AB139项目后该项目称为AW139。1999年A109的升级型A119"考拉"取得巨大成功,在美洲和亚洲市场上受到广泛欢迎。到2000年,阿古斯塔公司的销售金额达9.3亿欧元,产品的60%出口。

与阿古斯塔公司相似,威斯特兰也是历史悠久的公司。二战时"超级船舶"公司的工厂被炸后,威斯特兰公司是三家被选来制造"喷火"式战斗机的公司之一,生产了2 000架以上。1948年开始制造首架直升机"蜻蜓",该机是西科斯基公司的S-51直升机的改型;还生产西科斯基的

S-55 直升机，取名“威斯特兰旋风”，制造了 400 多架。60 年代，威斯特兰公司生产了阿古斯塔和贝尔合作的 AB-47G 直升机，被称为 W-A-B47G“西奥科斯”。此后威斯特兰公司收购了布里斯托飞机公司的直升机业务，成为英国唯一的直升机制造商。

图为意大利阿古斯塔公司与美国贝尔公司在共同研制的 BA609 民用倾转旋翼飞机。

1969 年威斯特兰公司对西科斯基公司的 SH-3D (S-61)直升机进行改型，成为“海王”(Sea King)，取得很大成功，出口给好几个国家的海军。20 世纪 70 年代，威斯特兰公司牵头与法国宇航公司合作研发了“山猫”(Lynx)多用途军用直升机。

20 世纪 80 年代威斯特兰公司陷入财务困境，寻求合作伙伴。考虑的对象是西科斯基公司，由于西科斯基公司是美国公司而引起争论，导致英国国防大臣辞职。1994 年威斯特兰公司被英国 GKN 公司收购。GKN 公司对威斯特兰公司给与了强大的支持，使威斯特兰公司得以赢得重大项目，包括皇家空军的订货，合同价值 6 亿欧元。1996 年又赢得按波音公司的许可权制造 67 架“阿帕奇”攻击直升机的合同，价值 22 亿欧元。

威斯特兰公司和阿古斯塔公司合并后成为世界最大的直升机制造商之一，年收入超过 20 亿美元，有 6 000 架直升机在服役中。2003 年公司获得与贝尔公司合作的 AB139 中型直升机的订货，交付了 118 架。2005 年 1 月，阿古斯塔威斯特兰公司成为由洛马公司领导并有贝尔公司参加的团队中的一员，共同赢得价值 61 亿美元的美国海军的合同，制造 23 架美国总统专用直升机“海军陆战队 1 号”。从装用三台发动机的 EH101 改型的 US101 由于比西科斯基公司的型号更为宽敞，已在战斗中经过验证，并且因可以更早提供而在竞争中取胜，但该项目仍存在变数。公司希望随着“海军陆战队 1 号”项目的开展得以进一步进入美国军用市场，包括空军价值 100 亿美元的 141 架“人员撤回计划”直升机以及 2005 年公布的用 US139 直升机来取代美国陆军越战时期的 UH-1“休伊”直升机的项目。阿古斯塔威斯特兰公司还赢得了英国的重大订货——10 亿欧元的"未来山猫"项目。

阿古斯塔和威斯特兰两家公司都是从按别人的许可权生产开始的，而目前阿古斯塔威斯特兰公司已经在向其他国家的公司授予生产其设计的直升机的许可权，包括南非的丹尼尔宇航公司(Denel Aerospace)正在竞标生产 A109 直升机，日本川崎重工要求制造 EH101 直升机，与中国合资生产并销售 A109 直升机等。

从意大利阿古斯塔公司引进的 A109 直升机在我国深圳公安局服役。

阿古斯塔威斯特兰公司的生产基地主要设在米兰西北 55 公里处的佛基埃特和英国南部的约维尔。为了减轻欧盟委员会对其进行审查的影响，该公司正努力向国际市场开展其业务。该公司已在美国设立两处设施，包括负责制造和销售民用直升机的费城工厂和负责政府项目的位于弗吉尼亚州雷斯顿的工厂。费城工厂设有 AW139 中型双发直升机的装配线，目前已接近全面生产，年产 30 架，销往美国、加拿大、巴西、墨西哥等国家；该处还负责用于美洲用户的 AW119 Ke 的生产和 AW109 的最后完善工作，该处生产面积达 27 870 平方米，年产量达 70 架，已成为该公司第三个最大的直升机总装厂。2008 年年末，阿古斯塔威斯特兰公司与洛马公司合作发展的 HH－71 正在参与美国空军下一代战斗搜救直升机(SAR－X)项目的竞标，将与波音的 HH－47"支奴干"和西科斯基的

HH-92 竞争。该项目包括 146 架直升机,估计价值将达 150 亿美元。

阿古斯塔威斯特兰公司还与俄罗斯武器公司(Oboronprom)签订协议,建立合资公司在俄组装 AW139 直升机,以后还将建立维修中心网,为该公司在俄国和独联体国家的产品服务,随后还将在莫斯科地区建立生产线。阿古斯塔威斯特兰公司还十分重视日本市场,期望在其价值 50 亿欧元的潜在市场中能占有 30%的份额。

(八) 西莱克斯机载系统公司

西莱克斯机载系统公司由芬梅卡尼卡公司和英国宇航系统公司的航电分部组合而成,从事各种监视、保护、搜索、瞄准、导航、控制、航电、成像系统的发展、生产和支持。2008 年起该公司与伽利略航电公司(Galileo Avionics)合并,称为西莱克斯·伽利略公司(SELEX Galileo)。该公司有员工 7 050 人,总部分设在意大利的佛罗伦萨和英国的巴希东。该公司下设西莱克斯综合系统公司(SELEX Sistemi Integrati)和西莱克斯通讯公司(SELEX Communications)。

第十章 电子巨头——泰雷斯宇航公司、埃尔珊通讯公司和ITT公司

在世界宇航工业100强中有三家从事通讯、网络、计算机、航电等业务的公司进入前20名，说明这些业务在整个宇航和防务工业中的重要性日益显著。本章集中介绍排名第10的泰雷斯宇航公司、排名第13的埃尔珊通讯公司，以及排名第19的ITT公司。

一、泰雷斯宇航公司(Thales Aerospace)

泰雷斯宇航公司是法国领先的电子产品合同商，也是法国最大的防务合同商，总部位于法国塞纳河岸的纳伊。产品包括机载系统(情报监控系统、雷达、导弹、指挥和控制系统、防空系统等)、航空电子(飞机驾驶舱和客舱电子产品、空管系统、飞机模拟器等)、计算机技术和服务(网络、通讯等)以及微电子产品等。该公司2008年有员工63 248人，销售金额185.32亿美元，人均293 002美元；利润10.51亿美元，人均16 617美元；利润率为5.7%；在英国《飞行国际》杂志2009年的宇航企业100强排名榜上按销售金额位列第10位；现任主席兼首席执行官为卢克·维格纳隆(Luc Vigneron)。

(一) 发展历程

泰雷斯宇航公司的前身是汤姆逊-无线电报公司(Thomson - CSF)，其历史可追溯到很久之前。1879年美国埃德温·休斯顿和艾利胡·汤姆逊在康涅狄格州建立汤姆逊·休斯顿国际公司。1893年该公司组建汤姆逊·休斯顿法兰西公司，从事将美国的各种电气系统的专利发明推销至法国的业务。1903年汤姆逊·休斯顿公司与爱迪生公司合并组成通用电气公司(GE)，汤姆逊·休斯顿法兰西公司则被一批法国投资商买下，保留了原来的名字并与GE公司达成协议，可以获得其专利技术的许

可权。汤姆逊·休斯顿公司与 GE 公司保持密切联系直到 1953 年。

1918 年无线电报公司(Compagnie Generale de Telegraphie Sans Fil,即 CSF)在法国成立,与汤姆逊·休斯顿公司一起构成法国无线广播和其他电气技术方面的重要力量。

1966 年汤姆逊·休斯顿公司收购了赫奇凯斯-勃兰德特(Hotchkiss-Brandt)公司,改名为汤姆逊·勃兰德特公司。1968 年汤姆逊·勃兰德特公司收购了 CSF 公司,将其原有的防务业务与 CSF 重组成立汤姆逊·CSF 公司,作为其下属的一家分公司。1980 年汤姆逊·勃兰德特公司改名为汤姆逊公司,汤姆逊·CSF 则仍保持为相当独立的分公司。此时按照密特朗政府的要求,汤姆逊公司与其他一些重要企业被国有化,阿莱恩·高梅茨被任命为公司领导。

高梅茨接任后发现公司机构臃肿,亏损严重,于是大力进行改组,舍弃非核心业务,逐步使公司回到健康发展的路上,1985 年公司转为盈利。但对国有化的反对不断增长,促使政府重新思考。1987 年汤姆逊和其他一些公司实现了私有化,但政府仍控制多数股份。

此时汤姆逊公司已发展成为世界上最大的消耗性电子产品的制造商之一。1987 年收购了桑·伊艾姆埃(Thorn EMI)公司和 GE 公司的消耗性电子分部,成为美国市场最大的电视机销售商。1992 年公司又卖出了消耗性电器分部,集中经营汤姆逊公司的消耗性电子产品和汤姆逊·CSF 公司的防务电子业务。1989 年通过收购比利时电灯公司(MBLE),位于丹麦的荷兰飞利浦公司下属的西格那尔公司(Signaal)分部和法国的 TRT 公司等进一步扩展了其防务业务。比利时电灯公司是一家成立于 1911 年的老企业,开始生产白炽灯泡,电子管等,曾为欧洲四国中的三国的 F-16 战斗机制造雷达。1990 年冷战结束,防务开支缩减,汤姆逊·CSF 公司将其技术应用于民用航空和航天项目。

20 世纪 90 年代法国政府进一步完善该公司的私有化,接受阿尔卡特(Alcatel)公司和达索 (Dassault)飞机公司作为其主要持股人,政府继续持有 48%股份。这一行动促使阿尔卡特和达索将其防务和宇航电子业务转给汤姆逊·CSF 公司。1998 年丹尼斯·伦克接任公司主席兼首席执行官,开始一个新时代,1999 年汤姆逊·CSF 公司独立上市,开始新一轮收购活动。2000 年是公司的转折点,汤姆逊·CSF 收购了英国雷卡尔(Racal)电子公司,成为英国第2位防务宇航电子产品制造商。雷卡尔电子公司创建于1950年,当时已是一家提供电讯、安全、数据传输、防务雷达和航电等方面的产品和服务的强大的跨国公司,拥有员工3万多人,年销售金额达27亿美元。

该年年底汤姆逊·CSF公司采用了一个新名字,按照一位古希腊的哲学家和数学家的名字称为泰雷斯宇航公司。2001年6月泰雷斯宇航公司与美国雷神公司合资组建泰雷斯雷神系统公司(TRS),发展短程、中程和远程雷达,固定的和机动的指挥、控制、通讯、计算机系统和情报系统(4CI)等防务产品。合资公司总部设在法国,主要设施则分设在美法两国。

进入21世纪,泰雷斯宇航公司已成为防务电子系统方面的世界三强之一。

(二)组织机构

泰雷斯宇航公司设有5个主要分部:

1. 机载系统分部:包括情报和监视系统、雷达和导弹等;
2. 航电分部:包括航电系统、空管系统、飞行模拟器等;
3. 计算机分部:包括信息技术和服务、网络、通讯和交易安全等;
4. 微电子分部;
5. 比利时电灯公司分部(Thales MESL)。

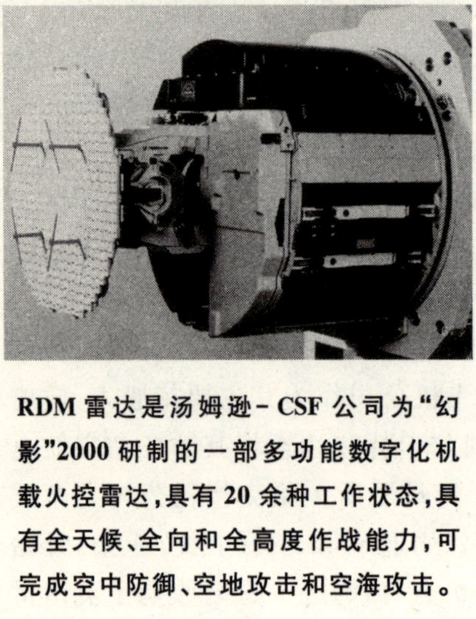

RDM雷达是汤姆逊-CSF公司为"幻影"2000研制的一部多功能数字化机载火控雷达,具有20余种工作状态,具有全天候、全向和全高度作战能力,可完成空中防御、空地攻击和空海攻击。

泰雷斯宇航公司的产品广泛应用于各种军用飞机,例如"幻影"2000战斗机上装用的RDM多功能多普勒雷达或RDI脉冲多普勒雷达、TMV-980数据显示系统、Atlis激光指示器/目标坐标仪吊舱、DB3141/3163自卫电子对抗设备吊舱、Caiman进攻式和智能式电子对抗设备吊舱等,NC12E塔康和惯性导航系统以及 AHV17 无线电高度表等都是泰雷斯宇航公司的产品。2008 年泰雷斯宇航公司的 RBE-2 型有源相控阵雷达研制完成，开始进入生产阶段，这是欧洲的第一种该类产品。泰雷斯宇航公司将按照一项价值 2 亿欧元的合同向法国空军交付首批产品，装用于“阵风”战斗机。泰雷斯宇航公司坚信，装备了该型雷达的“阵风”战斗机将赢得出口市场，该型雷达也可装用于“幻影”战斗机的升级，将给公司带来业务的巨大发展。

无人机系统也是泰雷斯宇航公司的主要业务之一。2005 年 8 月泰雷斯宇航公司英国分公司获得合同，成为英国价值 10 亿欧元的“守望者”(Watchkeeper)项目的主合同商。“守望者”战术无人机系统 WK450 是在已经过服役 2 万小时验证的以色列的艾尔别特(Elbit)公司的赫尔姆斯 450 无人机的基础上发展的，将为英国军方提供情报、监视、目标捕获和侦察能力，用于英国皇家炮兵。合同包括的系统数量未正式公布，据称约 54 套。WK450 无人机的起飞重量为 450 千克，长 6.1 米，翼展 10.5 米，最大载荷为 150 千克，可装备各种传感器，包括日间和夜间摄像机和监视雷达等。飞机以英国的无人机发动机有限公司(UAV Engine Ltd.)制造的转子发动机为动力，采用双叶推进螺旋桨。飞机机翼下方可装上 2 个 50 升的辅助油箱以延长航时。飞机的典型航时为 17 小时。

图为泰雷斯宇航公司的前身——汤姆逊·CSF 公司为“阵风”战斗机开发的平视显示器。

2008 年 4 月“守望者”无人机在以色列北部进行了首飞，艾尔别特公司的 Magic X 波段自动起降系统于 2008 年 8 月试验成功，2008 年后期进行了雷达和电光学传感器试验，2009 年转到英国威尔斯的卡迪甘湾进行进一步试飞。“守望者”系统将于 2010 年进入英国皇家炮兵服役。整

图为准备装在“阵风”上进行试验的 RBE2 雷达。

个系统可以装在一架 C-130 运输机内运送到战区。飞机通过卫星数据链与装在 6 米长的集装箱内的地面站连接。地面站对图像进行分析和解读。集装箱可装在军方提供的卡车上。

泰雷斯宇航公司在世界很多国家包括美国、英国、澳大利亚、南非、巴西和欧洲各国以及中国等设有分公司、服务中心或办事处。位于英国卡塞尔雷的泰雷斯空防有限公司(Thales Air Defence Ltd.)是泰雷斯宇航公司在英国的空防系统分公司,制造中短程地对空导弹,早期预警指挥控制系统、装甲车雷达、传感器系统、直升机自卫导弹等。位于悉尼的泰雷斯宇航公司澳大利亚分公司是以前的澳大利亚防务工业公司(ADI),进行军舰修理,制造装甲车和各种军火。位于美国奥克拉荷马州图尔萨的泰雷斯培训与模拟器公司制造并销售各种军民用飞机的模拟器并提供培训,在美国马里兰州克拉克斯堡设有泰雷斯通讯公司。

虽然在销售金额中军品达 63%,但泰雷斯宇航公司在民用航空领域也有很多重要产品。近年来我国曾从泰雷斯宇航公司引进多套机场导航雷达系统,装用于大连、太原等机场;还曾引进 6 套 A320 飞机的飞行模拟器,其中四川航空公司的两套达到 D 级水平。南方航空公司则为其 A330 机队引进泰雷斯宇航公司的空中娱乐系统。泰雷斯宇航公司的计算机分部在北京天竺空港工业园区设有办事处。

二、埃尔珊通讯公司(L－3 Communications Corp.)

与航空企业中的那些百年老店相比,成立于1997年的埃尔珊通讯公司是一家很年轻的公司。埃尔珊通讯公司的前身罗拉尔(Loral)公司是由华尔街投资商伯纳德·施瓦茨在20世纪70年代中期到90年代中期将其收购得来的一系列军工分部组合而成的。1996年4月洛克希德·马丁公司以91亿美元收购了罗拉尔公司的大部分,罗拉尔公司的两位主管弗兰克·兰扎和罗伯特·拉潘塔加盟洛马公司,任副总裁。罗拉尔公司的空间业务则组成另一家公司,即罗拉尔空间和通讯有限公司,由施瓦茨经营。兰扎原是一位电气工程师,富有创新性,他1981年任罗拉尔公司总裁后把公司发展成为年销售金额70亿美元的大公司。由于对洛马公司的官僚气氛感到不适应,他在1997年说服洛马公司主席奥古斯丁按5.04亿美元的价格将原属罗拉尔公司的10家公司65%的股份抛出,组成埃尔珊通讯公司,由兰扎任首席执行官,拉潘塔任财务总监。

埃尔珊通讯公司成立时只有4 900人,年销售6.5亿美元。经过10余年的发展,到2008年已有员工65 000人;销售金额149.01亿美元,人均229 246美元;利润15.59亿美元,人均23 985美元;利润率为10.5%。在英国《飞行国际》杂志2009年的宇航企业排名榜上按销售金额位列第13位。公司总部设在纽约市,现任主席兼总裁、首席执行官为迈克·斯特莱尼斯(Michael T. Strianese)。

(一)发展历程

公司成立之初主要拥有位于犹他州盐湖城的宽带系统公司,位于新泽西州坎顿的通讯系统公司以及北加州的制造微波天线的伦特朗公司(Randtron)和纳达微波公司(Narda)。纳达公司分设东西两部,东部公司位于纽约州豪帕奇,有50余年服务军民用通讯市场的历史,从事制造高科技射频和微波元件,单片式集成电路和多功能组件及分系统等。西部公司位于加州福尔森,从事设计制造各种用于军民用飞机和空间项目的有源和无源微波元件。公司急切地扩展其微波元件业务,竞标收购了得克萨斯仪器公司(Texas Instrument)的一家生产砷化镓单片式微波集成电路(MMIC)芯片制造公司,还寻求与瑞典爱立信微波系统公司和法国汤姆逊-CSF公司建立合资公司，以将新技术引进美国军用市场。在民用产品方面埃尔珊通讯公司也有很好的发展，其在佛罗里达州萨拉索托的先进记录器公司制造飞机用的“黑匣子”，从美利坚航空公司等获得大额合同。

埃尔珊通讯公司的战略是收购技术领先的中小型公司，例如制造地面天线罩和精密毫米波天线系统的埃斯科公司(ESSCO)，向美国海军提供电力设备的SPD技术公司和制造卫星控制软件的斯托姆(Storm)公司等。公司每年投入4 000—5 000万美元用于研发工作，以改进现有产品的性能并使其生产成本下降。

1998年埃尔珊通讯公司收购了位于弗吉尼亚州亚历山大利亚的制造跟踪卫星和飞机的无线电天线的麦克达因公司(Microdyne Corp.)。1999年又从霍尼韦尔公司收购了一家制造陀螺仪和传感器的公司以及该公司的避免碰撞的交通报警系统业务(TCAS)，该系统广泛应用于欧洲的货机和客机。1999年的另一次重要收购是收购“卫星传输系统公司”，使公司进入一项每年2亿美元的业务，即固定无线通讯系统，适用于缺乏传统通讯线路的发展中国家。由于联邦航空管理局(FAA)提出的新要求推动了埃尔珊通讯公司的驾驶舱声音记录器的业务。

2000年埃尔珊通讯公司以1.6亿美元从雷神公司收购了位于弗吉尼亚州阿灵顿的林克模拟和培训公司(Link Simulation and Training)，成为公司最大的分部，年收入3亿美元。林克公司是机械式模拟器的先锋，但后来业务衰退。埃尔珊通讯公司承诺帮助林克公司重振，但后来与雷神公司之间引发诉讼。

2001年10月，埃尔珊通讯公司在位于南加州的孔尼克(Conic)、南加州微波(Southern California Microwave)、遥测技术和仪表等三家公司的基础上组建埃尔珊遥测公司(西部)(L-3 Telemetry-West)，从事发展遥测技术和陆地通讯产品，包括卫星应答器、接收器和传输器和遥测系统等。在宾夕法尼亚州布里斯托又在阿伊丁遥测公司，(Aydin Telemetry)、埃尔珊微波通讯公司(L-3 Microcom)、埃尔珊麦克罗达因公司(L-3 Microdyne)的基础上组建埃尔珊遥测公司(东部)(L-3 Telemetry-East)，从事发展导弹和飞机飞行试验用的仪表、空中和地面遥测技术、产品和系统等。这样就使埃尔珊通讯公司拥有了在遥测技术方面的领先地位。

2002 年埃尔珊通讯公司收购了位于加拿大安大略省密西沙伽(Mississauga, Ont.)的斯帕宇航有限公司(Spar Aerospace Ltd.)。斯帕宇航有限公司曾是加拿大最大的航天项目合同商,曾开发航天项目用的机器人等,后来因陷入财务困境而衰退,只剩下航空服务分部。成为埃尔珊通讯公司的一个分部后,主要为全世界 1 800 多架在服役的 C-130 运输机提供支持服务,也可对"海王"直升机和波音 737 客机进行维修、大修、升级和延寿,飞机储存、备件供应、技术手册更新等服务。

2002 年埃尔珊通讯公司从雷神公司以 11.3 亿美元收购了总部位于得克萨斯州格林维尔的综合系统公司,组成埃尔珊综合系统公司(L-3/IS),从事研发先进航电系统,可为现有飞机提供维修、修理、大修和改装服务,还可提供特殊任务电子战和情报收集系统。该公司下属有很多设施,分别设在密西西比州麦迪逊、得克萨斯州瓦科等地。

埃尔珊通讯公司还从雷神公司接收了位于密西西比州南麦迪逊(South Madison, MS)的弗特科斯宇航公司(Vertex Aerospace LLC)。该公司为政府等用户在航电等系统方面提供飞机维修、修理和大修,供应链管理和飞行员培训等服务。包括的机种有 T-6A 教练机、AH-64 攻击直升机、B-2 轰炸机、爱国者导弹和 M-1 坦克等。

2008 年埃尔珊通讯公司获得一项被称为"自由计划"(Project Liberty)的重要合同,美国国防部决定采购 37 架霍克-比奇公司的 C-12 飞机并将其改装为 MC-12 侦察机,用于在伊拉克和阿富汗进行情报收集、监视和侦察(ISR)任务。

链接:美国防部长盖茨视察 L3 通讯公司

埃尔珊通讯公司是一家成立没几年的新公司,也没有什么知名的产品,国防部长盖茨为什么要去视察呢?秘密是这里正在进行一项让他牵挂的"自由计划"。

盖茨今年 4 月提出的 2010 财年国防预算案已经获得通过,包括 F-22 在内一批造价高昂的武器项目被削减和叫停,同时为某些简单实用的武器增加预算。总的来看,新预算案的特色就是削减为应付大规模常规战争而开发的高科技项目,取而代之的是增加实战性武器的采购,同时增加专门用于在伊拉克和阿富汗打击恐怖分子所需要的资金。埃尔珊公司的专长之一正是用先进航空电子设备改装老飞机，使之变成现代化的飞行平台。所谓“自由”计划，正是把一种20世纪60年代问世的老式螺桨飞机“空中国王”装上高科技传感系统，用来执行情报、监视和侦察(ISR)任务，能够提供近乎实时的、全动态视频和信号情报，从而增强地面军事指挥官的态势感知能力，便于他们制定战场决策。

2008年年中，盖茨决定采购37架“空中国王”的军用型C-12飞机，改装后用于执行ISR任务。部长还要求交付时间越快越好。拿到合同的埃尔珊通讯公司自然不敢怠慢，在它下属的格林维尔工厂开足马力，一天24小时连轴转。

对这项从动议到实际部署只用了不到一年时间的“自由计划”，看来盖茨部长相当满意。8月31日，他亲临格林维尔工厂视察，给工人鼓劲，要他们加紧生产。在视察完4架即将驶往阿富汗的MC-12后，盖茨对工厂的工人们说：“你们有机会参与这个项目的工作，你们的努力将直接影响到前线战士的安危。你们是在拯救美国人的生命，同时为我们的部队提供一种完成任务并安全回家所需要的工具。你们的工作已经在伊拉克产生了影响。”

盖茨说，MC-12计划给我们的启示是，新的作战平台是可以很快开发、生产出来并部署到战场上去的。最好的解决办法并不总是最奇特和最昂贵的。

建造一架MC-12是一件乏味的事，具体工作包括将41 000个零部件安装到一个比桑塔纳轿车稍大的空间中。工人们不停地工作，22 000个工时才能完成这样一架飞机。

(二) 组织机构

与其他宇航防务工业领域内的跨国公司相比，埃尔珊通讯公司的设施和销售业务比较集中在北美，公司下属有数量众多的经营单位分布在美国各地。这些单位分属于以下各主要分部：通讯系统和无线产品、航电和海洋产品、模拟器和培训、微波元件、遥测技术、仪器仪表和空间、飞机维修和升级、商业产品。

埃尔珊通讯公司的用户主要是军方和情报机构，也包括飞机制造商和商用电讯工业，军用项目约占销售的60%，也有报道称达80%，主要用户在北美。为了应对五角大楼计划的多变性以及当前奥巴马政府可能提出的对军事费用的削减，埃尔珊通讯公司正在积极扩展其在商用项目方面的市场。

三、ITT公司

ITT公司(ITT Corporation)以前称为ITT工业公司，主要业务包括防务电子、流体技术、动作与流量控制等三个方面。2008年有员工40 800人；总销售金额116.95亿美元，人均286 637美元；利润12.10亿美元，人均29 657美元；利润率为10.3%；宇航业务销售金额65.57亿美元。该公司在2009年宇航100强名单中位列第19位，总部设在纽约州的怀特普兰斯，主席、总裁兼首席执行官为史蒂芬·劳伦格(Stephen R. Loranger)，2008年被美国《财富》杂志称为美国管理最好的公司。

(一) 发展历程

ITT公司的根可以追溯到由苏赛纳斯·本 于1920年组建的国际电话电报公司(International Telephone and Telegram)。该公司通过一系列的收购成为一家电讯设备的主要制造商。20世纪60年代至70年代又通过收购喜来登公司(Sheraton Corp.)和哈特福德火险公司(Hartford Fire Insurance)而实现业务的多样化。1987年该公司将电话电报业务卖给了阿尔卡特公司，1995年又出让非制造业务，即分离保险业务和旅店业务。1996年起公司就称为ITT工业公司(ITT Industries Inc.)，2006年7月改称ITT公司。

(二) 组织机构

该公司设3个分部，包括：ITT防务电子与服务公司(ITT Defense Electronics and Services Inc.)、ITT流体技术公司(ITT Fluid Technology Corp.)和动作和流量控制业务部。

1. ITT防务电子与服务公司

ITT防务电子与服务公司是美国十大防务商之一，是埃尔珊通讯公司、洛马公司、雷神公司等的竞争者，也是ITT公司最大的业务部门，其销售金额占全公司的54%，总部位于弗吉尼亚州的麦克利恩。公司的客户包括联邦航空局、美国国家航空航天局、美国军方以及英国、沙特、土耳其政府等，其主要业务包括：

(1) 通讯，把信息优势变为战斗优势，提高对环境的知情度和执行任务的有效性。项目包括：高可靠性甚高频(VHF)军用无线电系统，有近50万套在34个国家使用；美国陆军战斗互联网、英国“鲍曼”(Bowman)项目；天线；卫星地面站通讯系统；防卫通讯设备的工程、运行、维修服务等。

(2) 空中交通管制。2007年ITT公司从联邦航空局获得一个价值2.07亿美元的初步合同，领导一个包括美国电话电报公司(AT&T)、泰雷斯北美公司(Thales North America)等成员在内的团队来研发并实施自动关联监视和广播系统(ADS-B)，该系统是联邦航空局的《下一代空中交通管制现代化计划》中的关键部分，用来提高安全性和效率以应对航空运输的快速发展。ITT公司负责该系统的全面整合和工程，还将负责该系统的运行和维修直至2025年。

(3) 卫星图像装置。2008年9月ITT公司制造的图像装置搭载在“地眼-1”卫星上发射升空，可提供高分辨率的地球图像。该卫星可收集分辨率0.41米的黑白图像和分辨率1.65米的彩色图像，可对地面目标作精确定位，误差在3米以内，每天可收集70万平方千米地域的黑白图像。

(4) 感测和监视。夜视装置、空中电子战系统等。

(5) 先进工程和综合服务，国土防卫。

2. ITT流体技术公司

ITT流体技术公司是世界上最大的水泵制造商，从事水、污水和其他液体的运输、处理和控制系统的制造和服务。产品包括泵、阀、热交换器、混合器等。

3. 动作和流量控制业务部

动作和流量控制业务部主要制造用于航天项目、运输业、工业的专用部件，包括：连接器、消震器、通讯和运输用摩擦垫等。该公司曾于2007年3月被认为在外包项目中向新加坡、中国、英国的技术人员泄露了有关夜视装置、光干扰过滤器等的资料，违反了美国的《武器出口管制法》而被处以罚款1亿美元。

第十一章　动力争锋——通用电气公司

美国通用电气公司(General Electric Company,简称GE公司),是一家历史悠久、规模宏大的跨国公司,具有包括发电设备、照明灯泡到卫星通讯设备在内的广泛的产品范围。我们这里所说的GE公司是指其下属的在1941年成立的飞机发动机集团,在过去的很长时间内被称为GEAE(GE Aircraft Engines),现在称为GE航空集团(GE Aviation)。GE公司2008年有员工323 000人;总销售金额1 825.15亿美元,人均565 062美元;总利润453.50亿美元,人均156 884美元;总利润率24.8%;航空业务的销售金额为168.19亿美元,利润36.84亿美元,利润率21.9%。在英国《飞行国际》杂志2009年的宇航企业排名榜上按航空业务销售金额位列第11位。GE航空集团现任总裁是大卫·乔伊斯(David L. Joyce)。

GE公司航空分部的总部和主要研发和生产设施设在俄亥俄州的伊文代尔,靠近辛辛那提,大型军民用发动机的装配和试车以及大部分零部件的加工都在该地进行。在马萨诸塞州林恩市还设有制造小型发动机的分部。另有一些设施分散设在美国其他各地,例如在俄亥俄州的皮布尔斯设有室外试车台,从事发动机的暴雨、冰雹和异物的吸入试验和发动机机盒的包容能力试验等,在北卡罗莱纳州的威尔明顿设有盘类和机匣类零件的全自动加工车间,在新墨西哥州的阿尔伯克基设有涡轮叶片生产线,在得克萨斯州设有碳纤维风扇叶片的制造中心(与法国斯内克玛公司合资)等。在肯色斯州的阿肯色斯城还设有规模巨大的发动机维修中心。GE公司是目前是世界上最大的航空发动机制造商。

一、早期发展历程

在20世纪早期,GE公司从事发展蒸汽轮机发电设备,在此基础上发展了涡轮增压器,使当时的活塞式发动机飞机的性能得到很大改善。

1939 年英国发明家弗兰克·惠特尔研制成功了涡轮喷气发动机，当时英国的飞机发动机制造商正忙于战时生产，无暇顾及，就想将许可权授予一家美国公司。考虑到战后可能发生的竞争，英国不愿将许可权授予生产飞机发动机的美国同行，包括普惠、艾利森等公司，而是给予了从未生产过飞机发动机的 GE 公司。1941 年 10 月，GE 公司在其增压器分部中建立起一个单独的分部，来研制喷气发动机。随后 GE 公司对这种发动机做了很多改进，先后在其基础上发展了 J31、J33、J35 等型涡喷发动机和 T31 涡桨发动机。在 J35 的基础上发展而成的 J47 发动机成为北美公司的 F-86 佩刀式战斗机、波音公司的 B-47 轰炸机、北美公司的 B-45 轰炸机的动力以及康维尔公司的 B-36 轰炸机的助推动力。J47 发动机的生产量超过 35 000 台。

链接：韦尔奇把 GE 带入发展快车道

美国通用电气公司是一家百年老店，1878 年由发明大王爱迪生创办，1981 年传到韦尔奇(Jack Welch)手上时，117 岁的公司已经是一个烂摊子：350 家企业、40 万员工，经营着从电机、照明、飞机发动机、信息服务到银行、家电、广播公司在内的几乎无所不包的产品，内部机构重叠，亏损严重，患上了典型的“大企业病”。当时 45 岁的韦尔奇接手通用之后，发动了一场轰动美国乃至全球企业界的“精兵简政管理革命”，将 350 个经营单位裁减合并成 13 个，40 万员工削减到 29 万人，力推“群策群力的企业文化”。从 1981 年韦尔奇就任总裁时到 1998 年，GE 各项主要指标一直保持着两位数的增长。在此期间，GE 的年收益从 250 亿美元增长到 1 005 亿美元，净利润从 15 亿美元上升为 93 亿美元，而员工则从 40 万人削减至 30 万人。到 1998 年底，GE 的市场价值超过了 2 800 亿美元，已连续多年名列“财富 500”前列。韦尔奇靠管理革命成功地把 GE 公司重新带上了发展的快车道。

韦尔奇管理之道归纳起来，主要是大力推行四个方面的创新：

——战略创新，通过“数一数二”原则来裁减规模，把多元化适度收缩，向集中化发展，任何事业部门存在的条件是在市场上达到“数一数二”的水平，否则就要被砍掉——整顿、关闭或出售。在整顿期间，GE 共出售了价值 110 亿美元的企业，解雇了 17 万员工，但也买进了价值 260 亿美元的新企业。

——管理创新，公司原来高达 29 层的金字塔结构带来很多弊病，如指令难以执行、效率低下、人浮于事等，改革后构建起 6 层的扁平化结构。1985 年，员工人数从 41 万减少到 29.1 万，公司的营业额和利润却翻了一番。

——产品创新，这里说的产品是广义的，包括品牌、功能、增值和售后服务。从 1995 年开始，一项被称为"6 西格玛"的活动在整个 GE 公司普遍开展，成为这家大公司一切理想和愿望的中心环节，成为一种规范化的工作方法。GE 借此活动基本消灭了公司每天在全球从事生产的每一产品、每一道工序和每一笔交易的缺陷和不足。韦尔奇认为服务导向比产品导向重要，于是他决定将重点从卖产品转变为向用户提供解决方案，为用户创造价值。仅 2000 年一年，发动机公司完成项目 1 200 多项，为航空公司节省了 3.2 亿美元。

——用人创新，韦尔奇通过激励员工中 20% 的优秀者、淘汰 10% 的后进者延揽和培育最优秀的人才。韦尔奇说："我最大的功劳莫过于物色这些杰出人物……去发掘出一些很棒的想法，扩张它们，并且以光速般的迅捷将它们扩展到企业的每个角落。我坚信自己的工作是一手拿着水罐，一手带着化肥，让所有的地方变得枝繁叶茂。"

2001 年 9 月韦尔奇退休，他被誉为"最受尊敬的 CEO"，"全球第一 CEO"，"美国当代最成功最伟大的企业家"。GE 旗下已有 12 个事业部成为其各自的市场上的领先者，有 9 个事业部能入选《财富》500 强。韦尔奇带领通用电气，从一家制造业巨头转变为以服务业和电子商务为导向的企业巨人，使百年历史的通用电气成为真正的业界领袖级企业。

二、军用发动机项目

20 世纪 50 年代至 60 年代，美国军方要求研发速度达两倍声速的作战飞机，GE 公司推出新型涡喷发动机 J79，用于洛克希德的 F104"战斗星"和麦道的 F－4"鬼怪"两种战斗机以及康维尔公司的 B－58 轰炸机。在 J79 发动机上 GE 公司首次在压气机设计中采用了可变定子结构以使发动机可在各种运行状态下保持良好性能。从此以后，可变定子被应用于 GE 公司的各种发动机上，成为了 GE 公司的看家本领。

GE公司的军用发动机中推力最大的当推TF39。1965年GE公司获得合同为美国空军的战略运输机，即洛克希德公司的C-5A“银河”提供发动机，这就是TF39。在该发动机中首次引入高涵道比风扇这一概念。此前，一般风扇的涵道比都在2:1以下，TF39的涵道比达到了8:1，可使单位推力的油耗降低25%。4台推力182千牛的TF39为最多可承载132吨货物的C-5A提供了充足的动力。

随着时间的推进，GE公司在军用发动机方面不断有新的发展，20世纪70年代中期研制了用于B-1战略轰炸机的F101发动机，每架装4台。B-1轰炸机原计划生产244架，但后来项目被终止，80年代初又重新启动，生产了100架。此后在F101的基础上改型研发了F110发动机，推力120—129千牛，被军方指定作为F-16、F-14、F-15战斗机的替换发动机。推力71—80千牛的F404用于F/A-18战斗/攻击机和瑞典的JAS39“鹰狮”战斗机。推力84.5千牛的F118则用于隐身轰炸机B-2，每架也是装4台发动机。

通用电气公司的F110发动机是F-16C/D最畅销的飞机发动机。图为F-15E、F-15K等型号上使用的F110-GE-129。

目前GE公司正在与罗罗公司合作研制作为洛克希德·马丁公司研制中的F-35的发动机备用方案的F136发动机。按原先规定，自第6批生产型飞机起，发动机合同需在两种发动机之间进行竞标。在该项目中GE公司承担60%工作量，罗罗公司承担40%工作量，在F-35的短距起飞垂直降落型飞机用的发动机中则还装有罗罗公司研制的升力系统。美国国防部曾多次提出要撤销F136项目，但遭到国会否决，项目继续获得拨款，研制工作得以继续进行。前景如何尚待观察。

在小发动机方面，GE公司林城分部早期曾发展了一系列小型发动机，包括：

1. J85 涡喷发动机，用于 F－5 轻型战斗机；

2. CJ610、J85 的民用型，用于公务机；

3. T58/CT58 涡轴发动机，用于轻型直升机；

4. T64 涡轴发动机，用于西科斯基公司的 CH－53 重型直升机；

5. T64 涡桨发动机，用于意大利飞机公司的 G－222 军用运输机；

6. T700 涡轴发动机，用来装备西科斯基公司的“黑鹰”和前休斯公司（现波音公司）的“阿帕奇”等型直升机，生产的数量很大，生产一直延续至今；

7. CT7 涡桨/涡轮发动机，用于多种支线飞机和直升机；

8. TF34 涡扇发动机，推力 40 千牛，用于 A－10 攻击机；

9. CF34 涡扇发动机，用于很多加拿大庞巴迪公司和巴西生产的公务机和支线飞机，我国正在研制中的 ARJ－21 支线飞机也选用这种发动机。

图为 MH－53E 直升机装用的 T64－GE－419 发动机，为提高功率，采用了较新的材料和先进制造工艺。

随着西科斯基公司开始发展 CH－53K 项目，GE 公司发现其 T64 发动机的发展型无法满足其要求，决定推出 GE38－1B 发动机项目。GE38 也称 T407，是从 GE27 发展而来。CH－53K 比原先的 CH－53E 型在载荷和速度方面都有显著提高，将是美军最大的直升机，计划 2011 年首飞，美国海军陆战队订货 227 架。每架装用 3 台单台功率 5 600 千瓦的 GE38－1B 涡轴发动机。GE38－1B 涡轴型除了将用于 CH－53K 之外，还有可能取代罗罗公司的 AE1107C 用于贝尔/波音的 MV－22“鱼鹰”倾转旋翼机，其涡桨型还可能用来取代 AE2100 作为 C－130J 升级型的动力。GE 公司希望 GE38 能取得像 T700 项目那样的成功。

三、民用发动机项目

从20世纪70年代初开始，民用航空迅速发展，大载客量的双通道宽体客机应运而生。GE公司在TF39的基础上发展了推力为178—240千牛的CF6-6和CF6-50高涵道比民用涡扇发动机，先后装用于麦道的DC-10、空客的A300和波音747大型客机。进入20世纪80年代，CF6发动机得到进一步改进和发展，新的CF6-80系列先后推出，分别用于波音767，麦道MD-11、空客A310和A330等机种，在宽体客机的市场中取得可观的份额。

除了在双通道客机市场中取得的成就之外，GE公司在100—200座单通道客机市场中也取得了战略性的重大成就。在20世纪80年代之前，单通道客机市场几乎全部被普惠公司的JT3D和JT8D系列所垄断。GE公司决心研发一种先进的发动机来打破这种垄断。为了争取时间，决定寻求国际合作。当时法国斯奈克玛(SNECMA)公司正在寻求进入民机市场的机会，所以双方于1972年达成协议组织一家双方各占50%股份的合资公司，取名CFM国际公司(CFM International, CFMI)，研发了一种适用于单通道客机的，推力在89—156千牛之间的高涵道比发动机，命名为CFM56。双方的分工是GE公司负责核心机部分，斯内克玛公司负责风扇、低压压气机、低压涡轮和传动系统。双方交换各自制造的单元体，各自组装并销售发动机。CFMI公司组建时双方都有人表示反对，GE公司方面有人认为合作将使从军机演变而来的核心机技术流落给法国，法方则有人认为合作将使法国受制于人，但最终还是明智派占了上风，项目得以顺利进行并取得巨大成功。1982年，用CFMI公司推出的第一种发动机，推力98—107千牛的CFM56-2换装的DC-8超70客机开始服役。CFM56-2的军用型F108被美国军方选中用于KC-135加油机和E-6通信中继飞机等的换发改装。1984年装备CFMI公司的第二种发动机，推力89—104千牛的CFM56-3的波音737-300客机投入服役并大量生产，随后的737-400和737-500也都采用这种发动机。

接着GE公司和斯内克玛公司又研发了用于空中客车工业公司的A320系列(包括A320、A321和A319)飞机的推力为98—120千牛的

CFM56－5A、CFM56－5B型以及用于A340飞机的推力为138—151千牛的CFM56－5C型发动机。20世纪90年代波音决定对737飞机进行改型设计，推出称为737NG的新一代飞机系列，CFMI公司随之推出新一代发动机CFM56－7与其配套。波音737和空客A320两个系列的飞机都很畅销，使CFM56各型发动机交付的数量超过1万台，而采用JT8D发动机的飞机均已停产。CFM56系列发动机在单通道客机市场中取得了很大的优势。

链接：航空发动机国际合作的典范

CFM56是美国通用电气公司和法国斯奈克玛公司（SNECMA，现在已经并入赛峰集团）于1974年成立的合资企业CFM国际公司的支柱产品，自20世纪70年代末进入市场以来，商业上取得了巨大成功。截至2009年7月，正在使用中的各型CFM56有19 743台，装在8 157架飞机上。截至2009年5月，固定订货达到25 450台。使用CFM56发动机最多的两种飞机是：波音737(4 997架)和A320系列(2 293架)，不难看出，CFM56发动机在150座级客机市场上占有难以撼动的领先地位。

作为一家国际合作企业，他们的成功经验已经引起国际学术界的重视。美国哈佛大学某研究所出版过专题报告，在一些讲授国际合作的学院里被用做教材。说到CFM国际公司成功的原因，曾经访问我国的CFM国际公司总裁拉维埃克先生总结了几条。他说，两家具有不同文化背景的公司合作取得成功，是因为他们做到了：

——以各自技术优势为基础，相互取长补短；

——对所有问题都采取充分讨论、协商一致的原则，避免决策失误；

——做出决定的事情，由两家公司分别承担，充分发挥原有人力、物力设施的潜力，不铺新摊子；

——在合作项目上双方各自都没有与之竞争的产品，从而保证全力投入；

——拥有快速、便捷的通讯手段，保障所有信息资源共享；

——有一套健全的规章制度，包括领导机构、工作班子、经费使用、任务分配等，从而保证充分发挥双方的积极性。

对于法、美两国来说，CFM56的成功是一项双赢的合作，2008年7月双方已经达成协议，将把这项合作延续到2040年。目前正在加紧研制中的新一代 LEAD－X 发动机有望在 2016 年取证，届时新发动机的耗油率将降低 4％—8％，NOx 排放比目前 ICAO 的标准低 40％—50％，噪声比 FAR36 部第三阶段标准低 20dB，拥有成本和维修成本比目前 CFM56 低 15％—20％。

20 世纪 90 年代初，GE 公司以 CF6 和 CFM56 系列发动机的经验以及从与 NASA 合作的节能发动机 E3 计划中获得的先进技术为基础，正式推出大推力、高涵道比涡轮风扇发动机 GE90，成为当代大型客机主要动力装置之一。

进入 20 世纪 90 年代，波音公司推出波音 777 双发远程客机，载客量 300—400 人。GE 公司经过多年的精心准备，联合斯内克玛公司、日本石川岛播磨重工、意大利阿维奥公司推出全新的 GE90 发动机，推力可达 400 千牛，在与普惠公司和罗罗公司的竞争中取得良好业绩。GE90 的涵道比达 9∶1，总压比达 40∶1，使油耗降低了 9％。为了给空客 A380 超大型客机提供动力，GE 公司和普惠公司成立了一家称为发动机联盟（Engine Alliance）的合资公司，用 GE90 的核心机加上普惠新设计的低压部分组成 GP7200 发动机，在 A380 的订货中占有 61％的份额。

为了给波音的全新技术梦想飞机（Dreamliner）波音 787 提供动力，GE 公司在 GE90 的基础上研发成功 GEnx 发动机，该发动机还被波音选定作为正在研制中的波音 747 飞机的加长型 747－8 的唯一的发动机。GEnx 发动机的推力在 240—330 千牛范围内，涵道比达 9.5∶1。由于采用了很多技术创新，使发动机的零件数减少，重量降低，该发动机的燃油消耗率可比 CF6－80C2 降低 15％，噪声和 NOx 等污染排放量也显著降低。技术创新包括以下各项：

——用于飞机客舱和机翼防冰等的高压高温空气不再从压气机抽取，而是由电力提供；

——采用碳纤维复合材料风扇叶片，前缘用钛合金保护；

——采用复合材料编织物制造风扇机匣，显著降低了重量和维护费用；

——采用金属间化合物铝化钛制造低压涡轮第6、7级叶片；

——采用先进气动设计，风扇叶片数量减半至18件（CF6发动机有36件）。10级高压压气机压比达23:1，采用整体叶轮；

图为CF6-80E1，它由CF6-80C2改进而来，用于A330。

——燃烧室采用双环预旋喷嘴，燃烧更为完善。

为了满足未来新一代单通道客机，即波音737NG和A320系列飞机的后继机的要求，CFMI公司多年来推行了一系列对CFM56发动机进行改进的计划，称为Tech 56和Leap 56项目，意图是把在上述大型发动机中得到验证的新技术引用到CFM56发动机中来，在此基础上GE公司和法国斯内克玛公司已签订协议合作开发LEAP-X发动机，计划在2012年起试验演示机，2016年取证，目标是降低燃油消耗16%，降低NOx排放60%，降低二氧化碳排放16%，以满足10年后民航业对经济和环境保护方面的要求。该机将采用第三代三维气动设计并将采用碳纤维复合材料来制造风扇叶片和机匣，可使发动机质量减少227千克。

GE公司曾在在20世纪80年代和美国国家航空航天局合作开发GE36桨扇发动机（Propfan），或称无涵道风扇发动机（UDF），有降低油耗达25%—30%的潜力。后因油价回落，该项目终止。目前GE公司正在以前的基础上重新启动开式转子发动机的研究。

GE公司历来重视采用先进结构，在其新产品GE90、GP7200和GEnx等发动机中采用了很多新结构和新材料。多年来GE公司在NASA的资助下开展了很多预研项目，包括能源有效发动机（E^3），安静清洁短期实验发动机（QCSEE）等，各种新技术都在这些预研项目中进行验证后再运用到型号中。这些新技术包括碳纤维复合材料宽弦风扇叶片、碳纤维复合材料风扇机匣、双环形燃烧室、双环预旋喷嘴，用于高压涡

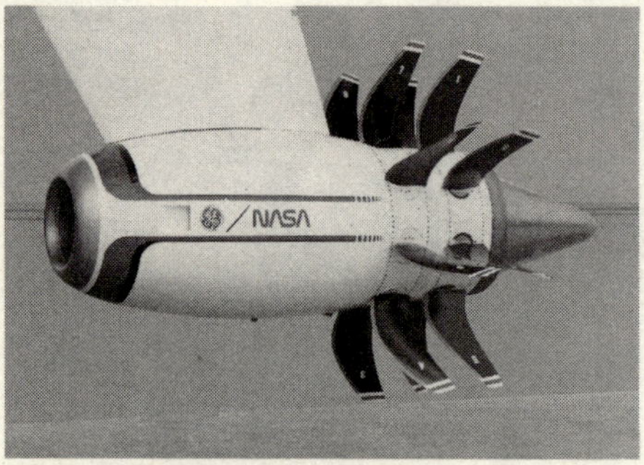

20 世纪 80 年代后期，在一些国家研制桨扇发动机的热潮中，通用电气公司的无涵道风扇（UDF）GE36 曾进行了飞行试验。

轮叶片的含金属元素钇和铼的 N5/N6 合金和用于低压涡轮叶片的金属间化合物铝化钛和硅化铌，以及用于涡轮盘的 R88DT 粉末冶金合金等。这些新技术使发动机在可靠性、燃油效率、噪声和污染排放等方面得到很大的改进。采用碳纤维风扇机匣可使每台发动机减轻 160 千克并提高抵御损坏的能力。多年来 GE 公司一直在对陶瓷基复合材料（Ceramic Matrix Composite，CMC）进行研究，这种材料的耐高温性好，重量比镍基合金轻一半，在其使用性能和加工性进一步完善后可应用于发动机的高温零部件，可使发动机性能显著提高。GE 公司也致力于发展新工艺技术，如高压涡轮叶片冷却气孔的激光穿孔，穿孔是在多坐标计算机控制的设备上自动连续进行的，生产效率很高。单级的压气机盘通过摩擦对接焊接形成整体鼓筒，取消了各级轮盘之间的连接零件，减轻了整个转子的重量。计算机操作的断层造影、超声探伤和涡流探伤等检测技术对零部件的质量保证起到了重大作用。重视基础研究是 GE 公司不断取得新成就的重要因素。

为了满足市场的需求并获得最大经济效益，GE 公司还致力于发展航空发动机的船舶和工业应用项目，就是对航空发动机进行改型，用来作为船舶的动力，或者驱动发电机或压缩机。GE 公司很多型号的航空发动机都有陆用改型，包括以 T58 发动机改装的 LM100，以 TF34 发动机改装的 LM500，以 J79 发动机改装的 LM1500，以 F404 发动机改装的 LM1600，以 TF39 和 CF6－6 发动机改装的 LM2500，一直到以 CF6－50 发动机改装的 LM5000 等。这些大大小小的陆用发动机用于各种大小的水翼船，气垫船和海军舰艇以及各种功率的电站和油气输送管道上的压缩泵站。其中功率 18 650 千瓦的 LM2500 燃气轮机应用最广，装备了美国和其他各国海军的很多舰船，我国在 20 世纪 80 年代至 90 年代也引进过，用来装备大型军舰和电站。航机陆用使一些型号的发动机的应用范围得以扩大，增加了制造商的经济效益。

我国航空工业与GE公司航空分部有良好的合作关系，从20世纪80年代开始，沈阳黎明航空发动机公司和西安航空发动机公司就开始为GE公司承制发动机零部件，包括燃烧室、涡轮盘、压气机鼓筒轴、封严环等。经过20年的发展，目前每年交付的零部件的金额已达数千万美元。随着ARJ-21客机的投产，双方关于CF34发动机的合作生产将进一步发展。

图为CF34大涵道比民用涡轮风扇发动机，它由军用型TF34改型而来，但两者总体结构基本相同。

第十二章　推进先驱——赛峰公司

赛峰公司是于2005年由法国国有航空发动机研究制造公司(Society National Etude et Construction Moteur Aviation),简称斯奈克玛公司(SNECMA)和通讯设备制造商萨基姆公司(Sagem)合并而成,其业务涉及航空航天、防务和通讯等领域。赛峰公司总部设在巴黎,2008年有员工53 336人。总销售金额为151.14亿美元,人均283 372美元;航空业务的销售金额为150.79亿美元;总利润11.68亿美元,人均21 899美元;利润率为7.7%。在英国《飞行国际》杂志2009年的宇航企业排名榜上按航空业务销售金额位列第12位。首席执行官为让-保罗·厄特曼(Jean-Paul Herteman)。

一、组织机构

赛峰公司下设4个业务部门:

(一) 航空航天推进部

航空航天推进部下属有:斯奈克玛公司(SNECMA),研制生产军民用飞机发动机;斯奈克玛服务公司(SNECMA Services),主营发动机维护,修理和大修服务;透博梅卡公司(Turbomeca),研制生产直升机用涡轴发动机,教练机发动机,导弹和靶机用发动机;微型涡轮机公司(Microturbo),研制生产导弹和微型无人机用发动机;斯奈克玛固体推进器公司(SNECMA Propulsion Solide),研制生产用于战略和战术导弹和发射器的固体火箭发动机、复合材料耐热结构件;宇航技术公司(Techspace Aero S. A.),生产飞机和火箭发动机零部件。

(二) 航空设备部

航空设备部下属有:梅西埃·道蒂公司(Messier-Dowty),承担起落架设计、制造和支援；梅西埃·布加蒂公司(Messier - Bugatti)，承担机轮和碳制动器、制动控制和液压系统；梅西埃服务公司(Messier Services)；埃赛公司(Aircelle)主营发动机短舱；拉比纳公司(Labinal)，主营电缆系统；伊斯潘诺·西扎公司(Hispano - Suiza)，主营机械、液压、电子、电气设备；德高工程公司(Teuchos)，主营工程。

(三) 通讯设备部

萨基姆通讯公司(Sagem Communication)。

(四) 防务安全部

防务安全部下属有：萨基姆防务安全公司(Sagem Defense Security)；萨基姆安全公司(Sagem Security)。

二、各个业务部所属主要公司的概况

(一) 航空航天推进部

1. 斯奈克玛公司

斯奈克玛公司是赛峰集团中最大的企业，是世界第4大航空发动机制造商，排在GE、罗罗、普惠公司之后，总部设在巴黎。

斯奈克玛公司起源于1905年创建的诺姆发动机(Gnome)公司。1915年诺姆公司与1912年建立的罗纳(Le Rhone)公司合并成为诺姆-罗纳公司(G&R)。该公司的发动机在第二次世界大战期间扮演了很重要的角色。苏联的莫洛托夫工厂按许可权每月生产300台，用于苏霍伊战斗机。日本的三井公司非法仿制的634千瓦的发动机，用于三菱公司制造的曾偷袭珍珠港的“零”式战斗机。二战后法国成立了国营航空发动机研究和制造公司，即斯奈卡玛公司，接管了很多工厂和设计事务所，职工达1万人。G&R公司等均被并入。

链接：首创气缸旋转式发动机的百年老店

赛峰公司是几年前由法国斯奈克玛公司和萨基姆公司合并而成，在国际航空界算是一张新面孔。但是斯奈克玛公司源于1905年6月6日创建的诺姆(Gnome)发动机公司,因此它也是一家名副其实的百年老店。

由路易斯·塞甘和洛伦·塞甘兄弟俩在1905年创办的诺姆公司不光字号老,贡献也大,在20世纪初曾掀起过一场航空发动机革命。公司一开始生产汽车发动机,两年以后,开始设计飞机用的利用空气冷却的汽缸旋转式发动机。最早的航空发动机都采用液体冷却,这就必须设置一个循环冷却系统,包括水箱、水泵、散热器和相应的管路系统等,复杂而笨重。针对这个缺点,塞甘兄弟取消了液冷系统,改进了结构,让汽缸旋转而曲轴不动。这种结构的发动机汽缸无论是在地面空中,其转子都会被周围的空气冷却;同时,按奇数成星形布局的汽缸本身还起到飞轮作用,使发动机燃烧和运行平稳。另外它还有一个长处,就是暖机快、起动快。由于采用了大量的薄壁散热片,其外形光洁漂亮、干净利索。这些优点使得发动机特别轻巧,从而让飞机的机动作战性能大大提高,特别适合装在战斗机上。

1909年8月22日,在法国兰斯举行了世界首次航空博览会。会上,法国人布莱里奥驾驶自制的单翼机飞出了97千米/小时的速度纪录,该机所装的发动机正是塞甘兄弟发明的"土地神·欧米茄"旋转汽缸式发动机。它是一台五缸星形50马力(37千瓦)、功重比达0.69的高性能发动机。在1911年的航空大会上,所有取得胜利和创造纪录的飞机中,几乎有三分之二都装土地神发动机。1910年和1911年两年间,法国人不断驾驶安装土地神发动机的飞机创造新的速度纪录,每小时从109千米提高到125千米,很快又达到133千米。

土地神系列发动机有5缸、7缸和9缸的,功率37—82千瓦;双排14缸的则为120千瓦。在法国"土地神"的影响下,其他国家也研制出多种型别的转缸发动机。1914—1918年的第一次世界大战中,以英、法为首的协约国的主要战斗机中,有80%采用转缸发动机。其中英国索普威思公司的F1"骆驼"战斗机,装有一台130马力(97千瓦)的转缸发动机,曾打得以德意为首轴心国的飞机望风披靡,仅1917年7月4日—1918年11月11日,该型战斗机就击落敌机1 294架。1917年8月,德国推出的有名的福克Dr.1"三翼机",装的也是一台110马力(82千瓦)的旋转汽缸发动机。

1946年120名德国BMW公司的工程师被送往法国加入斯奈克玛

公司。在他们的努力下1948年推出了“阿塔”(Atar)系列军用发动机,1953年研制出带加力燃烧室的发动机。这些发动机先后装用于“神秘”(Mystere)、“超神秘”(Super Mystere)和“幻影”(Mirage)Ⅲ,“幻影”Ⅳ和“幻影”Ⅴ等型号的战斗机。与此同时,伊斯潘诺·西扎公司在1954年开始从英国罗罗公司取得许可权制造“泰”(Tay)发动机,翌年还自行研发了“佛顿”(Verdon)涡喷发动机,用于“神秘”Ⅳ飞机。1959年斯奈克玛公司同美国普惠公司达成协议,生产应用于波音707和麦道公司DC-8客机的JT-3D发动机。1968年斯奈克玛公司兼并了伊斯潘诺·西扎公司、布加蒂公司、梅西埃公司。

阿塔发动机先后装用于“神秘”、“超神秘”和“幻影”Ⅲ等法国早期战斗机。图为阿塔9K50。

图为M53发动机正在装上“幻影”2000战斗机。

20世纪70年代,在英、德、意三国合作研发“狂风”战斗机及其发动机的同时,法国的达索公司独立研发了“幻影”2000战斗机,斯奈克玛公司则为其研制了M53涡扇发动机,净推力64千牛,加力推力98千牛。“幻影”2000由于曾卖给中国台湾60架,一度造成中法关系紧张,斯奈克玛公司也相应地受到中国航空工业的抵制。

20世纪80年代欧洲各国策划新一代欧洲战斗机项目。法国认为该方案不符合其要求，因而退出该项目，由达索公司独立研发“阵风”(Rafale)战斗机。斯奈克玛公司则为其研制了M88涡扇发动机，花费20亿美元，历时17年。由于法国的军费有限，又未能实现出口，“阵风”的生产进度相当缓慢。法国军方原定订购292架，其中空军型232架，海军型60架，目前正式订购120架。法国为保持其技术上的独立性付出了昂贵的代价，但为其长远发展打下了坚实的基础。进入新世纪，斯奈克玛公司以M88为基础与俄罗斯的土星集团合作发展了Sam 146涡扇发动机，用于俄罗斯苏霍伊集团的支线飞机“超级喷气”(Superjet)。

M88是自阿塔系列和M53系列之后研制的新一代发动机动力。

英国罗罗公司是斯奈克玛公司传统上的合作伙伴，双方的合作项目包括用于“协和号”(Concorate)超声速客机的“奥林帕斯593”(Olympus 593)涡喷发动机和用于C-160“协同”军用运输机的“苔恩”涡桨发动机等。斯奈克玛还曾同透博梅卡一起同德国的MTU公司和KHD公司合作研制生产“拉扎克”(Larzac)涡扇发动机，用于法德合作的“阿尔法喷气”(Alphajet)攻击教练机。斯奈克玛参与的最新的欧洲合作项目是用于空客军机公司的A400M运输机的功率达7 500千瓦的TP400-D6涡桨发动机，在该项目中承担28%的工作量，负责燃烧室和单级高压涡轮。

20世纪70年代，国际民用航空事业迅速发展，但在市场和技术力量方面，当时斯奈克玛公司还不具备独立发展大型民用发动机的条件。在法国政府的指导和协助下，斯奈克玛通过与GE公司开展合作，开始涉足日益兴旺的商用航空领域。合作是从法方参与为GE公司的CF6发动机制造20%的零部件开始的。当时该发动机用于波音公司新推出的747大型客机，也用于正在发展中的欧洲空中客车A300飞机。

真正让斯奈克玛公司在商用飞机发动机领域里开始占有重要地位的

是其与 GE 公司合资组建了双方各占 50%股份的 CFM 国际公司(CFMI)。该公司研发了推力 100 千牛等级的高涵道比发动机 CFM56，合作进展顺利。CFM56 发动机项目成为航空工业国际合作成功的典范。依托该项目，斯奈克玛公司得以置身于世界航空发动机四强之中。斯奈克玛公司还在 GE90 发动机项目中参股 23.5%，承担高压压气机部件的研制生产。在 GE 公司和普惠公司合作研制的用于 A380 客机的 GP7000 发动机中斯奈克玛也承担 15%的工作量。另外，斯奈克玛还同 GE 公司组成合资公司，在美国得克萨斯州设厂，生产用于 GE90 等发动机的碳纤维复合材料风扇叶片。

斯奈克玛公司的总部设在巴黎，其各主要设施大都设在巴黎郊区。发动机的研究、开发、试验工作以及生产发动机的总装和试验工厂设在巴黎南方的维拉霍许；在其附近的美仑-蒙特鲁设有民机的产品支持部；主要零部件的加工工厂设在艾佛雷-考培，位于巴黎南部；盘件、环件和大型叶片等的锻造、涡轮叶片的精密铸造以及叶片的加工则设在巴黎西北部的印维里埃，盘件自动加工厂设在法国中部勒克鲁苏。发动机的传动齿轮箱、点火系统和燃油系统等则由伊斯潘诺·西扎公司承担。

图为在维拉罗歇工厂总装中的 CFM56-5-A1。

2. 斯奈克玛服务公司

1968 年斯奈克玛公司接管了 1964 年成立的位于夏特勒奥特的从事发动机维修业务的索夏塔(Sochata)公司，建立起索夏塔·斯奈克玛公司。到 1989 年已修理了 1 万台发动机。1990 年在圣昆廷建立新厂。1997 年成立斯奈克玛服务分部。2005 年，赛峰集团成立后，成为集团下宇航推进分部的一个分部。

为了更好地为世界各地的 CFM56 发动机的用户服务，自 1999 年以来斯奈克玛服务公司在很多地方，包括布鲁塞尔、卡萨布兰卡、中国成都、墨西哥盖雷泰罗、美国迈阿密和欧文、爱尔兰香农等地建立了合资经营的发动机维修设施。到2007年为止，维修、修理和大修的发动机已超过25 000台。斯奈克玛服务公司现任主席兼首席执行官是戴尼斯·佛切林(Denis Verchrin)。员工2 800人。

3. 透博梅卡公司

透博梅卡公司是由移居法国的波兰犹太人约瑟夫·希德罗夫斯基(Yosef Shidlovsky)于1939年创办的一家私营公司，1987年并入拉比那(Labinal)集团，2000年随着该集团被斯奈克玛公司收购，2005年成为赛峰集团中的成员。透博梅卡公司从事研制生产用于中小型飞机、直升机和导弹的涡轮发动机。总部和主要设施位于法国南部波尔多和波城，有员工5 178人。

20世纪50年代，透博梅卡公司就开始研发涡喷发动机"帕拉斯"(Palas)，1957年推出当量功率为560—1 343的涡桨发动机"巴斯坦"(Bastan)，用于法国北方航空公司的N-262客机等。以后又研发了推力3.9—4.8千牛的"马波雷"(Marbore)涡喷发动机，共生产交付了4 000余台，除用于MS-760和"巴黎"等小型飞机外，还转让生产许可权给美国的大陆航空公司和"特力达因"(Teledyne)公司，起名J69，用于Cessna公司的T-37教练机等，生产了约1万台。

1968年透博梅卡公司与罗罗公司组成合资公司，研发了用于"鹰"(Hawk)和"美洲虎"(Jaguar)攻击机、教练机的"阿杜尔"(Adour)涡扇发动机。以后又合作研发了用于EH-101、NH-90和WAH-64等军用直升机的RTM322涡轴发动机，取得很大成功。2001年透博梅卡公司和罗罗公司一起赢得10亿美元合同，为399架NH-90直升机提供RTM322发动机。

透博梅卡公司的产品很多。在早期，有373—448千瓦级的用于"云雀"(Alouette)和"美洲驼"(Lama)直升机的"阿都斯特"(Artouste)和用于"小羚羊"(Gazelle)直升机的"阿斯泰阻"(Astazou)。这两种发动机都有涡桨型，后者还有涡扇型"阿斯泰方"(Astafan)，均适用于小型运输机。以后又发展了1 119千瓦的"透默"(Tunmo)系列涡轴发动机，用于"超黄蜂"(Super Frelon)直升机等。20世纪70年代至80年代，透博梅卡公司又推出448—522千瓦级的"阿赫耶"(Arriel)系列和1 343千瓦级的"马基拉”(Makila)系列涡轴发动机，分别用于“海豚”系列和“超美洲豹”系列直升机。最新的产品有与德国 MTU 公司和罗罗公司三方合作研制生产的 MTR390，用于“虎”式武装直升机以及与印度斯坦航空工业公司合作的“阿第登”(Ardiden)，用于印度研发的“北极星”(Dhruv)直升机。

链接：透博梅卡为未来做准备

透博梅卡公司是世界上直升机发动机的主要供应商，2008 年从业人数 6 336 人，有来自 155 个国家和地区的 2 350家用户，生产了 1 313 台发动机，维护 1 884 台，全球市场份额达 44%，营业额达 13.3 亿欧元。销售额的 11% 投入到研发中，为研发工作投入 800 名工程师和技术人员。

图为透博梅卡公司 600—700 轴马力级的“阿赫耶”系列涡轴发动机，主要用于“海豚”系列直升机(1-12-5)。

前些年，直升机制造商处在自 2004 年开始的一个发展周期中，但由于受金融危机的影响(旅游交通减少、电视台广告收入下降、石油开发放缓……)，2008 年发展势头开始减速，最终产量仅增长了 3—4 个百分点，远低于预计的 10%。公司对直升机产业的长远前景充满信心，但认为从现在到好转需要 5 年左右的时间。

针对目前的困难，公司在采取多方面的措施，包括使工业机构——在世界各地的 15 个基地更加灵活；努力改善服务，25 个售后服务中心和 90 个外场代表处要更加贴近客户；而最重要的是，在危急时刻要继续大力投资新技术、研发将来的产品，公司把销售额的 11%投入到研发中。

至于研发的重点，一是保持现有产品的竞争力，例如提高“阿赫耶 2B2”的翻修间隔时间至 4 000 小时；二是通过搞若干演示机准备新一代

图为透博梅卡公司与德国 MTU、英国罗罗公司三方合作研制生产的 MTR390 涡轮轴发动机，它用于 5—7 吨级的“虎”武装直升机。

的动力装置。2007 年公司启动了 Demo TECH 600 计划，覆盖的功率范围为 358—533 千瓦；Demo TECH 800 计划的部件开发在进行之中，最终将产生 746—1 119 千瓦的新型发动机；Demo TECH 3000 也在设想之中，有助于满足未来对 2 238 千瓦级设计的需求，将来装备比 NH 90、EH101 更重型的直升机。

透博梅卡公司的理念是，通过 Demo TECH 计划，在三类不同的动力级别中开发新的基本技术和一般的基础设施，从而可以做到根据直升机制造商的要求“量体裁衣”。有了开发好的技术，公司就有信心，按承诺及时提供产品。公司确认可以在三年到三年半的时间内开发一款新发动机。

此外，将来人们对直升机的评判越来越多地根据其“绿色”特点，这意味着更低的油耗、更小的噪音和更少的排放。透博梅卡公司 2015 年的目标是：与今天的“阿赫耶 2”相比，油耗下降 15%、二氧化碳和一氧化氮排放减少 15%、噪声降低 5 分贝。更远的目标是，到 2030 年油耗下降 30%、一氧化氮的减排达 80%、减噪 10 分贝。

4. 微型涡轮机公司

微型涡轮机公司创立于1961年，1981年被拉比那集团接管，2000年随着该集团并入斯奈克玛公司，成为透博梅卡公司的一个分部，2005年成为赛峰集团航空航天推进分部中的一个分部。公司的主要设施位于法国南部图卢兹附近。2006年时有员工565人。

微型涡轮机公司主要有4个方面的产品：导弹和靶机用涡喷发动机（推力6千牛以下）；辅助动力系统：用于"幻影"2000、"美洲虎"、"鹰100"、T45"苍鹰"、"阵风"、"马基346"、"超美洲豹"、NH-90等军用飞机和直升机；地面动力装置（功率350千瓦以下）：用于波音和空客的各型客机；起动机。

微型涡轮机公司在英国的费汉、美国的大草原城和澳大利亚的悉尼都设有分部，为当地用户提供服务。

5. 斯奈克玛固体推进器公司

斯奈克玛固体推进器公司位于法国南部波尔多地区的勒海兰，其业务包括导弹推进、航天发射推进以及航空和工业应用。公司有员工1176人。现任主席兼首席执行官为让-吕·恩格兰德。

斯奈克玛固体推进器公司的前身是1944年成立的"反作用推进器研究公司"（SEPR），1964年该公司创建了波尔多-勒海兰（Bordeaux - Le Haillan）中心。1965年斯奈克玛公司创建航天发动机分部。1969年SEPR与斯奈克玛的航天发动机分部合并，成立欧洲推进器公司（SEP）。1971年SEP收购了佛农（Vernon）公司的弹道学和空气动力学实验室的工业业务。1997年SEP成为斯奈克玛公司的一个分部，2005年成为赛峰集团的一个成员，称为斯奈克玛固体推进器公司。

公司的主要业务是设计、研发和生产固体火箭发动机以及用于防务、空间、航空和工业用途的复合材料。公司是法国军方的潜艇发射弹道导弹M45和M51计划以及"阿丽安娜"和"维佳"等欧洲航天发射项目的主要合同商之一。公司的主要产品包括：导弹和空间发射用的喷口和推进系统；用于战术导弹和截击机的推力矢量控制系统；用于火箭推进的高性能热结构复合材料；用于工业用途的用热结构复合材料制造的工具和设备；火箭、导弹、卫星、试车台和核电站用的传感器等。

6. 宇航技术公司(Techspace Aero S. A.)

宇航技术公司前身是1889年创办的比利时国有武器制造公司,简称FN公司。早期曾按许可生产罗罗公司的"德温特"发动机和"埃汶"发动机,也曾参与制造用于F-104战斗机的J79发动机等。1977年荷、比、丹、挪四国联合制造F-16战斗机时参与制造F100发动机,负责发动机的总装和试车。1987年制造发动机的业务从公司中单独分出,成为FN发动机分部。1989年斯奈克玛公司成为该分部的控股人,占有51%股份,美国普惠公司占有19%股份,其余30%的股份归瓦隆地区所有。1992年改名为宇航技术公司。

宇航技术公司的主要业务是设计、研发和制造飞机发动机零部件以及专用设备并提供服务。公司除承担斯奈克玛的发动机零部件任务外也与GE、普惠等发动机制造商开展广泛的合作,参与制造各种部件,包括CF34、CFM56、GP7000、GE90、GEnx、TP400等机种。在CF34-10项目中负责制造低压压气机部件,工作量占整台发动机的10%;在GP7200项目中负责制造低压压气机和低压涡轮盘,占工作量的7.5%;在CFM56和GE90项目中负责滑油系统等。在霍内威尔公司的AS900项目中负责高压涡轮部件。

公司下属的美国分公司——赛柯国际公司(Cenco International),是世界第一流的发动机试车台设计和安装专业公司。

(二)航空设备部

1. 梅西埃-道蒂公司

梅西埃-道蒂公司原先是斯奈克玛公司和英国TI集团按50/50合资建立的从事飞机起落架设计、发展、制造 、销售、修理和为用户提供服务的专业公司。1998年斯奈克玛公司收购了TI集团在该合资公司中的股份,成为梅西埃-道蒂公司的全资拥有人。2005年梅西埃-道蒂公司成为赛峰集团的一个成员。

梅西埃-道蒂公司的总部设在法国巴黎附近的韦利济,有员工4 300人。公司的工作场所分布在世界各地,在亚洲有新加坡和中国苏州,在欧洲有法国的韦利济和比都,以及英国的格罗斯特,在北美有加拿大的多伦多和蒙特利尔,以及美国的西雅图。

该公司当前业务包括：A320、A330、A340、A400M 的整个起落架系统，A380 的前起落架；俄罗斯的“超级喷气”支线客机的整个起落架系统；波音 787；庞巴迪“全球快车”、“挑战者”604、CRJ－200、“冲－8－100、冲－8－200、冲－8－300”；“雷神”800XP 和“霍克 4000”；贝尔/阿古斯塔的 BA－609 等；F/A－18E/F/G、V－22、“台风”、“幻影”等军用飞机的起落架。

图为梅西埃-道蒂公司为 A330/340 客机研制的主起落架。

2. 梅西埃-布加蒂公司

梅西埃-布加蒂公司是飞机制动器领域里的明星，其用户包括 250 多家航空公司和 20 多个国家的空军。梅西埃-布加蒂公司与空客的合作已逾 20 年，也是波音、庞巴迪、ATR、达索等公司的可靠的原始设备供应商。梅西埃-布加蒂公司在全球有员工 1 500 人。销售金额 4.2 亿欧元，其中 80％是出口。其产品 80％用于民机，20％用于军机。

创建梅西埃·布加蒂公司的两位先驱是艾托尔·布加蒂和乔治·梅西埃。意大利出生的布加蒂 1904 年在斯特拉斯堡的莫尔西姆创办艾托尔·布加蒂公司，从事汽车制造。二战后转为飞机设备供应商，成为伊斯潘诺·西扎公司的供应商。1963 年被伊斯潘诺·西扎公司收购，被指定专门生产起落架。产品曾用于“快帆”和“协和号”等飞机。乔治·梅西埃于 1927 年在巴黎附近的蒙特罗格组建梅西埃公司，为法国的军用飞机提供起落架。1952 年首先研发了钢制动器，1968 年开始研制碳制动器，1971 年取证，用于“幻影”F1 战斗机，以后又用于“幻影”2000。20 世纪 80 年代梅西埃公司与伊斯潘诺·西扎公司的布加蒂公司合并，组成梅西埃-伊斯潘诺-布加蒂公司，以后改称梅西埃-布加蒂公司。20 世纪 90 年代梅西埃-布加蒂公司的起落架部门与英国 TI 集团的道蒂公司的相应部门合资组成梅西埃-道蒂公司，专门从事飞机起落架业务，梅西埃-布加蒂

图为梅西埃-布加蒂公司研制的 A330 碳刹车片。

公司就专门从事机轮制动装置和系统业务。

1991 年梅西埃-布加蒂公司的科研,发展、生产和维修设施集中于巴黎附近的韦利济-维拉库布莱,斯特拉斯堡附近的莫尔西姆和里昂附近的维勒巴尼三地。另外,在新加坡设有梅西埃-布加蒂系统公司;在美国肯塔基州的沃尔顿设有梅西埃-布加蒂美国公司,生产机轮和碳制动装置,在西雅图设有梅西埃-布加蒂系统公司,在迈阿密设有梅西埃-布加蒂/特雷瑟分部。梅西埃-布加蒂是波音 767、777LR、787 和 737NG 等商用飞机以及美国空军的 KC－135 加油机和 C－17 运输机的机轮和碳制动装置的供应商。近年来梅西埃-布加蒂公司的业务从机轮和制动器扩展到整个制动系统的调节和监控,包括机轮的转向、制动温度和轮胎压力的监控等。梅西埃-布加蒂公司作为主合同商与泰雷斯公司合作为“阵风”战斗机研制了专用计算机,用来对制动、前轮的 360 度转向、起落架的收放以及起落架舱门的开闭进行控制。空客公司是梅西埃-布加蒂产品在的民机方面的主要用户,达索公司的公务机“隼 900”和“隼 2000”以及“阵风”战斗机也都选用梅西埃-布加蒂公司的产品。

3. 梅西埃服务公司

梅西埃服务公司是从事梅西埃-道蒂的起落架系统和梅西埃-布加蒂

公司的机轮，制动器和液压系统的维护、修理和翻修的专业公司，为全球装用这些设备的民用和军用飞机和直升机的用户服务。公司总部在法国韦利济-维拉库布莱；主席兼首席执行官是乔尔·勃寇克奇(Joel Berkoukchi)。

梅西埃服务公司除了在法国莫尔西姆设有修理站外，在法国布列塔尼地区的第那德、英国格罗斯特、加拿大多伦多附近的阿加克斯、美国休斯敦、墨西哥的魁雷塔罗、新加坡樟宜机场等地设有分公司或合资公司，为各个客户提供服务。

4. 埃赛尔公司

2000 年斯奈克玛公司收购了英国的制造发动机短舱和反推力装置的于雷尔-杜布瓦公司(Hurel Dubois)，随即将其与伊斯潘诺·西扎公司位于勒阿弗尔的制造发动机短舱和反推力装置的分部即伊斯潘诺·西扎航空结构公司(Hispano - Suiza Aerostructures)合并组成于雷尔·伊斯潘诺公司(Hurel Hispano)，2002 年于雷尔·伊斯潘诺公司与空客下属的埃赛尔公司合并，成为欧洲最大的制造发动机短舱和反推力装置的专业公司，有员工约 3 500 人。

5. 拉比纳公司

拉比纳公司创建于 1921 年，以后通过联合和兼并形成一个拥有包括透博梅卡和微型涡轮机等公司在内的很多分部和子公司的庞大集团，员工总数达 18 800 人之多。2000 年该集团被斯奈克玛公司以 11 亿美元收购，但将其中关于汽车的业务售出。赛峰集团成立之后，透博梅卡和微型涡轮机公司成为集团中航空航天部中的分部，拉比纳公司则成为集团中飞机设备部中专业从事设计制造用于飞机、防务等方面的导线索的公司。

拉比纳公司的总部位于蒙提格内-勒-勃雷同内克斯，设有欧洲导线索公司、北美导线索公司、工程和技术公司和拉比纳服务公司，总共有员工 4 700 人。主席兼首席执行官是诺曼·乔登。

拉比纳公司在法国、德国、英国、摩洛哥、美国和墨西哥设有工厂。用户包括空客、波音、庞巴迪、欧直、阿古斯塔、达索、洛马和雷神等，主要为民机项目服务。

6. 伊斯潘诺-西扎公司

伊斯潘诺-西扎公司成立于 1911 年，早期从事汽车发动机和活塞式飞机发动机制造，其主要生产设施位于巴黎附近的科隆贝。20 世纪 50 年代伊斯潘诺·西扎公司开始按罗罗公司的许可生产尼恩(Nene)涡轮发动机，也进行飞机起落架和坐椅等设备的设计和制造。1968 年伊斯潘诺·西扎公司并入斯奈克玛公司，成为其一个分部，1977 年成为其一个子公司。

伊斯潘诺·西扎公司主要为斯奈克玛承担各种发动机的动力传动系统，包括传动轴、转接机匣和附件传动机匣等部件，以及发动机的液压调节系统和发动机短舱系统等。伊斯潘诺·西扎公司还曾发展并制造工业燃气轮机。其发动机短舱业务后来分离出去，组成埃赛尔公司。

7. 德高工程公司

德高工程公司是成立于 1990 年的一家工程咨询公司，有员工约 1 700 人。主要活动包括：机械计算和设计、制造和工业化、系统工程、电航系统设计、软件、质量保证和技术文件等。公司在法国、德国、西班牙、印度和摩洛哥设有分部，为客户提供各种方案。

(三) 通讯设备部

萨基姆通讯公司的全名是通用机电公司(Societe d'Application Generales de l'Electricite et Mecanique)，1925 年由马塞尔·默姆(Marcel Mome)创建。早期产品包括电气元件、配电设备、照相机、投影仪和军用设备等。1942 年起，萨基姆公司应法国电讯部的要求研发了一种新的通讯系统，即电传打印机，从此转入电讯行业。产品发展主要是围绕电话和防务电子。1961 年被选定为法国第一种弹道导弹提供惯性导航系统以及为法国第一种弹道导弹潜艇提供光学和导航系统。20 世纪 80 年代至 90 年代公司的电讯和消费电子产品业务迅速发展。

萨基姆公司有两个业务部门，即通讯与防务和安全。在电讯设备方面，萨基姆公司是法国第 2 位供应商，在电子防务和安全方面是第 3 位供应商。2005 年萨基姆公司与斯奈克玛公司合并成为赛峰集团，其两个业务部门分别成为赛峰集团下的萨基姆通讯公司和萨基姆防务安全公司。

萨基姆通讯公司下属两个业务部：移动通讯和宽带通讯。移动通讯方面，萨基姆品牌的移动电话注重技术创新，包括照相、显示屏、多媒体信息、模型和调制调解器等。移动通讯部在巴黎西北方瑟吉设有研发中心，生产厂设在布列塔尼地区。宽带通讯部主要从事设计、研发和生产用于宽带、视频和打印方面的一系列产品。该部部署了一个全欧网络和分支机构(国家销售组织)，在欧洲所有主要国家配售萨基姆品牌的产品。萨基姆通讯公司的产品包括：移动电话、打印终端、住宅终端、数字电视、网络、电子计量和电缆等。

(四) 防务安全部

1. 萨基姆防务安全公司

萨基姆防务安全公司有两个分部：萨基姆航空电子分部和萨基姆光电子与防务分部。

萨基姆航空电子分部的专业是惯性导航，研发并生产范围很广的一系列设备，从用于车辆和轻型武器的较小的振动陀螺仪到用于核潜艇的精密导航传感器以及完整的导航系统。该分部可对各种应用平台提供方案，包括战车、舰艇、飞机、直升机、无人机和制导武器等。该分部的业务包括各个方面的航空电子产品，从提供设备到系统集成，应用于很多现代化改造项目，特别是战斗机和直升机的升级改造。该分部的专长还包括军用飞机的任务计划系统和民用飞机的信息系统，例如超大型客机 A380。

萨基姆光电子与防务分部的专业是红外线光电子学。该分部可提供整个系列的系统和设备，从夜视镜到核潜艇上的潜望镜，以及武器系统和飞机上的光电子吊舱。此外该分部还可提供整个系列的用于侦察、报警、终端引导、搜索和监控、瞄准和火力控制的红外设备。该分部的光电子技术可在各种环境中使用，包括空对地、空对海、空中和空间。此外该分部是法国陆军的“费林”(FELIN)项目，即“综合步兵战斗组件”项目的主合同商之一，为士兵提供包括瞄准和通讯网络等功能的综合战斗装备。法国陆军共订购了 31 500 套“费林”系统，合同总值 8 亿欧元。2007 年已交付 30 套，由陆军进行鉴定。2008 年还将装备 358 套，进行战地测试。2012 年前将装备所有的步兵团和其他部队。

萨基姆防务安全公司在战术无人机系统方面在欧洲处于领先地位。其研制生产的“麻雀”战术无人机可续航 6 小时，航程达 180 千米。这种无人机装备了光电子成像系统，可全天候进行空中监视。该机已出售给法国、荷兰、瑞典、希腊和加拿大等5个国家，加拿大已将其部署在阿富汗战区使用。驻扎在科索沃的法军也装备了这种无人机。这种无人机采用弹射方式起飞，着陆时采用降落伞和缓冲气囊。这样“麻雀”就可以在任何场合使用。

萨基姆防务和安全公司的总部设在巴黎，主席兼首席执行官是让·林·富尔纳罗，有员工6 000人。该公司在美国得克萨斯州大草原城设有萨基姆航空电子公司，在德国穆尔设有萨基姆导航公司，在瑞士海尔勃鲁格设有维克特罗尼克斯公司（Vectronics AG），在法国麦赛设有萨基姆航空电子支持中心。

2. 萨基姆安全公司

萨基姆安全公司是萨基姆防务安全公司的一个部分，是专门从事发展生物识别技术并提供这方面的产品和服务的专业公司，是数字指纹和生物统计技术、智能卡、安全交易和身份鉴定管理方案方面的世界领先者，其集成系统和设备可保证运输安全并保护高价值的基础设施和电子商务交易，产品和服务已提供给60多个国家和地区。该公司的用户包括美国联邦调查局、英国内政部、国际刑警组织，以及德国和澳大利亚警方等。美国联邦调查局的生意多年来都是萨基姆安全公司最重要的业务，其营业额占此类业务总收入的一半。哥伦比亚已决定要为其公民提供生物识别身份证，共3 300万张。

萨基姆安全公司的总部设在巴黎，有员工3 500人，主席兼首席执行官是让-保罗·简恩斯基。该公司在法国各地设有设施，国外分部有美国华盛顿州塔科玛市的萨基姆·莫佛公司（Sagem Morpho Inc.）、德国帕德波恩的萨基姆·奥尔加公司（Sagem Orga GmbH）、英国沃金汉的萨基姆安全英国有限公司（Sagen Security UK Ltd.）、南非维达谷设立的萨基姆安全南非公司和澳大利亚新南威尔斯兰科佛设立的萨基姆澳大利亚公司等。

三、与中国的合作

赛峰集团的各个成员公司都与我国民航和航空工业都建立了密切的合作关系，斯奈克玛公司参与的CFMI公司的各型CFM56发动机在中国各航空公司的波音737系列和空客A320系列和A340机队中得到广泛应用，据称占中国商用飞机的一半以上。斯奈克玛公司自1985年起就开始安排中国沈阳黎明航空发动机公司为其加工发动机零件，包括涡轮叶片、封严环、轴承座等。20世纪90年代又将为其承制零件的工厂扩展到西安航空发动机（简称西航）公司和贵州黎阳航空发动机公司的黎阳机械厂和新艺机械厂。西航承制CFM56发动机涡轮盘，已交付1万件；黎阳厂承制低压涡轮锥形轴，已交付5 000件；新艺厂则承制各种涡轮叶片。为了帮助贵州的工厂掌握其中工艺，及时解决各种问题，该公司专门在贵州平坝派驻技术代表达两年之久。斯奈克玛公司还在贵州与新艺厂合资建立涡轮叶片精密铸造中心。

中国航空器材进出口总公司与斯奈克玛公司为A320签订CFM565B4发动机合同。

链接：赛峰进军中国航空市场

中国是赛峰公司很重要的市场，其在中国的业务发展很快，销售的新发动机15%左右在中国市场，发动机维修件在中国市场约占8%，加上售后支援，年销售额总计约12亿欧元，是仅次于美国（20亿欧元）的第二个最重要的市场。赛峰在中国有3家合资公司、4家全资子公司，拥有600多名员工。企业效益也很好。

今后，赛峰在中国的投资方向是参与航空发动机研发项目。赛峰集团积极参与中国大型客机C919项目，与美国GE公司合作的CFM国际公司参加发动机投标，新发动机的整体性能（油耗、污染排放、部件效率等）将比在A320飞机上使用的发动机高出10%。赛峰集团参加C919多个系统包投标，将先进的起落架制造技术、电子刹车技术、多电飞机技术应用于C919飞机。如果成为中国大飞机项目供应商，赛峰集团还将有很大的投资，与中国企业共同努力完成这个重要项目。

在参与中国大飞机项目合作上，赛峰愿意保持技术、资金全方位开放的态度，可以合作共同研发，也可以商谈所有想到的合作方式，并且通过合作培养中国的航空工程技术人员和项目管理人员，充分表达了赛峰集团加强与中国航空界合作的坚定决心和信心。

此外，赛峰高层表示，希望在直升机发动机项目上加强与中方合作，以同等股份共同研发新一代发动机。新发动机投入生产后，中方可以承担60%—70%的生产量。这将是世界上第一种在中国合作研发核心机的发动机项目，对提升中国航空发动机的研发能力至关重要。

斯奈克玛服务公司与中国国际航空公司等在四川成都广汉合资建立航空发动机维修有限公司，有员工170人，为各型CFM发动机提供维修、修理和大修服务。赛峰集团还与中国民航大学合作开设赛峰资料室并捐助一台CFM56-3教学发动机。

透博梅卡公司的涡轴发动机广泛应用于我国的直升机机队，据称约占一半。我国曾为直8仿制过“透默”发动机。20世纪80年代初我国引进了“海豚”直升机的生产许可权，随之也引进了“阿赫耶”发动机的生产许可权，由株洲南方动力公司生产，发动机控制部件则由北京长空公司生产。部分单元体还返销给透博梅卡公司。我国和欧洲直升机公司以及新加坡宇航公司三方合作研制生产的EC120轻型直升机也采用“阿赫耶”发动机。2006年透博梅卡公司与北京长空公司合资组建了发动机控制设备公司。

梅西埃-道蒂公司的起落架系统和梅西埃-布加蒂公司的机轮和刹车系统广泛应用于我国的民航机队。梅西道蒂公司和斯奈克玛公司都在苏州工业园区建立工厂，分别生产航空发动机零件和起落架系统零件。其中，赛峰集团共投资1亿美元。

萨基姆防务安全公司为ARJ21支线客机提供驾驶舱控制系统；萨基姆安全公司为天津市公安局和广州市政府提供自动指纹识别系统(AFIS)。萨基姆公司与中国宁波波导公司合资组建宁波波导萨基姆电子有限公司(NBBSE)和宁波萨基姆波导研发有限公司(NSBRD)。

第十三章　机载翘楚——霍尼威尔公司

近一个世纪以来，霍尼威尔公司（Honeywell International Inc.）及其所继承的公司，包括斯佩里公司（Sperry）、本迪克斯公司（Bendix）、盖瑞特公司（Garrett）、航空研究公司（AIResearch）、莱科明公司（Lycoming）、格林姆斯公司（Grimes）、金公司（King）和联信公司（AlliedSignal）等在航空发展史上都起过先锋作用。霍尼威尔公司的产品范围很广，包括航空发动机、航电系统、特种材料和自动控制系统等。2008 年该公司有员工 128 000 人，总销售金额达 365.56 亿美元，人均 285 594 美元；总利润 42.57 亿美元，人均 33 258 美元；总利润率为 11.6%。销售金额中宇航业务的为 126.50 亿美元；利润 23.00 亿美元；利润率 18.2%。在英国《飞行国际》杂志 2009 年的宇航企业排名榜上按航空业务销售金额位列第 14 位。公司总部在新泽西州莫雷斯镇，公司主席兼首席执行官为大卫·科特（David M. Cote）；霍尼韦尔宇航公司（Honeywell Aerospace）总部在亚利桑那州凤凰城，总裁兼首席执行官为蒂姆·马奥尼（Tim Mahoney）。

一、发展历程

霍尼韦尔公司以温度调节器闻名于世，其历史可追溯到 1885 年创建的布莱热电调节器公司。该公司几度转手，1927 年与由马克·霍尼韦尔创建的霍尼韦尔取暖专业公司合并组成明尼阿波利斯·霍尼韦尔调节器公司（Minneapolis Honeywell Regulator Co.），霍尼韦尔任总裁。公司以后又收购了一系列公司，产品逐步从家用转向工业市场，业务迅速发展，销售成倍增长。

二战期间，应军方要求，公司研发了一种轰炸机的自动驾驶仪，可在高高度处提供精确的坐标系，还研发了一种复杂的火控系统，到战争结束时公司已成为一家主要的防务合同商。战后公司开始收购生产微型开关的公司，两年后公司已能生产5 000多种型号的微型开关。1955年公司与雷神公司合作组建“数据自动处理公司”（Datamatic Corp.），雷神公司退出后该公司成为明尼阿波利斯-霍尼韦尔公司的一个分部。公司的宇航分部发展也很快，参与了各项空间任务，为航天飞机提供飞控系统、显示器和性能监控系统等。1964年公司改名为霍尼韦尔公司。

从20世纪60年代开始霍尼韦尔公司的海外业务发展很快。1967年计算机业务开始有利润，1970年收购了通用电气公司的计算机部，组成霍尼韦尔信息系统分部（Honeywell Information Systems, HIS），有员工15 000人，使霍尼韦尔当时在计算机行业中仅次IBM位列第2位。但霍尼韦尔的计算机业务最后还是未能成功，在1982年公司重组时，计算机业务被出售，使公司集中于恒温器、自动化系统、宇航和防务业务。

20世纪的最后20年内，霍尼韦尔公司得到快速发展。1986年收购了斯帕雷公司，该公司早先制造船用陀螺稳定器和陀螺罗盘，以后扩展到制造飞机部件，包括轰炸机瞄准具、机载雷达和火控系统等。1986年其防务系统和飞行系统分部卖给了霍尼韦尔公司并迁至凤凰城。1999年，霍尼韦尔公司与“联信”公司（AlliedSignal）合并组成一家大型宇航设备公司。“联信”公司是在1985年由“联盟公司”（Allied Corp.）与“信号公司”（Signal Companies, Inc.）合并而成的一家170亿美元的大企业。

“联盟公司”原先是1920年由5家化工企业合并组成的“联盟化学和染料公司”，生产酸、碱、煤焦油和氮气等化学产品。1979年该公司终止了其传统行业，开始发展高科技产业。1983年“联盟”收购本迪克斯公司和金氏无线电公司（King Radio）并将这两家公司合并组成本迪克斯·金氏公司。本迪克斯公司于1924年创建，为飞机提供用于机轮刹车和副翼操纵的液压系统、航电、机载无线电和计算机等。

“信号公司”原先是“信号油气公司”，1964年与经营宇航设备的盖瑞特公司合并而进入宇航工业。盖瑞特公司的创建人克利夫·盖瑞特1928年开始曾先后受雇于洛克希德和道格拉斯等飞机制造商，为这些公司购买装用于飞机的各种设备和部件，在工作中他认识到需要有专门的公司来向飞机制造商供应设备和部件。1936年他成立了“飞机工具和供应公司”，开始时作为克利夫兰气动技术公司（Cleveland Pneumatics）和古德里奇公司（B F Goodrich）等公司的销售代表，后来盖瑞特公司的声誉提高，就改称盖瑞特供应公司（Garrett Supply Co.）。但以后盖瑞特所代表的各家公司自己设立了销售办事处，盖瑞特就认识到需要建立自己的生产线。1938年他将公司改名为盖瑞特公司，开始制造产品。第一批产品是无缝钢管、滑油冷却器和机舱增压系统等。为生产这些产品，盖瑞特在加州的格林代尔成立了“航空研究制造公司”。

二战开始后由于英法纷纷向美国订购军用飞机，美国自身也加快武装其空军，盖瑞特公司的业务发展很快。珍珠港事件后由于担心沿海地区受到袭击，军方要求防务制造商到内地设厂，盖瑞特公司在亚利桑那州凤凰城建立新厂。战后喷气发动机开始应用，由喷气发动机提供的机舱空气温度较高，盖瑞特公司研发了空气冷却系统，开发了整套涡轮制冷设备，不但可冷却空气，还可冷却滑油。公司开始研发一种独立的小型涡轮发动机，用来驱动发电机以提供机舱增压、取暖、空调和防冰系统所需的电力。该装置后来被称为辅助动力装置（APU），成为盖瑞特公司最成功的支柱产品。

图为原莱科明公司的 **LTS101** 涡轮轴发动机，它是贝尔 **222**、**AS350**“单星”、**BK117**、**AT302** 等选用的发动机。我国的直 **11** 也选用该发动机。

战后由于军品订货减少，盖瑞特公司的产品开始向民机市场发展，其涡轮增压器用于康维尔公司的康维尔240和洛克希德公司的“星座”等客机。20世纪60年代开始，其机舱增压系统、空调系统、飞控系统等应用于康维尔880、洛克希德的“超星座”、英国的“子爵”、法国的“快帆”以及道格拉斯的DC-8和波音707等很多种客机，还研发了用于疏散乘客的充气滑行通道。

1963年公司总裁、创建人盖瑞特去世，公司管理弱化。此时寇梯斯·莱特公司

(Curtiss Wreight)主席特德·贝纳建议盖瑞特公司与其合并，被盖瑞特公司当时的总裁哈里·韦策尔拒绝。为了抵制寇梯斯·莱特公司的敌意竞标，韦策尔通过关系说服西格诺油气公司(Signal Oil and Gas)来购买盖瑞特公司足够数量的股份。经双方协商同意，1964 年 1 月盖瑞特公司和西格诺公司的合并完成，盖瑞特公司仍保留管理上的自主。

盖瑞特公司的阀门和控制系统使其赢得为 20 多个导弹项目提供产品并引领其进入航天计划。根据其在增压系统方面的经验，盖瑞特公司被选定为“水星”、“双子星”并最后为“阿波罗”航天计划研发该类系统，包括制造试验舱、火箭控制系统以及航天服。

从 1963 年开始盖瑞特公司进入飞机主推进涡轮发动机市场，首先研发的是一种 429 千瓦的涡桨发动机，型号为 TPE331，最早是被选用与比奇公司和日本三菱公司等的支线飞机，以后被很多型号的飞机选用，包括英国宇航公司的“喷气流 31/41”、西班牙的 CASA C-212、德国道尼尔公司的 Do-228 等，该发动机已生产了 14 000 台以上。20 世纪 60 年代后期又研制了一种推力 15.6 千牛的涡扇发动机，型号为 TFE731，用于法国达索公司的“隼-10”和利尔喷气公司的利尔喷气-35 等型公务机，有一种改型则成为用于 DC-10 大型客机的辅助动力装置。该发动机后来发展成很多改型，用于很多型号的公务机和教练机，包括“奖状Ⅶ”、湾流 100/150、“利尔喷气-40/50”、“隼-900DX”、霍克 800/850XP/900XP 等公务机。有一种型号用于我国中航技与洪都飞机公司合作发展的出口型教练机 K-8，中国台湾航空工业发展中心(AIDC)发展的 IDF“经国号”轻型战斗装用的 TFE1042 发动机也是从该机演变而来。该发动机生产了 11 000 台以上。到 1966 年盖瑞特公司的经营状况已大为改善，其母公司改名为“信号”公司(The Signal Companies, Inc.)以反映其业务的多样化。

法国达索公司“猎隼”20F 使用盖瑞特公司的 TFE 731-5AR 发动机。

20 世纪 80 年代，盖瑞特公司与当时的艾利森公司合资组建 LHTEC

公司，研发用于由波音和西科斯基公司联合为美国陆军发展的 RAH－66“科曼奇”轻型武装侦察直升机的 T800 涡轴发动机，功率 1 068 千瓦。但“科曼奇”项目在 2004 年被美国陆军撤销。后来 T800 发动机以及军用型 CTS800 在其他直升机项目中获得应用，包括意大利阿古斯塔公司的 A129 和阿古斯塔·威斯特兰公司的“超山猫”（Super Lynx）等型号的直升机。1987 年盖瑞特公司同 GE 公司合资组建了 CFE 公司，研发一种推力 25 千牛的涡扇发动机 CFE738，装用于达索公司的“隼－2000”公务机等。

盖瑞特和通用电气公司联合研制的 CFE738 在进行试车前检查。

1994 年联信公司从德事隆公司收购了莱科明涡轮发动机分部，将其与盖瑞特公司一起组成联信公司发动机分部。莱科明涡轮发动机分部的产品包括用于贝尔公司的“休伊”系列直升机的 T53 涡轴发动机系列，用于波音公司的“支奴干”直升机的 T55 涡轴发动机系列，用于英国宇航公司的 BAe－146 和 RJ 系列支线客机的 ALF502 和 LF507 涡扇发动机以及用于美国陆军 M1 坦克的 AGT1500 发动机等。联信公司的最新发动机产品是 36 千牛推力级的 AS907 涡轮发动机，用于庞巴迪公司的“挑战者”300 型公务机等。联信公司并入霍尼韦尔公司后该发动机改称 HTF 7000。

AS907 是霍尼韦尔公司近年来的全新涡轮风扇发动机产品。

盖瑞特公司的飞机辅助动力装置继续处于领先地位，其产品应用于波音727、747、BAC-111、DC-9、福克-28等很多种商用飞机。在TPE331和TFE731发动机的基础上发展的新一代辅助动力装置，被选用于空客A300/310和波音757/767客机。盖瑞特公司的军品订货也稳步增长，为C-5战略运输机和F-14、F-15、F-16等战斗机以及B-1轰炸机提供一系列环境控制、飞行控制和电力控制系统。

美国“奋进号”航天飞机第一次选用了霍尼韦尔公司的主发动机控制器。

盖瑞特公司的航天项目还包括为NASA的月球漫游车提供发动机和为航天飞机提供环境控制系统。1978年以来盖瑞特公司为很多型号的汽车提供涡轮增压器，这也促成了该公司于1980年成立了汽车分部。在里根总统期间，美国国防预算直线上升，盖瑞特公司为各大防务商提供各种系统，业务量大增，最主要的是环境控制和飞行控制系统及辅助动力装置。

霍尼韦尔公司与联信公司合并后实力大大加强，成为拥有航空发动机、飞机辅助动力装置、飞机环境控制系统、电力系统、飞行控制系统、航电系统、自动化和控制、汽车部件和特种材料等业务的一家大型宇航企业，同时保持在应用于建筑和工业的温度自动控制业务领域内的世界领先地位。

2000年霍尼韦尔公司曾计划进一步与通用电气公司合并，此举当时被认为对霍尼韦尔公司很有利。但欧盟由于担心这一合并将使通用电气在世界航空工业中的力量太过强大，因而予以否决。此事对公司员工的士气造成了负面影响，导致公司总裁离职。经新领导班子的努力工作，公司上下又振作起来。

进入21世纪，霍尼韦尔公司继续在飞行安全方面创新，发展交通安全和碰撞避免技术，研制先进地面接近报警系统（Enhanced Ground Proximity Warning System）和帮助飞行员避免恶劣天气，如雷电和风切变的系统等。在空客A380大型客机上，霍尼韦尔提供了最新技术的飞机环境监测系统、先进的飞行管理和电力分配等系统，帮助A380达到性能上和效率上的新高度。在波音777客机上，霍尼韦尔也是重要供应商，提供综合航电系统，建立了新的可靠性标准。

霍尼韦尔公司技术人员对波音777使用的8×8平板液晶显示器进行交付前检查。

二、组织机构

目前霍尼韦尔公司主要设有四个部分：

（一）自动化和控制分部

自动化和控制分部是公司最大的业务部门，产品包括家庭和工业供热、通风和制造过程的自动控制系统等。

（二）宇航分部

宇航分部产品包括涡扇、涡桨和涡轴发动机、飞机辅助动力装置、飞行控制和安全系统、航电系统等。

（三）特种材料分部

特种材料分部产品包括用于半导体工业的特种薄膜、聚合物、碳氟化合物、用于防弹服装的先进纤维等。

（四）运输系统分部

运输系统分部产品包括涡轮增压器等。

霍尼韦尔公司与我国有良好的合作关系。我国的很多民航客机都装有该公司的辅助动力装置和电子设备。中国和巴基斯坦合作投资由洪都飞机公司研制生产并大量出口到巴基斯坦和埃及等国的 K8 教练机也采用了该公司的 TFE731 涡扇发动机。20 世纪 90 年代中航技公司曾与霍尼韦尔公司在苏州组建合资公司，生产航空发动机零部件，在中航技公司撤出后该工厂即为霍尼韦尔公司的独资公司。

第十四章　百年老店——罗尔斯·罗伊斯公司

英国的罗尔斯·罗伊斯公司(Rolls－Royce plc.)简称罗罗公司，自1904年创立以来经历过的100多年可以说是历尽辉煌，目前在世界制造航空发动机的企业中排名第二。2008年有员工38 900人，总销售金额为168.49亿美元，人均433 130美元；利润15.86亿美元，人均40 771美元，总利润率为9.4%；销售金额中宇航业务113.63亿美元；利润14.64亿美元；利润率12.9%；在英国《飞行国际》杂志2009年的宇航企业排名榜上按宇航业务销售金额位列第15位；现任主席为西蒙·罗勃特森(Simon M. Robertson)，首席执行官为约翰·罗斯爵士(Sir John E. V. Rose)。

一、初期发展历程

1904年，两名英国人查尔斯·罗尔斯(Charles S. Rolls)和弗雷德里克·亨利·罗伊斯(Frederick Henry Royce)一起开办罗尔斯·罗伊斯公司，在曼彻斯特设厂开始制造汽车，创立了“银色精灵”、“银色黎明”、“银色天使”等以后多年享誉全球的品牌。为了扩大生产，以后又在德比的南丁格尔路设厂。该地直至今日仍是罗罗公司的主要生产基地之一。

罗尔斯结识了莱特兄弟，被他们开创的飞行事业所激动并热情地投身其中。他从莱特那里买了一架飞机，曾驾机来回飞越英吉利海峡，但不幸的是，在1910年7月12日他死于一场飞机失事。1914年一战爆发，罗伊斯认识到这将是一场持久战，就开始开发用于军用飞机的发动机。1915年149千瓦的发动机“鹰”(Eagle)研制成功，得到英国政府大量订货。该发动机发展成8个不同功率的型号，共生产了4 681台(其中1 500台是在美国生产的)，装在约50种不同的飞机和飞船上。接着罗罗公司又开发了另一种“鹰”式(Hawk),“隼”式(Falcon)和“鹫”式(Condor)发动机用于各种战斗机、运输机和轰炸机。

20世纪30年代法西斯德国开始崛起,战争的乌云在欧洲上空密布。罗罗公司为英国新一代单翼战斗机“喷火”式配备了功率为746—1 492千瓦的“梅林”(Merlin)发动机。该发动机也装用于“飓风”式和“野马”式(Mustang P-51)战斗机。“喷火”式和“野马”式战斗机成为英国和盟军在二战中的主力。“美林”发动机先后由罗罗公司在德比、克鲁、格拉斯哥和曼彻斯特的工厂以及美国的派克公司总共生产了168 040台,为反法西斯战争的胜利立下了赫赫战功。

1942年罗罗公司从罗孚公司(Rover)取得了惠特尔爵士(Sir Whittle)的喷气式发动机的发明,开始研发涡轮喷气发动机,从而开启了喷气式飞机的时代。罗罗公司先后研制出威兰德(Welland)、尼恩(Nene)和德温特(Derwent)等型号的喷气式发动机,曾卖给苏联55台尼恩。苏联用仿制的尼恩发动机装备了米格-15、米格-17、K-28、Tu-14等型号的战斗机。

图中的两台发动机代表着公司的两个时代:前面的“鹰”发动机是一战时期“维米”轰炸机的动力装置,该机1919年曾第一次不着陆飞越大西洋;后面的发动机是“遄达”,是当代功率最大的发动机之一。

20世纪50年代涡轮发动机开始应用于客机。罗罗公司首先推出“达特”(Dart)涡桨发动机,用于“子爵号”客机等以及其他一些支线飞机。接着又研制了涡喷发动机“埃汶”(Avon)以及带外涵道的“康维”(Conway)发动机;前者用于“闪电”战斗机、“堪培拉”轰炸机、“彗星号”喷气客机和法国的“快帆”客机,后者则是世界上第一种涡扇发动机,用于VC-10客机和“胜利者”轰炸机，还装用于初期的波音 707 和道格拉斯的 DC－8 客机。但当时这些喷气客机都还不成熟，所以不久就退出了市场。此时美国的普惠公司推出了更为成熟的涡扇发动机 JT3D 发动机，迅速占领了波音和道格拉斯两家公司的民用飞机市场。随后罗罗公司也研发了新型涡扇发动机“斯贝”(Spey)，取得了相当大的成功。民用型斯贝 511/512 型用于英国的“三叉戟”和 BAC 111 以及荷兰福克公司的 F－28 三种 100 座上下的客机和“湾流”Ⅱ等一些型号的公务机。BAC－111 则曾生产了相当多的数量并出口到美国。罗罗公司曾争取将斯贝发动机装用于波音 727，但在竞争中败于普惠公司的 JT－8D。20 世纪 80 年代罗罗公司用斯贝的核心机加上风扇组成“泰”式(Tay)发动机，用于 100 座的福克 100 客机和一些公务机。

装 4 台达特发动机的英国维克斯公司的“子爵”号是世界上第一架涡轮螺桨式客机。

“斯贝”发动机还有多种军用型号，其中带加力燃烧室的斯贝 MK 202 用于英国皇家空海军的“鬼怪”F－4K 和 F－4M 战斗机，MK250 用于“猎迷”反潜机，MK101 用于“掠夺者”攻击机，MK807 用于意大利和巴西合作的 AMX 轻型攻击机，与美国艾利森公司合作从斯贝改型发展的 TF41 用于美国的 A－7D/E“海盗”(Corsair Ⅱ)攻击机。除斯贝外，在这一时期，罗罗公司还与法国透博梅卡公司合作发展生产了“阿杜尔”轻型涡扇发动机，用于“美洲虎”攻击机和“鹰”(Hawk)教练/攻击机。罗罗公司还曾将该机的生产许可权授予印度。

在直升机发动机方面，早期布里斯托·西德利公司曾按 GE 公司的许可生产 T58 涡轴发动机，取名“诺姆”，用于韦斯特兰公司的“海王”和“威塞克斯”等直升机。20 世纪 70 年代该公司开始研制生产“宝石”(Gem)系列涡轴发动机。罗罗公司在兼并布里斯托·西德利公司之后在离伦敦不远的利弗斯顿设立了小发动机分部，继续研制生产 750 千瓦级的“宝石”发动机，用于韦斯特兰公司的各型“山猫”直升机和阿古斯塔公司的 A-129“猫鼬”(Mangusta)直升机等。目前该分部已关闭。罗罗公司还同透博梅卡公司组成合资公司,合作研发 1 700 千瓦级的 RTM322 涡轴发动机,用于阿古斯塔·韦斯特兰公司生产的“阿帕奇”直升机和 AW-101 以及 NH-90 等直升机。

链接:英国工程天才罗伊斯

亨利·罗伊斯 1863 年 3 月 27 日出生在英国一个农民家庭,家里很穷。罗伊斯小时候上不起学,直到 9 岁才有机会上了一年学。不久父亲去世,母亲靠当保姆和管家来维持一家人的生计。14 岁进工厂当学徒,学得一手机械加工的好手艺。他边工作边学习,晚上常常自学到深夜,19 岁时成了电气专家,被任命为利物浦一家公司的总工程师,负责街道、剧院的照明工程。

1884 年罗伊斯 21 岁时,结识了克莱蒙特。两个人凑了 70 英镑,开了一个小工厂。罗伊斯是个严肃认真、十分执着的人。他总要求工程设计达到最高标准,对产品追求尽善尽美。在他的工厂里,他能使用任何一件工具,做出老师傅才能干出的漂亮活来。他不能容忍别人任何形式的低标准或粗制滥造。他的作风、他的工作热情感染了周围的人,使他的员工也跟着他加班加点,全身心地投入工作。所以,罗伊斯公司的产品很快就声名远扬。

20 世纪初,法国在汽车制造业处于领先地位,英国则远远落后。罗伊斯买了一辆法国产的二手车,把它拆开,发现也没有什么大了不起,并感到自己能做得更好。1903 年 9 月 16 日,他的第一台汽车发动机试车,性能超过其他相同级别的产品,在 1904 年 4 月的巴黎万国博览会上公开亮相时,立刻赢得奖状和金质奖章。

罗伊斯的汽车引起了汽车销售商罗尔斯的注意,他本来主要销售法国轿车,但试开了罗伊斯的车后,很满意,同意包销罗伊斯工厂生产的全部汽车,并把两个人的名字连起来,用罗尔斯·罗伊斯(RR)作为品牌。1906 年,经协商,双方决定成立一家公司,罗伊斯任总工程师兼生产部经理。随着生产的扩大,1908 年公司迁到德比,即现在罗罗公司总部所在地。

第一次世界大战前夕,英国政府要求罗伊斯仿制法国“雷诺 V8”航空发动机。富有工程天才的罗伊斯立刻做出决定,进入航空发动机制造业。

这不仅因为市场有需要，而且因为他是一个爱国者。国家有需要，他就义不容辞。他用了三天时间研究了航空发动机的设计问题，然后决定把目标定在 149 千瓦的发动机上。不到 6 个月，第一台发动机就完成了，经过试验功率达到 168 千瓦，超过设计指标。这台称为“鹰”的发动机于 1916 年服役，初始功率为 187 千瓦。到一次大战结束时，“鹰”8 型在不改变容积的情况下功率达到 272 千瓦。

第一次世界大战期间，罗伊斯还设计了另外两种发动机，“隼”和“鹞”（当时罗罗公司的发动机都是用猛禽命名），这些发动机竟装备了 40 多种不同型号的飞机，成为英国一战期间半数以上飞机的发动机。

战后，“鹰”发动机由于几次开拓性的飞行获得了特别的荣誉。1919 年，阿尔科克和布朗驾驶装两台 280 千瓦“鹰”8 发动机的“维米”轰炸机完成了第一次不着陆跨越北大西洋的飞行。那次和“维米”一起竞争飞越大西洋的有 10 架飞机，但其中 6 架因故退出，最后只有 4 架飞机起飞。值得罗罗公司骄傲的是，4 架飞机全都用的是罗罗公司的发动机，为罗罗发动机赢得了声誉。

在两次大战之间，各种航空竞赛活动对技术创新起到了重要的作用，其中施奈德大奖赛成为罗伊斯研制新发动机的直接动力。在 1927 年、1929 年和 1931 年三届大赛中，英国夺冠的 S. 5、S. 6 和 S. 6B 三种飞机中后两种都装的是罗罗公司的“R”型发动机。这些飞机对英国后来航空技术的发展产生了重大的影响。

罗罗公司二战前夕在“R”型发动机的基础上进一步发展出一种全新的 PV12“灰背隼”（亦称“梅林”）发动机，有 150 多种改型，成为二战中挽救英国命运的“喷火”、“飓风”以及美国“野马”战斗机的发动机。

由于罗伊斯的杰出成就，1930 年他获得准男爵的爵位。这时，年过花甲的他尽管因为年轻时生活艰苦落下病根，但他仍坚持参与设计工作。在病榻上，他对护士说，“我一生如果说还有什么遗憾的话，那就是还应该工作得再努力一些。”1933 年 4 月 22 日，这位勤奋一生的发动机工程专家与世长辞，享年 70 岁。

罗伊斯晚年对英国航空发动机最大的贡献是，在他的决策下，公司以R型发动机为基础，开发容积为27升的PV12发动机"灰背隼"(亦称"梅林")。"灰背隼"的研制体现了罗伊斯的眼光和勇气，取得极大成功，有150多种改型，成为二战中挽救英国命运的"喷火"、"飓风"以及美国"野马"战斗机的发动机。

二、为大型民用飞机提供动力——三轴结构涡扇发动机的发展

20世纪60年代后期民用航空业蓬勃发展，罗罗公司抓住机遇研发了大涵道比涡轮风扇发动机RB211并成功地被洛克希德公司选中作为其"三星"客机的动力。洛克希德为美国环球、东方等航空公司订购的飞机向罗罗公司订购了450台RB211-22B发动机，成为英国最大的出口项目。RB211发动机开创性地应用了三轴结构，风扇、中压和高压压气机分别由低压、中压和高压涡轮带动，使各个转子都可以以最佳转速运行，使热效率和可靠性大大提高。RB211的另两项创新技术是采用模式设计和采用玻璃纤维复合材料Hyfil来制造风扇叶片，但由于强度不足，还是改用钛合金。技术困难引发了财务困难，而罗罗公司与洛克希德公司签订的合同是按照固定价格提供发动机，因此最终导致罗罗公司在1971年7月宣布破产，当时英国的希思政府接管了公司的航空发动机部分，给予财政支持，使技术问题不断得到解决，终于让用户恢复了信心，发动机得以按期交付。汽车业务则重组为私有的罗罗汽车股份有限公司，几经转手，2003年被BMW公司接管。

RB211发动机以后不断得到改进改型，RB211-524型发动机赢得了波音747-200/300的25%的市场，加大推力的RB211-524G/H型发动机赢得了英国航空公司、快达航空公司和香港国泰航空公司波音747-400的合同。20世纪80年代初，波音推出波音757，罗罗公司瞄准这一机会研发了一种推力37 000磅的RB211-535，抢先占领市场，成为波音757的启动发动机，等到普惠公司推出PW2037发动机时，RB211-535已经占领了波音757的市场份额中的大部分。我国南方和西南航空公司订购的40多架波音757都选用了罗罗公司的RB211-535发动机。

在三种型号的 RB211 发动机成功的基础上，罗罗公司从 20 世纪 90 年代起进一步对发动机进行了大量改进，形成了新的“遄达”(Trent)发动机系列。“遄达”700 用于空客 A330，“遄达”800 用于波音 777，赢得了新加坡航空公司订购的 77 架波音 777 的合同，遄达 500 用于空客 A340－500/A340－600，“遄达”600 用于波音 747 和 767。为了满足 21 世纪最新型客机的需求，罗罗公司推出“遄达”900，率先应用于已经交付使用的空客 A380，“遄达”1000 则作为启动发动机用于正在研制中的三种型别的波音 787。罗罗公司还在为研制中的空客 A350XWB 飞机研制“遄达 XWB”发动机。

图为 RB211－535，世界各地 80 多家用户的 600 多架波音 757 都使用该发动机，累计起落 2 000 多万架次，飞行时间达 4 700 多万小时，第一次进厂返修前的平均故障间隔时间达 19 000 小时，号称“世界上最可靠的发动机”。

20 世纪 80 年代，罗罗公司在国际航空发动机公司(IAE)中参股 32%。IAE 公司推出推力 80—156 千牛的 V2500 系列发动机，用于空客 A320 系列和麦道 MD－90 客机，在畅销的 A320 系列飞机市场中取得约一半的市场份额。这样罗罗公司在销售数量最大的 120—180 座客机市场中也占有了一席之地。经过多年的努力，罗罗公司已经具备了适用于从 100 座到 500 座的大飞机的完整的发动机系列，目前在全球商用飞机发动机市场中位列第 2 位。

面对波音和空客正在规划中的新一代单通道客机的巨大市场，为了能与 CFMI 的 Leap X 和普惠的 PW1000G 齿轮风扇发动机相竞争，罗罗公司正在规划发展一种用于单通道客机的三轴涡扇发动机 RB285，目标是使燃油效率比现有发动机提高 12%—15%。三轴结构虽然可使燃油效率提高，但对单通道客机来说似乎过于复杂，必将使发动机造价上升。

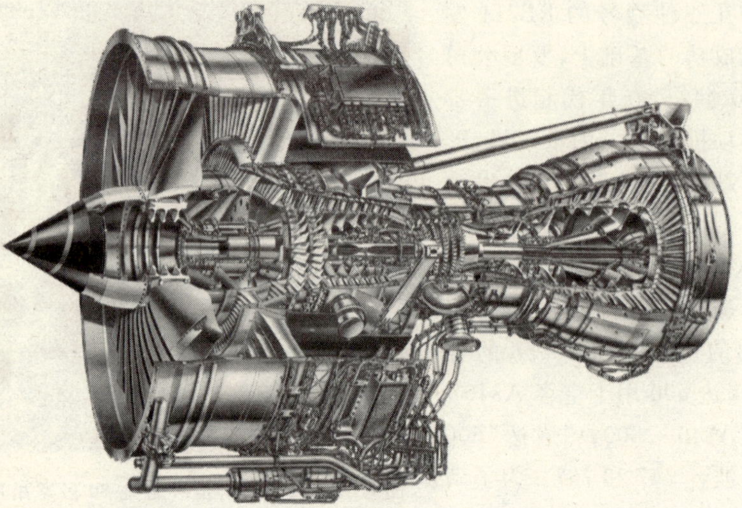

截至 2008 年 10 月 13 家 A380 用户中有 10 家选择了"遄达"900，使其市场占有率达 58%。

到底采用双轴还是三轴方案，罗罗公司还在观望。

三、军用发动机的新进展

在军用发动机方面，罗罗公司在军用斯贝之后，与德国 MTU 公司和意大利的菲亚特公司(Fiat)(后来改称菲亚特-阿维奥公司(FiatAvio))合资组成涡轮联合公司(Turbo - union GmbH)，合作研发 RB199 加力涡扇发动机，用于英、德、意三国联合研制生产的"狂风"多用途战斗机。"狂风"共制造了 992 架，用于英、德、意和沙特等国空军，由此可知 RB199 制造的数量相当可观。

20 世纪 60 年代至 70 年代英国发展了到目前为止世界上唯一一种实用的垂直-短距起落战斗机"鹞"和"海鹞"。罗罗公司为其研制了"飞马"(Pegasus)发动机，最大推力 96 千牛。发动机有前后两对共四个喷口，可同步向下旋转 98.5 度。"鹞"式战斗机包括"海鹞"和以后美国麦道公司同英国合作研制的"鹞"Ⅱ，共生产了 824 架。所有"鹞"式飞机都采用"飞马"发动机。

20世纪80年代西欧四国提出研发新一代战斗机的计划。英、德、意、西四国组成欧洲战斗机公司，研制“台风”战斗机。经过多年的协商，最终确定将总共生产620架。与此同时，四国的发动机制造商，包括罗罗、MTU、菲亚特-阿维奥和ITP公司(西班牙的塞纳尔公司与罗罗公司组建的合资公司)，组成了欧洲喷气涡轮公司，为“台风”战斗机研制EJ200涡扇发动机。EJ200采用了很多先进技术，其优秀性能保证了“台风”的成功。“台风”目前正在继续生产中。在欧洲联合发展的军用发动机项目RB199和EJ200中，毫无疑问，罗罗公司起到了领导作用。

EJ200是罗罗公司联合德、意、西(班牙)三国的发动机企业共同为欧洲“台风”战斗机研制的动力装置。图为装在DA4原型机上的EJ200。

由美国洛马公司为主合同商，联合诺格公司、英宇航系统公司等共同研制中的新一代攻击战斗机F-35“闪电”Ⅱ将采用两种发动机：普惠公司的F135是主选发动机，GE公司和罗罗公司合作研制的F136为候选发动机。但在F-35的短距起飞垂直降落型F-35B所采用的发动机中，不论是F135或F136，其升力系统都是由罗罗公司提供的。该系统由升力风扇、离合器、传动轴、滚动支柱和三轴承旋转组件(Three Bearing Swivel Module，3BSM)组成。升力风扇垂直放置在发动机前方，由发动机的2级低压涡轮驱动，风扇的气流可产生89千牛的升力，采用可变进口导流叶片来调节空气流量。风扇产生的升力和向下旋转的尾喷口所产生的同样量级的推力一起将飞机升起。飞机起飞或降落时可利用一个离合器使风扇与传动轴连接。该系统由罗罗公司的布利斯托尔分部和印第安纳波利斯分部共同研制。而在F136发动机本体中罗罗公司还承担了

40%的工作量，负责研发风扇、燃烧室、低压涡轮和齿轮箱等部件。在研制中采用了很多新技术，例如3级风扇采用整体叶盘结构，叶片用线性摩擦焊接与盘连成整体，燃烧室采用层状冷却高温合金材料等。美国国防部曾提出撤销F136发动机项目，使普惠的F135成为F-35的唯一动力，但经过英国前首相布莱尔多次游说，美国国会仍在继续给F136项目拨款。前景如何还得看GE公司和罗罗公司的努力。

四、合理调整产业布局

罗罗公司之所以能取得如此辉煌的成就，除了它集中了大量人力和财力去开发并生产市场所需要的发动机之外，还应归因于它所采取的两个方面的措施，即合理调整产业布局和善于开展国际合作。随着英国飞机工业的整合，英国的航空发动机行业也经历了改组集中的过程。罗罗公司在兼并了奈皮埃公司(Napier)之后又于1966年兼并了布里斯托尔-西德利公司(Bristol Siddeley)，从而得到了位于布里斯托尔附近的发动机厂，位于东海岸森德兰的工厂，位于离伦敦不远的利文斯顿的小发动机分部以及位于考文垂和安斯特的工厂。为了提高生产效率，降低成本，罗罗公司进行了一个称为"合理化"的调整过程。过去，各个工厂都是自成体系，生产某种型号的整台发动机。调整后实现了生产的专业化，采用自动化设备，大大改进了经济效益。调整之后，分工明确。达比负责民用发动机，包括斯贝、RB211和"遄达"等；布里斯托尔负责军用发动机，包括带矢量喷口的"飞马"发动机、RB199和最新的EJ200等；利文斯顿负责直升机发动机；安斯特则负责工业和船用发动机。在生产设施的布局方面也进行了重大调整，在达比设有发动机总装工作中心、盘轴生产中心；设有被称为"先进综合制造系统"(AIMS)的盘类零件全自动加工车间、涡轮叶片生产中心；设有叶片叶根自动磨削生产线，以及精密铸造生产中心PCF等。位于森德兰的工厂专业加工盘类和环形零件。位于格拉斯哥的工厂则设有分别负责压气机叶片精锻、压气机叶片加工、轻合金机匣加工和齿轮加工的各个生产中心。位于蒙特撒罗的工厂负责制造板材焊接机匣。这样的调整显著地提高了罗罗公司的竞争力，是其得以稳居世界航空发动机第二位的重要保证。

为了扩大产品的应用范围，罗罗公司还将航空发动机改型成为船舶和工业用的动力装置。罗罗公司在靠近考文垂市的安斯泰镇设有工业和船用发动机分部，从事工业和船用发动机的改型设计、制造、配套和安装服务等业务。早期的埃汶、斯贝、奥林帕斯、RB211 和近代的遄达等发动机都有工业和船用改型，用于英国和很多其他国家的军舰、商船和油田等。我国的大庆油田和南疆油田都曾引进过以斯贝发动机为核心的燃气轮机电站。罗罗加拿大公司的蒙特利尔分部也从事工业用 RB211 和遄达发动机的装配和试验，其温哥华分部则研制生产一种将转向、减速和螺旋桨等机构合成整体的船用推进系统。

五、合作与兼并

罗罗公司重视并善于开展国际合作。它同法国的斯奈克玛公司和透博梅卡公司是传统的合作伙伴，与斯奈克玛的合作项目有用于“协和号”超声速客机的“奥林帕斯”593 涡喷发动机和用于 C-160“协同”军用运输机的苔恩（Tyne）涡桨发动机等；与透博梅卡的合作项目有用于“鹰”和“美洲虎”两种攻击/教练机的“阿杜尔”涡扇发动机；用于 EH101 和 NH90 直升机的 RTM322 涡轴发动机以及与 MTU 三方合作的用于“虎”式武装直升机的 MRT390 涡轴发动机等。如前所述，罗罗公司还同德意两国合作研制生产 RB199，同德意西三国合作研制生产 EJ200。在用于新一代欧洲军用运输机 A400M 的 TP400-D6 大功率涡桨发动机项目中，罗罗公司担任项目领导并负责高压压气机部件的研制。在商用飞机发动机方面，20 世纪 80 年代，罗罗与普惠以及日本航空发动机公司（JAEC）合作组成国际航空发动机公司（IAE），研发生产 V2500 发动机系列。1990 年罗罗公司和德国 BMW 公司建立了合资公司，在德国柏林附近的达勒威兹和法兰克福附近的奥勃鲁西设厂研制生产用于支线飞机和公务机的 BR700 系列发动机。推力 65 千牛的 BR710 用于公务机“全球快车”（Global Express）和“湾流 V”，82 千牛的 BR715 用于波音 717（原 MD95）；最新研发的推力 76 千牛的 BR725 将用于湾流公司的 G650 公务机。另外在小型发动机方面，还参与美国的威廉姆斯国际公司（Williams International）的推力 10—16 千牛的 FJ44 发动机，用于超轻型喷气机。

罗罗公司与法国透博梅卡公司联合研制的阿杜尔发动机,装在"鹰"式教练机上。

在早期收购兼并的基础上,罗罗公司在 20 世纪 90 年代更加快了发展的步伐。1999 年罗罗公司收购了 BMW 公司在合资公司中的股份,将其改称为罗罗德国公司。除了研制生产 BR700 系列发动机并参与 TP400－D6 涡桨发动机项目外,该公司还接管了罗罗公司所有的双轴发动机项目,包括"斯贝"、"泰"、V2500 等,使德比分部得以集中力量投入三轴发动机项目。1994 年,罗罗公司宣布了其收购位于美国印地安纳州印地安纳波利斯市的原属美国通用汽车公司的艾利森涡轮发动机分部的意向,但因此项收购涉及机密项目和技术出口限制的规定需通过调查。1995 年 3 月,美国国防部宣布罗罗公司兼并艾利森无害于国家安全,合并获得批准。

艾利森公司早先由詹姆斯·艾利森创建,1929 年并入通用汽车公司。二战期间曾大量制造用于 P－38 和 P－40 等战斗机和 B－19、B－39 等轰炸机的活塞发动机。战后艾利森为 GE 公司大量生产 J33 喷气发动机。后来 GE 公司因担心艾利森成为其竞争者而终止了合作。艾利森开始研发涡桨发动机，其最成功的产品就是当量功率为 3 021— 4 159 千瓦的 T56，用于洛克希德公司的各种型号的 C－130 系列运输机、预警机和加油机，P－3 巡逻机以及格鲁曼公司的 E－2 预警机等。各种型号的 T56 发动机生产了 15 000 台以上。T56 发动机的民用型 501 则用于 L－100 系列运输机。由 501 发展而成的 501K 工业和船用涡轮发动机也应用相当广泛。

1958 年艾利森开始研发 T63 及其民用型 250C 涡轴发动机，用于休斯、贝尔以及欧洲各直升机公司的各种型号的军民用直升机；其涡桨型 250B 则被应用于多种型号的小型飞机。各种型号的 250 发动机生产了 3 万台以上，至今仍在继续生产。

进入 80 年代，艾利森研发了用于 V22“鱼鹰”倾转旋翼机的 T406 发动机，与盖瑞特公司合作研发用于“科曼奇”直升机的 T800 涡轴发动机，以及用于瑞典萨伯公司的萨伯 2000 支线飞机的 AE2100 涡桨发动机。虽然艾利森公司业绩不俗，但通用汽车公司为了集中力量于其核心业务，仍力求将其出售。

罗罗公司与艾利森公司早年在 TF41 发动机等项目上的成功合作是后来罗罗公司兼并艾利森的基础。罗罗公司通过同艾利森的合并使其产品范围增加了很多系列，包括 250C 系列涡轴发动机、250B 系列涡桨发动机、AE2100 系列涡桨发动机、AE3007 系列涡扇发动机、AE1107C（原称 T406）系列涡轴发动机以及 501K 系列工业和船用涡轮发动机等。艾利森公司并入罗罗公司后称为罗尔斯·罗伊斯公司（Rolls-Royce Corporation），成为罗罗北美公司中最大的一个分部，有员工 6 225 人。该分部几年前得到美国国防部 1.1 亿英镑的合同，为新的 C－130J 运输机提供发动机。罗罗北美公司总裁为詹姆斯·盖特。总部设在华盛顿特区郊区，在美国的 26 个州和加拿大的 8 个省共设有 64 处分部和设施，共有雇员 7 300 人。

通过这些合作和收购，罗罗公司就将自己确立成为一家极具竞争力的，具有包括军用飞机发动机、商用飞机发动机、公务机和直升机用发动机以及工业和船用发动机在内的全方位产品系列的跨国公司。罗罗公司 100 年来不断追求卓越，为提高其竞争力付出了巨大的努力，其所取得的辉煌成就令世人瞩目。

六、与中国的合作

罗罗公司与我国航空工业有良好的合作。我国在20世纪70年代曾购买了50多台"斯贝"202发动机并引进了制造许可权,国产的"斯贝"202发动机编号为涡扇9,以后又被称为"秦岭",用于我国自行研制的FBC-1歼击轰炸机"飞豹"。"飞豹"目前已成为我国海军航空兵的主力机种。按照许可权合同我国获得了很多关于制造该发动机的技术资料,包括叶片精铸、叶片精锻、数控加工等10项技术诀窍。我国派出了很多技术人员去罗罗公司接受培训,罗罗公司也派出很多专家来我国进行技术支援。该项目使我国有机会较全面细致地对西方航空发动机制造进行学习借鉴。1980年2月至6月我国制造的斯贝发动机整机和部分关键零件在罗罗公司地面试车台和高空模拟试车台,以及各项疲劳强度试验器上通过考核,标志着项目取得成功。项目结束后,我国西安航空发动机公司开始为罗罗公司制造发动机零件,包括"斯贝"发动机和"泰"发动机的各级导向器叶片和各种发动机的环形件等。20世纪80年代我国大庆油田和南疆油田先后引进了用于发电的工业斯贝发动机组。90年代罗罗公司与西航公司在西航合资组建了"西罗公司",进行叶片的精铸和加工。

罗罗公司与西安航空发动机公司举办西罗航空部件有限公司工程奠基典礼。

第十五章　扶摇直上——德事隆公司

德事隆公司(Textron Inc.)起家于纺织业，其名字即由此而来，在中国该公司曾称达信公司。公司总部位于罗得岛州普罗维登斯；2008 年有员工 43 000 人；总销售金额 142.46 亿美元，人均 331 302 美元；总利润 14.79 亿美元，人均 34 395 美元；总利润率 10.4%；销售金额中航空业务 106.05 亿美元；利润 14.62 亿美元；利润率 13.8%；在英国《飞行国际》杂志 2009 年的宇航企业排名榜上按宇航业务销售金额位列第 16 位；总裁兼首席执行官是沃伦·里昂(Warren R. Lyons)。

一、发展历程

德事隆公司的创建人雷蒙德·利特尔 1919 年毕业于哈佛大学，他在纺织厂见习后到一家人造丝印染厂工作。在那里他认识到，一家公司的业务很容易因市场的不稳定性而受到损害，因此他竭力提倡实现业务的多样化。1928 年利特尔创建特种纱线公司(Special Yarns)，第一年就收益颇丰。二战时公司改称大西洋人造丝公司。1942 年该公司为政府制造降落伞，业务兴旺发达，但利特尔在 1943 年就注意到民用市场的潜力，不久公司改名为“德事隆”(Textron)。

1960 年德事隆公司通过收购贝尔飞机公司进入航空工业。由劳伦斯·贝尔创建的贝尔公司在二战时是为军方提供飞机部件的主要供应商之一，战后曾制造 XP-59“空中彗星”，是美国的第一架喷气飞机。在德事隆公司的财政支持下，贝尔可以对直升机和火箭的远期研发投入更多的资金。

利特尔退休后公司由汤普森接掌，它对各分部实施严格的政策。一旦哪个分部出现经营不良，就将其卖出。就这样，1963 年公司下属的最后一家纺织企业“亚美罗特隆”被出售。德事隆公司就此脱离了它赖以起家的纺织业。公司要求其各个分部长期保持 20%的税后回报率。1968

年威廉·米勒接替汤普森任公司总裁。此时公司的业务除了直升机外还包括工具和机械制造、塑料、消耗品等。米勒为了进一步实施多样化，试图收购果品公司，也涉足保健业务、紧固件制造等，后来还想进入油气工业，但均遭挫败。米勒后来进入当时卡特政府的班子，曾任财政部长，他的贡献是洞察到美国经济正在迅速转变为由服务业来主导，他通过收购保险公司和其他金融服务公司带领德事隆公司进入金融服务行业。

1979 年新上任的公司主席鲍勃·斯特拉兹和总裁贝弗利·道兰实施新的战略，他们虽然仍保持多样化的理念但试图将业务适当集中，重点经营以贝尔公司为代表的航空工业。20 世纪 80 年代德事隆以 30 亿美元收购了阿夫科(Avcs)集团，该集团曾拥有美洲航空公司，是美国三大航空公司之一。在数年中阿夫科逐步出售其航空运输业务，到 1985 年它已经成为一家以保险业务为中心的金融机构，但还继续拥有制造大型军用飞机部件以及飞机发动机的莱科明(Lycoming)公司。

莱科明公司在其历史上大部分时间内属于阿夫科集团，称阿夫科-莱科明公司，1986 年阿夫科被德事隆收购后则改称德事隆-莱科明公司。莱科明公司 1888 年在宾夕法尼亚州的威廉斯堡(属莱科明县)成立，开始时制造缝纫机和自行车，一战后开始制造汽车发动机。1929 年该公司开始制造飞机发动机，广泛用于轻型飞机。此后，它曾试图生产大功率发动机，但因市场已被其他产品占领而未能成功。1939 年公司重组，并入阿夫科集团，在康涅狄格州斯特拉福德租用一处工厂，按许可权生产莱特公司的星型发动机，二战后改型生产 597—1 343 千瓦的 T53 涡轴发动机，装用于贝尔公司的“休伊”系列直升机，大获成功，各型 T53 发动机共生产了 17 200 多台。此后涡轮发动机与活塞发动机生产线分离，活塞发动机在威廉斯堡工厂生产，涡轮发动机则在斯特拉福德工厂生产。在 T53 发动机成功的基础上，莱科明又研发了 1 641—3 357 千瓦的 T55 涡轴发动机，装用于波音直升机公司的 CH－47“支奴干”直升机，在 T55 的基础上还发展了 ALF502 涡扇发动机，装用于加拿大飞机公司的“挑战者”公务机和英国宇航公司的 BAe－146 客机。另外其研发的 1 119 千瓦的装用于美国陆军主战坦克 M1“阿勃拉姆斯”的涡轴发动机 AGT－1500，是唯一一种实际使用于战车的涡轮发动机。

冷战的结束使防务工业下滑。当时德事隆公司下属的 32 家公司组成3个业务部：宇航业务、商业产品和金融服务。金融防务部的保罗·雷维利保险公司使整个德事隆公司的经济得以平衡，但宇航分部仍是公司内最大的分部。

德事隆公司对美国军方投资达250亿美元的V-22倾转旋翼飞机项目寄以厚望。该项目由贝尔公司和波音公司合作研制，试图将直升机和固定翼飞机融为一体，使飞机垂直起飞，然后旋翼向前倾转90度，即可如同涡桨飞机那样做快速远程飞行。

1992年德事隆以6.05亿美元从通用动力公司手中收购了塞斯纳飞机公司。该公司在全盛时期年产6 500架小型飞机，但由于飞机失事引起的诉讼使小飞机业务受损，当时该公司正致力于发展其"奖状"(Citation)系列喷气公务机。1994年《通用航空振兴法》通过，该法减少了制造商对机龄18年以上的飞机的责任，使单发活塞飞机业务再度兴旺起来。1996年德事隆将莱科明发动机公司的涡轮分部卖给了联信公司。

1998年刘易斯·坎贝尔被任命为公司的首席执行官，对公司进行重大改组，将汽车装饰和紧固件制造等非核心业务卖出，集中力量加强4个主要业务部：贝尔公司、塞斯纳公司、工业产品部、金融服务部；他还对各个分部实行统一管理，精简机构，公司的经济效益明显改进。2006年塞斯纳公司交付了300多架喷气机，贝尔公司的交付也比前一年增加了30%。通过改组，公司的战略明确，预计前途光明。但2008年出现金融风暴后公司股价跌至每股10.09美元，公司的资本总额从1988年的120亿美元跌至31.7亿美元。

二、组织机构

2001年德事隆公司进行了重大改组，下设5个业务部：贝尔直升机公司(Bell Helicopter Inc.)、塞斯纳飞机公司(Cessna Aircraft Company)、德事隆系统公司(Textron Systems Corporation)、工业产品部和金融服务部。

(一) 贝尔直升机公司

贝尔直升机公司2008年的销售达28.27亿美元，有员工8千多人。

总部设在得克萨斯州赫斯特。贝尔直升机公司按生产和交付的直升机数量来说是世界上最大的直升机制造商，1957 年成立以来的 50 年中制造了 34 000 多架直升机，服务于 124 个国家和地区。贝尔飞机公司 1940 年由劳伦斯·贝尔创建，以纽约州布法罗为基地为美军方制造了 P-39“空中眼镜蛇”对地攻击机和 P-59“空中彗星”喷气机。1941 年 9 月直升机的研究者阿瑟·杨向劳伦斯·贝尔展示了一段有关他的研究的小电影，得到贝尔的支持，设立一个车间来制造杨设计的直升机。首架单座 123 千瓦的原型直升机贝尔-30 水平飞行速度达 160 千米/小时。首架生产型直升机称为贝尔-47 型，1946 年开始向美陆军交付。该机简单耐用，50 年后还有相当数量的 47B 型直升机在服役。

图为贝尔 407，据称是同级别中速度最快、载荷能力最大、飞行距离最远的机型。

但战后直升机的销售相当困难，到 1949 年贝尔公司才实现首次盈利。1951 年直升机在朝鲜战争中得到广泛应用，贝尔公司的员工达到 11 000 人。贝尔决定成立单独的直升机分部，总部和生产设施设在得克萨斯州沃斯堡，1957 年成立作为贝尔飞机公司的全资子公司的贝尔直升机公司。1960 年贝尔直升机公司被德事隆公司收购，贝尔飞机公司改名为贝尔洲际公司（Bell Intercontinental Corp.）。

1955 年贝尔直升机公司为美国陆军研发一种适用于撤退伤员的直升机，编号 HU-1，后改为 UH-1，称为“休伊”（Huey）或“伊洛魁”（Iroquois），公司编号为 204。该机装用 642 千瓦的莱科明公司 T53 涡轴发动机。该机有多种改型，包括武装攻击型、救生型、起重型、教练型等。在此基础上又发展了座舱容积和载重更大的 205 型，装用 821—1 044 千瓦的 T53 发动机。1965 年美陆军提出需要一种速度高、装甲性能好、火力强的直升机，为运输直升机护航，贝尔直升机公司在 UH-1B 型的基础上推出 209 型，陆军编号为 AH-1，称为“休伊眼镜蛇”（Huey

Cobra)，该机也有多种改型。各型“休伊”直升机共生产了 16 000 多架，除用于美国各军种外，该型直升机还出口到很多国家和地区。越战中有 7 000 多架投入服役，损失 2 500 多架。越战期间，贝尔公司的销售金额大增，从 1962 年的 1.5 亿美元升至 1967 年的 20 亿美元，1975 年越战结束后又降至 3 亿美元。到 20 世纪 80 年代至 90 年代贝尔又研发了 AH－1W 系列“超级眼镜蛇”和“眼镜蛇王”等改型。

图为新推出的 AH－1Z“蝰蛇”攻击直升机。

1965 年，在美国陆军的“轻型观察直升机”项目的招标中，贝尔公司的 OH－4A 竞争失败。贝尔公司在 OH－4 的基础上发展了民用直升机 206 型和 206L 型，分别称为“喷气突击队员”(Jetranger) 和“远程突击队员”(Longranger)，分别装用不同功率的艾利森公司的 250－C 型发动机。206 型直升机也有军用型号，包括被称为“海上突击队员”的 TH－57A 海军初级教练机的和陆军轻型观察机 OH－58A“基奥瓦”(Kiowa)等，后者订货达 2 200 架。20 世纪 80 年代又改进研发了 OH－58D 双座侦察和攻击直升机，公司编号为 406。

1968 年，在 UH－1 的基础上贝尔公司研发了 212 型军民两用通用直升机，装用加拿大普惠公司的 PT6T－3 双机并车涡轴发动机，1 343 千瓦。军用型用于美国各军种，民用型则除了美国和加拿大外，还出口到包括中国在内的许多国家和地区。20 世纪 70 年代又研发了 214、214A、214B、214ST 等型直升机。贝尔得到伊朗政府通过美国陆军购买 287 架 214A 的合同，1976 年贝尔还同伊朗签订合作生产 400 架的合同。该项目后来因伊朗政局的变更而取消。

1985 年贝尔直升机加拿大公司在魁北克省的米拉贝尔建设完成，负责制造所有民用直升机，旋翼和传动系统则仍由沃斯堡工厂提供。20 世纪 90 年代贝尔加拿大公司推出的产品包括双发的 206LT“双突击队员”(Twinranger)、407、427、429、430 等型直升机。

贝尔公司的产品特点是集中于中小型直升机，最大的为 15 座。另外

赛斯纳公司生产过 151 000 多架单发螺旋桨飞机、16 000 架双发螺旋桨飞机以及 1 500 架涡轮螺旋桨飞机。图为 206 单发螺旋桨飞机。

一个特点是为了满足军民各方面的需求，产品改型很多，产量也大，用户遍及世界各地。某些型号还由意大利阿古斯塔公司和日本富士重工按许可权生产。贝尔还曾和阿古斯塔公司合作研发 15 座 AB-139 直升机。贝尔公司还参与新一代美国总统直升机 US-101 的研制生产。

1983 年贝尔和波音合作赢得美国海军的合同发展一种倾转旋翼机，这就是 V-22“鱼鹰”(Osprey)。该机的发动机舱和旋翼可以向上，使飞机垂直起飞，然后向前倾转 90 度，使飞机水平飞行。这种混合型飞机的速度和航程比普通直升机大一倍，与固定翼飞机相比则可以在很小的地区内起降。该项目开始时由陆军领导，后来改为由海军和海军陆战队领导，海军编号为 HV-22，海军陆战队编号为 MV-22，空军编号为 CV-22。1986 年该机型开始全面研制，分工方面贝尔负责机翼、发动机舱、转子、传动系统、尾部和后机身；波音则负责机身、驾驶舱、航电和飞行控制。各个部件分别在宾夕法尼亚州费城的波音工厂和得克萨斯州大草原城以及沃斯堡的贝尔工厂制造，总装和交付在得克萨斯州的阿马里洛贝尔新建的工厂进行。

首批 6 架 MV-22 原型机中的第 1 架于 1989 年 3 月按直升机飞行方式首飞，9 月按固定翼飞机飞行方式首飞。第 3 架原型机 1990 年 12 月完成在“黄蜂”号航母上的海上试飞，但第 4、5 架则在 1990—1991 年的试飞中坠毁，5 人丧生。1993 年 8 月飞机进行改装后恢复试飞。1997 年 4 架全面发展的 V-22 开始试飞并另有 4 架初始生产型飞机的订单，1999 年 5 月首架交付。第 10 架在“塞班”号航母上进行了第 2 次海上试飞，在这次试飞中，波音还进行了外挂试验，吊装 1 台 M777 榴弹炮。但是 2000 年该飞机又发生了两次坠机事故，共有 23 名士兵丧生。生产再次停止，部分部件的设计进行了修改。2005 年 6 月，V-22 的最终运行试验完成，评估结论是成功的，宣称在各次事故中暴露的问题已经得到解决。2005年国防部正式批准全面生产，计划开始时年产11架，到2012年加快到年产24—48架。生产数量包括海军陆战队的360架，海军48架和空军50架，陆军也可能采用。预期总共458架的平均单价为7 000万美元，如包括研发费则为1.1亿美元。

V-22“鱼鹰”倾转旋翼飞机被认为是近代航空技术领域的一项革新：它的速度是常规直升机的2倍，载荷是其3倍，飞行距离是其5倍，飞行高度是其2.5倍。

V-22的研发过程很长，其间争议不断，主要是其研发费用过高，另外就是对其安全性的质疑。1986年的预算为25亿美元，1988年增至30亿美元，实际上到2007年该项目在25年中已耗费200亿美元，而到项目完成国防部还需花费350亿美元。对安全性的质疑主要是针对1991—2000年试飞过程中所发生的4起事故。

V-22起飞时就像直升机一样，发动机舱垂直，一旦升空，发动机舱可在12秒内向前倾转90度，使其转变为一架涡桨飞机；如采用短距滚动起飞则可将发动机舱调至45度。为了在储存时节省空间，V-22的机翼可以转成与机身同向，三个桨翼也可在90秒内折叠起来。V-22采用玻璃显示驾驶舱，有4个多功能显示器和1个共用的中央显示器，使飞行员可掌握各种显示图像，包括数字地图、前视红外图像(FLIR)、主要飞行仪表、导航和系统状态等。驾驶舱管理系统(CMS)的飞行指示面板具有预设功能，飞行员只需设置好系统的程序，就可以使飞机从向前飞行转入盘旋飞行。V-22采用电传操纵，有三重飞行控制系统。飞机配有一挺朝向装货门的7.62毫米口径的机枪，还考虑以后在飞机升级时在机头下装一挺口径12.7毫米的机枪。V-22的容量为包括机组2人和24名有座位的乘员，如乘员坐在地板上则可载32人。如用于货运则可装6.8吨。飞机装用2台罗罗艾利森公司的T406涡轴发动机(AE1107C)，单台起飞功率4 586千瓦。最大速度509千米/小时，巡航速度396千米/小时，航程 1 627 千米。

V-22 项目虽然由于研制周期过长,研制经费超支以及试飞中发生的事故而备受争议,但目前对其的结论是成功的。首批飞机已开始服役,2005 年 12 月美国海军陆战队接收了首批 MV-22,2006 年 3 月美国空军接收首架 CV-22。2007 年 9 月,10 架 MV-22 由"黄蜂"号航母运送到伊拉克。到 2008 年 7 月,V-22 已出动 3 000 余次,飞行 5 200 小时,存在的问题主要是备件供应不足。飞机的正式生产已被批准,正在全面开展。

贝尔公司还同意大利阿古斯塔公司组成合资公司 BAAC,在 V-22 的基础上发展 6—9 座的民用倾转旋翼机 BA-609,装用 2 台加普惠公司的 PT6C-67A 涡轴发动机,单台功率 1447 千瓦。该机巡航速度 465 千米/小时,航程 1 390 千米。到 2008 年已累计试飞 365 飞行小时,计划于 2011 年取证。已有 80 架订货,单价 800—1 000 万美元。另外一种带四个转子的,商载为 V-22 的 6 倍的大型旋翼机也已开始研发。

(二) 塞斯纳飞机公司

塞斯纳飞机公司位于美国堪萨斯州威奇托市,2008 年销售金额达 56.62 亿美元,占德事隆公司总销售额的 53.4%,有员工 13 000 人,是世界上最大的小型飞机制造商。产品包括小型单发飞机、喷气公务机和多用途涡桨飞机等,还经营喷气公务机的共同拥有计划。在 80 年的历史中,塞斯纳公司生产的飞机达 19 万架以上。现任主席兼总裁为杰克·佩尔顿。

1911 年公司创始人克莱德·塞斯纳在参加一次航展时对飞行产生了强烈的兴趣。他去纽约买了一套法国飞机的组件,自行进行组装并试图驾机升空。经多次失败后,他对飞机不断修理改装后再试,终于成功。1916 年他自行制造了一架新的飞机,为一家汽车公司做广告,这是在威奇托制造的第一架飞机。

1925 年塞斯纳组建塞斯纳航空公司(Cessna Airway Company),研发其 A 系列单翼飞机,大获成功。此后又研发了 B、C、D 系列并投资新建工厂,但经济大萧条开始,对私人飞机的需求消失,塞斯纳只好关闭公司。1934 年公司生产恢复,推出 C-34 "空中大师"(Airmaster),在全国各地做飞行表演，频频获奖。1935年塞斯纳退休，将其股份卖给华莱士兄弟。1938年塞斯纳飞机公司研发了第一种双发飞机T-50“山猫”(Lynx)，获得军方订货，作为教练机，称为AT-8，加拿大空军也参与订货，称为“鹤1”(Crane 1)。二战开始，军方订货增加，公司还忙于为其他飞机公司做转包。1944年公司员工增至6 000余人，厂房扩充至数万平米。但战后军方订货又迅速减退了。

塞斯纳公司开始按照未来学家们所做的家庭飞机将大发展的预言，发展用纺织品做蒙皮的轻型飞机190/195系列。为了让用户们先学会飞行，又研制并生产了两种小型教练机120和140。50年代前期塞斯纳公司制造了8 000多架这种教练机。改用金属蒙皮的190/195系列以及新型号170系列生产需求非常旺盛。1954年塞斯纳公司进入喷气时代，推出装用2台大陆公司的J69涡喷发动机的T-37教练机，空军订货1 000多架。单发活塞飞机需求持续旺盛，1959年塞斯纳公司又推出150型教练机，被飞行学校和飞行俱乐部广泛采用。1966年时该型教练机生产达到每年3 000架。后来，塞斯纳开始收购一系列制造机载无线电和螺旋桨等配套件的公司。20世纪60年代塞斯纳还研发了农业飞机，并为空军生产A-37B双发喷气攻击机。

20世纪60年代中，威奇托的另一家飞机制造商利尔公司开始研发喷气公务机，几乎垄断了市场。塞斯纳快速做出反应，于1969年开始研发500型“奖状Ⅰ”(Citation 1)喷气公务机，与利尔公司展开竞争。为了降低成本，塞斯纳大力裁减人员，公司高管们也主动减薪。此后，喷气公务机逐步成为塞斯纳的主力产品。与此同时塞斯纳继续研发并生产单发活塞飞机，1975年塞斯纳交付了第10万架单发飞机，1978年又将大获成功的150系列改型为152系列，试图进一步扩展市场。但这一时期发生的数次坠机事故，严重影响了这类飞机的销路。塞斯纳面临巨大债务以及技术力量不足等问题，经过努力调整，情况逐步好转，到1979年塞斯纳的销售额超过了利尔，1980年销售额达10亿美元，占有市场份额达54%。1982年又开始采用租赁方式扩大销售。1983年推出多用途涡桨飞机“大篷车”(Caravan)，获得联邦快递的大量订货。

1985年通用动力公司以6.6亿美元收购了塞斯纳公司。1991年通用动力为了集中于防务业务，以6亿美元将塞斯纳卖给德事隆公司。

赛斯纳公司的“奖状”系列喷气公务机群也是目前世界最大的公务机群，目前约有4 000多架“奖状”飞机在全球75个国家和地区飞行，累计飞行时间超过1 600万小时。图为全球速度最快的“奖状”X喷气公务机。

由于保险费用过高，塞斯纳于1986年停止生产单发活塞飞机，集中力量发展喷气公务机。在500系列基础上，先后发展了550系列“奖状喝彩”(Citation Bravo)、650系列奖状Ⅲ、Ⅵ、Ⅶ、560系列“奖状”重演(Citation Encore)和750系列“奖状”Ⅹ等，并不断推出新的改型。有些产品获得军方大量订货，而有些系列还发展成了军用型。1997年9月公司庆祝第2 500架“奖状”飞机的交付。750系列“奖状X”是高速远程公务机，速度可达M0.92，航程可达6 000千米，可做洲际飞行。2008年2月塞斯纳公司推出最新型号850型“奖状-哥伦布”(Citation Columbus)大客舱概念公务机，设计目标是搭乘8名乘客时航程可达7 408千米，速度904千米/小时。该机装用2台加拿大普惠公司的PW810涡扇发动机，单台推力39.27千牛，罗克韦尔·柯林斯公司提供航电。但在金融危机影响下，2009年7月该项目被撤销。为适应“空中出租车”发展的需求，塞斯纳公司也研发了4座的510型超轻型喷气公务机“奖状-野马”(Citation Mustang)，装用2台PW615F涡扇发动机，单台推力6.49千牛。该机已于2006年9月取证。

各个系列的“奖状”公务机的概况见下表：

型　号	名　称	座级	发动机	生产架数
500	奖状Ⅰ/Ⅰ-SP	8	JT15D	312
525	奖状喷气	6	FJ44	
550	奖状Ⅱ/Ⅱ-SP 奖状喝彩 T-47A海军雷达培训 OT-47毒品贩卖侦察	7—10	PW530A	552 337 15 5

续表

型号	名称	座级	发动机	生产架数
560	奖状Ⅴ 奖状超级 奖状重演 奖状重演＋ UC－35	7	JT15D PW535	262
561 XL	奖状优秀	8—10	PW545A	
650	奖状Ⅲ 奖状Ⅵ 奖状Ⅶ	8	TFE731	202 39 113
750	奖状Ⅹ	10—14	AE3007	
850	奖状-哥伦布	8	PW810	已撤销
510	奖状-野马	4	PW615F	

自《通用航空振兴法》通过以后，塞斯纳立即恢复活塞飞机的生产，在离威奇托190千米的独立城建设新厂，生产新研发的172系列和182系列飞机。

最近塞斯纳又研发了一种162型2座轻型运动机（Light Sport Aircraft，LSA），称为“揽天者”（Skycatcher）。该机装用大陆公司75千瓦的O－200D发动机，双叶复材螺旋桨，总重600千克，还将安装弹道回收系统（降落伞）。该机计划售价10—11万美元，每年销售1 000架。2007年项目宣布后一周内就吸引了700架订货。同年塞斯纳公司与中航工业达成协议，由沈阳飞机工业公司来承制飞机，以降低生产费用并解决塞斯纳公司生产能力不足的问题。

（三）德事隆系统公司

德事隆系统公司2008年的销售金额达21.16亿美元，下属7个公司：

1. AAI公司，主要研发无人机系统。

2. HR德事隆公司，主要研发动作控制系统；发展动作器、燃油系统、气动系统、火控系统；为商用飞机、军用飞机、直升机、导弹、宇宙飞船、舰艇和陆地车辆制造部件。

3. 莱科明公司，主要研发生产 75—300 千瓦的卧式对立气冷 4、6、8 缸活塞式航空发动机。

4. 地球空间监视公司(Overwatch Geospatial)，主要提供分析软件。

5. 战术监视公司(Overwatch Tactical Operations)，主要为战争分析人员提供多源信息框架方案。

6. 德事隆防务系统公司(Textron Defense Systems)，主营空中发射武器、智能军火、传感器系统、地面/空中监视系统。该公司还得到美国政府合同研发 100 千瓦固体激光器。

7. 德事隆海上和陆上公司(Textron Marine and Land)，主营舰船、轻装甲车、炮塔等的设计、生产和支持。

(四) 德事隆公司工业产品部

德事隆公司工业产品部提供高尔夫球场用车、电缆安装工具、草地修剪设备等产品。

(五) 德事隆金融公司

德事隆金融公司为用户提供安全借贷，包括购买德事隆公司产品时的贷款、飞机财务、高尔夫球场抵押贷款等。

第十六章　支线巨子——庞巴迪公司

庞巴迪公司(Bombardier Inc.,简称庞巴迪)是世界著名的运输设备制造商,其宇航分部是世界排名第三位的民机制造商,在支线客机方面排名世界第一,公务机方面排名第二,在湾流公司之后;其运输分部是世界最大的铁道设备制造商。公司总部设在加拿大魁北克的蒙特利尔,2008年有员工32 500人,总销售金额 197.21 亿美元,人均 606 800 美元;总利润 14.11 亿美元,人均 43 415 美元;总利润率为 7.2%。其中航空业务销售额为 99.65 亿美元;利润 8.96 亿美元;利润率为 9.0%;在英国《飞行国际》杂志 2009 年的宇航企业排名榜上按宇航业务销售金额排第 17 位;公司主席为劳伦特·博多万(Laurent Beaudoin),其子皮埃尔·博多万(Pierre Beaudoin)任总裁兼首席执行官。

一、发展历程

1902 年出生的约瑟夫·阿芒德·庞巴迪是一名修理匠、发明家和企业家,他的家乡加拿大魁北克省冬天多雪,交通困难。他悉心钻研,制造成功一种适合在雪地运行的雪地车。1937 年他的 7 座雪地车专利被批准,订货纷至沓来。1942 年他创建了庞巴迪雪地车有限公司。1943 年庞巴迪又设计制造了一种带履带的装甲雪地车"卡其",到 1946 年庞巴迪为加拿大军方生产了 1 900 多辆。

此后庞巴迪开始研发娱乐用的"斯基多"(Ski - Doo)小型滑雪车,售价 900 加元,开创了一个新的工业项目。到 1964 年这种滑雪车销售达每年 8 000 台。1967 年公司改名为庞巴迪有限公司,劳伦特·博多万接任总裁,业务迅速发展,大步进入美国市场。1972 年年产量达到约 17 万台。

1969 年庞巴迪公司成为公有公司,用所得资金收购了奥地利的电车制造商洛赫纳沃克公司(Lohnerwerke GmbH),从此就引领庞巴迪进入轨道交通车辆行业，进入新的发展阶段。1974 年庞巴迪获得合同为蒙特利尔市提供 423 辆地铁车辆，以后又为加拿大、美国、墨西哥等国制造了大量铁路和地铁车辆。与此同时，庞巴迪还开始其军用卡车业务。1977 年庞巴迪购买了艾姆通用公司（Am General Corporation）开发的卡车的销售权，1981 年向加拿大政府和比利时陆军等提供了大量卡车。20 世纪 80 年代至 90 年代，庞巴迪先后收购了美国、墨西哥和欧洲的一系列运输设备制造公司，从而成为该领域内的领先者。这一领先地位后来通过其赢得了穿越英吉利海峡连接英法两国的欧洲隧道系统所用的大批车辆的订单。而再次得以确认。

在大力扩展其车辆工业的同时，从 1976 年起庞巴迪开始进入航空工业。1986 年从加拿大政府手中买下了当时困难重重的加拿大航空工业公司（Canadair Inc.，以下简称“加空”），使庞巴迪公司扩大了一倍。1989 年该公司收购了位于北爱尔兰的历史悠久的肖特兄弟公司（Short Brothers plc）飞机制造公司；1990 年又收购了美国的著名公务机制造商利尔喷气机公司（Learjet Corp）；通过这一系列收购庞巴迪一跃成为世界宇航工业的主要成员之一。

1992 年庞巴迪进一步扩展其航空业务，从波音手中买下了位于安大略省的制造涡桨支线客机的德哈维兰公司的 51%控股权。当时被安大略省政府买下的其余 49%在 1997 年 1 月也被庞巴迪收购，至此，德哈维兰公司就完全为庞巴迪所拥有。

二、组织机构

1996 年庞巴迪公司重组成为宇航、运输设备、娱乐产品、服务、资产等 5 个分部。宇航分部的收入占全公司的 2/3，利润则占 85%。宇航分部下属四家公司：

（一）加空公司

加空公司组建于 1944 年，目前有员工约 6 200 人，总部位于魁北克省蒙特利尔附近的道瓦尔。加空的历史可追溯到 1911 年，那时英国维克斯和马克辛姆造船公司决定在加拿大设分公司为加海军造船。1924 年该分公司开始设计制造水上飞机，供警方用于森林巡逻。1939 年二战开始，飞机需求大增，该公司开始为英国和加拿大空军大量制造飞机，1941 年后也为美军方制造两栖飞机 PBY－5。后来该公司将飞机设计和生产业务独立出来，这就是 1944 年成立的“加空”。

二战末期，加空的主管考察了美国道格拉斯飞机公司的军用运输机的生产线。当时道格拉斯公司正准备将 DC－3 和 C－47 飞机的工装和备件进行处理，以集中力量研制新机型。加空决定买下这些工装和备件，这样就得以从事大量的 C－47 飞机的改装和备件供应工作。在此基础上，加空还制造 DC－4 的改型 DC－4M，称为“北方之星”，该机采用英国罗罗公司的“梅林”发动机，共制造了 71 架，用于加拿大和英国的各航空公司。

1947 年加空被位于美国康涅狄格州格洛顿的著名潜艇制造商电船公司收购，1952 年重组成立为一家独立公司，称为通用动力公司。1949—1958 年间，加空参与生产北美公司的 F－86 佩刀式喷气战斗机，10 年内为美、英、加空军制造了 1815 架 F－86，使加空在整个 20 世纪 50 年代一直兴旺发达。加空还参与将英国布里斯托公司的“不列颠”客机重新设计成为军用运输机 CL－44 的项目，该运输机又称为“育空”(Yukon)，其尾部可旋转，可装入长达 26 米的货物。另一项著名的重新设计是海上巡逻反潜机 CL－28“阿格斯”(Argus)。

20 世纪 60 年代初，加空完成了第一种自行设计的飞机 CL－41“导师”(Tutor)喷气教练机，制造了 200 多架，一直在加空军服役。加空最创新的设计是CL－84可倾转机翼飞机，可在空中从常规飞行转为悬停状态。美国海军进行了广泛的试验，但未订货。CL－84 成为英国后来研发的“鹞”式飞机的

CL－415 是水、陆两用双发螺桨飞机，能在湖泊或海上降落，并汲取多达 6 130 升的水量，用于救火。另外，它还可以执行搜救和海上巡逻任务。

先驱。20世纪60年代中期，加空研发了CL-215森林灭火机，可飞近河流或湖泊水面吸取大量的水后飞往起火的森林。由于防务合同减少，通用动力公司将加空卖给了加拿大政府。公司领导层勇敢地做出决定，进入民机市场。先从转包生产开始，为波音、麦道和空客等制造飞机部件。1976年加空研发了喷气公务机“挑战者”(Challenger)，采用了创新的宽机身设计，高科技机翼和通用电气公司的高涵道比涡扇发动机，获得很大成功。70年代后期，加空大力投资于监控系统的发展，研制成功一种带旋翼的遥控系统CL-227“哨兵”(Sentinel)，可装载不同的军民用监测装置。

“全球快车”是一种超远程、高速喷气式公务机，能在不中途落地加油的情况下，进行洲际飞行。

虽然加空在很多方面取得了成功，但加拿大的经济和航空工业还是进入了低迷时期。1986年加拿大政府决定将加空卖给庞巴迪公司。得到庞巴迪的投资，加空得以加强新机的研发，推出了新型号的“挑战者”公务机并在其基础上发展了CRJ系列高科技涡扇支线客机，包括50座的CRJ-100和CRJ-200系列、64—75座的CRJ-700系列和86—90座的CRJ-900系列，以及正在研制中的CRJ-1000，开创了良好的局面。1991年，加空将CL-215升级，推出采用涡桨发动机的新型CL-415森林灭火机，CL-415两栖飞机还可改装用于海上监视、搜索和救援以及人员运输。1995年加空研发的洲际公务机“全球快车”(Global Express)开始服役，该机采用BMW/RR的BR710涡扇发动机，可载8名旅客从巴黎直飞香港，推出后世界各地纷纷订货。得到母公司庞巴迪的财务支持，加空正在与德哈维兰、利尔喷气和肖特兄弟等兄弟公司一起健康发展。

(二) 加拿大德哈维兰公司

加拿大德哈维兰公司位于安大略省多伦多市附近的唐斯维尤地区。该公司1928年由英国德哈维兰公司建立，经过一系列转手后于1992年被庞巴迪收购。该公司在建立初期制造“蛾”(Moth)式飞机，用来培训加拿大飞行人员。1931 年 10 月，从 DH.60“蛾”演变而来的 DH.82“虎蛾”(Tiger Moth)初级教练机首飞。二战前 DH.82 交付了 1 000 架以上。随后又在英国生产了 4 005 架，在加拿大生产了 1 747 架。二战时德哈维兰生产的 1 134 架 DH.98“蚊”式战斗机为战争作出了很大贡献。为节省金属，机身几乎全部采用层板制造。该机主要以速度取胜，可在 9 000 米高空以 680 千米/小时的速度飞行。

二战后德哈维兰公司开始自行设计生产的第一种飞机是 DHC-1“花栗鼠”(Chipmunk)，用来替代“虎蛾”。该机是一种全金属下单翼前后双座单发初级教练机，采用 108 千瓦的“大吉普赛”8 缸发动机。该机于 1946 年 5 月首飞，为加拿大皇家空军生产了 158 架，英国德哈维兰公司生产了 740 架。某些飞机一种使用到 1995 年。

1947 年开始研发 DHC-2“海狸”(Beaver)，这是一种 7 座的“丛林机”，适用于加拿大北部地区，要求飞机坚固，能在各种条件下起降，起落架可装机轮、雪橇或浮筒。该机首先被美国军方选用作为联络机，改称为 U-6A，还出口到英国、智利和哥伦比亚等国，共生产了约 1 700 架。1963 年研发了装 PT6 涡桨发动机的“海狸”，商载大，短距起落性能好，机身加长，最多连飞行员在内可搭乘 11 人。

1952 年 11 月取证的 DHC-3“水獭”(Otter)多用途运输机是加拿大德哈维兰另一项成功的产品，是“海狸”的加大型，商载达 1 吨，采用 450 千瓦的普惠公司 R1340“黄蜂”星型活塞发动机。主舱可安排 10—11 个座位。同“海狸”一样，“水獭”也可以装上雪橇或浮筒。“水獭”首先被美军采用，被称为 U-1，也用于澳大利亚、印度、加拿大等国军方。有少量“水獭”换装了 PT6A 涡桨发动机，使飞机空重有所降低，速度则有所提高。

DHC-4“北美驯鹿”(Caribou)是德哈维兰首架双发飞机，是根据美国军方需求而研发的，于 1958 年 7 月 30 日首飞。DHC-4 的尺寸比该公司早期产品大很多，但仍保留其短距起落、坚固和多用途等特点，适用于运输部队、物资或伤员。该公司向美国陆军交付了 159 架 DHC-4，被称为C-7，其他用户还包括澳大利亚、加拿大、印度、马来西亚和西班牙等国军方。

20 世纪 50 年代加拿大德哈维兰公司还曾按许可权制造美国格鲁曼公司的 S2F“追踪者”(Tracker)反潜机，称为 CS2F，于 1956 年 5 月首飞，共制造 99 架，用于加拿大海军。飞机部件由各个加拿大公司制造，德哈维兰负责制造前机身、机组人员舱，飞机的总装以及安装反潜电子设备。

DHC-5“水牛”(Buffalo)是 DHC-4 的加大型，上单翼，T 形尾翼，采用涡桨发动机，于 1964 年 4 月首飞。该机被美国陆军用于武器运输，称为C-8，可运载“潘兴”导弹，105 毫米榴弹炮或卡车等。该机共制造了 122 架，还出口到巴西、秘鲁等国。

DHC-6“双水獭”(Twin Otter)是加拿大德哈维兰公司最成功的产品，结构坚固，短距起落性能好，装用 2 台加普惠公司的 PT6A 涡桨发动机，1966 年中取证。“双水獭”作为支线客机可载 13—18 名旅客，也是一种多用途运输机。1969 年研发的 300 系列可载 20 人。到 1988 年停产时各个系列的“双水獭”共生产了 844 架，曾出口到很多国家。

从 DHC-7 开始加拿大德哈维兰公司不再给新产品起名，就称为 Dash 7。此处的“Dash”原意就是标点符号中的分隔线，由于也有“冲”的意义，中文就被译为“冲-7”。“冲-7”是装 4 台 PT6A50 涡桨发动机的短距起落 40—50 座支线客机，可在长度仅为 915 米的跑道上起飞。该机于 1975 年 3 月首飞，1977 年 5 月取证，有客机和货机系列，1988 年停产，共生产架 113 架，目前大部分仍在服役。美国陆军曾订货 10 架用于侦察，编号 RC-7B，后改称 EO-5C。

“冲-8”是 30—40 座支线客机，于 1983 年 6 月首飞，1984 年 9 月取证。飞机采用上单翼，T 形尾翼，装 2 台加普惠公司的新型涡桨发动机 PW120。“冲-8”是 80 年代世界各国推出的各种涡桨支线客机中销售业绩最好的。

“冲-8”的各个改型系列如下：

系列	100	200	300	Q400
座级	37—39	37—39	50—56	68—78
发动机	PW120/121	PW123	PW123D/E	PW150
功率(千瓦)	1343	1604	1865	3783
速度(千米/小时)	500	537		667
售价(百万美元)	12.5	13	17	27

20世纪80年代后期,加拿大政府将德哈维兰公司私有化并卖给了波音公司。1992年庞巴迪从波音手中收购了51%的股份,其余49%则归安大略省,1997年又被庞巴迪所收购,德哈维兰公司就为庞巴迪所完全拥有。

1996年庞巴迪公司对“冲8”进行改型,加装“主动噪音和振动抑制系统”,可使噪声和振动接近喷气客机。改装后的飞机型号加上Q字,意为“安静”。Q100系列已停产,Q200和Q300系列也于2009年停产,庞巴迪将重点生产Q400系列客机。

2006年2月,庞巴迪将已停产的型号,包括DHC-1至DHC-7的产品型号证书和制造工装卖给了位于不列颠哥伦比亚省维多利亚市的有员工200人的维京航空公司(Viking Air)。维京公司可制造这些飞机的备件,也可制造整架飞机。2006年7月17日维京宣布将恢复制造DHC-6“双水獭”,装用功率较大的PT6A-34/35发动机。2007年4月2日该公司宣布已获得27架订货;2008年10月1日首飞。首架将于2009年交付给瑞士齐梅科斯航空公司(Zimex Aviation)。

(三)利尔喷气机公司

20世纪50年代后期威廉·鲍威尔·利尔创建了瑞士美国航空公司,为瑞士研发一种对地攻击机,但未获成功。利尔认为可从该机的基本结构出发,研发一种喷气公务机。1962年他将制造飞机的全套工装搬到堪萨斯州的威奇托,1963年公司改称利尔机喷气公司(Learjet Corporation)。

最早的利尔喷气公务机——“利尔喷气”23是6—8座公务机,装用GE公司的CJ610涡喷发动机,1963年10月7日首飞,1964年10月首架生产型飞机交付。接着在1966年又推出利尔喷气24型和25型。1969年公司与盖茨航空公司(Gates Aviation)合并,称为盖茨-利尔喷气机公司(Gates Learjet Corporation)。1971年,装用盖瑞特公司的TFE731-2涡扇发动机的“利尔喷气”25型公务机首飞,在此基础上发展成非常成功的“利尔喷气”35公务机,当年获得总统为促进出口而设的“E”奖。“利尔喷气”35的军用型称为C-21。到1975年利尔喷气机公司已生产了500架喷气公务机,到1976年生产达到每月10架。

1977年在“利尔喷气”25的基础上研发了带翼梢小翼的“利尔喷气”

“利尔喷气”60 是一种双发喷气轻型行政机，装 2 台 PW305 发动机。

28/29，被称为“长角”，但这两种型号只分别生产了 5 架和 4 架。后来在“利尔喷气”35A 基础上研发的“利尔喷气”31A 则成为批量生产的产品。1979 年推出“利尔喷气”55 系列。

1986 年公司总部迁至亚利桑纳州图森市，生产在威奇托和图森两地进行。1987 年公司名称改回为利尔喷气机公司，1989 年又全部迁回威奇托。1990 年公司被庞巴迪收购。20 世纪 90 年代该公司推出的“利尔喷气”60 和“利尔喷气”45 成为被广泛使用的产品，生产了数百架。2007 年庞巴迪利尔喷气机公司启动新一代全复合材料的洲际喷气公务机项目“利尔喷气”85，设计目标是可以 M0.82 的速度飞行 5 556 千米。

庞巴迪是全球支线客机和公务机的主要制造商。图中从前到后为“利尔喷气”45 公务机、“全球快车”公务机和 70 座“冲－8”Q400 螺桨支线客机。

(四) 肖特兄弟公司

肖特兄弟公司由奥斯瓦尔德、霍勒斯和尤斯塔斯·肖特兄弟三人于1908年创建。总部设在英国北爱尔兰贝尔法斯特，员工5 330人。

开始时三兄弟为驻印度英军制造气球，工厂设在英国南部苏赛克斯郡的霍夫，1908年迁至伦敦西南部，注册成立肖特兄弟公司，后来又在贝得福德郡的卡丁顿B和肯特郡的罗彻斯特建厂。当时得到美国莱特兄弟公司授予制造6架“莱特飞行者”飞机的合同，这样肖特兄弟公司就成为世界上第一家生产飞机的公司。一战期间，肖特兄弟公司研发了S.184水上飞机，大获成功，是第一种用鱼雷攻击舰艇的飞机，生产了900多架。20世纪20年代至30年代，公司开始发展民用水上飞机，开始时是“新加坡”(Singapore)系列，随后又发展了更大的“加尔各答”(Calcatta)、“肯特”(Kent)和“帝国”(Empire)等系列。1936年肖特的飞机被用于英国的航空邮政。1937年帝国航空公司(Imperial Airways)曾用一架“帝国”飞机从爱尔兰飞到纽芬兰。二战前肖特兄弟公司得到英国政府防务合同，制造军用水上飞机“森得兰德”(Sunderland)，二战时成为著名的反潜巡逻轰炸机，得到广泛应用，因其航程和续航时间长而得以在大西洋战役中屡屡建功。肖特公司还为皇家空军研发了4发轰炸机“斯提林”(Stirling)，基本上就是“森得兰德”的陆地型。

1936年英国航空部在贝尔法斯特组建了一家新的飞机厂，即由肖特兄弟公司、哈兰德和沃尔夫(Harland and Wolff)公司各拥有50%的肖特和哈兰德有限公司(Short and Harland Ltd.)。该厂的首批产品为50架布里斯托公司的“孟买”(Bombay)战斗机，随之以150架汉德利-佩奇公司的“赫里福德”(Hereford)轰炸机。在水上飞机方面，在“帝国”和“森得兰德”的基础上研发了“赛德林汉”(Sandringham)和“西福德”(Seaford)型，其航程足以用来作为横渡大西洋的客机，战后这些飞机被英联邦国家广泛应用。

二战后，肖特公司的战时工厂均被关闭，公司总部和生产都集中到贝尔法斯特，肖特兄弟公司(罗彻斯特和贝得福德工厂)与肖特和哈兰德有限公司合并组成肖特兄弟和哈兰德有限公司。20世纪50年代主要任务是转包生产英国电气公司的“堪培拉”轰炸机。60年代肖特公司开始研发短距运输机，推出装用2台盖瑞公司的TPE331涡桨发动机的SC-7

“空中货车”，其箱式机身和双矩形尾翼的外观给人们留下深刻印象，颇受市场欢迎。70年代在“空中货车”的基础上加长机身又发展成30座支线客机S.330，装2台加普惠的PT6A-45涡桨发动机，各型S.330共生产了125架。进一步加长机身的型号为S.360，36—39座，装功率更大的PT6A-65R发动机。各型S.360共生产了164架。美国空军曾订购S.330和S.360的货机型，编号为C-23“夏尔巴人”(Sherpa)。

1977年公司名称恢复为肖特兄弟公司，1984年英国政府将其股份出售，肖特兄弟公司成为公有公司。1989年6月政府宣布以3 000万英镑将公司卖给庞巴迪公司，同时同意注销其3.9亿英镑的债务并另外注资3.9亿英镑。并入庞巴迪后肖特公司主要为加空、德哈维兰以及其他公司承制飞机部件。

庞巴迪下属的加空、德哈维兰、利尔喷气机和肖特兄弟四家公司在被收购之前都处于经济困境中，并入庞巴迪公司后，经过整合重组，都得以重振旗鼓，其中的经验值得认真研究。

三、C系列客机——庞巴迪的大飞机项目

20世纪90年代后期巴西安博威公司的80—110座的E系列支线客机进入市场，销售情况良好。庞巴迪感到需要研发能与之竞争的产品。庞巴迪曾考虑过将CRJ系列支线客机扩展到80—120座，该项目称为BRJX，即将机身加宽，座位安排从2+2改为2+3，发动机装在机翼下，但后来该方案被搁置。

2004年7月庞巴迪宣布要研发110—130座的C系列客机以替代BRJX项目，与波音和空客的低端产品，如波音737-600和空客的A-318/A-319等竞争。计划新机将在2013年开始服役，赶在波音和空客等的新一代单通道客机问世之前。C系列客机将采用燃油经济性更好的发动机，机翼、后机身和尾段将采用复合材料，复材用量将达机体的46%。座舱设计将使乘客更为舒适，包括将座位和扶手加宽，过道加宽，窗户加大，行李舱加大并可向下转动等。2005年庞巴迪得到加联邦政府和英国政府的支持和贷款，加政府承诺3.5亿美元财政支持，英国政府承诺3亿美元。

2006年1月庞巴迪宣布，由于未能获得足够数量的订货，C系列项

目发展计划暂时停止，保留约50人的小组，继续进行市场研究并寻求合作伙伴。与此同时，宣布将开始100座的CRJ-1000项目。整整一年之后庞巴迪宣布，将继续C系列客机的发展并已获得汉莎航空公司购机60架的意向。2008年7月范堡罗航展前夕庞巴迪宇航公司宣布正式启动C系列项目，并宣布将采用普惠公司正在研制的齿轮风扇发动机作为该机的唯一动力装置，采用罗克韦尔-柯林斯公司的成套航电和综合驾驶舱方案，包括15英寸显示器，综合导航、通讯、监视，发动机指示和机组警示系统，以及飞机维修系统。

庞巴迪公司还是全球重要飞机部件转包商。图为加空集团为A340制造机身大部件。

庞巴迪与中航工业集团达成协议，由沈阳飞机工业公司承担C系列客机的机身段、尾段和舱门等4个工作包的设计和制造任务。还有很多部件将在庞巴迪在北爱尔兰的工厂（肖特公司）制造。飞机总装将在蒙特利尔北郊的米拉贝尔机场新建的厂房进行。庞巴迪估计，在未来20年内100—149座级的客机市场约为6 300架，价值2 500亿美元，庞巴迪期望获得该市场的一半份额。

庞巴迪公司与中国航空运输业和航空工业都有良好的合作关系。我国民航曾引进CRJ系列支线客机，“冲-8”系列涡桨客机以及“挑战者”公务机；我国林业部门也曾引进CL-415森林灭火机。80年代我国西安飞机工业公司就曾为加空公司生产CL-215森林灭火机的7套部件，共45架份。沈阳飞机工业公司则为庞巴迪生产“冲-8”飞机的机身段，还将承担C系列客机的4个工作包。

2003年，山东航空公司接收第一架庞巴迪70座CRJ700支线客机。

第十七章　轮胎起家——古德里奇公司

古德里奇公司的名字相对来说比较陌生一点，这是因为虽然其已有100多年的历史，但过去主要是从事橡胶轮胎以及化学和塑料产品业务，到20世纪90年代后期才转而集中力量从事航空业务。目前该公司的主要业务包括动作系统和起落架、短舱和内部系统、电子系统三部分；2008年有员工25 000人，销售金额70.62亿美元，人均282 480美元；利润11.01亿美元，人均36 708美元；利润率为15.6%；在英国《飞行国际》杂志2009年的宇航企业排名榜上按销售金额位列第18位；公司总部位于美国北卡罗莱纳州夏洛特；主席、总裁兼首席执行官为马修·拉森(Marshall O. Larsen)。

一、发展历程

古德里奇公司的大部分历史是建立在橡胶轮胎业务上的，在该领域内颇具声誉。早在1870年，本杰明·弗兰克林·古德里奇和哈维·邱就合作投资组建了古德里奇·邱公司，1880年注册为本·弗·古德里奇公司。公司组建了橡胶实验室，研究出很多创新技术，包括充气轮胎、绳织轮胎和合成橡胶等。该公司于1945年推出100%用合成橡胶制造的轮胎，1955年推出无内胎轮胎，成为此后的标准设备。1965年该公司又推出辐射轮胎，使轮胎寿命增加50%。1966年古德里奇的销售金额达10亿美元，在全球21个国家设有工厂。

早在1946年，古德里奇公司就收购了海斯工业公司(Hayes Industries)的飞机制动器业务，迁至俄亥俄州特洛伊。多年来该公司先后为波音飞机提供机轮制动器，从707、727到747。70年代率先研发碳-碳复合材料刹车，用于波音737和757飞机；1990年其产品又用于波音777和F-16战斗机，并成为塞斯纳公司的“奖状”系列公务机的独家供应商和A321的第二供应商。

20 世纪 60 年代后期美国橡胶工业的大罢工使古德里奇等企业深受损害，这也促使古德里奇公司转向发展化学和塑料产品。到 80 年代，古德里奇已成为美国最大的聚氯乙烯产品制造商。1986 年古德里奇将其橡胶轮胎分部并入优尼洛耶(Uniroyal)公司，1987 年又将其在“优尼洛耶”中的股份卖出，从而终止了其橡胶轮胎业务。

进入 20 世纪 90 年代，古德里奇开始扩展其航空业务，1988 年收购了从事商用飞机维修的特兰姆科公司(Tramco Inc.)，1993 年又先后收购了克利夫兰气动公司(Cleveland Pneumatics)的起落架制造业务，制造飞行数据传感器的罗斯蒙特宇航公司(Rosemount Aerospace)、山科工业公司(Sanncor Industries)的起落架维修分部，卢卡斯宇航公司(Lucas Aerospace)的飞机防冰系统及相关技术等一系列航空业务，以及制造飞机数据采集系统的古尔顿数据系统公司(Gulton Data Syatems)。1993 年古德里奇公司将其聚氯乙烯产品业务抛出。

两项对古德里奇公司的发展具有意义重大的收购活动发生在 20 世纪 90 年代后期。一项是 1997 年以 12 亿美元收购了主要制造发动机短舱的罗尔公司(Rohr Inc.)，另一项是 1999 年以 22 亿美元收购了主要制造起落架的科尔特克工业公司(Coltec Industries)。拥有了这两家公司后加上公司原有的机轮、制动器和各种传感器的制造能力，古德里奇公司就在美国和加拿大的大部分飞机项目中占有份额，包括波音的各型客机和军用飞机，洛马公司的各种战斗机，空客的 A320、A380 等客机，庞巴迪公司的各种支线飞机等项目。

波音公司大型客机都选用古德里奇的起落架。图为波音 747 的起落架在以色列飞机工业公司进行大修。

罗尔公司以前称为罗尔工业公司，位于加州圣迭戈以南的邱拉-维斯塔，原先是弗莱德·罗尔(Fred Rohr)于 1940 年创建的罗尔飞机公司。

30 多年来，古德里奇公司一直是美国航空安全系统的主要供应商。图为使用古德里奇公司激光告警设备的 AH-64 和地面装甲车。

20 世纪 60 年代至 70 年代曾从事运输设备制造业务，曾为圣弗朗西斯科海湾地区的快速运输系统制造轨道车辆，也曾为华盛顿特区制造地铁车辆。70 年代后期公司转为专门从事飞机发动机短舱系统的研发和生产。所谓短舱系统，其中包括了进气罩、风扇罩、反推力装置、排气尾喷管和锥体，以及发动机安装吊挂和连接在发动机与飞机之间的各种管道和电缆等。罗尔公司为很多型号的飞机发动机配制短舱系统，在波音和空客等公司的飞机总装工厂附近设有短舱系统组装设施，就近将发动机和短舱系统组合成为整个推进系统，交付给飞机装配厂。短舱系统的价值通常约占整个推进系统的 20%。

科尔特克工业公司创建于 1911 年，其航空业务主要包括用于军民用飞机的起落架系统的研发、制造和维修服务、发动机燃油控制、发动机零部件如涡轮叶片等的制造。该公司曾先后收购了梅纳斯科制造公司(Menasco Manufacturing Co.)和联信公司的飞机起落架分部等，成为美国最主要的起落架供应商。

二、组织机构

(一) 动作器和起落架系统部

动作器和起落架系统部 2008 年销售金额达 26.15 亿美元，其业务包括：起落架，机轮和制动器，动作器系统，发动机零部件等。

（二）短舱和内部系统部

短舱和内部系统部2008年销售金额达24.86亿美元，其业务包括：飞机结构，内部系统包括照明、坐椅和货运系统等；用户服务。

（三）电子系统部

电子系统分部2008年销售金额达19.61亿美元，其业务包括：传感器和综合系统，发动机控制和电力系统，情报、监视和侦察系统等。

古德里奇公司在世界很多国家和地区设有用户服务中心、生产设施或办事处，对其产品提供维修、修理和大修服务，组织零部件的生产并保持与供应商的联系。例如在悉尼的设施最近就向位于克利夫兰的工厂交付了用于F-35舰载型战斗机的起落架部件，该设施组织当地的一些工厂进行零件加工和处理，然后进行组装和试验。

三、与我国的合作

我国民航所采用的波音和空客等客机上有很多带有古德里奇公司生产的起落架或短舱。我国各航空制造企业包括西安飞机工业（简称西飞）、洪都航空工业公司（简称洪都）和贵州黎阳航空发动机公司（简称黎阳）公司等也为古德里奇承制短舱零部件。古德里奇公司在西安设有办事处，与西飞等供应商保持联系。2009年8月古德里奇公司与西飞国际签约建立两家合资公司，分别生产商用飞机短舱和起落架。这两家合资公司将落户西安阎良中国国家航空高技术产业基地。古德里奇公司还与南昌洪都公司签约，由洪都公司转包生产短舱部件，合同总值达5 700万美元。古德里奇与黎阳签订了长期合作协议，由黎阳承担三种发动机的短舱零部件，包括用于波音787的GEnx，用于空客A320的V2500以及用于一系列支线客机的CF34发动机，共计29项。黎阳作为总承包商，从古德里奇选定的宝钢、抚钢等订购原材料，由贵州安大锻造公司承制锻件，经加工完成后向古德里奇交付成品。古德里奇公司还将在天津的空客与中方合资组建的A320飞机装配厂附近建厂，以进行发动机短舱的最后总装。

第十八章　后起之秀——安博威公司

巴西安博威(Embraer)公司的全名是巴西航空工业公司(Empresa Brasileira de Aeronautica S. A.),按原文字首的拼音称为安博威公司。安博威公司组建于1969年,与欧美那些从20世纪初起家的航空厂商相比可以说是一个后起之秀。安博威公司近年来发展迅速,在英国《飞行国际》杂志的宇航工业100强排名榜上从2007年的第24名跃升到2008年的第20名,2009年仍保住了其第20名的位置。该公司2008年有员工23 509人;销售金额达63.83亿美元,人均27 1530美元;利润6.05亿美元,人均25 735美元;利润率为9.5%。安博威公司总部和主要设施位于巴西圣保罗州的圣何塞-多斯-坎普斯;现任总裁兼首席执行官为弗莱德里科·弗莱利·科拉多(Frederico Fleury Curado)。安博威公司的业务包括商用飞机、军用飞机和公务机的研发、生产和服务,按商用飞机交付数量来说排名世界第3。

一、发展历程

早在20世纪40年代巴西政府就计划建立航空工业,包括宇航科技总指挥部、航空技术学院和一家飞机制造厂。1954年"研究发展研究院"创建,即现在的宇航研究院。该院开发了很多项目,虽然未能形成商业项目,但为后来巴西航空工业的发展打下了基础。1965年研究院按照一位法国工程师的建议,研发了一种涡桨运输机,称为IPD-6504,这就是后来大获成功的EMB-110"先锋"(Bandierante)19座支线飞机。但当IPD想将该机投入生产时,各家私人公司均无兴趣,这就促使政府考虑需要成立一家国有公司。这样,在1969年7月,巴西航空部组建了巴西航空工业公司,即安博威公司。当时公司有员工500人,计划每月生产2架"先锋"。1973年首批"先锋"交付给巴西空军,接着巴西的航空公司也开始购买,1975年开始出口,在市场上大获成功,约有500架销售到36个国家。该机装用2台加拿大普惠公司的PT6-34涡桨发动机，有很多种民用和军用改型。

巴西政府大力支持安博威公司的发展，将两个研制成功的项目交给安博威来生产，即“尤卢佩马”(Urupema)滑翔机和“伊帕内马”(Ipanema)农业机。“伊帕内马”农业机销售了1 000架以上，目前仍在生产。巴西政府还要求安博威按许可权装配意大利马基飞机公司(Aermacchi)的MB326教练/攻击机，编号为T-26“萨凡提”(Xavante)，其攻击机型和侦察机型分别编号为AT-26和RT-26。“萨凡提”攻击机、教练机生产了11年，销售了186架，除用于巴西空军外还出口到阿根廷、巴拉圭等国。

1974年，安博威公司与佩帕飞机公司(Piper Aircraft)合作，按许可权装配多种通用飞机，包括PA-28“切洛基”(Cherokee)、PA-34“赛内卡”(Seneca)和PA-31“纳维荷”(Navajo)，型号分别称为EMB-712、EMB-810D和EMB-820C。这些项目连同“伊帕内马”农业飞机在1980年都转交给内伐航空工业公司(Neiva)生产。内伐公司是由何塞·卡洛斯·巴罗斯·内伐于1954年在里约热内卢创建的，1956年迁至博塔卡图，主要生产滑翔机和农业飞机。1980年该公司被安博威收购，继续生产农业飞机并为安博威公司制造飞机部件。

1975年，安博威公司推出其第一种增压座舱飞机，比“先锋”略小的8—9座的EMB-121，取名“兴谷”(Xingu)，生产了106架，其中有51架交付给法国空军。1980年，按照巴西航空部的要求，安博威研发了其第一种教练机、战斗机EMB-312“图卡诺”(Tucano)，装用加拿大普惠公司的PT6A-25涡桨发动机，成为非常成功的一种军用教练机，巴西空军编号为T-27，攻击机型为AT-27。该飞机共生产了650架以上，销售到世界各国。英国肖特兄

准备交付的第一架EMB120“巴西利亚”30座支线客机。

弟公司还按许可权生产了158架，有130架交付给皇家空军，其余出口到肯尼亚和科威特。

20世纪70年代末安博威开始研发一种30—40座的支线飞机，装用2台加拿大普惠公司的PW120涡桨发动机，这就是EMB-120"巴西利亚"(Brasilia)，1985年取证。该机一开始就进入出口市场，在美国大西洋西南航空公司(ASA)开始服役，这是"先锋"所创造的信誉的结果。该机共销售了350架，2002年停产，但仍可按照需求生产。

1981年，安博威公司同意大利两家飞机公司，即意大利飞机公司(Aeritalia)和马基飞机公司合作研制生产了轻型亚声速攻击机AMX，装用1台罗罗公司的"斯贝807"涡扇发动机。安博威公司承担约30%的工作量，还负责巴西订购的飞机的总装。巴西组装的AMX于1985年10月首飞。巴西空军获得56架，其中45架单座，11架双座。意大利空军则共获得136架，其中110架单座，26架双座；巴西空军用AMX来替代"萨凡提"的攻击型。安博威通过AMX项目接触到很多新技术，对其以后的发展起到非常重要的作用。

进入20世纪90年代，世界飞机市场出现萧条，安博威投巨资与阿根廷FMA飞机公司合作研制的新支线飞机CBA-123"维克托"(Vector)虽然包含了一些高科技，但未能被市场接受，一架也没有卖出，项目只能取消，这使安博威陷入危机。由于冷战结束，很多防务项目被取消，政府对宇航工业的投资大大减少。到1994年公司被迫大量裁员，从12 600人减为3 200人。巴西政府不得不宣布将安博威公司私有化。

在政府的推动下，1994年12月7日，安博威公司实现了私有化。早先安博威的51%股份由巴西政府控制，其余为私人投资商所持有。私有化后，由三个投资集团，包括"普莱维"(Previ)和"希思特尔"(Sistel)两个养老基金以及博扎诺(Bozano)集团共同控股，三方各持有20%有投票权的股份；另有20%的股份由作为发展先进军用飞机的战略合作伙伴而成立的一个欧洲联合体所持有，在该联合体中EADS、达索和泰雷斯各持有5.67%，斯奈克玛公司持有2.99%；其余股份则上市交易。巴西政府以拥有1股黄金股的方式参与公司，使其有权对某些军机销售和技术转让的交易行使否决权。

在公司努力渡过危机的同时，其工程技术人员仍在集中精力发展一个新项目，即50座的涡扇支线飞机ERJ-145。在实现私有化后莫里奇·博特略被任命为新总裁。此人在销售和经营方面的才能对公司的复兴作出了重大贡献，保证了发展新机所需的资金。新的喷气支线飞机的杰出销售业绩最终使安博威得以复兴，在世界飞机制造业中占有一席之地。

ERJ-145系列支线飞机装用2台罗罗公司的AE3007A涡扇发动机，单台推力31.3千牛，除了50座标准型外还有37座的ERJ-135，以及44座的ERJ-140，还在ERJ-135的基础发展了公务机型“传统”(Legacy)系列，军用型号方面则发展了R-99A、R-99B、P-99和RS/AGS等改型。R-99A为空中早期预警机，装有瑞典爱立信公司的“爱立埃”(Evieye)机载雷达；R-99B为遥测飞机，装有合成孔径雷达；P-99为海上巡逻机，机翼下有4个安装点，可安装鱼雷或反舰导弹；RS/AGS则为侦察型。这些军用型号除用于巴西空军外还提供给希腊、墨西哥和印度等国。16座的“传统600”公务机已向20余国销售130架以上，对加拿大庞巴迪公司的“挑战者”系列公务机形成强烈的竞争。到2009年2月安博威向中国新华航空公司交付的一架ERJ-145是该系列飞机交付的第1 000架。

50座的ERJ-145喷气支线客机机身首次对接。

20世纪90年代后期，在EMB-312“图卡诺”教练攻击机的基础上，安博威研发了EMB-314“超图卡诺”军用教练机和轻型攻击机。该机于1999年6月首飞，主要销售给巴西和哥伦比亚空军。

1999年7月安博威宣布研发一种称为“E喷气”系列的70—110座喷气客机，包括E-170、E-175、E-190、E-195。这样，安博威的产品线就进入了所谓“大支线客机”市场，大大地扩展了其在商用飞机领域中的地位，成为世界第三大商用飞机制造商。“E 喷气”系列飞机的销售良好，到 2007 年 6 月底各型飞机已交付 256 架，确定订货 399 架，意向订货 719 架。

在公务机方面，安博威在“传统 600”取得成功的基础上，较小的“传统 450”和“传统 500”也在筹划中，将分别起名为 MLJ 和 MSJ，航程分别定为 4 360 千米和 5 190 千米，市场前景良好。在大型豪华公务机方面，以 E-190 为基础的“林内奇 1000”(Lineage 1000)也已研发成功。该机在原货舱位置安装了附加的燃油箱，使其航程增加近一倍，可达 7 800 千米。该机装用 2 台单台推力 82.3 千牛的 GE 公司的 CF34-10E 发动机。客舱可设成带 5 个隔间，可设卧室、浴室等。该机可与“波音喷气公务机”和空客以 A318 为基础的 ACJ 公务机相媲美。2007 年 4 月，安博威公司宣布，将考虑在 E-190 的基础上研发一种载重 19 吨的军用运输机 C-390，来替代陈旧机种。巴西邮政当局表示有意至少购买 5 架，最终可能购买 20—25 架。该项目何时正式启动仍未确定。

进入 21 世纪，安博威公司又开辟了小型公务机的领域，即所谓“超轻型喷气机”(VLJ)，用于正在美国和欧洲发展中的一种被称为“空中出租车”的专机共用系统。安博威公司推出的型号为 4—6 座的“飞鸿 100”(Phenom)和 6—8 座的“飞鸿 300”，已开始交付用户。“飞鸿 100”装用 2 台加拿大普惠公司新发展的 7.2 千牛的 PW617F 涡扇发动机，“飞鸿 300”则装用 14.2 千牛的 PW535 发动机。根据专家预测，这类飞机将有广阔的市场前景。不过估计由于当前的金融风暴，该市场的发展将会推迟。

2006 年 3 月，安博威公司进行了资产重组，目前的股份分配为：博扎诺集团 11.10%，普莱维基金 16.4%，希思特尔基金 7.4%，巴西发展银行 6.3%，巴西政府 0.3%，巴西银行 19.20%，纽约证券交易所(NYSE) 39.3%。

在 90 年代后期至 21 世纪初期，安博威公司与其主要竞争者庞巴迪公司之间产生了一场关于政府补贴的争端，互相向世界贸易组织(WTO)提出控诉。2000 年 WTO 的一项裁决称安博威从巴西政府接受了不合法的补贴，WTO 命令巴西政府取消其出口补贴。2001 年 10 月 WTO 也向加拿大做出裁决，批评加政府为帮助庞巴迪赢得国际市场而给予庞巴迪低息贷款。这场争端最后也就不了了之。

二、工作场地

安博威公司除了在圣若泽-多斯-坎普斯设有主要生产设施之外，还在欧仁尼奥-德-梅洛和伽维奥-佩克索托两地设有生产设施。另外，还在葡萄牙埃佛拉建厂，将于2009年投产。而生产农业飞机和飞机部件的位于博塔卡图的内伐航空工业公司是其分公司。安博威公司在美国佛罗里达州的劳德戴尔堡和康涅狄格州的哈特福德设有销售和产品支持办事处，在田纳西州纳什维尔设有飞机维修服务公司，在法国维尔品特、中国北京以及新加坡设有办事处。合资公司有哈飞-安博威公司和制造起落架和液压系统的安博威-利勃海尔设备公司。

自从实现了私有化后，安博威从20世纪90年代初期的危机中脱身，10余年间，它已悄然崛起，成为世界航空工业中的一支新兴力量。1996年安博威仅交付了4架商用飞机，到2007年已发展到交付169架的水平。安博威的产品也从30多座的小型涡桨飞机发展到40—50座和70—110座两个系列的大型喷气支线客机，加上大中小系列齐全的公务机以及各型飞机的军用改型，其业绩令人关注。鉴于安博威公司在技术和管理方面的实力，空客公司正在考虑与安博威公司联合开发A320系列飞机的新一代后继机。安博威公司的发展经验值得关注。

飞机的蒙皮壁板大多在多坐标大台面数控铣床上加工。图为安博威公司的数控铣床在加工零部件。

三、与中国的合作

2002年12月安博威公司同当时的中国航空工业第二集团公司下的

哈飞合资成立了哈飞安博威飞机工业有限公司(HEAI Co. Ltd.),在哈飞组装 ERJ-145 飞机,在中国市场销售。该项目投资 2 500 万美元,建设厂房 24 000 平方米,员工 200 人,安博威占 51%股份。安博威公司在北京设立了备件中心,还在珠海设置了 ERJ-145 的飞行模拟器,由南方航空公司(简称南航)进行管理。

图为中航工业与安博威举行合资生产涡扇支线飞机合同签字仪式,这是中巴两国在高科技领域的又一次携手合作。

2009 年 5 月 5 日,哈飞安博威的股东之一——哈飞航空工业股份有限公司发布公告称,由于当前的经济形势和海南航空公司(简称海航)自身存在的飞行员短缺等诸多问题,经双方协商,海航集团与哈飞安博威对 2006 年 8 月签订的 50 架 ERJ145 支线客机销售合同进行变更。调整后的合同为,海航集团向哈飞安博威采购 25 架 ERJ145 飞机。与此同时,飞机交付计划也做相应调整,截至 2009 年 3 月哈飞安博威已成功交付 ERJ145 飞机 12 架,剩余 13 架飞机将于 2011 年底前完成交付。

哈飞安博威成立以来,已分别向南航和东航交付 6 架、10 架 ERJ145 飞机,海航集团也已接收了 12 架同型飞机。海航集团是巴西航空工业公司在中国的最大客户,除订购 25 架 ERJ145 飞机外,还订购了 50 架 106 座级的 E190 飞机。有所不同的是,海航集团订购的 ERJ145 飞机由哈飞安博威总装,E190 飞机则由巴西航空公司在巴西总部生产。

第十九章　独树一帜——达索公司

达索公司(Dassault Aviation)是法国的战斗机和公务机制造商。总部设在巴黎,2008 年有员工 12 391 人;销售金额 54.84 亿美元,人均 442 600 美元;利润 6.35 亿美元,人均 51 247 美元,利润率为 11.6%。在英国《飞行国际》杂志 2009 年的宇航企业排名榜上按销售金额位列第 21 位。主席兼首席执行官为查尔斯·艾德斯坦(Charles Edelstenne)。

一、发展历程

达索公司由马塞尔·布洛奇于 1930 年组建,称马塞尔·布洛奇飞机公司。1947 年马塞尔·布洛奇本人改名为马塞尔·达索,公司也改称马塞尔·达索飞机公司。1967 年 6 月在政府的督促下马塞尔·达索公司收购了布雷盖飞机公司 66%的股份,布雷盖飞机公司由路易·查尔斯·布雷盖于 1911 年创建,二战前后研发并生产过多种型号的飞机。1971 年 12 月达索公司解散,连同其在布雷盖公司中的资产一起组成马塞尔·达索·布雷盖航空公司。1990 年公司改称达索航空公司(Dassault Aviation)。1965—1966 年法国政府要求航空工业实现专业化,达索专门从事研发战斗机和公务机,北方航空公司主要从事弹道导弹的研制,南方航空则从事军民用运输机和直升机的研发。1970 年北方航空和南方航空合并组成法国宇航公司。

链接:躏过集中营的老达索

达索集团是法国一家长寿的家族企业,现在已经传到第三代罗朗·达索手上。然而三代达索中最有传奇色彩的是第一代创业者马塞尔·达索。他不仅是著名的飞机设计师、企业家,还是政治活动家,担任法国国民议会议员 36 年。他是个多面手,对电影、建筑、出版业有广泛的兴趣。戴高乐总统曾赞誉他:“为了法国的地位,达索用他丰硕的奉献标志出他的世纪。”

达索1892年1月22日生于巴黎。原名马赛·布洛奇。从小十分痴迷于电气，喜欢自己动手。小学毕业后，进了一所职业培训学校。后来，达索又进了刚刚成立不久的国立高等航空学校学习，1913年毕业。1914年一战爆发，达索参军，被派到航空实验室工作，从此走上设计、制造飞机的道路。其间达索和好朋友波太兹拿出自己的积蓄，组建了一家小公司，研制出一种飞机，但试飞完成时已到了1917年底，虽然获得1 000架订单，但到1918年大战结束时，仅生产出几架就草草收场了。

一战结束后，达索暂时改行随岳父经营家具，后来又做过房地产生意。1927年5月，美国人林白单人驾驶飞机从纽约不着陆飞越大西洋抵达巴黎，在布尔热机场受到成千上万法国人的热烈欢迎，达索此时也正好在欢迎的人群中，他"预感到民用航空的新纪元即将诞生"。1928年法国政府决定在内阁增设航空部，加大对发展航空的投入，这更增添了达索投身航空的信心。他立刻行动，变卖了房产，重新投身于自己喜爱的航空事业。

在以后的日子里，达索设计过MB-200、MB-210和MB-131双发轰炸机，还生产了MB-150系列战斗机和MB-175轰炸机。

法国贝当政府投降后，达索逃到南方未被德军占领的地区，但常常收到德国人通过第三者请他出山的邀请，都被他一一拒绝了。1944年他在里昂被捕，由于他拒绝为纳粹生产飞机、火箭效劳，被送入布痕瓦尔德集中营。德国人原本想让他到设在集中营里的V-1、V-2火箭部件厂工作，但是盟军的战略轰炸，使这些工厂夷为一片废墟。即使被关在集中营、生命危在旦夕，达索也没有放弃研制飞机的计划。

1946年，原名布洛奇的达索，为了彻底忘掉集中营的恐怖梦魇，正式改姓达索。这是他二哥在战时抵抗运动中使用过的化名。多次与死神擦肩而过的达索，这年54岁，在法国南部第三次建厂房造飞机。不久他加入了戴高乐组织的"法国人民联盟"，并当选为国会议员，在主持飞机设计的同时，也积极投身政治活动，直到逝世为止。

达索领导的公司得到迅速发展。从MD-315"红鹤"轻型联络运输机开始，相继研制成功很多著名的飞机，如"暴风"M-450是法国第一种喷气式战斗机，法国第一种超声速战斗机"神秘"，西欧第一种具有超声速水平飞行能力的"超神秘"，法国第一种达到实战状态的两倍声速战斗机

“幻影”Ⅲ，携带法国第一枚核弹的“幻影”Ⅳ轰炸机等。除军用飞机之外，达索在民用航空方面，特别是公务机领域也取得了极大成功。“隼”系列公务机使达索公司成为世界知名的公务机供应商之一。达索晚年在他的自传中说：“如果说我的所有飞机都是成功的，但有两种飞机最值得我为之骄傲：一种是‘幻影’Ⅲ战斗轰炸机，另一种是‘神秘’20，在美国叫‘隼’”。

数十年来，达索一直工作在飞机设计、制造的第一线。从早期的MD－315到晚年的“阵风”验证机（达索领导下设计的第92种原型机），他都亲自参加设计和制造工作，决定飞机的性能参数，确定飞机的几何尺寸，计算机翼的翼载荷，选择发动机的型别等。达索是一位杰出的工程师，富于创造，总是渴望了解新鲜事物。他不仅善于实践，从中吸取经验教训，同时也非常注重学习他人的成功经验，脚踏实地，不赶时髦。在每一个新设计方案中，仅采用经过验证的成熟技术，稳步发展。尤其是在“幻影”系列战斗机的发展中，集中体现了为人称道的法国航空工业的“渐改法”。

在达索荣获古根海姆大奖的会上，人们评价他说：毫无疑问，达索飞机公司比西方世界其他公司更具有创建者个性延伸的特点。自第一次世界大战以来，达索一直从事飞机制造，而且把他的活动更多地看做是一种艺术，而不仅仅是科学。用他的一句格言来说就是：“一架漂亮的飞机，飞起来一定是很美的。”

1986年4月18日，94岁高龄的达索离开了人世。法国政府授予他最高荣誉——荣誉军团大十字勋章，还破例在残废军人院举行的葬礼上向他致敬。达索是一位渴求创造，即使身处逆境也面向未来的人。他留给自己公司的价值观是：“我力求不间断地思考。我与我的班子一起做了很多工作，不因困难而气馁。我热爱我的工作，并自觉地远离诱使我离开工作的各种干扰。”

1981年达索公司组建了达索系统公司，负责开发并销售达索的计算机辅助设计软件，即“卡梯亚”（CATIA）项目，达索系统公司成为该领域内的领先者。1979年法国政府收购了达索公司的20%股份并设立航空参与管理公司（SOGEPA）来参与达索公司以及其在法宇航公司内25%间接股份的管理（政府还拥有法宇航75%的直接股份）。1998年法政府将其在达索中的约46%的股份转让给法宇航。2007年10月法宇航-马特拉公司和其他一些欧洲公司合并组成欧洲宇航防务公司(EADS),这样,EADS就拥有达索公司的约46.22%的股份,但达索家族仍拥有50.21%,私人投资者拥有3.57%,因此达索对EADS仍保持相对独立。

二战后1947年达索公司研发了“火烈鸟”(Flamant)系列军用运输机,其中MD315型为10座运输机,311型用做轰炸或照相,312型为6座运输机,各型共生产了322架,装用2台雷诺-125活塞发动机。除法国军方外还提供给越南和突尼斯等原法国殖民地国家。接着达索又研发了“飓风”(Ouragan)喷气战斗机,编号为MD450。装用罗罗公司的“尼恩102”离心式涡喷发动机。除法国军方订购350架外还出口给以色列75架,印度104架。印度称为“托发尼”(印地语飓风之意)。

1950年初达索公司在“飓风”的基础上开始研发“神秘”(Mystere)系列喷气战斗机,共生产421架。该机装用1台罗罗公司的“泰250”或由法国“伊斯潘诺·西扎”公司生产的“维尔登”涡喷发动机。除用于法国军方外也向以色列和印度出口。接着又研发了“超神秘”(Super Mystere)战斗机,装用阿塔101G(Atar 101G)发动机。该机生产了180架,有36架出口到以色列。以色列的“神秘”和“超神秘”战机成为其在中东战争中的主力。

“幻影”Ⅲ型战斗机,1956年11月17日首飞,1958年10月24日第35次试飞时突破2马赫音障,成为第一架速度达两马赫的欧制战斗机,与美国的F-4“鬼怪”和苏联的米格-21成三足鼎立之势。

20世纪50年代后期,达索公司开始研发“幻影”(Mirage)系列战斗机。“幻影”Ⅲ是在“幻影”Ⅰ和“幻影”Ⅱ原型机的基础上发展而成,取得了重大成功。该机于1961年开始服役,装用1台斯奈克玛公司的“阿塔”9C涡喷发动机。各型“幻影”Ⅲ生产了1422架,成为当时法国空军的主力机种。除用于法国空军外该机还出口到包括南非、巴西、阿根廷和巴基斯坦等很多国家,澳大利亚和瑞士等国还按许可权进行生产。作为“幻影”Ⅲ的后继机,1966年达索公司研发了“幻影”F1,装用“阿塔

9K－50”涡喷发动机。各型“幻影”F1生产了700多架，也曾出口到南非、西班牙、伊拉克等国。

“超军旗”是在“军旗”Ⅳ基础上进一步开发的轻型舰载攻击机。

20世纪50年代达索曾为法国海军研发舰载攻击机“军旗”(Etendard)，生产了90架。70年代又研发了后继机“超军旗”(Super Etendard)，装用1台阿塔8K－50不加力涡喷发动机，并配置“埃索赛特”(Exocet)导弹。该机共生产了74架，法国海军60架，14架出口阿根廷。在1982年英阿两国之间的马岛战争中，阿根廷海军的“超军旗”发射导弹，击沉了英国皇家海军的“谢菲尔德”号和“大西洋运送者”等数艘军舰。

20世纪60年代至70年代达索公司曾同英国宇航公司一起组成欧洲教练机战斗机制造公司(SEPECAT)，研发“美洲虎”战斗教练机，后来法英两国有了新的教练机，该机就主要用于近距支援、侦察和战术攻击。该机装用罗罗公司和透博梅卡公司合作研发的“阿杜尔”加力涡扇发动机。该机于1973年开始服役，共生产了543架，除用于法英两国空军外还出口到印度、阿曼和尼日利亚等国。该机在法英两国已分别于2005年和2007年退役，在印度等国则仍在服役中。

“大西洋”是达索－布雷盖公司研制的双发中型陆基反潜巡逻机，原型机于1961年10月21日首飞，到1974年停产，共生产87架。图为法国装备的“大西洋”2型。

达索公司还曾同德国道尼尔公司合作研发“阿尔法喷气”教练机、攻击机。飞机各个部件由法德两国以及比利时分别制造，各自装配本国使用的飞机。该机1979年开始服役，共生产480架，装用斯奈克玛公司和透博梅卡公司合作制造的“拉扎克”涡扇发动机。法国订购的是E型教练机，共生产176架，部分飞机用于法国的飞行表演队。德国订购的是A型攻击机，共生产175架。该机还出口到比利时、埃及、摩洛哥、尼日利亚等很多非洲国家。

由原布雷盖公司研发的“大西洋”海上巡逻反潜机也是达索公司的重要产品之一。该机装用2台4 270千瓦的罗罗公司的“苔恩”涡桨发动机，可配备4枚反舰导弹，其A1型生产了87架，分别用于法国、德国、意大利、荷兰和巴基斯坦等国海军。升级型A2，生产28架，目前仍在法国海军服役。

二、当前主要产品

目前主要产品为“隼”(Falcon)系列公务机以及“幻影”和“阵风”系列战斗机，另外还同瑞典萨伯公司等合作发展“纽龙”(nEUROn，或译“神经元”)欧洲无人战斗机。公务机的销售金额约占其总销售额的60%，其余40%为军机项目。

1.“幻影”2000

20世纪70年代后期，达索开始研发“幻影”战斗机系列的现代化型号“幻影”2000，用来替代“幻影”Ⅲ和“幻影”F.1。该机的最大起飞重量达17吨，航程1450千米，采用电传操纵和随控布局等新技术，并装用斯奈克玛公司研制的M53加力涡扇发动机，其静推力为64千牛，加力推力为98千牛。“幻影”2000于1984年开始服役，成为F-16的直接竞争者。该机有C、B、D、E、N、S、-5、-9等型，共生产了612架，除有315架用于法国空军外还出口到印度、阿联酋、希腊等多个国家，还曾出售60架给中国台湾，包括48架“幻影”2000-5E1截击型和12架“幻影”2000-5D1教练机，该项军售一度造成中法关系高度紧张。“幻影”2000的生产线在2007年11月关闭。达索还曾自费研发了“幻影”2000的双发加大型“幻影”4000，因无订货而被搁置。

链接：老达索的孙子导演对台军售

1992年11月18日，法国达索公司签订合同向中国台湾出售60架“幻影”2000-5战斗机，总金额38亿美元，经中国政府多次警告无效，法国政府坚持批准这一军售合同。1992 年 12 月 23 日，中国外交部要求法国在一个月之内关闭其驻广州总领事馆，中法政治关系和经济关系遭受重大打击，进入严重困难时期。直到 1994 年 1 月 12 日，中法发布联合公报。法国确认，承认中华人民共和国政府是中国的唯一合法政府，台湾是中国领土不可分割的一部分，法国政府承诺今后不批准法国企业参与武装台湾，中法关系才翻过了困难的一页。

“幻影”2000 是达索公司继“幻影”Ⅲ之后研制的新一代战斗机，1978 年 3 月首飞，1983 年服役，图为“幻影”2000－5 多用途型。

一手炮制这出对台军售恶劣先例的不是别人，正是老达索的孙子、达索公司第三代掌门人罗朗·达索。

20 世纪 80 年代末，台湾的空防主力仍以老旧的 F－5E 及 F－104 为主。为对抗大陆，台军急需装备作战能力更好的战机。当时，由于美国没出售 F－16 战机给台湾，台湾当局便开辟“第二管道”——争取采购法国的“幻影”。为避免出现“不必要的国际政治势力干扰”，台湾当局以极其隐蔽的方式，与法国政要和达索公司进行了接触。据透露，台当局与达索公司的代表进行了数十次正式及非正式会面，其间多次出现谍报电影情节一般的交涉场面，过程十分惊险。而这一切，都是在罗朗·达索的直接导演下进行的。

“有钱能使鬼推磨”。1991 年 10 月下旬，法国政府在台湾“金元炸弹”的“轰炸”下，终于同意军备局与台湾进行接触。1992 年 2 月下旬，台当局的代表假扮成军火商，借参加新加坡航空展的名义，与达索公司高层会面并达成了初步协议。又经过漫长的谈判，双方正式签约。但是，台当局为此付出了沉重的代价——从达索公司购买的 60 架“幻影”－2000 战机，耗资 300 多亿法郎，打破了当时单项战机交易的世界纪录。

“达索公司把台湾当肥羊来宰！”一名曾参与购买“幻影”战机的台军将领在日记本上如是写道，字里行间流露出受达索公司压榨的滋味。

罗朗·达索靠这笔交易，很快使他的公司摆脱了财政困境。但此次交易造成的恶果——中法关系的倒退他是不会理睬的，因为作为一个“精明”的军火商，他首先想到的只是“赚钱”！罗朗·达索造成的恶果至今没有消除，因为根据当初他与台湾当局签署的合同，只要台湾军队装备的“幻影”-2000战机不退役，达索公司就一直要为台军提供技术支持和相关服务，这无异于变相地支持台当局对抗大陆。

2. “阵风”(Rafale)

1984年7月英法德意西5国达成协议，联合研发一种用于90年代之后的先进战斗机，称为“欧洲战斗机”。但不久法国因军方的要求不同而退出该计划，开始独立研发“阵风”战斗机。起初法国军方希望订购294架，空军型C型和双座教练机B型共232架，海军型M型60架，但目前只确认将分3批订购120架。法国海军对新机的要求尤为迫切，需要用来替代其陈旧的F-8“十字军战士”和“超军旗”舰载战斗机。1986年7月，装用GE公司的F404发动机的“阵风”A型原型机首飞，装用2台斯奈克玛公司为“阵风”研制的M88涡扇发动机(静推力50千牛，加力推力75.62千牛)的C型和M型在1991年首飞，双座B型则于1993年首飞。但由于各种原因，M型的生产型飞机到1999年才开始飞行，2000年12月开始服役，2002年曾搭载在戴高乐号航母上进入阿富汗战争海域(未出动)，2004年形成全面作战能力。2004年12月空军接收首批3架B型，开始作战评估，2007年中才形成全面作战能力。2007年法国空军派6架“阵风”进驻塔吉克斯坦的杜尚别基地，参与阿战行动。2007年12月6日一架双座型“阵风”坠毁，飞行员丧生。2004年12月法国军方确认首批订购59架，后减为51架。军方对该机的作战评估标准分为3级，F1标准为具备空中格斗能力，F2标准为具备多种功能，包括对地攻击和侦察能力，F3标准为装备3维地形跟踪雷达和“艾索赛

“阵风”是世界上最早试飞成功的准第四代双发多用途喷气式战斗机，和“台风”、JAS-39“鹰狮”并称欧洲“三雄”。

特”反舰导弹并具备核打击力量。2008 年该机完成了按 F3 标准全面取证。2009 年 7 月首架代号 M27 的“阵风”F3 标准战斗机下线，交付法国海军，海军将接受 12 架。“阵风”项目总费用达 280 亿欧元，相当于每架 9 500 万欧元。法国希望能将“阵风”战斗机出口，有一些国家表示有兴趣。2008 年法国泰雷斯公司机载系统分部完成了 BRE－2 型有源相控阵雷达的研制并开始生产，按照一项 2 亿欧元的合同向法国空军交付首批产品用于装备“阵风”战斗机。达索公司相信，装备了该型雷达后的“阵风”战斗机肯定将会赢得出口市场。目前取得的进展是与巴西空军签订了意向书，将购买 36 架“阵风”，一揽子协议的总价值将达 50 亿欧元。“阵风”还将参与印度购买 126 架战斗机的竞标。法国独自一家研发一种现代化战斗机，付出的代价是巨大的。

3. 无人战斗机“纽龙”(nEURon)

“纽龙”无人战斗机是达索公司同欧洲数家公司正在合作研发中的实验性无人战斗机。早在 1999 年达索公司就启动了“劳基杜克”(LOGIDUC)隐形无人机项目，分三个阶段实施，即小比例、中比例和全尺寸实验机。2003 年巴黎航展时法国国防部部长宣布，由 EADS 法国公司、达索公司和泰雷斯公司合作研发“劳基杜克”的第 3 阶段，即全尺寸无人战斗侦察机，后来数家欧洲公司作为合作伙伴参加该项目，共同负担研发费用，该项目即改称为“纽龙”项目。参与该项目的各国公司包括瑞典萨伯公司、意大利阿莱尼亚公司、西班牙卡萨公司、希腊宇航工业公司(HAI)和瑞士卢阿格公司(RUAG)。法国防务采购署(DGA)代表参与各国担任项目总监，达索公司的梯雷·普鲁尼尔任项目总经理，两名副总经理分别来自萨伯公司和阿莱尼亚公司。项目分工：达索在项目中占 50%，负责项目领导、总体结构设计、飞控系统、飞机总装、试验和试飞；萨伯占 25%，负责总体设计，带设备的机身、航电、燃油系统和试飞；阿莱尼亚负责武器火控系统、大气数据系统、电气系统和试飞；卡萨负责机翼、地面控制站和数据链整合；希腊负责后机身和尾部；卢阿格负责风洞试验和武器吊架；泰雷斯负责数据链和指令接口；EADS 法国公司负责的工作项目未公布。该项目有三项目标：保持并发展各个公司的设计力量，研究并验证下一代战斗机所需技术，验证可用于下一代战斗机发展的创新的多国合作模式。“纽龙”无人战斗机与目前著名的无人机如 MQ－1“捕食者”(Predator)等相比将在航程、商载和能力方面要先进得多,将接近各型先进的有人战斗机。“纽龙”将与波音公司的X-45C和诺格公司的X-47B等机种形成竞争。据公布的信息,“纽龙”采用三角翼,机长9.5米,翼展12.5米,重量6吨,最大速度M0.8,与“幻影”2000大致相当。“纽龙”将具有自主使用精确制导武器进行对地攻击的能力,可依靠先进隐形设计进入战区而不被探测到,还可按照来自“阵风”或“鹰狮”等先进有人战机的指令进行编队飞行。“纽龙”的演示机将采用“阿杜尔”涡扇发动机,生产型则将采用较大的以M88为基础进行改型的发动机。“纽龙”项目将有三年的系统定义和设计阶段,接着是研制和装配阶段,计划于2010年分别在法国、瑞典和意大利开始试飞,在2年的试飞期内将出动约100次,包括发射激光制导炸弹。2006年在瑞士和2007年3月在法国进行的低速风洞试验的基础上,2007年4月该飞机在萨伯公司进行了达到M1的高速风洞试验。“纽龙”项目合同总价4.05亿欧元,法国将提供经费的一半,即2.025亿欧元,瑞典将提供7 500万欧元,西班牙将提供3 550万欧元。按达索公司估计,“纽龙”的单价为2 500万欧元。

4. 公务机

早在1962年,达索-布雷盖公司就曾与法国南方航空公司合作研制生产了一种军民两用的双发涡扇通勤飞机,称为“神秘”-20(Mystere 20)。该机主要用于短途人员运输,经改装后也可用于货运、航空摄影和气象研究等。该机装用2台普惠公司的JT12-A8发动机。美国泛美航空公司与达索签订协议,订购160架,在西半球推销该飞机,并建议改装GE公司的CF700发动机。1965年该机取得法国和美国的适航批准,泛美航空公司将该飞机称为“隼”-20(Falcon 20),这就是后来发展成为达索公司的支柱产品的“隼”系列公务机的开端。“隼”-20销路良好,资料称在1979年底前已销售456架。后来,该机不断得到发展,形成很多型号,后期型号装用盖瑞公司的ATF3-6或TFE731-5涡扇发动机,生产一直延伸到1988年,用户遍及欧、亚、非、北美、南美、大洋洲各国。美国海岸警卫队的型号称HV-25“守卫者”(Guardian),用于观察污染、搜寻海难失踪人员和缉毒等。

在“隼”-20的基础上,达索公司又发展了较小的4—8座的“隼”-10,生产了226架。8—10座并装用3台发动机的较大的“隼”-50和

“隼”-50EX,共生产了352架。在“隼”-50的基础上在1986年又推出机身加长的19座“隼”-900、“隼”-900EX和带翼尖小翼的“隼”-900LX,生产了260架。

1995年达索公司推出双发远程公务机“隼”-2000,航程可达6 020千米,其原型机曾创造以5小时26分从美国缅因州飞达法国巴黎的纪录。该机装用GE公司和联信公司合作生产的CFE738发动机或加拿大普惠公司的PW308C发动机。“隼”-2000EX的航程增加到7 000千米,是大型喷气公务机中最省油的。2007年在航空伙伴公司(Aviation Partners)公司的协助下,达索公司研发了加上了翼尖小翼的“隼”-2000LX,可使油耗比“隼”-2000EX再降低5%。达索公司可为客户在现有的“隼”-2000和“隼”-2000EX上加装小翼。

达索公司“隼”系列公务机中最新的产品是“隼”-7X大客舱洲际公务机,2005年5月首飞,2007年6月开始服役,机组3人,乘客可达14人。该机装用3台加拿大普惠公司的PW307A涡扇发动机,时速900千米,载8名乘客时航程可达11 000千米。

图为“隼”7X全新高端公务机,其最具革命性的技术创新是在公务机上第一次采用电传飞行操纵系统。

达索公司主席埃德斯坦在2007年巴黎航展上答记者问时信心十足,称达索有130亿欧元的积累订货,前途光明。

第二十章　屹立东瀛——三菱重工、石川岛播磨、川崎重工和富士重工株式会社

被列入宇航工业100强的日本公司主要有三菱重工、石川岛播磨重工、川崎重工和富士重工4家。分别简介如下：

一、三菱重工(Mitsubishi Heavy Industries，MHI)

三菱重工2008年总销售金额335.81亿美元，人均528 835美元；利润10.53亿美元，人均16 583美元；利润率为3.1%。宇航业务销售金额50.89亿美元。在2008年宇航工业100强中排名第22位。

三菱重工创建于1870年，是从事造船、航空、动力设备、机械制造等重工业产品的大型综合性企业。第二次世界大战期间曾设计制造过著名的“零式”战斗机等多种军用飞机18 000余架，飞机发动机52 000多台。战后三菱重工被分解为三家公司，1964年重新合并组成新的公司。

20世纪50年代三菱重工重新组建航空工业部，开始修理并组装飞机和发动机。1955年起按专利生产F-86战斗机，共生产2 576架；1962年按专利生产F-104战斗机，共生产230架。1967年开始与富士重工合作自行研制T-2高级教练机，共生产90架，其中28架为T-2Z双座先进教练机，62架T-2K为武装教练机。该机装用2台石川岛播磨重工专利生产的TF40-801A加力涡扇发动机，单台推力22.8—35.6千牛。1977年在T-2的基础上研发成功日本二战后首架自行研制的单座喷气战斗机F-1，该机与英法合作的“美洲虎”战斗机相似，共生产了77架。1971年起三菱重工按专利生产F-4EJ战斗机，共有订货140架，首批2架由美国麦克唐纳公司制造，以后11架由美方提供散装件由三菱组装，随后127架由三菱自行制造，1981年5月交付完毕。1978年起三菱重工成为日本专利生产F-15J/DJ战斗机的主合同商，该机共有订货

220 架，180 架单座 J 型和 40 架双座 DJ 型。首批 2 架单座型和 12 架双座型由麦道公司制造，随后三菱用散装件组装了 8 架单座型，其余由三菱自行制造。

20 世纪 90 年代三菱重工与洛马公司合作，以 F－16 为基础研发 FS－X，即以后命名为 F－2 的多用途战斗机。双方按 60∶40 的比例分工制造，三菱为主合同商，洛马公司成为三菱的供应商，提供后机身、前缘和部分翼盒。与 F－16 相比，该机的机翼面积增加 25％，尾部加大，进气口加大，机头加长加宽，以装入相控阵雷达，采用了复合材料。该机装用 1 台 GE 公司的 F110－GE－129 加力涡扇发动机，推力 76—131 千牛。该机可装 4 枚反舰导弹和 4 枚空空导弹。日本航空自卫队订购 94 架，单价 1.08 亿美元。2000 年首架飞机服役，到 2008 年已有 76 架服役。

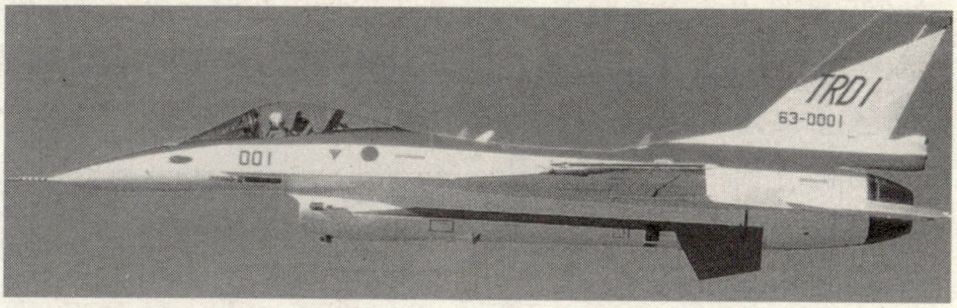

三菱重工与洛马公司合作，以 F－16 为基础研制了 F－2 多用途战斗机。图为第一架原型机，尾翼上 TRDI 是"日本防卫省技术研究本部"的英文缩写。

F－2 支援战斗机 2001 年开始服役，目前部署于日本国内五个基地，共有 75 架。

直升机方面三菱重工在 20 世纪 50 年代就仿制了西科斯基公司的 S－55 直升机，1962 年又引进了 S－61 和 HSS－2"海王"反潜直升机，制造了 187 架，装用石川岛播磨重工仿制的 CT－58 涡轴发动机。80 年代三菱作为主合同商与西科斯基公司合作为日本海上、空中和陆上自卫队制造 UH－60J/JA"黑鹰"多用途直升机 75

架，还为海上自卫队制造了 103 架 SH－60J/K“海鹰”反潜巡逻直升机，均装用石川岛播磨重工制造的 1 342 千瓦的 T700 发动机。1995 年三菱还曾启动独立研发 7—12 座的 MH2000 多用途轻型直升机的项目，采用其自行研发的 MG5－100 涡轴发动机。但该机未能赢得市场，项目于 2004 年终止。

民机方面，20 世纪 60 年代三菱重工与富士、川崎、新明和等厂商组成日本飞机制造公司(NAMC)共同研制生产 60 座 YS－11 中短程客机，三菱负责前机身和总装。该机装用 2 台罗罗公司的“达特”涡桨发动机，于 1965 年 4 月开始服役，共生产 182 架。以后三菱开始为波音、空客、庞巴迪等各飞机制造商承制部件。20 世纪 80 年代起三菱与川崎重工以及富士重工一起在波音的一系列项目中成为参与投资、研发并生产的合作伙伴，在 767 项目中共同参股 15%，在 777 项目中共同参股 21%，承担机身壁板和舱门等部件的设计制造；发展到 787“梦想客机”项目时，共同参股的份额已达 35%，三菱重工承担碳纤维复合材料机翼的研发和生产。

在发动机方面三菱重工曾参与仿制普惠公司的 F100 和艾利森公司的 T56 等军用发动机，以及普惠公司的 JT8D 民用发动机，还参与普惠公司的 PW4000 和罗罗公司的“遄达”1000 等发动机项目，承担各种零部件的发展和生产。20 世纪 80 年代三菱重工与川崎重工和石川岛播磨重工一起组成日本航空发动机公司(JAEC)，在 IAE 公司的 V2500 项目中共同参股 23%，承担风扇和低压压气机部件的设计和生产。

日本几家航空企业在很多外国飞机发展项目中参股，也都参与为波音、空客和庞巴迪等厂商制造零部件。图为三菱重工为庞巴迪“环球快车”制造的下翼支架段。

进入 21 世纪三菱决心独立研发 MRJ 支线客机，2008 年 3 月 28 日项目正式启动，全日空航空公司订货 25 架(15 架确认，10 架意向)。该机机体将采用较多的复合材料，还将采用普惠公司的 PW1000G 齿轮涡扇发动机，为此三菱重工还成立了三菱飞机公司(Mitsubishi Aircraft)。负责该机的设计、取证、采购、销售和用户支持。总部设在名古屋，首任总裁为江川豪雄(Nobuo Toda)。公司本金 30 亿日元，计划集资 1 000 亿日元，其中 2/3 由三菱重工投资，其余由丰田、三井、住友等集团以及日本开发银行投资。飞机的试制、生产和试飞由三菱重工的名古屋工厂负责。该机计划于 2013 年开始服役，将努力向全球市场推销。该机的合作单位除了普惠公司提供发动机外，派克宇航公司提供液压系统，汉胜公司提供电力系统、空气管理系统和辅助动力装置，罗克韦尔-柯林斯公司提供飞行控制计算机和航电，住友精密工业公司提供起落架。

三菱重工还制造各种空空导弹和地空导弹，还积极参与日本的航天项目。三菱重工制造飞机和发动机的工厂主要设在名古屋和广岛等地。

二、石川岛播磨重工(Ishikawajima - Harima Heavy Industries, IHI)

石川岛播磨重工 2008 总销售金额 138.09 亿美元，利润 2.55 亿美元，利润率为 1.9%；航空发动机和航天业务的销售金额 28.90 亿美元，在 2009 年宇航工业 100 强中排名第 34 位。石川岛播磨重工由始建于 1853 年的石川岛造船所和始建于 1907 年播磨造船所，在 1960 年合并而成，是经营钢铁、化工、电力、船舶和发动机等产品的大型综合性企业，是日本最大的制造航空发动机的公司，日本大多数国产航空发动机均出自该公司。

该公司于 1945 年研制出日本第一台喷气发动机 NE - 20；1955 年研制成功 J3 喷气发动机；20 世纪 60 年代开始先后仿制 GE 公司的 J79 涡喷发动机、CT58 涡轴发动机、T64 涡桨发动机，后来又引进专利生产罗罗和透博梅卡公司合作研制的 TF - 40 涡扇发动机。1978 年该公司成为专利生产普惠公司的 F100 涡扇发动机和艾利森公司的 T56 涡桨发动机的主合同商；20 世纪 80 年代专利生产 GE 公司的 T700 涡轴发动机，用于日本仿制的 UH/SH - 60J 直升机。20 世纪 80 年代与三菱重工、川崎重工一起同罗罗公司合作研制 RJ500 涡扇发动机，在此基础上参与

V2500 发动机的国际合作，与三菱重工和川崎重工一起参股 23%，承担风扇和低压压气机部件，石川岛播磨公司除了制造零件外还负责该部件的组装。20 世纪 90 年代石川岛播磨重工还在 GE 公司的 GE90 大推力涡扇发动机项目中参股 10%，以后又与三菱重工一起在 GE 公司为波音 787 和 747－8 等研制中的客机研发的 GEnx 发动机项目中共同参股 15%。在广泛使用于新一代大型支线客机的 GE 公司的 CF34－8 涡扇发动机中石川岛播磨参与了 25%—30%的制造。1993 年石川岛播磨公司又开始专利生产 GE 公司的 F110－GE－129 发动机，用于日本研制的 FS－X，即 F－2 战斗机。日本正在研制中的巡逻机 P－X 所用的发动机也是石川岛播磨制造的。石川岛播磨公司在其发展过程中参与了很多西方发动机的研制。

石川岛播磨重工有三家制造航空发动机的工厂，分别为位于东京都田无市的田无航空发动机工厂，位于东京都西多摩郡瑞穗町的瑞穗航空发动机工厂和位于广岛县吴市的吴航空发动机和涡轮工厂。

三、川崎重工（Kawasaki Heavy Industries，KHI）

川崎重工 2008 年总销售金额 133.16 亿美元，利润 2.86 亿美元，利润率为 2.1%。宇航业务销售金额 19.94 亿美元，在 2009 年宇航工业 100 强中排名第 42 位。

川崎重工创建于 1878 年，也是经营造船、汽车和航空等多种产品的综合性企业。二战期间该企业曾研制生产“八八式”侦察机和“飞燕式”战斗机等。1952 年起它开始修理和仿制飞机，曾仿制了 210 架 T－33A 教练机，1959 年专利生产洛克希德公司的 P2H 反潜警戒机 48 架，1966 年将其改为涡桨型 P－2J，生产了 82 架，以后又仿制生产了 101 架洛克希德公司的 P－3C 反潜巡逻机。川崎重工也参加 F－104、F－4E、F－15J/DJ 等战斗机的仿制生产。80 年代开始研制 T－4 中级教练机，用来替代 T－1 和 T－33。该机于 1985 年 7 月首飞，1988 年起交付。在制造了 4 架原型机后共生产了 208 架。该机装用 2 台石川岛播磨公司的 F－3－IHI－30 涡扇发动机，单台推力 32.56 千牛。

民机方面，20 世纪 60 年代川崎参加日本飞机制造公司，为 YS－11

客机生产机翼和短舱；以后开始为波音、麦道和空客等承制飞机部件，并与三菱重工和富士重工一起在波音的一系列项目中成为参与投资、研发和生产的合作伙伴，在767和777项目中负责前机身壁板等部件，在787项目中则负责前机身段。川崎重工还在巴西安博威公司的E-170/175/190/195客机项目中承担机翼零部件的制造。

川崎重工是日本主要直升机制造商，曾仿制生产多种直升机，包括239架贝尔-47D和211架从其改型的KH-4，160架从波音直升机公司的107Ⅱ改型的KV-107，68架CH-47J/JA“支奴干”以及休斯500D和OH-60A等。20世纪70年代后期起川崎重工同德国MBB公司合作研制7—10座通用直升机BK-117。MBB公司负责旋翼、尾部、飞控系统和液压系统，川崎负责起落架、机身和主传动系统。该机装用2台410千瓦的莱科明公司的LTS101涡轴发动机。该机于1979年开始生产，已生产400多架，现仍在生产中。90年代川崎重工研制了OH-1武装侦察直升机。2003年川崎重工与阿古斯塔-韦斯特兰公司达成协议，组装13架EH101直升机，2007年3月首架由川崎组装的命名为MCH101的直升机在川崎的岐阜工厂交付。

1966年川崎重工成为研制C-1双发短程军用运输机的主承包商。该机用来替代陈旧的C-46，1974年起开始服役，共制造了31架，至今仍在使用。该机装用2台三菱重工制造的JT8D-M-9涡扇发动机，单台推力64.5千牛。近期川崎重工正在研发一种新的军用运输机C-X，用来取代C-1和C-130。军方计划购买30—50架，要求其飞行性能可在民机的航线上飞行，备有货物自动装卸系统和能保证低高度飞行的飞行管理系统，最大起飞重量达141吨，载荷要达30吨以上，短距起降，空载航程10 000千米。该机装用2台GE公司的CF6-80C2发动机，单台推力266千牛。首架样机于2007年7月4日下线。后发现尾翼变形且机身多处有裂缝，需从设计和制造工艺等方面来解决。该机估计单价8 000万美元。川崎重工还想将其发展成商用型。

川崎重工在研发C-X运输机的同时还研发了P-X海上巡逻机，用来替代已显陈旧的P-3C。P-X与C-X在设计上有很多共同处，这样就使研发费得以节省，可控制在30亿美元内。该机装用4台石川岛播磨重工研发的F7-10涡扇发动机。该机创新地采用了“光操纵”，可减少对

P-3是美国洛马公司在“依列克特拉”民航机的基础上设计的海上巡逻和反潜飞机，日本川崎重工按许可证生产了101架。

传感器的电磁干扰；还装备了相控阵雷达、磁异常探测器以及红外探测系统、光探测系统等。该机可携带9吨炸弹以及“鱼叉”等型导弹和鱼雷、水雷，还将携带100个声呐浮标。该机于2007年9月首飞，计划于2010年交付。日本军方称将以5.66亿美元购买4架，最终可能购买80架。

川崎重工在发动机方面曾仿制生产莱科明公司的T53和T55等直升机用涡轴发动机。20世纪80年代起参与IAE公司的V2500，普惠公司的PW2000和PW4000，罗罗公司的遄特700/800和GE公司的CF34等发动机的研制生产。川崎重工也参与日本的航天计划，制造装载物整流罩和装载物固定件等，参与国际空间站的日本实验舱的制造，还参与建造H-Ⅱ火箭发射装置。川崎重工制造飞机和发动机的工厂主要设在岐阜和名古屋等地，在岐阜还设有研究所。

四、富士重工(Fuji Heavy Industries, FHI)

富士重工2008销售金额143.83亿美元，利润-0.58亿美元，利润率为-0.4%；宇航业务销售金额8.05亿美元，在2009年宇航工业100强中排名第65位。富士重工也是生产汽车、机械、机车和飞机等产品的综合性企业，其前身是1931年创建的中岛飞机公司，战后该公司分解为12家小企业，1953年其中5家合并组成富士重工。二战期间该公司生产了“桔花”、“钟鸠鸟”、“疾风”、“吞龙”等多种舰载攻击机和战斗轰炸机，是当时日本最大的飞机公司，共生产了飞机3万架，发动机4.5万台。

20世纪50年代富士重工仿制了美国比奇公司的T-34教练机，1957年研制成功日本第一架中级喷气教练机T-1；60年代在T-34的基础上研发了KM-2教练机，生产了64架，70年代又改型为T-3，生产了 50 架;80 年代又研发了 T－5,装用 1 台 261 千瓦的艾利森 250B17D 涡桨发动机,生产了 40 架;21 世纪初期在 T－3 的基础上研制成 T－7 初级教练机,装用 1 台 300 千瓦的罗罗 250B 涡桨发动机,生产了 49 架。

富士重工也从事直升机生产,20 世纪 60 年代以来先后仿制了贝尔公司的"休伊"直升机 UH－1B 型 90 架,UH－1H 型 50 架,UH－1J 型 78 架。AH－1E"休伊眼镜蛇"54 架;21 世纪初期富士重工按波音公司的专利生产 AH－64D"长弓阿帕奇"攻击直升机,原订 60 架,但在 2008 年交付第 13 架后项目被终止。

在民机方面,富士重工也是 NAMC 公司的成员,曾参加 YS－11 支线客机的发展和生产,负责尾翼部分。富士也同三菱、川崎一样为波音、空客等厂商制造飞机零部件并在波音 767、777 和 787 项目中参股,负责中央翼、翼身转接部和主起落架舱门等部件。

列入宇航工业 100 强名单中的日本公司还有排名第 54 位的松下航电系统公司(Matsushita Avionics Systems Corporation)和排名第 90 位的从事飞机内设的 JAMCO 公司。

富士重工为美国霍克公司"地平线"公务机生产的第一个机翼运抵威奇塔 4 号厂房。

综观日本航空工业,可以看出其实力相当雄厚。在军机方面,数十年来日本利用其与美国的结盟关系引进了很多军机项目,几乎所有日本军方选定的军用飞机,包括战斗机、教练机、巡逻机、直升机等都在日本按专利制造;这些飞机所用的发动机也都由日本公司制造;与此同时他们还积极开展自行研制。与洛克希德公司合作研发的 F－2 战斗机以及目前正在研发中的 C－X 军用运输机和 P－X 巡逻机都已有相当水平。在民机方面,飞机和发动机工业都是从转包生产发展到参股合作,参股比例逐步增加,在波音 787 中已达 35%;在此基础上开始自行研制新支线客机。日本走向航空大国的雄心正在一步步走向实现。

第二十一章　北欧鹰狮——萨伯公司

萨伯公司(Saab AB),即瑞典飞机有限公司,创建于 1937 年。萨伯公司 2008 年的员工人数为 13 294 人,总销售金额 39.14 亿美元,人均 294 419 美元;利润 0.25 亿美元,人均 1 881 美元;利润率为 0.7%;宇航销售金额为 36.09 亿美元;在 2009 年宇航工业 100 强名单中排名第 27 位。萨伯公司的总部和主要设施位于瑞典的林彻平市。总裁兼首席执行官为阿柯·斯文森(Åke Svensson)。

一、发展历程

1937 年 4 月萨伯公司在瑞典南方的特罗尔黑坦市成立,1939 年萨伯公司收购了瑞典另一家飞机制造公司 ASJA 后,迁至目前所在的林彻平。公司初期主要为瑞典空军制造军用飞机,产品有萨伯-17 轰炸/侦察机、萨伯-18 轰炸机、萨伯-21 推式螺旋桨飞机等。20 世纪 40 年代也曾制造过 24—32 座级的萨伯-90 和萨伯-91 等民用运输机。二战后公司寻求业务多样化,开始制造汽车,60 年代起涉足计算机市场,成立了萨伯数据公司,研发用于银行和飞机的计算机,后来该公司被出售,萨伯保留了机载计算机业务。1968 年萨伯公司与卡车制造商斯堪尼亚-瓦比斯公司(Scania - Vabis)合并,成为萨伯-斯堪尼亚公司(Saab - Scania AB),开始生产各种汽车。1995 年汽车业务被美国通用汽车公司收购,公司名称恢复为萨伯公司,业务集中于飞机、导弹、通讯系统等的研发、生产和支持服务等。

萨伯公司是一家飞机和汽车制造商,常常把先进的航空技术用于改进汽车产品。图为 JAS-39"鹰狮"战斗机和 900S 型轿车。

50 年代起，萨伯开始研发喷气式飞机，先后研发的型号有：

1. 在萨伯-21 飞机上改装喷气发动机而成的萨伯-21R，生产了 64 架。

2. 萨伯-29“顿南”(Tunnan)，外号“飞行炮筒”，装用 1 台瑞典沃尔伏公司的 RM2B 涡喷发动机，推力 27 千牛，共生产了 661 架。该机是唯一进入实战的瑞典飞机，1961—1962 年先后共有 11 架派驻在非洲刚果民主共和国参与联合国维和行动。

3. 萨伯-32“长矛”(Lansen)双座攻击机，装用 1 台以英国罗罗公司的“埃汶”为基础的 RM6A 加力涡喷发动机，推力 47—65.3 千牛，生产了 450 架。

4. 萨伯-35“龙”(Draken)，用来替代萨伯-29 和萨伯-32。该机装用 1 台 RM6C 加力涡喷发动机，推力 56.5—78.4 千牛，共生产 644 架，除供瑞典空军外还出口到丹麦、芬兰和奥地利。

5. 萨伯-37“雷”(Viggen)，有单发战斗型、攻击型和双发侦察型，用来替代萨伯-32 和萨伯-35。该机装用以美国普惠公司的 JT8D 为基础加上加力燃烧室而成的 RM8 加力涡扇发动机，推力 72.1—125 千牛。该机生产了 329 架。

目前以上各型军用飞机均已从瑞典空军退役。

JAS-39 是集拦截、攻击、侦查三大功能于一身的战斗机，武器装备为 1 门 27 mm 毛瑟机炮，有 1 个机腹挂架，左右各 2 个翼下挂架和 2 个翼尖挂架，可挂中程空对空导弹、空对地导弹、反舰飞弹，担任对地对海任务。

20 世纪 80 年代初萨伯公司开始研发 JAS-39“鹰狮”(Gripen)多用途战斗机，用来替代萨伯-35“龙”和萨伯-37“雷”。该机于 1988 年首飞，1996 年起开始服役。瑞典空军共订购 204 架，包括 28 架双座，飞机分三批交付，首批 30 架于 1996 年交付，第二批 110 架于 2002 年交付，第三批 64 架于 2008 年 11 月全部交付完毕。1995 年萨伯公司与英国宇航公司合资组成“萨伯-英宇航鹰狮公司”，负责为国际市场制造、销售并支持“鹰狮”。2001 年该公司改称鹰狮国际公司(Gripen International)，

2005 年起该公司由萨伯全面负责。该机有空战型、对地攻击型和侦察型。其中，JAS－39A 为单座型，JAS－39B 为双座型，JAS－39C/D 为改进型。该机装用 1 台由 GE 公司和沃尔伏公司合作研制的 RM12(F404J)加力涡扇发动机，推力 54—80.5 千牛。

“鹰狮”战斗机在出口方面取得了很好的成绩，捷克和匈牙利以向瑞典空军租用的方式各自拥有 14 架，其中各有 2 架双座型；以后可能买下这些飞机。2008 年开始向南非交付 26 架，其中有 9 架双座型。泰国皇家空军已订购 6 架，其中有 4 架双座型，还可能增购 6 架。另外还有一些国家，包括克罗地亚、保加利亚、罗马尼亚、丹麦、荷兰、瑞士等也有购买意向，萨伯公司正在协商争取中。

民机方面，在 20 世纪 80 年代初，萨伯公司与美国费尔柴尔德飞机公司(Fairchild Aircraft)按 65∶35 的比例合作研制生产 30—36 座的 SF340 型涡桨支线客机。萨伯负责制造机身和垂直安定面并总装，费尔柴尔德负责制造机翼、尾部和发动机舱。该机装用 GE 公司的 CT7－5A2 发动机，功率 1 215 千瓦。在生产了 40 架之后，费尔柴尔德退出该项目，生产全部转至瑞典，飞机改称 S340A，共生产了 159 架。1989 年推出改进型 340B，采用 1394 千瓦的 CT7－9B 发动机和加宽的水平尾翼，加装了噪声和振动主动控制系统，使巡航时的噪音降低 10 分贝。340B 型生产了 200 架。1994 年飞机进一步改进，增加了翼尖小翼，还调整了布局，将盥洗室从客舱后部移至前部，扩大了行李舱的容积，该机称 340B＋，到 1999 年停产时共生产了 100 架，使生产总数达到 459 架。S340 还有军用型，包括瑞典空军订购的 S340AEW&C 空中预警和控制机和日本海岸警卫队订购的 S340B＋SAR200 海上搜救机；S340 也有货机型。据称，到 2009 年 6 月仍有 413 架 S340 飞机在服役。

图为以萨伯-340 为平台的预警机。

20 世纪 90 年代萨伯公司开始研发 50 座的高速涡桨客机萨伯-2000，装用 2 台艾利森公司的 AE2100 涡桨发动机，单台功率 3096 千瓦，巡航速度可达 665 千米/时以上。

1994—1999 年之间共生产了 64 架。但该机销售情况不佳，在与加拿大庞巴迪公司的 CRJ 系列和巴西安博威公司的 ERJ 系列支线客机的竞争中落败，1999 年停产。从此萨伯公司退出支线飞机市场。萨伯-2000 也有军用型，巴基斯坦曾购买 4 架装有 Erieye 预警系统的萨伯-2000AEW&C 空中预警和控制机，泰国也曾订购 1 架。据称目前仍有 54 架萨伯-2000 在服役中。

二、组织机构

萨伯公司目前有三大业务部，每个业务部以下还分设若干公司，具体如下：

（一）防务和安全项目部(Defense and Security Solutions)

防务和安全项目部下属有：萨伯航空技术公司（Saab Aertech），负责为萨伯飞机提供支持服务；萨伯通讯公司（Saab Communications），负责防务和民用安全通讯项目；萨伯格林特克公司（Saab Grintek），负责电信项目（无线电、微波、多媒体等）、战术通讯、网络设计；萨伯系统公司（Saab Systems），负责决策支持系统；萨伯监视系统公司（Saab Surveillance Systems），负责空中预警系统；综合技术公司（Combitech），负责咨询服务。

（二）系统和产品部(Systems and Products)

系统和产品部下属有：萨伯电子公司（Saab Avitronics），负责航空电子、电子战系统；萨伯-巴拉库达公司（Saab Barracuda），负责伪装系统；萨伯-博佛斯动力公司（Saab Bofors Dynamics），负责导弹和短程武器；萨伯微波公司系统（Saab Microwave Systems），负责微波系统、雷达系统；萨伯培训系统公司（Saab Training Systems），负责军用设备模拟器；萨伯水下系统公司（Saab Underwater Systems），负责水雷探测系统、鱼雷。

（三）航空部(Aeronautics)

航空部下属有：萨伯飞机结构公司（Saab Aerostructure），负责 JAS-

39“鹰狮”飞机的结构件、空客、波音、NH90直升机部件；萨伯飞机系统公司(Saab Aerosystems)，负责JAS-39“鹰狮”飞机的系统开发、欧洲无人机“纽龙”；萨伯飞机租赁公司(Saab Aircraft Leasing)，负责萨伯-340和萨伯-2000飞机租赁；鹰狮国际公司(Gripen International)，负责鹰狮飞机制造、销售和支持。

三、当前业务

萨伯公司目前的业务集中于JAS-39“鹰狮”的出口型并为其他公司承制军民用飞机部件和系统。萨伯公司正在致力于研发新一代“鹰狮”战斗机。该机将装用GE公司和沃尔伏公司合作研发的F414G发动机，比原来的发动机推力提高20%，达98千牛。该机将可以以M1.1的超声速巡航，载油量、航程、载荷都有所加大，可携带多种型号的空空导弹。该机的双座新技术演示机于2008年5月27日首飞。2009年3月萨伯公司与赛莱柯斯·伽利略公司(Selex Galileo)协议研发“雷文”(Raven)有源相控阵雷达，可左右扫描200度。2009年9月萨伯提出以带这种雷达的“鹰狮”来参与印度126架战斗机的竞标。

萨伯公司通过其下属公司也研发各种导弹和反坦克系统、通讯和电子战系统等以及为其生产的飞机提供支持、培训、租赁等多种服务。

第二十二章　技术领先——以色列宇航工业公司和艾尔比特系统公司

以色列有两家宇航企业列入宇航100强，即以色列宇航工业公司和艾尔比特系统公司，以下分别简要介绍。

一、以色列宇航工业公司

以色列宇航工业公司(Israel Aerospace Industries)2008年有员工15 950人，销售金额36.00亿美元，人均225 705美元；利润1.37亿，人均8 589美元；利润率为3.8%。在2009年宇航工业100强名单中排名第31位。该公司为国有公司，公司主席为耶尔·沙米尔(Yair Shamir)，总裁兼首席执行官为伊扎克·尼森(Itzhak Nissan)。公司总部和主要设施位于特拉维夫的本-古里安机场。

以色列宇航工业公司原名以色列飞机工业公司(Israel Aircraft Industries)，2006年11月改称现名以反映其业务的多样性。该公司成立于1953年，当时称贝德克飞机公司(Bedek Aircraft)，从事以色列空军飞机的维修工作，经过几年的发展，开始进行飞机改装。20世纪60年代按专利生产了法国的“教师”喷气教练机。当时以色列空军引进了法国达索公司的“幻影”ⅢC全天候战斗机，该机在保持空中优势方面很有效，但由于航程短，对地攻击能力受限。应以色列空军要求，达索公司开始发展“幻影”Ⅲ的地面攻击型“幻影5”。由于中东地区主要是晴天，所以无全天候要求，改装主要是去除部分先进航电系统，加大油箱容积，从而加大航程并可增加武器载量。1968年达索制造完成了50架“幻影5”，但当时法国政府为表明对中东战争的中立，实施禁运。以色列通过其情报部门“摩萨德”获取了飞机和发动机的技术资料，从而自行仿制，命名为“鹰”(Nesher)。当时瑞士苏尔寿公司(Sulzer)正按许可制造“幻影”飞机，该公司请转包商鲁弗特克公司(Luftech Corp.)为其复印图纸，“摩萨德”从“鲁弗特克”获得了重达3吨的25万多张图纸。据称这是历史上最大的间谍案。以色列按“幻影”5的图纸制造了61架“鹰”，其中有10架为双座教练机，采用了以色列的航电和马丁-贝克的弹射坐椅。该机在1973年中东战争中表现良好，据称曾以损失15架的代价击落敌方100架。1977年“鹰”从以色列空军退役，剩下的飞机经翻新后分两批卖给了阿根廷空军，共39架，被命名为“短剑”(Dagger)，成为阿空军在1982年马岛战争中的主力之一。该机后来又进行了升级，命名为“手指”(Finger)，至今仍在服役。

在“鹰”的基础上，以色列又用其下属的贝德克公司专利生产的GE公司的J79发动机替代“幻影”5原来用的“阿塔”09发动机，推力达49—83.41千牛，使飞机性能显著提高。以宇航将装J79的飞机命名为“幼狮”(Kfir)，生产了220架以上，除用于以色列空军外还出口到哥伦比亚、厄瓜多尔、斯里兰卡等国空军。1985—1989年美国海军和海军陆战队分别租用12架和13架“幼狮”，用于在空战训练中作为敌方飞机。

20世纪80年代以色列飞机工业公司作为主承包商开始研发“狮”(Lavi)战斗机。1983年时估计该机的研制和生产共需64亿美元，由以色列出资60%，美国出资40%。1986年12月31日首架样机首飞，由于费用过高，该项目受到以色列国内强大的压力，加上美国担心该机会影响美国军机的出口，拒绝继续提供费用，致使项目在1987年8月被撤销。两架样机分别放在以色列空军博物馆和公司在本·古里安机场的工厂里。1989年第三架样机完成，用来作为技术演示机和飞行试验平台。该项目虽然被终止，但使以色列航空工业的力量得到了证实，该机的很多系统和部件被用于其他项目，促进了出口。

与目前广泛用于侦察、通信的无人机不同，“哈比”集无人机、导弹和机器人技术为一体，是一种利用敌方雷达辐射的电磁波信号，搜索、跟踪并摧毁地面雷达的自主武器系统。

以色列飞机工业公司还研制生产很多型号的无人机，

包括 RQ－2“先锋”(Pioneer)、RQ－5“猎人”(Hunter)、“赫伦”(Heron)、“哈比”(Harpy)、“突击队员”(Ranger)、“侦察员”(Scout)、“搜索者”(Searcher)以及“天光”(Skylite)和“鸟眼 400”(BirdEye 400)微型无人机等。其中“哈比”曾在 1994 年卖给中国，2004 年按合同送回以色列进行升级，但美国要求以方扣留飞机并废除合同，以方被迫将原飞机退回中国。另据报道，2009 年 4 月俄国防部与以方签订协议，购买三种型号的无人机，价值 5 000 万美元。

以宇航基于以色列强大的电子工业力量所发展的先进航电系统，为一些国家的空军开展军机的升级项目，包括 F－15、F－16、米格－21 等战斗机以及 CH－53、Ka－50 等直升机的升级。该公司也从事导弹的发展和生产，产品有“拉法尔-派松”5(Rafael Python 5)空空导弹、“加伯利尔”(Gabriel)舰对舰导弹和“巴拉克”(Barak)海防导弹系统等。航天系统方面，以宇航为以色列国防部研发了“箭”反弹道导弹武器系统、“特克萨”(TecSAR)侦察卫星以及伊罗斯(EROS)商业卫星、阿莫斯(AMOS)通讯卫星和欧非克(Ofeq)观察卫星等项目。

以宇航最重要的电子系统产品可能要算 EL/M－2075“费尔康”(Phalcon)空中预警系统。该系统是一种空中预警和控制雷达系统，是由以宇航和艾尔塔(Elta)电子工业公司合作研发的，主要用于提供情报以维持空中优势并实施监视。该系统是一种固态 L 波段保形的阵雷达系统，可执行的任务包括空中预警、对空中和地面目标进行战术监视和情报收集，也能进行指挥和控制。该系统采用 6 块相控阵元件面板，飞机机身两侧各装 2 块，1 块装在加大的机头处，1 块装在尾部。每个阵由 768 个液冷固态发送和接收元件组成。“费尔康”采用有源相控阵雷达，无需转动圆盘，雷达的扫描时间很短，难以被敌方探测。该系统可装在各种飞机上，目前已用于以色列、智利和印度等国，新加坡也已订购。智利在 1989 年订购该系统，1994 年交付，装在波音 707 飞机上；以色列空军订购的 3 套是装在湾流公司的 G－550 飞机上，机身进行了很多改装；2004 年印度订购 3 套，装在从俄罗斯购买的伊尔－76 大型货机上，合同价值达 11 亿美元。由于俄交付延期，系统的组装延至 2009—2010 年，印度在 2009 年 5 月接收了第一架预警机。据媒体报道印度将再订购 3 套该系统。2000 年中国也曾订购该系统后因美国的压力而被撤消。

在民机方面以宇航也有不俗业绩。20 世纪 70 年代曾研发“阿拉瓦”(Hrava)短距起落涡桨运输机,生产了 80 多架。1968 年以宇航从罗克韦尔公司下属的空中指挥官(Aero Commander)公司获得“喷气指挥官”(Jet Commander)公务机的许可,以其为基础研发了“西风”(Westwird)公务机,生产了 442 架。1986 年以宇航研发了“艾斯特拉”(Astra)公务机,90 年代又研发了“银河”(Galexy)公务机。1999 年以宇航与湾流公司达成销售协议,将“艾斯特拉”和“银河”纳入湾流公司的产品系列进行销售,分别称为 G－100 和 G－200。2001 年湾流公司的母公司通用动力公司以 3.3 亿美元收购了银河宇航公司,以宇航还可按销售情况获得红利,最多可达 3.15 亿美元。2005 年以宇航为湾流公司研发 6—8 座 G－150 公务机。

以宇航还具备对飞机进行翻新和改装的能力。早在 1972 年就曾从环球航空公司(TWA)买下 13 架波音 707 客机,翻新后再出售。随着货运市场的发展,以宇航开展了客机改装为货机的业务,包括 737－200、767－200、747－200 和 747－400 以及麦道和空客的等各种型号的飞机的改装,在世界市场中占领了很大的份额,在全世界改装的 60 架 747 飞机中承揽到 40 架任务。2003 年以宇航也曾试图进入超轻型喷气机市场,发展 6—8 座的“空中出租车”,但该项目因美国合作者退出而终止。

以宇航设有 5 大分部即:贝德克航空分部,负责客机改货机、军民机飞机维修支持、发动机维修和翻修等;埃尔塔系统分部,负责电子战系统、雷达系统、防务电子等;导弹和航天系统分部,负责导弹、发射器、卫星等;军用飞机分部,负责无人机系统、军用飞机升级、维修等;商用飞机分部,负责公务机、工程、液压系统等。

二、艾尔比特系统公司

艾尔比特系统公司(Elbit Systems)的前身是艾尔比特公司,由艾尔隆电子工业公司(Elron Electronics Industries)于 1967 年创建,位于以色列海法市,目前已发展成为世界上最大的防务电子公司之一。该公司 2008 年有员工 10 876 人,销售金额 26.38 亿美元,人均 242 552 美元;利润 2.49 亿美元,人均 22 894 美元;利润率为 9.4%。在 2009 年宇航工业 100 强名单中排名第36位。公司主席为麦克费德曼(Michael Federmann),拥有公司的45%股份,总裁兼首席执行官为约瑟·阿克曼(Jeseph Ackerman)。

艾尔比特公司将以色列国防部研究所的特种计算机设计技术与艾尔隆公司的电子产品设计制造技术相结合,为以色列的大多数军用飞机研制生产武器发射系统和导航系统,曾为"狮"战斗机研发成套航电设备。1996年艾尔比特公司分成三家独立公司:从事防务业务的埃尔比特系统公司、埃尔比特医学成像公司和从事通讯业务的埃尔比特公司。2000年埃尔比特系统公司与光电工业公司(El-Op)合并,组成以色列最大的防务电子公司,通过一系列收购而迅速发展。收购的公司包括:埃利斯拉公司(Elisra)、塔迪伦通讯公司(Tadiran Communications)、希隆卫星通讯公司(Shiron)、美国的创新概念公司(Innovative Concept, Inc.)和以色列军工公司的飞机系统部等。

艾尔比特系统公司公司下属的"银箭"无人机公司研制的"赫尔姆斯450"无人机活动半径达200千米,能留空20小时。

艾尔比特系统公司的主要业务包括以下各项:飞机和直升机的改进改型,曾为罗马尼亚改进100架米格-21战斗机,为捷克改装L-39教练机的航空电子设备,促使该机达到西方标准而出口泰国,在CH-53直升机改进计划中作为航电系统的主承包商等;航空系统和设备的研制生产,为战斗机飞行员减轻负荷的DASH头盔显示系统、直升机任务管理系统HALO、管理武器投放的存储管理系统SMS、EL/L-8300信号情报系统和低成本武器投放系统,以及其他防务电子和战术无线电等;高级战术计算机;无人机"赫尔姆斯450",该机已被英国陆军选用,作为由泰雷斯英国公司(Thales UK)与艾尔比特系统公司正在合作发展的"守望者WK450"项目的基础。

艾尔比特系统公司设有以下分部:艾尔比特系统电子光学工业公司(Elop)、赛克隆航空产品公司(Cyclone)、塔迪伦通讯公司、"银箭"无人机公司(Silver Arrow)、奥特柯公司(Ortec)、埃利斯拉公司(Elisra)。

艾尔比特系统公司在美国得克萨斯州的沃斯堡还设有美国艾尔比特系统公司，下属有很多公司，其中 EFW 公司为 F－16 和 V－22 等飞机制造部件，在新罕布什尔州的美利麦克的考尔斯曼公司（Kollsman）参与波音公司为美国国土安全部研发的用于美墨边境的高科技保安系统 SBInet 项目。在英国与泰雷斯英国公司合资建立了无人机战术系统公司（UAV Tactical Systems Ltd.，U－TacS）。在罗马尼亚还设有 AE 电子公司。

以色列从国土面积和人口来说都是小国，但其航空工业的发展水平相当高，在世界上令人钦佩。

第二十三章　雄心勃勃——印度斯坦航空有限公司

印度斯坦航空公司(Hindustan Aeronautics Limited, HAL)是印度国防部属下的印度最主要的航空工业公司,以下简称印航,其总部及主要设施位于印度南方的班加罗尔。公司业务涵盖军民用飞机、直升机、发动机、电子系统等的研制、生产、修理等以及航天项目;2008 年有员工 30 000 人,销售金额 23.42 亿美元,人均 78 067 美元;利润 5.16 亿美元,人均17 200美元;利润率为 22%;在《飞行国际》杂志 2009 年的宇航 100 强名单中排名第 38 位。公司主席为阿肖克·纳耶克(Ashok Nayak)。

一、发展历程

1940 年瓦尔昌德·西拉昌德创建印度斯坦飞机有限公司(Hindustan Aircraft Ltd.),后来英国政府买下公司三分之一的股份,对公司进行管理。二战期间该公司曾一度由美国空军管理,通过修理对日作战的军用飞机而迅速发展。印度独立后归印度政府管理,成为东方最大的飞机修理厂之一。1964 年印度斯坦飞机公司和印度航空公司(Aeronautics India)合并,组成印度斯坦航空公司。

印航有悠久的国际合作历史,其制造的首架飞机是由德国工程师库尔特·谭克设计的 HF-24 战斗轰炸机“马鲁特”(Marut),制造了 147 架,服役 20 年。从 1959 年起至今从西方和苏俄引进很多飞机和发动机产品,按专利进行生产,包括:

1. 按英国福兰德公司的专利生产“蚊”(Gnat)式战斗机,共生产了 215 架,后来又改型为“无畏”(Ajeet)战斗机,生产了 80 架;

2. 按霍克·西德利公司的专利生产 HS-748 客机,共约 90 架;

3. 按法宇航的专利生产了 SA315B“美洲驼”(Lama)直升机和 SA316B 云雀Ⅲ(AlouetteⅢ)直升机,称为“猎豹”(Cheetah)、“印度豹”

(Chetak)等型号；

4. 按德国多尼尔公司的专利生产了 Do228 涡桨支线客机；

5. 按英国宇航公司的专利生产了"鹰"(Hawk)教练/攻击机；

6. 按英法合资公司 SEPECAT 公司的专利生产了"美洲虎"战斗教练机，先用散件组装 45 架，以后再仿制 65 架；

7. 按米格设计局的专利生产了米格-21、米格-21M、米格-21 比斯和米格-27M 等战斗机，共生产了 1 500 多架；

8. 已达成协议按苏霍伊设计局的专利生产 140 架 Su-30MK1 战斗机。

为配合这些飞机的制造，印航的发动机分公司也按专利生产了各种相应的发动机，包括：

9. 按罗罗公司的专利生产"奥菲斯"涡喷发动机用于"蚊"式和"无畏"战斗机；

10. 按罗罗公司的专利生产"达特"涡桨发动机用于 HS-748 客机；

11. 按透博梅卡公司的专利生产"阿都斯特"涡轴发动机用于"美洲驼"和"云雀Ⅲ"，即"猎豹"和"印度豹"等型号的直升机；

12. 按盖瑞公司的专利生产 TPE331 涡桨发动机用于多尼尔 228 支线客机；

13. 按罗罗公司和透博梅卡公司专利生产"阿杜尔"加力涡扇发动机用于"美洲虎"战斗教练机，不加力的型号则用于"鹰"；

14. 按专利生产用于米格-21、米格 21 比斯、米格-27、米格-29 和 Su-30 的发动机。

在大量仿制的同时，印航也自行研制一些飞机，早期有 HT-2、HPT-32 活塞式教练机等。1964 年印航研发 HJT-16 中级教练机"凯兰"(Kiran)，制造了 250 架。20 世纪 80 年代开始研发先进轻型直升机(ALH)，即"北极星"(Dhruv)和轻型战斗机(LCA)，即"光辉"(Tejas)等，另外还有"莎罗什"(Saras)运输机和新一代中级教练机 HJT-36"西塔拉"(Sitara)等。

"北极星"直升机是印航最成功的项目，于 1982 年启动，1992 年首飞，2002 年开始服役，前后经历了 20 年。该机最大起飞重量 5.5 吨，原先准备采用"联信"公司的 CTS800 发动机，后因 1998 年印度进行核试验而遭美国禁运，改用2台透博梅卡公司的TM333-2B涡轴发动机，单台功率746千瓦。印航已与透博梅卡协议合作发展功率更大的“沙克蒂”(Shakti)发动机，用于“北极星”的战斗型(LCH)。该机具备在高原飞行的能力，曾在克什米尔的冰川地区试飞，达到8 400米的高度。目前该机已有450架订货，80架在服役，单价800万美元。除印度军方外该机还已出口到尼泊尔、以色列、秘鲁、厄瓜多尔和土耳其等国。印航计划凭借其价格优势争取出口120架。

印度航空工业在外国公司的支援下自行研制的“光辉”轻型战斗机(LCA)，1980年对外公布计划，1983年确定上马，1995年造出第一架技术验证机，2001年1月4日才离地升空，2007年开始小批量生产。

LCA项目的发展则颇费周折。1984年印度成立了航空发展署(Aeronautical Development Agency)来管理该项目，印航成为项目主承包商。由于两者责任关系不清，互相牵制，影响进展，另一问题是由燃气涡轮研究院(GTRE)研制的GTX-35VS“卡弗里”(Kaveri)发动机在俄进行高空台试验未能成功，决定从GE公司购买17台F404-GE-IN-20加力涡扇发动机用于首批飞机，2007年又增订24台。总的说来还是

印度自己研制的ALH轻型直升机。

缺乏经验，从制造第2代战斗机跨越到第4代，困难相当多。目前7架原型机已试飞多年，计划到2010年底达到“全面运行标准”，2011年开始服役。印度军方已订购20架，计划最终购买200架，包括部分双座教练机型，另有40架海军型。该机机体采用无尾复式三角翼结构，机体采用45%的碳纤维复合材料，是同代飞机中比例最高的。据称该项目发展费达12亿美元，飞机单价2 100万美元，但也有专家称，考虑到通胀，到服役时价格将达3 500万美元。即使如此，仍比其他第4代战斗机便宜。印航还考虑换用推力更大的发动机，如F414或EJ200，但为适应发动机重量的增加，机体还需修改设计，需要3—4年时间。

二、组织机构

印航下设4个综合企业，每个综合企业下又设若干分部，分布在班加罗尔、纳西克、海德拉巴、坎普尔、勒克瑙、科拉普特等地。4个综合企业的分工如下：

（一）设计综合企业

设计综合企业下设分别从事飞机、直升机、发动机、和航电设计的4个设计局，早期的各型教练机和近期的轻型战斗机、先进轻型直升机等，以及相关的发动机和航电设备都是由该企业设计的。该企业约有员工2 000人。

（二）班加罗尔综合企业

班加罗尔综合企业是印航下属最大的企业，有以下各个分部：

1. 飞机分部，上述从西方宇航公司引进专利的飞机都由该分部生产，印度自行研制的轻型战斗机也在该分部进行。该分部也从事转包生产。

2. 发动机分部，上述各种发动机的仿制都在该分部进行。该分部还从事转包生产和发动机维修。

3. 直升机分部，上述各种直升机的仿制和改型以及自行发展的“北极星”多用途直升机的研制和生产都在该分部进行。

4. 铸锻件分部，为各个分部提供铸锻件。

5. 大修分部，飞机和发动机大修。

6. 航天分部，印度遥感卫星、印度国家卫星等；服务分部。

7. 飞行业务分部。

8. 工业和船用燃机分部。

（三）米格综合企业

米格综合企业纳西克分部和科拉普特分部组成，纳西克分部从事米格-21和米格-27战斗机的生产；科拉普特分部生产用于米格-21和米格-27战斗机的各型发动机。

（四）辅机综合企业

辅机综合企业4个分部组成：勒克瑙分部仿制英国和法国公司的各种机载设备和系统，也进行自行研制；科瓦分部负责航电；海德拉巴分部仿制米格飞机的电子设备，也自行研制；坎普尔分部早期仿制HS-748运输机，以后生产过农业机、教练机等；1983年开始仿制多尼尔-228支线飞机。

三、展望前景

印度斯坦航空公司雄心勃勃，一心想发展成为世界宇航巨头之一。在成功的ALH“北极星”直升机的基础上将研发战斗型、观察型和多用途型等多种型号的直升机；对LCA“光辉”战斗机则还将研发海军型，采用推力更大的发动机。此外，印航还有很多雄伟的计划，包括：

——新一代中级教练机HIT-36“西塔拉”；

——与印度国家宇航研究所（NAL）合作发展14座“莎罗什”轻型客机；

——与印度国家宇航研究所合作发展70—100座的支线客机IRJ；

——与伊留申公司合作发展多用途运输机；

——与苏霍伊公司合作发展FGFA，即第5代战斗机；

——64架米格-29的升级；

——制造 120 台用于米格-29K 的 RD33MK 涡扇发动机；
——“美洲虎”飞机的升级；
——与霍尼韦尔公司合作建立研发中心，大量生产该公司的发动机；
——为瑞士“鲁阿格”公司制造多尼尔 228 支线飞机；
——从波音和空客大规模承接转包生产项目或组建合资工厂；
——与加拿大 CAE 公司合作建立战斗机飞行员培训学校；
——斥资 9 亿美元建立宇航中心等。

印航还将积极参与印度军方正在招标购买的战斗机和直升机的本土制造，计划在 126 架战斗机中要有 137 架由印航组装并制造部分零部件，在 197 架直升机中则有 137 架由印航组装。

第二十四章　谋求发展——韩国宇航工业公司

韩国宇航工业公司(Korea Aerospace Industries，KAI)由三星宇航工业有限公司(Samsung Aerospace Industries，Ltd.)、大宇重工(Daewoo Heavy Industries Ltd.)的宇航分部和现代航天与飞机有限公司(Hyundai Space and Aircraft Co. Ltd.)于 1999 年合并组成，三家公司各拥有略多于 28%的股份，其余 15%股份为当地的信贷银行所拥有。该公司 2008 年有员工 2 951 人，销售金额 7.62 亿美元，人均 258 218 美元；利润 400.95 万美元，人均 1 359 美元；利润率为 0.53%；在《飞行国际》杂志 2009 年宇航工业 100 强名单中排名第 67 位。公司总部位于韩国顺天市(Sacheon)，主席兼首席执行官为金洪琼(Hong - Kyung Kim)。

一、发展历程

三星宇航工业公司成立于 1977 年，当时称为三星精密工业公司，1987 年改称现名，是韩国最大的电子公司三星集团属下的宇航企业，也是韩国最大的宇航企业。初期以航空发动机修理、翻修为主，20 世纪 80 年代开始组装 J85 涡喷和 T700G 涡轴发动机，用于韩国组装的 F-5E/F 战斗机和 UH-60P 直升机。1991 年韩国引进 F-16C/D 战斗机并进行仿制，三星成为该机的主承包商，负责飞机的总装，还组装用于该机的 F100-PW-229 加力涡扇发动机。民机方面三星公司积极发展转包生产，包括波音、空客、庞巴迪、湾流等公司的各型飞机的部件。三星公司也进行贝尔 212、412HP 直升机的组装并制造主机身和尾段等，还与贝尔公司合作开发 SB427 直升机。

大宇重工宇航分部成立于 1984 年，在 F-16C/D 项目中承担制造中机身组件，也承担波音飞机、贝尔直升机以及各型军民用飞机的部件的转包生产。该分部与韩国宇航研究院合作研制初、中级教练机 KTX-1，该机为 2.5 吨级涡桨教练机。大宇还与韩国防卫厅共同开发无人机和无人直升机。

现代航天与飞机有限公司是现代集团的直属企业，主要业务为专利生产 BK117 直升机和为韩国的各个战斗机和教练机项目提供零部件。

二、主要产品与业务

1. KF-16 战斗机

韩国宇航工业公司的组成使韩国的航空工业得到整合，其业务主要是仿制 F-16C/D 战斗机和研制 T-50“金鹰”(Golden Eagle)超声速喷气教练机、轻型攻击机。韩国仿制的 F-16C/D 称为 KF-16，KF-16 项目于 1991 年启动，13 年后的 2004 年 8 月完成了第 140 架 KF-16 的制造，总价值 55 亿美元。除了组装外，零部件中的 78% 是韩国自行制造的，这可以节省大量以后飞机的维修费用。

2. T-50/A-50 高级喷气教练机和轻型攻击机

KF-16 项目使韩国航空工业在技术上得到了提升，在此基础上发展了 T-50/A-50 高级喷气教练机和轻型攻击机。该项目原先是三星宇航公司的 KTX-2 项目，1992 年开始实施。作为 F-16 项目的补偿，洛马公司在初步设计中提供协助。1997 年韩国政府批准了该项目，三星公司与洛马公司达成联合研制协议，洛马公司负责机翼、飞控系统和航电设备。韩国政府提供研制费的 70%，三星公司和洛马公司分别提供 17% 和 13%。1999 年设计完成，2001 年 9 月首架样机下线，被命名为“金鹰”，2002 年 8 月首飞，2003 年 8 月完成初步运行评估(IOA)，美国军方给该机命名为 T-50A。T-50 的设计在很大程度上取自 F-16，装用 GE 公司的 F404 加力涡扇发动机，采用全权数字电子控制。该机的最大起飞重量

韩国航空工业公司(KAI)在美国洛马公司的技术支持下完成第一种高级超声速喷气教练机 T-50 的研制工作，声称具有数字飞行控制系统，有 F-16 的机动性和“幻影”的作战性能。

13.47 吨，最大平飞速度 M1.4。攻击机型 T/A-50 带有 1 挺 20 毫米三筒机炮，两翼翼梢各带 1 枚 AIM-9"响尾蛇"空空导弹，机翼下可带 6 枚 AGM-65"幼畜"空地导弹，还可带火箭和炸弹。单座战斗攻击机 F/A-50 型也正在研发中。目前韩国军方已订购 T-50 型 50 架、T-50B 型 10 架、T/A-50 型 20 架，正在陆续交付中；韩国军方还要求将 4 架 T-50 改装为 F/A-50 型，于 2012 年交付。韩国军方最终可能订购 150 架 F/A-50，用来取代 A-37、F-4 和 F-5 等。

3. KT-1 教练机和轻型攻击机

韩国宇航工业公司的另一项产品是 KT-1 单发涡桨初、中级教练机和轻型攻击机。该机是首架韩国自行研制生产的飞机，原先由大宇重工与韩国防务发展署(ADD)合作研发，从 1991 年开始制造了 7 架样机进行试飞，1995 年被命名为"Ungbi"，1998 年试飞完成，2000 年开始服役。1999 年韩国军方签合同生产 85 架，2002 年交付完毕，单价 470 万美元。该机装用 1 台加普惠公司的 PT6A-62 涡桨发动机，功率 708 千瓦，飞机外形与瑞士皮拉图斯公司的 PC-9 很相似。该机 2003 年出口到印度尼西亚 7 架，2005 年又增加 5 架。2006 年该公司宣称将向中美洲和东南亚国家出口 150 架改进型 KT-1C。2007 年土耳其订购 40 架，包括 KT-1 和装甲型 K-2"黑豹"，价值 5.4 亿美元。

4. KUH 通用直升机

在直升机方面，早先三星宇航就进行过贝尔 212、412HP 直升机的组装，1997 年三星宇航公司曾与贝尔公司组建合资公司，研发生产 SB427 直升机。该机是贝尔 407 的改型，换装 2 台 PW207 发动机。但该机只生产了 3 架。2003 年韩国宇航工业公司启动 KMH 多用途直升机项目，可用于战斗、攻击、指挥和控制、人员运送等任务，后因费用的限制，决定先研发通用型，以替代 UH-1H、500MD 等陈旧的直升机。该项目于 2006 年启动，选定与欧洲直升机公司合作，2009 年 7 月 31 日首架样机在顺天工厂推出，命名为韩国通用直升机"苏里安"(KUH/Surion)，计划于 2010 年初进行首飞，以后还将有 3 架投入试飞，计划于 2012 年开始服役，用于战术运输、搜索救援、联络、医疗救护等。韩方承担直升机组装以及 60% 的零部件制造，包括桨叶和健全和使用监控系统等，欧直公司提供减速齿轮箱、转子和自动驾驶仪等并派出专家进行技术支援。该机与欧直公司的“超美洲豹”直升机相似，最大起飞重量为 8.7 吨，装用 2 台 GE 公司的 T700 涡轴发动机，单台功率 1 200 千瓦。该项目将有 245 架订货，价值 10 亿美元，还将发展民用型，希望能出口 300 架。

图为三星与美国贝尔公司合作研制的 427 型直升机。

5. 转包生产

韩国宇航工业公司除了继承三星宇航和大宇重工的转包生产传统，为波音、空客、庞巴迪、湾流、贝尔等公司制造各型民机部件外，在军机项目中也有转包项目。由于韩国曾购买 40 架 F-15 战斗机，作为补偿，韩宇航从 2007 年起为波音生产 F-15 的前机身和机翼，还有 AH-64 直升机的机身。

6. 航天项目，研发韩国多用途卫星第 1、2、3、5 号。

三、设 施

韩国宇航工业公司的设施主要分布在以下各处：

1. 顺天 1 号工厂。该工厂包括装配厂房、制造厂房、试车台、喷漆厂房和研发中心；进行 T-50/A-50 教练/攻击机、直升机部件制造并组装；

2. 顺天 2 号工厂。该工厂负责 KT-1 教练机制造；

3. 昌原工厂。该工厂负责飞机部件、无人机；

4. 大田航天研发中心；

5. 莫斯科研究中心。该中心依靠俄科研力量培养韩国的技术队伍。

韩国还有一家宇航企业，即大韩航空公司宇航分部（Korean Air Aerospace，KAA）。该公司成立于1976年，初期以维修太平洋地区美军的飞机为主要业务，随后开始组装休斯500直升机并制造零部件。20世纪80年代该公司开始组装F-5E/F战斗机，90年代又组装UH-60P直升机。该公司也开展民机零部件的转包生产，还参与F-16战斗机项目中的零部件制造，也参与韩国的航天项目。21世纪初期，大韩航空公司宇航分部与韩国宇航工业公司曾计划合并，但后来未能实现。

在仿制西方产品的过程中逐步提高国产化率是韩国加快发展航空工业的主要途径。20世纪90年代末，韩国仿制F-16战斗机和与之配套的F100-PW229发动机的国产化水平分别达到70%和43%。

第二篇

苏联/俄罗斯航空工业

第一章　昔日辉煌——苏联航空工业

从20世纪初苏联早期航空开始萌芽以来，其航空工业经历了一个漫长的发展过程，从机车车辆厂里的一个车间，逐步发展为数以百计的大型综合化、现代化企业。在苏联解体的前夜1990年，全苏联航空产业有300多家企业和机构，包括飞机、发动机和各种设备制造厂，不同类型的设计局和专业繁多的科研院所，成为世界上唯一能与美国抗衡的航空工业强国。

从十月革命胜利到苏联解体的70多年里，航空工业对苏维埃国家的贡献主要表现在以下3个方面。

一、赢得第二次世界大战的胜利及支撑战后漫长的“冷战”局面

二战初期，苏联航空工业极其困难，但在完成艰巨的搬迁、重建任务以后，在飞机生产方面很快就创造了奇迹。1942年1月，产量从过去的1 000架增加到1 300架。到了4月份，生产能力进一步大幅度上扬，到年底，共交付军机25 240架，相当于1941年全年在役作战飞机总和的210%！而且是同期德国飞机年产量的170%，基本满足了前线的需要。据统计，在整个二战期间，苏联航空工业总共为军队提供了125 655架飞机，大约是德国的1.57倍。战时生产最多的飞机有：伊尔-2攻击机39 000架、雅克系列战斗机36 000架、拉系列战斗机22 000架、彼-2轰炸机11 000架、伊尔-4远程轰炸机6 500架……同期，它还生产出18万台活塞式航空发动机，其代表作是：可装备攻击机的米库林设计局的AM-38和AM-42水冷发动机、可装备轰炸机的克里莫夫设计局的BK-107、可装备战斗机或轰炸机的什维佐夫设计局的АШ-82气冷发动机，以及小型发动机M-11。在整个二战期间，苏联空中力量共装备飞机10.5万架，在15次大型空中战役里，共出动飞机312.5万架次、歼

苏联是世界上最早研制强击机(西方称攻击机)的国家,图为伊留申设计局的伊尔-2和其改进型伊尔-10是其杰出代表。

灭敌机5.7万架(其中空战占4.4万架),和通过《租借协议》从美国得到的18 300多架飞机一起,为最终战胜德国法西斯作出了巨大的贡献。

20世纪五六十年代"冷战"最盛行的时候,美、苏两个航空大国在战斗机、轰炸机、垂直起落飞机、直升机等各类飞机的研制上都是你追我赶、互不相让的。他们把竞相创造飞行速度、高度、距离和载重爬高能力的世界纪录也纳入冷战的范畴。

二、开创了全球最大的民航运输网络

苏联民航创建于1923年,到1973年民航成立50周年之际,全苏联拥有2 000架中型以上的民用运输飞机和几千架直升机,外加大量的农用飞机和轻小型通用飞机。全民航从业人员总数达40万,航线总里程65万千米,拥有4 000个国内民用机场和71个国家的境外着陆权。由于实行了彻底的国有化,苏联民航实际上成为"世界上最大的民航公司"。1976年底,苏联宣布,以АЭРОФЛОТ为品牌的苏联民航首次突破年客运1亿人次大关的纪录。到1980年，苏联民航航线扩展到90多个国家，年客运总周转量高达1 606亿客千米，年货运周转量达到30.9亿吨千米，喷气动力的旅客机在支线航空网的占有率已高达99%，接近跨入了“纯喷气时代”。1985年，全年共运送旅客1.13亿人次，客运周转量大于1 880.4亿客千米，运货300万吨，并为1.08亿公顷面积的农田和森林喷洒了农药或播撒了种子。1990年是АЭРОФЛОТ这个世界最大民航组织最后一个完整的经营年，同时夺得了4项“世界第一”：从业人员40万、飞机拥有量(包括1 379架中大型飞机)、客运周转量2 438.47亿客千米、年运送旅客量1.377 42亿人次。

图中的图-144在停飞多年后于1996年9月重新披挂上阵，为美国国家航空航天局(NASA)的高速研究计划(HSR)充当“打工仔”。

在民航装备方面，从20世纪70年代初开始，较先进的图-154和伊尔-62替代了陈旧的伊尔-18、图-104、图-114和图-124等干线客机，而安-24、雅克-40/42等新一代中轻型客机则及时替换下陈旧的伊尔-14和图-134等支线客机。图-144超声速旅客机在1977年短期投入客运。1980年底，代表苏联民机设计最高水平的大型宽体旅客机伊尔-86正式进入航班飞行。随着大型高性能民航飞机的相继服役，在20世纪70年代中期，全世界空中旅客每4人中间就有一人是由苏联民航运送的。

1918年建立的中央流体动力研究院是世界上历史最悠久的航空研究机构之一。图为图-144的模型在风洞里吹风。

三、航空科技高度发达，带动装备出口创汇

苏联航空工业拥有强大的科研力量，有世界一流的中央流体动力研究院、中央航空发动机研究院、飞行试验研究院、全俄航空材料研究院和国家航空系统研究院等科研机构。到20世纪80年代，苏联在非定常空气动力学、细长三角翼、边条翼、非定常涡升力、主动控制技术（即放宽静稳定性、机动载荷控制、直接力控制、阵风减缓和主动颤振抑制）……等先进飞机设计思想的研究及应用方面，都取得突破性进展，使苏联飞机的总体设计水平跃上一个新的台阶。当时，苏联已拥有包括前线歼击机、防空截击机、远程战略飞机、大型军用运输机和加油机、空中预警和指挥机、侦察和电子战飞机、舰载直升机、陆军武装直升机在内的军用飞机，和包括大中小各等级的旅客机、体育运动飞机、通用飞机在内的民用飞机，不仅满足国内需求，而且大量出口，成为国家赚取外汇的重要手段。

苏联曾拥有庞大的航空工业体系，最辉煌的时期从业人员的规模高达220万人。20世纪60年代至80年代，苏联航空工业平均每年生产150架民用飞机、300架直升机、600多架军用飞机以及390架武装直升机，占世界航空市场20%—30%的份额。当时，苏联的航空工业水平仅次于美国，应该说完全与其作为超级大国的地位相称。

米格飞机可能是苏联出口最多的飞机。据米格飞机制造公司2003

财务年报称，该公司生产过 60 000 架飞机，包括 11 000 架供出口。作为苏联时代苏制战斗机的代名词，米格战斗机声名远扬。米格-21 在 40 余个国家服役，后续的米格-23 也出口到了 26 个国家。前面提到过的米格-25（北约绰号“狐蝠”）曾是苏联部署的高空高速战斗机，是世界上第一种速度超过 3 马赫的战斗机，在冷战时期也出口到阿尔及利亚、叙利亚、伊拉克、印度、利比亚、保加利亚等国家，有的至今仍活跃在这些国家的空军。苏联军用飞机出口的传统一直延续到现在。

在民用飞机领域，苏联在技术上并不落后，20 世纪 80 年代能研制大型飞机的企业，美国有波音、麦道和洛克希德三家（其中洛克希德公司 1984 年 1 月 27 日交付第 250 架 L-1011“三星”后宣告退出客机市场），欧洲有空客一家，而苏联有图波列夫、伊留申和安东诺夫三家。但是航空工业长期以来是以满足冷战时期军备竞赛需要为导向，以研究和发展现代军用飞机为其主业，形成了苏联航空工业军用飞机制造业世界领先、民用飞机制造业相对滞后的局面。再加上受计划经济的影响，苏联的 3 家公司在拓展民机市场和售后服务等方面没有优势，都没有做大做强，在占有市场份额方面远远落在西方公司的后面。据报道，1961 年成立的独家专营进出口民航飞机及设备的全苏飞机出口联合公司，到 1986 年成立 25 周年之际，向世界上 56 个国家出口的包括体育运动飞机在内的各种飞机只有 5 200 多架，而美国波音公司一家，仅波音 727 一个型号到 1984 年停产时就交付了 1 832 架。

根据英国《飞行国际》的统计资料，全世界 2008 调查年度（2007.8—2008.7）正在运营中或已经正式订货的 14 座以上客机 26 675 架中，苏联/俄罗斯生产的飞机还有 2 641 架，其中数量居前三位的是：安-24（414 架）、雅克-40（372 架）、图-154（354 架），与西方飞机数量居前三位的波音 737 系列（4 271 架）、A320 系列（3 399 架）和波音 757（980 架）相去甚远。

第二章 重振雄风——俄罗斯航空工业

一、苏联解体让航空工业跌入谷底

1991年12月25日，以苏联最高苏维埃主席团主席戈尔巴乔夫宣布辞职作为标志，建国69年的苏联正式解体。对苏联解体原因的探讨，有多种说法，比较一致的认识是：体制僵化、经济衰退是根本性的原因。

随着苏联解体、政治和经济体制的变革，其影响波及每个行业，航空工业也不例外。一度极其庞大和强壮的航空生产和开发体系，几乎在一夜之间就无可奈何地陷入无穷的困境，在世纪之交的10多年里跌入谷底，具体表现在：

（一）军机制造 难以为继

俄罗斯航空工业多年来一直大力发展各种军用飞机，形成一个包括歼击机、战略轰炸机、侦察机、空中加油机、大型军用运输机等组成的军机生产制造和开发体系，拥有自主研发和制造的米格系列、苏霍伊系列、图波列夫系列等知名品牌，在国际市场，特别是发展中国家的传统市场上，仍然具有较强的竞争力，如苏-27、苏-30、米格-29歼击机在中国、印度、马来西亚及其他亚洲和阿拉伯国家都有很好的销路。

但是，应该承认，即使是目前还能维持的军机生产也面临严峻挑战。20世纪80年代末，苏联生产的军用航空装备占世界市场份额的比例曾高达40%，10多年后，俄军机技术水平与美国的差距有所加大，其出口越来越受到美国和欧洲新型航空装备的有力挑战。最能说明问题的是，作为俄罗斯军机长期用户的印度，将耗资120亿美元采购126架先进战斗机，然而这一次俄罗斯提供的米格-35远不是首选，它要面对美国F-18E/F和F-16C/D、法国"阵风"、欧洲四国联合研制的"台风"以及瑞典的JAS-39"鹰狮"的挑战。世界六大军机制造商争夺印度空军订单

图为飞苏-27的"骑士"飞行表演队第一次在国外亮相。

的序幕已于2009年8月15日拉开，6种战斗机性能测试飞行完成后，印度国防部才会做出采购哪种飞机的最后决定。

根据美国信息机构的预测，到2012年俄歼击机在国际市场的份额只能维持11%的水平。面对如此严峻的形势，俄航空专家清醒地认识到："能否提高军事航空技术水平，在较短的时间内成功研制出新一代国际领先水平的战斗机将是俄罗斯航空工业生死存亡的关键。"

(二) 民机生产 急剧下降

俄罗斯民用飞机制造业在历史上本来就相对滞后，苏联解体后，原有的航空工业体系遭到人为的分割破坏，生产研发力量不足，各型民用飞机产量急剧下降，有的工厂减产转产，使俄罗斯的民用飞机工业遭受毁灭性的打击。

20世纪90年代初苏联解体前后，新一代客机如伊尔-96、图-204和图-214、伊尔-114、图-334、安-140等逐步取代了前苏联晚期生产的飞机，但生产规模很难与以前相比。例如，1990年共生产了64架民用客机(6架伊尔-62M、7架伊尔-86、1架伊尔-96、35架图-154M、15架雅克-42D)和100架运输机(6架安-124、40架伊尔-76、35架安-32、19架安-72/-74)；而1999年总共才生产了11架飞机(伊尔-62M、伊尔-96、图-154A、安-38、伊尔-76各1架，图-204、雅克-42、安-74各2架)。很多

20世纪80年代，在老旧的厂房里正在生产“苏联民航”(АЭРОФЛОТ)使用的图-204。

大企业的年产量从几十架飞机下降到一两架。据统计，俄罗斯民用航空工业2003年生产了11架民机，2004年17架，2005年18架，2006年33架(其中客机只有7架，其余24架是轻型飞机)，而同期空客公司和波音公司两家航空业巨头每年均可生产300多架客机。在过去10多年里，由于一些俄制飞机无法通过西方国家的噪声和污染测试，因而影响了出口。俄民用航空装备在世界市场上的销售额已经从当初的25%下降到现在的0.03%。

在民用客机技术水平方面，俄罗斯与西方发达国家的差距越拉越大。例如，20世纪70年代研制生产的图-154飞机曾与美国的波音727同处于世界领先水平，但到了90年代，在西方发达国家波音727早已被737、747、757、767等更新淘汰，而几百架图-154仍然要充当干线飞行的主力。

苏联解体后，陷入重重困境的民航公司也加剧了民机制造业的衰落。原来的苏联民航分裂成大大小小约300家航空公司。1992年随着价格自由化改革开始，国家取消了对燃料的价格补贴和对机票的政府定价，民航机票价格迅速攀升，导致民航客流量急剧下降，从1990年的1.4亿人次降到2000年的2 200万人次。客运量的减少使航空公司，运力大大过剩，不少航空公司负债经营，根本无力添置新飞机。

（三）资金短缺 计划停滞

苏联时期，国家军事订货占航空工业部门产值的65%以上，国家预算保障了航空部门70%以上的科研经费。同1992年相比，2000年国家对航空工业部门的军事订货减少了90%，军事订货只能保证军事航空企业开工率的10%—15%，由于自用资金严重不足，目前大多数航空企业的平均开工率仅为20%—50%，企业财务状况捉襟见肘，大多数企业负债经营，不少企业被迫转产从事其他民用产品和日用消费品的生产。国家预算对科研投入也缩减了90%以上。因航空科研设计部门经费紧张，新产品的研制开发也受到极大限制。

再者，苏联时期“大一统”行政命令体制将航空部门的科研、生产销售关系连为一体，随着国家对航空工业部门订货的不断下降，加上航空工业企业私有化步伐的加快，国家对航空部门的科研设计、生产销售的协调控制能力越来越弱，导致航空工业部门特别是民用部门的科研设计局与生产、销售企业自行其是、严重脱节的局面。

（四）人才流失 设备老旧

苏联时期，航空工业部门的从业人数达150万人，解体后很快缩减到100万人。有一组数据显示了俄罗斯航空工业高素质人才流失的严重局面：在俄罗斯287个航空工业单位中，其中约有一半为科研院所和组织，有77个或27%的单位保留有一半以上的人才潜力，93个或32%的单位保留约有三分之一，而44个或16%的单位现在只剩下不到四分之一的人员，73个或25%的单位实际上已经变成了小企业，每个企业的人员数量不到100人。

伴随严重人才流失的是航空制造业干部老龄化现象严重，相当一部分干部已年近60，即将退休，几年后航空部门人才将面临更为严重的短缺。

一度为世界上最大的航空科研机构——成立于1918年的中央流体

动力研究院(ЦАГИ)在“十年动乱”时期人才流失三分之二,也是苏联解体对其航空工业产生严重影响的写照。ЦАГИ长期是苏联航空研究的基础,20世纪80年代中,工作人员最多时达14 000人,苏联解体不久,被迫裁员4 000人。1993年,为了获得政府的支持,ЦАГИ与另外4家主要航空研究机构曾考虑合并,但没有成功,原因是,“一则跑来跑去没有钱,二则各单位都试图以自己的方式存活下去”。合并计划失败后,ЦАГИ再次裁员近5 000人,到2000年只剩5 500人。当时ЦАГИ有60个风洞和大量试验设施,但有一半是闲置不用的。2000年,ЦАГИ的工作中外国的合同大约占32%,俄罗斯各企业占10%,其余的任务是俄罗斯科技部通过俄罗斯航空航天局(RASA)布置的,这当中30%是基础航空研究,25%是民用航空,其余是军事项目。上述数字反映出俄罗斯诸如伊留申、图波列夫和雅科夫列夫等大企业研究和发展工作数量之少,但在军事方面,苏霍伊集团在研制S-37前掠翼飞机和改进苏-27系列方面有一些重要的工作。

(五)私有化带来严重危害

2000年,俄罗斯审计办公室(国家杜马下面一个负责预算事务的机构)发表一份研究报告,认定“俄罗斯航空航天工业私有化的后果和全行业状况是灾难性的”。在分析俄罗斯航空工业为何走下坡路时,报告认为,“私营化和军转民使航空工业陷于困境”。

该报告描述了俄罗斯航空工业自1992年以来下降的情况。报告说,20世纪90年代初全球航空公司机队有26%的飞机是苏联制造的,当时每年生产150多架民用运输机、300架民用直升机、620架军用飞机和390架军用直升机。1991年为90年代制定的生产计划数字是制造4 000架飞机和3 000架直升机,其中2 400架供出口。然而今天的现实却大相径庭。1992年到2000年,俄罗斯航空工业共生产了240架飞机和900架直升机,其中只有50架飞机和400架直升机是出口的,而且大部分是90年代早期生产的。总体来说,俄罗斯2000年生产的数量只是1991年的1/9,交付数量是1/11。1999年,俄罗斯只生产了9架民用飞机和21架军用飞机,没有一架是给俄罗斯军方的。

报告明确指出,俄罗斯航空工业危机的症结在于苏联时代结束之后匆忙和无序地搞私有化和军转民。在 2000 年 1 月尚在运行中的 315 家航空工业企业和研究机构中，有 224 家在私人手里，其中国家在 94 家中没有股份。报告中抨击了俄罗斯航空航天管理局，因为它没有建立有效的机制在这个行业中保卫“国家的政治利益”。

报告详细记述了涉及某些企业的严重违法行为。例如位于乌里扬诺夫斯克的航星公司是安-124 和图-204 的生产厂家，得到价值 30 440 亿卢布(当时折合 6.5 亿美元、现金 1.1 亿美元)的资产，但没有清查存货，违反了资产法。大约 35%的股份流入外国投资者手中，而没有相应的资本投入，报告认为这家企业实际上已经破产。

在乌里扬诺夫斯克“航星”工厂新建的图-204 生产线，能同时处理 8 架飞机。

报告说，从航空工业私营化里，国家几乎没有拿到什么钱。例如，尽管图波列夫航空联合体有包括 13 架飞机在内的资产，国家只得到不到 5 万美元；伊留申联合体有 3 架客机，国家拿到的不足 1 万美元；米里直升机厂有 13 架平均价格超过 800 万美元的直升机，包括 3 架米-26，但国家只拿到不到 3 万美元。

报告说，私有化时没有考虑知识产权，法律上的缺陷使外国投资者在很多公司里买到相当大比例的股份，如图波列夫(26.7%)、航星(35%)、米里(41.28%)、罗斯托夫直升机联合公司(32.1%)、彼尔姆发动机公司(13.24%)、沃罗涅什航空公司(23.14%)。大多数外国投资人的承诺没有兑现，使生产下降。

在深入审计的131家企业中，报告说35家亏损，开工率不到生产能力的20%。因为出口零部件利润高，各企业不愿意做国内生意。报告列举150宗俄罗斯合同被拒绝。报告要求两家企业的私有化应重新审查，要求俄国适航程序在国外获得批准前停止向外国飞机颁发适航证，并说对进口与俄罗斯飞机竞争的外国飞机应提高关税。

该报告认为，俄罗斯“在3至5年内生产不出有竞争力的飞机”，并且“已经丧失了欧洲和美国的市场。”报告指责国家未能兑现提供财政支持的承诺。报告列出下述建议：应该准备全面清理航空工业的资产；航星和阿维阿科两家企业的私营化应重新审查；只有当其他国家接受俄罗斯适航程序时，才给外国飞机发适航证；如果进口俄罗斯有同类型飞机的外国飞机，进口关税应当提高；莫斯科应采取经济和外交步骤促进出口。

二、力图走出困境　重振航空工业

苏联解体后，在经济改革方面断然采取所谓“休克疗法”，航空工业也深受其害，不久便“休克”了：293家企业、研究部门像一群无头苍蝇。幸亏国家和行业层面很快就有人发觉航空工业迅速破败可能造成的危害，呼吁找出解决的办法。1997年叶利钦下令成立航空航天问题咨询委员会，并且开始推动航空工业的整合。2000年普京当选俄罗斯总统后，指示有关部门对包括航空工业在内的俄罗斯国防科技工业近10年的改革成果进行综合评估，开始力图走出困境、重振航空工业的艰苦历程。

(一) 国家高度重视，制定战略规划

俄罗斯国家杜马主席鲍里斯·格雷兹洛夫认为，航空工业的发展是俄罗斯提高竞争力过程中不可分割的一部分。“发展航空工业是我们国家面临的主要任务之一，它有助于保障经济高质量发展，有助于研究并推

广新技术，挖掘俄罗斯的交通运输潜力，确保俄罗斯领空万无一失。”格雷兹洛夫说，国家杜马议员认为，扶持国家航空业是提高整个国家竞争力的不可分割的组成部分。俄罗斯为其光荣的传统而感到骄傲，俄罗斯新一代航空人是这一传统的当之无愧的继承者。

俄罗斯总统在向联邦会议发表国情咨文时多次强调，国家传统优势领域必须实现强有力的飞跃，这些领域当中就包括航空制造业。

为此，俄罗斯总统、政府、航空航天局和其他有关部委多次制定和通过一系列旨在加速发展飞机工业的重要文件。按时间先后顺序有：

——2000 年 12 月 7 日议会批准的《民航服务发展构想》；

——2001 年 2 月 3 日普京总统批准的《俄罗斯联邦航空政策基础》；

——2001 年秋天议会通过的 728 号决议，其中包括《2002—2010、2015 年俄罗斯民用飞机发展计划》（以下简称《计划》）联邦目标计划。

《计划》是在俄罗斯航空航天局的协调下，由中央流体动力研究院制定的，参与计划制定工作的有飞机工业和民航界的最优秀的专家。《计划》规划出一步一步发展俄罗斯国内飞机工业的路线。它的实施有助于帮助奠定为 21 世纪头 25 年的进展所需的研究和技术储备。计划确定了一些未来应达到的指标，例如：飞机研究发展方面的成果必须降低巡航速度下的气动阻力 10%—20%、减轻飞机重量 20%、增加飞机服役寿命 1—2 倍。对发动机，燃油消耗率要下降 10%—15%、重量减轻 10%～15%、可靠性和 TBO 要增加 1 倍、污染排放应下降 60% 以上。总的来看，计划中提出的措施应确保俄罗斯研制出一代新飞机，其飞行安全性提高 5 倍、噪声降低 50%、使用成本下降 15%—20%。

在这个计划中，也许是近年来第一次承认了“没有国家对开发和制造新一代飞机的支持，俄罗斯飞机工业将必定远远地落在其他国家航空工业的后边。”《计划》还规定，要改进工作程序，完善研制新飞机和系统、改造和开发生产设施和进行研究发展工作的条例。

2005 年以来，俄罗斯政府相继又出台了：

——《2015 年前俄罗斯航空工业发展战略》，明确提出要吸引国家和私人资本投资俄罗斯航空工业，组建适应市场的高效率企业，提高航空工业生产、设计和科研的能力，修订相关国家规划和制定配套政策，修改有关法律中的限制性条款等 5 大任务。

——《2002—2010 年及 2015 年前民用航空技术装备发展联邦专项规划》(新修订版),从国家意志的高度规划航空工业未来的发展。其中进一步提出,要显著加强国家对民用飞机制造业的投资,包括发展产业基础、扩大科研储备、科学研究和试验、国家购买航空设备等,以达到俄罗斯航空工业 2015 年前在国际民用飞机市场占有不低于 5%的份额的战略目标。

——《2012 年前政府主要工作方向》草案中提出:俄罗斯将研制一批民用航空"突破性"产品,包括 SSJ-100、中程干线飞机 MS-21,并与国外主要公司合作研制宽体短程干线飞机。草案还提出,将实施多用途第五代战斗机(PAK FA)研制项目和新一代直升机项目,为国防安全和商业运营研制一批运输飞机。此外,草案还建议继续飞机、直升机和发动机机构一体化进程,确保联合飞机制造公司(OAK)的发展,包括其首次公开发行股票(IPO),适当整合在乌克兰和乌兹别克斯坦的必要的航空资产。当前要保证伊尔-96、SSJ-100 和图-204 在国内外市场上的销售,深入改进图-204SM 和安-148 飞机,采取综合措施促进通用航空发展。

(二)大力整合,调整航空工业结构

调整航空工业结构是振兴航空工业的重要组织措施,也是难度很大的一件事。

早在 2001 年 5 月,俄罗斯政府就批准了第一次航空工业改组与发展计划。随后把国防工业改革主导权纳入总统权力核心体系之中。在这次整合浪潮中,俄一些航空科研生产部门以解决科研与生产脱节问题为首要目标,开始自愿进行结合,纷纷组建科研生产联合体。所组建的科研生产联合体有三类:一是以军品为主的完全国有企业;二是军民并重的国家控股公司;三是完全私有化的公司。然而,这些科研生产联合体只是个松散的组织,并不是法律地位很牢固的现代企业制度下的公司,很多深层次的问题无法解决。

2003 年,普京总统要求航空工业局对本国航空工业进行检查,并得出结论,在不远的将来俄罗斯将完全丧失航空大国的地位。当时,俄罗斯总理弗拉德科夫的一席话道出了俄罗斯航空工业的酸甜苦辣:"我们不得不非常痛苦地承认这个事实:我们没有能力生产具有竞争力的飞机,只能

从国外进口。我们没有权利毁掉俄飞机制造业，政府必须认清这个问题。”从那时开始，俄罗斯再次酝酿调整航空工业结构，希望通过优化航空工业现有的设施、人员、资金配置，避免重复建设和浪费，防止国内生产企业之间的恶性竞争，在保持和发展科研生产潜力的同时，集中力量开拓航空领域颇具前景的项目，以增强航空工业整体实力，提升俄罗斯对外贸易中高技术产品的比例，改变单一依赖原材料和能源出口的贸易结构，增强保障国家安全和国防能力。为此，俄罗斯政府专门成立了航空工业企业整合委员会，由主管国防工业的工业能源部部长赫里斯坚科担任委员会主席。

面对被美国甩得越来越远的局面，俄罗斯终于幡然醒悟。2005 年俄总统普京痛下决心，决定集中优势，扬长避短，整合目前一盘散沙、各自为政的航空工业。

在航空工业领域，俄罗斯计划组建以下专业化大型工业集团：

1. 联合飞机制造集团公司

作为俄罗斯航空工业整合的第一个重大步骤，2006 年 2 月 20 日普京签署命令，成立联合飞机制造集团(OAK，英文缩写 UAC)。该集团准备包括俄罗斯所有的飞机设计和制造单位，目的是建立一个在国内没有竞争的集团。同年 11 月，OAK 联合飞机制造集团开始法律注册。新公司划分为 4 个事业部，即军机、民用航空、军用运输机与特种航空、零部件。同时，为了吸引外资和私人资本投资航空工业，俄罗斯政府将 OAK 国有股比降低到 75%，剩余 25%的股份可由私人和境外投资者持有，并将苏霍伊、米格等企业从“俄罗斯禁止私有化的战略企业清单”中取消。OAK 由伊万诺夫副总理亲任董事长，注册资本金为 967.2 亿卢布(1 美元约合 24.3 卢布)，其中 90%以上属于国家所有，其余部分由“伊尔库特”科学生产联合公司私人股东占有。当时估计，OAK 每年的销售额预计可达 70 亿至 80 亿美元，完全能够应对来自国外的竞争。在工业能源部的有关文件中，还提及联合航空制造集团未来可能会到境内外资本市场发行股票的设想。

目前 OAK 的组建工作尚在完善过程中：

——2008 年 2 月，在经历了漫长的历程之后，乌兹别克斯坦和俄罗斯政府间签署航空制造和一体化领域的合作协议，塔什干飞机制造厂加入 OAK。目前，塔什干航空生产联合体制造伊尔-76 运输机、伊尔-114 型客机，生产安-70 型飞机机翼。俄罗斯的航空零部件占该厂生产总量 85%以上的份额。

——2008 年 6 月，OAK 高层宣布，OAK 正在等待乌克兰航空企业对有关合并建议的回应。2007 年 9 月，OAK 曾与乌克兰航空国有公司签署谅解备忘录，预定合作生产民用和货运飞机，并明确表示，双方的一体化问题取决于基辅的决定。看来，俄罗斯感兴趣的主要是乌克兰的安东诺夫航空科技综合体，但是两国目前政治上的分歧加大了短期内实现航空工业一体化的难度。

——2008 年 11 月，OAK 将米格飞机制造公司和苏霍伊航空股份公司合并成一个统一的军用飞机部门，并由原苏霍伊公司总经理米哈伊尔·波戈相领导。OAK 决定：米格公司的主要业务为包括米格-35 轻型战斗机、无人飞行器、米格系列飞机改进等；苏霍伊公司将主要发展苏-35和未来前线战斗机(PAK FA)。

——2009 年初，在 OAK 框架内除军用飞机、民用飞机、运输机和部件 4 个主要分支机构外，增加建立远程飞机和水上飞机两个分支机构。远程飞机分部包括喀山航空生产联合体和图波列夫公司，将从事发展图-160、图-95 和图-22 飞机项目；由塔甘罗格航空科技综合体和塔甘罗格航空公司组成水上飞机分部，将负责别-200 和 A-42 飞机项目。OAK 公司认为，水上飞机分部权能范围非常广泛，并将不只局限于水陆两栖飞机。尤其是 A-42 作为海上救援飞机已被纳入国家武器装备计划，而塔甘罗格航空公司将继续从事 A-50 远程雷达预警和控制飞机计划的工作。

2007 年 OAK 销售总额达 1 200 亿卢布，息税折旧摊销前利润(扣除利息、所得税、折旧、摊销之前的利润，Earnings Before Interest，Tax，Depreciation and Amortization，简称 EBITDA)不到 10 亿美元。

OAK 公司成立以来，公布了不少生产计划和发展战略之类的文件。按《2008—2012 年的生产计划》要求，公司将制造 431 架商用飞机(236 架"超级喷气-100"、15 架伊尔-96、84 架图-204/214 和 96 架安-148)。公司发言人说："这是俄罗斯飞机制造行业对市场进行分析，并与潜在客户磋商之后第一次制定计划。"与之相比，过去 10 年来公司平均每年只生产

图-95是20世纪50年代开始研制的，寿命几乎和美国B-52一样长，堪称“长寿熊”，后来几经改进形成多种型号。

8至10架飞机。

2008年2月，OAK公司董事会批准了2025年前发展战略，确定了基本任务：2010年的销售额计划为100亿美元，2020年应达220亿—240亿美元，至2030年达到460亿美元。至于EBITDA指标，2015年应为30亿美元，2020年应达到80亿美元。发展战略规定，要在2015年前占领国内飞机市场，至2025年前将在国际市场上争得牢固地位。为此，要大幅增加向世界市场投放的支线和干线飞机数量，其数量应达到世界市场全部飞机的12%—15%（约1 800架）。为了达到既定目标，航空工业的产量将每年扩大30%。

但是应该强调，生产计划还不是合同订单，而只是公司在争取政府财政支持时所使用的预测。在OAK宣布生产计划之后不久，总裁费奥多罗夫就呼吁俄罗斯议会增加对公司的财政支持，从原计划的2008年至2012年间每年的2.3亿美元增加到4.6亿美元。

据2009年初来自俄工业和贸易部的消息，2008年俄罗斯航空工业共生产44架飞机和121架直升机，这其中包括10架中远程干线飞机。

2009年6月，OAK总裁波戈相在巴黎航展上说，俄罗斯国内战斗机需求在增加。公司的目标是将国内外的业务比例保持在50:50，同时也希望保持如下的业务比例：军用40%，商用40%，服务20%。为此，苏霍伊正在努力提高售后服务的质量。波戈相承认，全球金融危机也影响到了 OAK，危机起到了加快决策过程的作用，特别是关于国内战斗机采购的决策。危机使得强者更强，弱者更弱。

2. 俄罗斯直升机公司

目前俄罗斯已将卡莫夫设计局、米里设计局等直升机设计和制造企业合并到国防工业集团旗下，组建成俄罗斯直升机股份公司(简称俄直)，希望通过整合使各设计局统一产品战略，齐心协力从事直升机设计、制造、生产和销售。鉴于俄罗斯国防出口公司是国防工业集团的大股东，目前俄罗斯直升机工业的对外合作和销售都是通过俄罗斯国防出口公司进行。

俄直正式成立于 2006 年，是控制直升机资产的国防工业集团公司 100%的子公司，此前已被正式批准作为莫斯科米里直升机厂、卡莫夫公司、乌兰乌德航空厂、喀山直升机厂、莫斯科前进机械制造厂、斯图皮诺机械制造生产企业的管控公司。不久前，按照俄罗斯联邦国有资产管理局的指示，作为单一执行机构管理“库梅尔套飞机制造企业”的权能转交给俄直，是集中直升机制造业管理职能政策的延续。库梅尔套飞机制造企业以生产卡莫夫直升机为主，以及为这些直升机提供全套的综合服务。

2009 年，“俄直”所属企业为国内外共生产了 183 架军、民用直升机，与 2008 年相比增产 14 架。

3. 联合航空发动机制造集团(ODK)

鉴于 OAK 整合所有固定翼飞机企业的过程比较缓慢，俄罗斯在航空发动机领域的整合采取了分步走的策略，先局部整合、组建成 4 家航空发动机集团，然后视情形再进行更大规模的整合，组建 1—2 家大企业。

从二战结束到 1991 年苏联解体，是苏联航空发动机的鼎盛时期，航空发动机工业走上了循序发展的轨道，新技术、新产品不断涌现。尽管苏联发动机从寿命、油耗、维修时间间隔等指标仍不及西方发达国家的产品，但航空发动机工业的总体实力在不断增强，出现了“图曼斯基”、“克里莫夫”、“库兹涅佐夫”等一批知名发动机品牌，足以支撑米格-25 战斗机、图-144 超声速飞机、图-160 轰炸机等飞机产品。

2008 年，联合航空发动机制造集团(ODK)成立，集团包括莫斯科的“礼炮”燃气轮机生产公司(萨留特)、鄂姆斯克发动机制造厂、圣彼得堡的克里莫夫公司、萨马拉、库兹涅佐夫科学技术集团等，新组建的机构将从事燃气涡轮发动机制造，包括负责第五代发动机关键技术的研发工作。

面对“土星-留里卡”一直拒绝政府入股，不愿被纳入国有企业体制，2008年12月普京总理在“土星-留里卡”主持召开会议，决定“土星-留里卡”与乌法发动机制造生产联合体一起加入由国防工业公司监管的ODK。普京表示，国防工业公司将在市场条件下收购私人投资者手中的股份。

ODK的发展战略已由政府工业、技术和运输委员会进行了审议。联邦工业和能源部副部长曼图罗夫在报告中指出，发展燃气涡轮发动机制造业战略的要点是：在私营-国营基础上建立能有效管理发动机制造业的集约式合作，对现有的技术和人才潜力进行现代化改造，同时整合生产潜力。发展战略将分两个阶段实施：在转型阶段，确保量产发动机及其改进型的生产和销售，以保持俄发动机制造业在世界市场上的地位，并为俄军民航空业的继续发展提供保障；在突破阶段，将组建起新一代发动机的大规模批量生产。

在2007年8月俄政府举行的会议上商讨了飞机制造业和发动机制造业问题。至2025年前联合飞机制造集团公司将每年生产300架客机，军事航空每年的产量将扩大一倍。时任俄罗斯总统的普京指出，要完成如此具有“突破性的项目”，在燃气涡轮发动机制造业也需要采取相应的发展战略，并明确了2025年前的行动计划。

2009年6月，俄罗斯国防工业公司主管列乌斯说：“ODK的任务之一就是瞄准全球市场，并与中国、印度、近东和独联体等国合作。”他强调：“我们在2020年前的目标是公司销售总额的40%来自国外市场。”ODK预计在2020年前占据世界第五大航空发动机制造商的位置。

在严峻的外部环境下，俄罗斯发动机研究生产企业还想与它们的老兄弟——分家在乌克兰的伊夫琴科-进步设计局和西奇发动机公司再度联手，为未来的MC-21飞机提供动力。

迄今，俄罗斯重新整合飞机、直升机和航空发动机产业的工作已经取得重大进展，尚待组建的企业集团还有：

——航空电子和机载设备的设计和生产企业也将按专业整合成企业集团，以满足本国和国际市场上的飞机、直升机的配套和机载设备需求；

——航空武器方面将组建战术导弹武器集团，将航空武器系统的设计和制造能力整合在一起。

俄罗斯政府和航空工业期望通过整合重振俄罗斯航空工业。但也有业内人士提醒，这些整合方案触及了不同地区和各个企业自身的经济利益，实施过程中将面临一些可能导致行业形势更为严峻的困难。例如在固定翼飞机领域，苏霍伊、米高扬、米里、伊柳申、图波列夫等设计局都已形成了自己的设计、试验和生产的独特方向和经验，这些设计局都在争夺联合飞机制造集团的内部的技术和行政领导权，以至于集团的核心领导团队至今没有确定。

在航空科研领域，鉴于将基础技术和应用技术研究变为商业化行为是不可行也是不明智的，很多应用性基础科研还是需要国家财政预算支持，由国有非营利科研机构执行。俄罗斯中央流体力学研究院、全俄航空材料研究院、中央航空发动机研究院、国立航空系统研究院和格罗莫夫试飞院将继续作为国有科研中心存在，并成为航空科研的基础核心。在这些科研中心下面将设立科研工程研究分支机构，它的任务是为大型企业集团服务，进行应用性设计保障和对特别专业课题进行研究。

（三）金融支持，税收保护

在 2009 年莫斯科航展开幕式上俄罗斯总理普京承诺，政府将投入数十亿美元资金，重振本国航空工业，帮助它们扩大在国际市场上的份额。普京说："航空航天工业发展是我们优先考虑的事项"，"我们希望优化国家经济结构，发展高技术部门。"

航展开幕当天的 8 月 18 日，俄罗斯国防部与苏霍伊飞机军事工业集团签署一份价值 800 亿卢布（约合 25 亿美元）的订单。按普京的话说，这份合同"创造了俄罗斯现代史上的纪录"。除此之外，俄罗斯还将从联邦预算中拨款 1 亿美元给苏霍伊集团。从 2004 年至今，俄罗斯在航空工业上的投入增加了 20 倍左右。普京说，政府希望通过对航空航天业的投资，造就了一批具有国际竞争力的俄罗斯企业。他认为，通过大力发展航空航天业，俄罗斯将在更高水平上深化国际合作。

俄罗斯政府支持航空航天工业的政策是一贯的，仅最近几年，就有多次具体行动，例如：

——2005 年 12 月，俄罗斯政府为当时的“苏霍伊设计局股份公司”的贷款提供国家担保，保证其完成俄罗斯支线飞机(RRJ)研制计划。

——2008 年 12 月，俄罗斯财政部领导的援助战略企业跨部门委员会，同意以向法定资本投资方式为俄罗斯米格飞机制造公司注资 150 亿卢布。

——2008 年 12 月 22 日，普京主持召开 2008 年最后一次政府全体会议。会议讨论的主题意外地放在 2009—2011 年国家国防订货计划上。普京指出，在目前经济危机不断蔓延的形势下，国家订货对军工企业具有特殊意义。“过去，军工综合体甚至被迫利用企业出口所得或生产民品为完成国防订货提供资金保障，而面对当前的金融与经济危机，国家国防订货将成为军工综合体最重要的资金来源，也将成为它们保持生存的基础。国防订货将保障这些企业保持应有的生产水平、保障足够的就业岗位，以及继续落实技术改装计划”。

在全球金融危机不断蔓延，不少国家政府都被迫削减国家预算开支的背景下，俄罗斯政府却出人意料地通过了一项数额高达 1 400 多亿美元的国防订货预算修正案。分析指出，俄政府此举可起到“一石二鸟”的作用，一方面可通过扶持国防工业挽救国家实体经济，另一方面，在军队装备急需更新换代的情况下，通过增加国防订货保障军工企业的正常运转，实际上也是在挽救俄罗斯军队，其作用和意义无可取代。

俄罗斯国防工业委员会向外界公开了国防订货的具体数字：2009 年国家军事订货预算将在现有计划(1.3 万亿卢布)基础上提高 28%，2010 年再提高 20%，而 2011 年将比 2010 年再增加 410 亿卢布，三年国防订货总开支大约为 4 万亿卢布(合 1 411.64 亿美元)。未来三年的国防订货开支将保障 487 种新型武器装备投入国家试验(即国家验收)，保障完成 600 种新型武器装备的国家试验，并列装其中 400 种武器装备。

——2009 年 1 月，俄罗斯国防部从米格飞机制造公司购买先前提供给阿尔及利亚空军、后被阿尔及利亚退回的米格-29 歼击机。

——2009 年 5 月 11 日，普京总理率领的代表团在访问日本途中视察阿穆尔共青城装配车间时，俄罗斯政府承诺继续提供苏-27SM 和苏-30 战斗机改进项目资金，以缓解苏霍伊设计局及生产厂的财务危机。

——2009 年 5 月，俄罗斯政府增加了从阿穆尔共青城总装厂的订货。到2015年该工厂将向俄罗斯联邦武装部队交付60架新的作战飞机。

——2009年6月，俄罗斯联邦工业和贸易部官员在纪念彼尔姆发动机制造综合体成立75年大会上宣布，为了发展俄罗斯的燃气涡轮制造业，2009年将拨款35亿卢布，至2011年拨款总额将达到90亿卢布。

——2009年7月，俄罗斯国防部决定为空军购买48架苏-35多用途歼击机。按计划，飞机将在2011年开始交付，2015年前列装。

(四) 加紧研发，强调创新

"人类学会飞行，靠的是智慧而非肌肉的力量。"这是俄罗斯"航空之父"、中央航空流体动力研究院创始人茹科夫斯基的名言。从苏联到今天的俄罗斯，都对航空科学研究给予了高度重视。当前，为全力振兴航空工业，俄罗斯在加紧研发方面争取做好三件事：

1. 恢复和改进各研究院的工作

1918年成立的中央航空流体动力研究院(ЦАГИ)，长期以来一直是世界上最大的航空科学中心之一。1994年3月俄罗斯联邦政府授予该院"俄罗斯国家科学中心"资格。苏联解体后，研究院的工作一度受到严重影响，经费不足、人才流失三分之二。在政府的扶持下，研究院开展了广泛的国际合作，直到近年才逐步走出低谷。

据介绍，目前研究院的核心科研领域是飞行器空气动力学，还从事风洞试验、飞行器静态及动态强度试验、未来飞行器外观设计、未来飞行器空气动力学参数设定等工作，在俄罗斯飞行器设计制造方面起统筹全局的作用。研究院目前已成为俄罗斯航空事业培养人才、诞生理论的摇篮。随着越来越多的优秀年轻人加盟，研究院的面貌正发生新的变化。具体说，研究院承担以下三个方面的职能：

——制定俄罗斯军用及民用航空器未来发展方向，就国家需要制造哪些型号和种类的飞机提出建议，交给政府决策部门审定；

——统筹规划航空飞行器的设计制造工作，交国内各设计局及企业分工落实，研究院从中协调安排；

——负责所有飞行器的外形设计。

在俄罗斯国防部下面有一个以契卡洛夫命名的俄罗斯国家飞行试验

中心，与 2008 年同期相比，该中心 2009 年上半年所进行的试验项目数量增加了 9%，而飞行试验次数增加了 21%。其间除完成了各种试验任务外，还就某些新型航空武器的批量生产提出了合理化建议。2009 年还将继续开展试验基地的改扩建工作，将有助于按照全面要求，对经过现代化改造并具有前景的航空技术装备进行试验。

2. 由企业牵头建设大型工程中心

2009 年 5 月，OAK 总裁费奥多罗夫宣布，在莫斯科郊区茹科夫斯基市创建国家航空制造中心的工作计划将在 2015 年完成。根据该构想，拟议建立 OAK 大型工程中心，从事科研工作；在中央航空流体动力研究院基础上组建统一的联邦科研中心；建立常设性展览中心，以及容纳所有培养航空专业人才高校之分校的教育中心；还将为员工建设一个大型城镇，并已经划拨 2 000 公顷的土地，正在制定修建公路和铁路支线的计划，把国家航空制造中心与莫斯科连接起来。

3. 开发新技术，为研制下一代飞行器做好准备

(1) 利用民间资本，开发新一代民用飞机

2007 年，以俄罗斯航空财团为首的集团公司提出研发具有前瞻性气动布局的新型飞机 IC－1，参与该项目研发的有航空仪器控股公司、航空发动机股份公司、西伯利亚航空科学研究院等单位。他们认为，航空制造业取得了长足进步，大涵道比航空发动机和新型结构材料已经面世，目前已具备制造新一代高效干线飞机的所有先决条件，可以研制出载客量与空客 A380 相媲美、技术工艺与波音 787 比肩的新一代飞机。预计IC－1 飞机结构的重量效能约比常规气动布局的飞机高出 40%。IC－1 飞机的载客量与图－154 飞机相当，然而，图－154 的重量为 100 吨左右，而 IC－1 的重量为 61—64 吨。

(2) 应对美国挑战，研制高速直升机

作为对美国西科斯基公司 2008 年完成首飞的 X－2 高速直升机的应对，俄罗斯计划在 5—8 年间研制出新一代高速直升机。在 2009 俄罗斯直升机国际展上首次推介了 3 个高速直升机项目的模型：米－X1、卡－92 和卡－90，后者的时速可能超过 800 千米/小时，预计安装喷气发动机。

(3) 适应军事潮流，大力开发无人机

俄罗斯最新军事思想认为，如不广泛应用无人机，2025 年前俄罗斯

空军航空兵将无法完成局部战争中必须承担的任务量。空军认为，解决这一问题的方向之一是广泛应用无人机，以及扩大战略方向上的航空兵集群编制中的无人机数量。在混合航空兵集群编制体制下，多功能无人机及有人驾驶飞机的联合应能解决攻击、歼击、侦察、防空和无线电电子压制等任务。

在“MAKC－05”航展上，俄罗斯 Kvand 公司展出了一种新型的“无风”喷气式无人机，装备一台涡轮喷气发动机，能够垂直起降，最高飞行速度可达 780 千米/小时。该机在制造过程中使用了大量的吸波材料，具有较强的隐蔽飞行能力。据称，“无风”可用于民用领域，进行搜寻、地质勘探和油气管线检查等活动，在安装了必要的设备后，也能执行侦察和目标指示等军事任务。

(4) 开发第四、第五代战斗机共用的机载设备

研制规格统一的第五代有源相控阵机载雷达家族，除直接应用在第五代战斗机上之外，也将应用于经现代化改造的第四代飞机上。有源相控阵雷达技术能保证大幅提高飞机的飞行可靠性，能够将发现目标的距离提高到 350 千米，发现目标的数量增加至 30 个，同时攻击目标的能力增加为 6 个，并提高了使用武器的种类及其他优势。

(5) 大力开发复合材料

在复合材料应用方面，俄罗斯航空工业目前落后于国外先进厂商。国外新一代客机，如欧洲的 A350 和美国的波音 787，复合材料应用比重将达到 60%，而大多数俄产飞机的这一比重不超过 20%，图－214 达到 25%，准备研制的 MC－21 新型中程干线客机将达到 37%。俄罗斯声称，制造复合材料占 40%的飞机的时代已经来临。

俄罗斯目前生产的复合材料与进口复合材料相比，价格昂贵而技术参数落后，且产量不足。根据全俄航空材料科学研究所的数据，2007 年俄罗斯生产复合材料约 45 吨，而民航方面的需求量为 80 吨。为了改善这一状况，俄罗斯将耗资 4—7 亿欧元建设复合材料和零件生产基地，其生产能力将达年产 140 套机翼，预定在 2013 年投产，届时计划生产出俄罗斯第一架机翼由复合材料制成的飞机。

(6) 开发以氢为燃料的飞机

在地面上，汽车数量的无限膨胀会造成空气严重的污染；同样，在空

中，飞机的大量增加，也会破坏人类的生存环境。为了在矿物燃料消耗殆尽之前，找到替代能源，也为了减少污染，保护环境，各国科学家正在研制以氢为燃料的新一代民用飞机。经过研究，人们发现，一种可用的替代能源是氢。氢既可以用做汽车的燃料，也可以用于航空。1988 年苏联用一架三发的图-154 装氢作为燃料进行过飞行。20 世纪 90 年代初以来，俄罗斯还和德国宇航公司一起开展“低温飞机”计划，进行以氢为燃料的飞机开发工作。

2008 年 11 月，图波列夫股份公司提议继续这项工作，并将其列入 2020 年前俄罗斯民航发展新规划。图波列夫公司计划从 2010 年起开始图-204K（K 代表低温）的研制工作，飞机将使用液化气作为航空燃料。据初步估计，该机的研制和验证约需 6 年时间，需投资 160 亿卢布，其中 50％为预算拨款。

(7) 继续发展地效飞行器

俄罗斯从 1960 年开始积累了大量地效飞行器研制经验，处于世界领先地位。但苏联解体以来，国家重视不足，使其发展一度停滞。两年前，俄罗斯联邦安全局提出将地效飞行器引进国家边境警卫系统。地效飞行器 EK-12“黄鹂”目前正在制造中，在里海的试验证实是可用的，但尚需逐步完善。

(五) 加强合作，开拓市场

冷战结束后的 10 余年间，俄罗斯经济始终处于不景气状况，国防工业经费紧缺的压力已经使其航空航天工业发生了从过去的壁垒森严到不断走出国门、着眼国际市场和积极参与国际合作项目的诸多改变。俄罗斯雄厚的航空工业基础和技术实力，是它参与国际先进航空阵营各种高新技术产品合作计划的重要筹码，从 1993 年开始举办的莫斯科航展正在为俄罗斯航空航天产品尽快走向世界市场和俄罗斯航空航天界进行对外合作打下了较好的基础。

印度多年来是俄罗斯航空装备的大用户。2000 年 12 月 28 日两国签署了允许印度生产苏-30 及其发动机和机载设备的总合同。2008 年 12 月，俄、印双方商定把 2010 年到期的俄、印军事技术合作计划延长 10 年，并使双方的合作由装备买卖关系转向共同研制生产的合作关系。

2010年3月12日，俄罗斯总理普京与印度总理辛格签署多项能源、军购协议，总额大约100亿美元。其中涉及的航空装备有：俄罗斯向印度出口29架米格-29K舰载战斗机，价值15亿美元，2012年开始交付；2012年年底前向印度交付“戈尔什科夫海军上将”号航空母舰，最后价格23.5亿美元；敲定在俄空军T-50战机基础上联合研制俄印第五代战机的具体细节。

早在2005年莫斯科航展上，俄罗斯与欧洲航空工业的合作就取得了一定的进展。例如，欧洲航空防务和空间公司(EADS)购买了俄罗斯伊尔库特新发行股票的10%，作为对俄罗斯飞机制造商的战略投资，双方还签署了成立“EADS-Irkut水上飞机”合资公司的文件，负责在世界市场上对别-200进行营销、产品支持以及管理飞机的取证；卡莫夫公司和罗罗公司在卡-226直升机生产和设备维修方面开展长期合作；空客公司和伊尔库特签署了关于俄罗斯参加A350以及未来空客飞机计划开发的意向书(LOI)，到2004年底为止，空客公司已向俄罗斯提供每年8 000万美元的合同，2007年将提高到1.1亿美元。

2007年6月，俄罗斯OAK与美国波音公司签署了长期合作协议，两家公司将在航空科技研究、飞机结构试验、飞机的制造和设计以及市场营销调研等领域进行合作。OAK与波音公司将在航空科技研究和飞机结构试验框架内，开发民航飞机制造新技术，包括飞机成品零件制造技术和生产钛合金结构件的技术。此外，波音公司还与OAK共同研发减轻飞机组件和机架重量的技术，以及寻找缩减生产费用的方法。

俄罗斯军品出口额在2007财年创历史新高，高达70亿美元，即使与前苏联冷战时期相比，这也是历史最高水平。据统计，截至2007年底，俄罗斯军工企业获得的出口订单总额高达320亿美元，其中，仅国防产品出口公司就获得250亿美元的出口订单。这预示着，未来几年俄罗斯军品出口仍将保持强大发展潜力。在俄罗斯出口的武器装备中，61%为军用飞机和直升机；其他地面武器和装备、防空系统、海军装备分别占21%、10%和8%。2009年赢得的新订单有：向韩国出口32架舰载型卡-32直升机；向越南出口8架苏-30MK2。

2007年，法国赛峰集团为扩大在俄业务，在萨马拉市设立由100位俄罗斯专家组成的为公务机设计发动机和起落架的设计中心。

2008 年 5 月 29 日，俄罗斯苏霍伊航空控股公司所属的阿穆尔共青城航空生产联合体核准为美国波音公司正式的供货商。此前阿穆尔共青城航空生产联合体通过了质量和生产管理体系的全方位审查，取得国际认证机构颁发的 AS/EN 9100 航空航天标准质量管理体系证书。

2009 年 7 月，波音公司和俄罗斯钛合金制造商 VSMPO - Avisma 公司于 2007 年达成协议，投资 7 000 万美元的建成的乌拉尔波音制造厂(UBM，波音占 69.5%的股份)开始为波音 787 生产半成品钛合金产品。俄罗斯 VSMPO - Avisma 公司的产品 70%出口到空客、波音和其他一些航空航天公司。波音公司预测在未来 30 年该公司将在俄罗斯的钛合金、航空设计工程服务和其他服务及原材料上花费 270 亿美元。

2009 年 6 月，俄罗斯直升机股份公司与 Pall Europe 公司开始在米-8/17 型直升机现代化改造计划框架内进行合作，将用发动机防尘装置改进新生产及先前生产的米-8/17 型直升机。

积极对国产装备进行改装，使之适应国际市场的需要。2009 年 5 月，欧洲防务局(EDA)称，法国和德国即将通过购买重型直升机的决议，他们需要起飞重量超过 13 吨、可以运送超过 70 名的士兵、航程超过 1000 千米的直升机。两国还需要一种最大起飞重量在 32—35 吨的直升机，其潜在成交量可能达到 120 架以上。米里设计局提供了基于现有米-26T 基础上的三种型号，或是进行了或深或浅的现代化改型，或是一种新的、以有效载荷 20 吨为主要目标的设计型号，改进重点是对航电系统的大规模改造，以便将机组人员从 5 名减少到 3 名，从而满足执行突发任务的要求。米-26 的单机价格约为 1 千万美元，是其他候选方案(如 CH - 47F“支奴干”和 CH - 53K)的一半甚至三分之一。

印度招标采购轻型直升机，卡莫夫公司正在按照印度方面的特别要求对卡-226 直升机进行现代化改造，以拓展俄罗斯直升机在印度航空市场的地位，提高除中型和重型直升机之外的轻型直升机的销售份额。

第三章 面向未来——俄罗斯主要航空产品

一、军用飞机

(一) 第五代战斗机

俄罗斯的第五代战斗机是为了对抗美国的F/A－22“猛禽”而研制的，概念研究始于1981年。俄空军的要求是：起飞重量20吨、超音速巡航、隐身、高度机动、可在300—400米的短距离上起降、可利用卫星导航技术。在20世纪90年代初，苏霍伊和米格两个集团分别推出了第五代歼击机的雏形：C－37型(后称“苏－37”和“苏－47”)和米格1.44型。1998年，俄罗斯空军正式提出第五代多用途战斗机的研制任务，2001年初，俄空军正式提出了采购要求，用于替换苏－27和米格－29歼击机。根据对各设计局方案的比较，2002年4月，苏霍伊设计局的T－5第五代战斗机方案在招标中胜出，获准主持该项目研究。研制工作可能耗资15亿美元。

阿穆尔河共青城飞机制造厂目前正在按照国家订货制造3架样机，其中一架已于2010年1月29日由试飞员谢尔盖·博格丹驾驶完成了首次试飞，在空中持续飞行约47分钟，初步评估了该机的操控性、发动机性能和主要系统运作情况，验证了起落装置的收放功能。在第一阶段进行了6次试验飞行后，于2010年4月用安－124运抵莫斯科郊区的茹科夫斯基航空城继续进行地面试验和飞行试验。

与上一代战斗机相比，T－50装备的新型航电系统融入了“电子自动驾驶仪”功能，有先进的相控阵雷达，大大减少了飞行员的工作量。该机还综合运用了复合材料、新技术、飞行器空气动力学和发动机信号特征减缩措施，使飞机具有非常低的雷达散射截面积(RCS)、可见光和红外特征，显著地提高了飞机在全天时和全天候条件下的空对空、空对地作战

米格-1.44 战机是俄罗斯米格设计局研制的俄罗斯第五代(相当于西方的第四代)双发单座多用途战斗机,2000 年 2 月 29 日首飞,目前只有 1 架技术验证机。

能力。

2010 年 3 月 16 日,苏霍伊公司总经理波戈相在印度首都新德里宣布,俄罗斯将在 40 年间制造 1 000 多架第五代战斗机,包括为传统买家印度至少制造 200 架。

(二) 苏-35

在未来 10 年中,苏-35(Su-27 SM2)的生产将与第五代战斗机(PAK FA)项目并行开展。这就意味着苏-35 的生产将持续到 2020 年左右,成为 PAK FA 的长期补充机型。苏-35 是“侧卫”基本型的中期改型,改进了发动机、航电、雷达和武器,是部分应用了第五代战斗机技术的多功能、单座 4^{++} 代歼击机,可保证其对同级歼击机的优势。2 架原型机已于 2008 年开始飞行试验,可是第 3 架原型机在一次滑行试验中起火烧毁。当前的试验重点集中在航电、雷达和光电系统。苏-35 项目最初是一个出口项目,但是苏霍伊公司的这一举动引起了俄罗斯空军的兴趣。俄空军想将该机作为 PAK FA 服役之前的过渡机型以满足需求,且计划

1997 年推出的苏-37，比苏-27 增加了前翼和发动机矢量喷口，大大提高了飞机的机动性。

在 2015 前采购 48 架苏-35。

（三）战略轰炸机改进和研制并举

俄罗斯空军远程航空兵装备的图-160、图-95MC 和图-22M3 将在 2009 年进行深度改进。远程航空兵飞机现在的机龄约为 15 年，它们只度过了各自的一小部分寿命。深度改造升级将安装新的瞄准导航系统，新系统将能够使用包括高精度炸弹在内的非制导杀伤性武器，投弹时的偏差将不超过 20 米。

2010 年 3 月 1 日，俄罗斯总理普京表示，在俄第五代战斗机研制成功后，应立即开发新型的战略轰炸机，以升级俄罗斯日渐老化的武器库。新型轰炸机将逐渐取代目前俄军的图-160、图-95 和图-22 轰炸机。据俄《航空新闻网》介绍，与美国战机 F-117、F-22 和 B-2 等飞机“外形＋涂料”的隐形方式不同，俄新型轰炸机极有可能采用等离子体隐形技术，在不改变飞机气动外形设计的前提下，将飞机周围的空气变成等离子云，借此来达到吸收和散射雷达波的效果。

（四）安-70能否顺利投产，前途未卜

安-70是乌克兰和俄罗斯共同研制的世界上第一种成功使用桨扇发动机的中程宽体运输机，用以取代安-12运输机。桨扇发动机集涡桨发动机的高经济性和以前只有涡扇发动机才能达到的高速度性能等优点于一身，燃油消耗率极低，与波音707等早期喷气运输机相比，节油率可达60%。该机可以说是苏联解体的一个牺牲品，虽然早在1975年就已开始研制，但第一架原型机因财政紧张直到1994年12月16日才首飞。按照俄、乌两国的协议，俄政府应为该计划投入80%的研制经费，但因经费一直不能按时到位，致使研制工作进展缓慢。几年前，俄罗斯空军领导人曾宣称俄罗斯空军不需要这种飞机，使计划陷入困境。

安-70是俄罗斯与乌克兰安东诺夫科学技术联合体共同研制的中程宽体运输机，也是世界上第一种成功使用桨扇发动机的飞机。

2010年4月12日，俄武装力量总参谋长马卡洛夫将军证实，俄罗斯和乌克兰已经达成协议，双方将完成安-70飞机的制造工作，进行所有必需的试验，然后再决定以后的事情。此前，2009年8月，俄罗斯空军副总司令巴尔明向记者透露，俄空军是否装备安-70型的关键在于俄罗斯是

否能与乌克兰在知识产权问题上达成一致。巴尔明表示,俄罗斯与乌克兰应该签署协议,规定双方共同拥有100%的知识产权,而不是各占50%。当知识产权问题确定后,俄罗斯空军才会考虑接收安-70飞机。

(五)伊尔-76运输机

俄空军运输机机队现代化计划包括升级伊尔-76MD,升级计划将包括换装航电系统与发动机。同时,俄罗斯正在组织伊尔-76深度改进型伊尔-476的生产,其部分部件仍在乌兹别克斯坦的工厂生产。

(六)采购并加紧研制无人机

在2008年8月同格鲁吉亚的短期军事冲突中,俄罗斯军队深刻体会到先进战场侦察手段的必要性。当时由于缺乏可靠的情报支持,致使俄军的作战行动受到严重限制。由于俄国内厂商目前无法向军方提供性能可靠的无人侦察机,俄罗斯政府与以色列签署一笔价值5 300万美元的合同,先从以色列购买12架无人机以应急需,进而要开发出本国自己的高性能无人机。2009年6月,俄国防部副部长波波夫金大将宣布,俄武装力量将在今后2—3年内装备国产无人机。自2008年起,俄国防部将各方面的需求统一到一个水准,并集中在三个方面研制无人机:一是2010年有望得到的在特种部队和其他战术部队范围内执行战术任务的无人机;二是适合战役-战略侦察的无人机,即具备在空中停留数昼夜,飞行数千千米能力的无人机;三是攻击无人机。

(七)新型教练机

在俄罗斯,由于华约解体及经互会的解散,获得原来由捷克斯洛伐克生产的L-29型和L-39型教练机以及它们的备用零件变得越来越困难,于是俄罗斯空军组织了新教练机的设计竞争。参与竞争的两种教练机中,雅克-130于2002年初被确定作为俄罗斯空军取代L-39的新教练机,生产型于2004年4月首次试飞,俄罗斯空军订购的12架雅克-130飞机中的首架于2009年5月19日首次飞行。2010年2月18日,首架雅克—130作战教练机飞抵利佩茨克空军基地,开始在俄罗斯空军服役,计划服役50年。2010年年底之前将交付8架,全部采购量至少有100架。

雅克-130是雅克福列夫设计局20世纪90年代开始为俄罗斯空军研制的轻型攻击/高级教练机,1996年试飞成功。

参与竞争的另一种教练机是米格飞机制造公司研制的米格-AT高级教练机,公司努力将其设计成一种可以提供不同阶段(基础、一般及高水平)飞行员训练的教练机。米格-AT装备的数字化控制系统,能够使其模拟几乎所有的俄罗斯产及外国产的先进战斗机的飞行,其中包括米格-29、苏-27、F-16、“幻影”2000及“欧洲战机”等。尽管在俄罗斯空军教练机竞争中失败,但公司并未最终放弃,还在为其寻找出路。2009年,米格-AT将装上土星公司研制的AL-55B改进型发动机进行试飞,争取出口印度或装备俄罗斯空军。

(八) 苏-25改型

为了继续提高作战效能,俄罗斯苏霍伊强击机科学生产有限责任公司计划对改进升级后的苏-25CM强击机进行专门的飞行试验,预计有两架苏-25CM参加试验,其中一架飞机上计划安装更先进的电子对抗系统。此外,目前还在准备进行扩展各种弹药作战效率的飞行试验。按照国防订购计划,2009年现代化改造的强击机数量将增加50%。据称,目前尚未考虑在苏-25CM上装备机载雷达,原因是飞机上没有雷达工作所必需的动力。

(九) 米格-35

米格-35是一种属于第“4++”代的多用途战斗机,整体性能较米格-29K和米格-29M有显著提升。凭借新型的机载设备和先进的武器系统，它具备了执行多种任务的能力，特别是“甲虫-AE”有源相控阵雷达具备了与西方最先进雷达相对抗的能力。2009年8月，俄空军确定将在2015年前采购20—30架米格-35战机，至少装备两个中队。

（十）苏-34

新型多功能攻击机苏-34在2009年已开始装备俄罗斯空军，不久的将来几乎所有装备苏-24飞机的部队将换装苏-34，名副其实地取代全天候前线轰炸机苏-24M，成为俄罗斯空军前线航空兵的突击主力。苏-34的特殊性能是能够使用广泛的武器，包括高精度杀伤性武器，能使用几乎全部空-空导弹，能够切实扩展对地目标攻击时的范围。

（十一）以伊尔-96为基础研制新型加油机和预警机

按照俄联邦2020年前的武器发展计划，俄军方将开始研制新一代空中加油机和预警机，以巩固本国的空中优势。据OAK高层透露，由伊尔-96客机发展而成的运输机将成为俄建造新一代空中加油机和预警指挥机的平台。

图为美国普惠公司提供的PW2037发动机。

与军用飞机相比，客机通常都能装载更多的货物。此外，民用飞机所使用的发动机也更为经济。再有，目前使用中的伊尔-78加油机到2020年大部分将达到使用寿命，而且是在乌兹别克斯坦塔什干生产的，转到俄罗斯生产还没有落实。因此，伊尔-96宽体飞机是发展新加油机的最好选择。有消息称，伊留申航空综合体正在制定生产伊尔-96-400SZ空中加油机和伊尔-96-400VZPU指挥机的计划。伊尔-96-400SZ的效能将是伊尔-78的两倍，是伊尔-78M的1.8倍，是美军KC-135R的1.25倍，仅略微落后于最新式的KC-10A，但在经过现代化改进并换装NK-93发动机后，这一差距将被完全消除。

此外,伊尔-96还将成为俄空军其他一系列特种飞机的搭载平台,包括:供高级指挥人员使用的空中指挥机、远程雷达预警机和无线电对抗与侦察机等。

二、民用飞机

20世纪90年代,俄罗斯开发了一些新一代飞机和直升机,它们的性能与外国同类飞机大致相当,能满足国际噪声和污染排放标准,耗油率比上一代飞机低得多。其中,伊留申飞机公司开发的伊尔-96M/T和伊尔-103获得美国联邦航空局(FAA)和独联体国家间航空委员会(IAC)颁发的型号合格证,为俄罗斯民用飞机进入国际市场打开了大门。由IAC颁发型号合格证的还有:伊尔-96-300、图-204、图-214、伊尔-114、别-200、雅克-42D-90、安-38等飞机,米-171、米-172、米-26TS、米-34S直升机,PS90A、D436-T1/TP、TV7-117S和TVD-20-03发动机以及KSTs NPO-204等机载设备。尽管上述产品数量很少,但仍不失为俄罗斯人的骄傲。

但是,总的来说,俄罗斯民用飞机工业处境不妙,这主要是当年政府奉行的政策造成的后果。国家没有采取措施鼓励向国内外市场提供俄制飞机,为飞机租赁提供的财政支持迟迟不到位。进入21世纪初,俄罗斯航空运输总周转量中75%是由20世纪60和70年代生产的过时飞机、直升机完成的,只有5%—6%是由新研制的飞机完成的,其余是由外国进口飞机完成的。具有讽刺意味的是,民用飞机工业在苏联时代提供了每年运送1.3亿—1.5亿旅客的能力,苏联解体后客流量大幅度下降为2 000万—2 500万人次,使机队中有60%~75%的飞机闲置。各航空公司宁愿使用过时的便宜飞机,也不想更换新飞机。后来,国际航空界鉴于对飞机噪声和大量污染排放引起的担心,采用更加严格的噪声和污染排放标准,从2002年4月1日起,某些欧洲国家已禁止噪声大的俄制飞机进入其领空,使俄罗斯民用飞机失去了很多市场。

根据西方预测,近20年俄罗斯的航空运输规模将增长二倍。俄罗斯航空公司所完成的运输量将每年平均增长6%。为此,俄罗斯需要约

1 000架新型民用飞机，总价值为 460 亿美元，目前使用的所有飞机应在2024 年前全部退役。

为了使民用航空工业尽快在国际市场恢复元气，俄罗斯计划通过对原有资源的有机组合，增强其航空产业在国际市场上的竞争力。俄罗斯将生产的民用飞机主要有：

（一）MC－21 中近程干线飞机

计划中用来更换老式的图－154 和雅克－42 客机的 MC－21 飞机项目是俄罗斯 2015 年前发展民航技术联邦专项计划的一部分，被业界认为是“振兴俄罗斯民用航空业的最大机会”。MC－21 计划生产载客 132 人、150 人和 168 人三种型号。据专家估计，仅俄罗斯市场便需要 800 多架 MC－21 飞机，俄罗斯 2008 年投入约 50 亿卢布用于实施这项研制计划。

据称，MC－21 在其结构中使用了最先进的工艺，三型飞机的航程为 2 200—4 500 千米，而飞机的增程型 MC－21LR 航程达 6 000—6 800 千米。在燃油效率方面，该机超过所有现有的同类飞机，保证这一点得以实现的是其先进的气动结构和新一代高经济性发动机。但发动机尚未选定，是该项目的关键问题。如果没有适用的国产发动机的话，将不得不装备外国发动机。有消息说，一些外国发动机公司希望通过与俄罗斯本土企业合作，参与 MC－21 发动机的竞争。

（二）“超级喷气”（SSJ－100）

由苏霍伊设计局旗下的苏霍伊民用飞机公司开发的 SSJ－100（原来称为 RRJ “俄罗斯支线喷气客机”）是俄罗斯重振民机产业的希望所在，得到了公司和俄罗斯政府的高度重视，2007 年 3 月首飞，根据最新的进度安排，飞机将在彻底完成认证工作之后于 2010 年开始交付。

据介绍，SSJ－100 是一种基于安全、舒适、可靠、可操作性、维护简单以及绿色环保等全新概念的支线喷气客机，采用全系统电传侧杆操纵、静音驾驶舱、玻璃座舱等新技术。驾驶舱与传统的苏制飞机全然不同，整个前仪表板只有 5 台液晶显示器。飞机包括 60 座、75 座和 95 座布局，分为基本型和远程型。SSJ－100 计划从一开始就走国际合作的道路，早在

2003 年就选定了若干外国供应商，包括泰雷斯公司（航空仪表系统）、斯奈克玛公司（发动机）、梅西埃-道蒂公司（起落架）、霍尼韦尔公司和汉密尔顿标准公司（电子系统）等。

据负责生产 SSJ－100 的阿穆尔河共青城航空生产联合体称，他们计划在 2025 年前生产约 700 架 SSJ－100，在 2012 年达到设计生产能力——年生产 70 架飞机的水平，此举能够在 2025 年前把企业民用产品生产量提高 40%。截至 2008 年年底，已签订了 98 架的合同。

（三）别-200 水上飞机

俄罗斯拥有丰富的森林资源，为防止森林火灾等各种人为或自然灾害发生，俄政府对消防飞机的研制给予大力扶植，并将研制新型高效水机的任务交给了以研制各类水上飞机和两栖飞机为主导产品的伊尔库特公司。该公司在军转民的过程中，凭借技术优势以及几十年积累的水机研制经验，在 A－40“信天翁”两栖喷气式水机的基础上研制出作为消防用的别-200 基本型飞机。

苏联别里耶夫设计局研制的别-200 是一种既可在水面，也能在陆上起降的水陆两栖飞机。它同时具有飞行器和船的特点，用途十分广泛。

别-200 消防型飞机安装了 8 个水箱，共计可载 12 吨灭火用水，另外还可安装容量为 1.2 立方米的液态化学灭火剂箱，可在陆地机场加水，也可在开阔水域通过水面滑行 12—14 秒来汲取灭火用水。在火场与机场距离 100—200 千米之内时，别-200 飞机一次加油可向火场投放 270—320 吨水，灭火能力显著。除消防型外，别-200 还可以改装为客运型、货机型、救护型和搜索救援型飞机。该机目前在俄罗斯救灾部服役。地中海国家、东南亚及美国的其他客户都表示出对该机的兴趣。

(四) 图-204

图-204 是原苏联图波列夫设计局在 80 年代研制的双发动机中程客机,用于取代图-154 客机。该机采用翼下吊挂发动机的双发动机布局,有翼梢小翼,研制了苏联第一款数字化航电系统、以多功能显示器为主的玻璃座舱以及电传飞行控制系统,并采用当时苏联最先进的 PS-90 高涵道比涡轮风扇发动机。图-204 在设计上大量采用复合材料,占飞机总重的 18%,被认为是与波音 757 同等级别的客机。

图-204 原型机于 1989 年 1 月首飞。装英国罗罗公司 RB211-535E4 发动机的原型机于 1992 年 8 月首飞。图-204 于 1990 年开始正式生产。原计划每年生产 80—90 架,以满足民航当局订购 500 架的要求。然而,苏联解体后,由于俄罗斯经济下滑、资金匮乏等原因,图-204 系列飞机研制、生产进展缓慢,销售不佳,交货量甚少。目前,图-204 系列飞机有客运、货运、客货两用以及客货快速转换等各种型别。截至 2008 年底,有 71 架在营运中,待交付的有 67 架。中国民航订购了 5 架图-204 货运型(-120C 型)。

(五) 安-124-100 大型运输机

安-124 运输机是 1982 年由安东诺夫设计局设计完成的,是空客 A380 批量生产之前世界上最大的量产飞机,在装载 150 吨货物的情况下可飞行约 3 000 千米。苏联解体后,俄罗斯和乌克兰于 1995 年停止共同生产该机,目前仍在服役的有 26 架。鉴于该机在全球市场上有很大需求,重新生产安-124 飞机的事情已经酝酿多年。2010 年 3 月,俄罗斯联合飞机制造集团公司总裁费奥多罗夫宣布,俄乌里扬诺夫斯克航空厂正在恢复生产安-124,按计划将在 2014—2015 年前生产首架更新的安-124 飞机。但恢复生产需要对生产设备进行重大改造,因为自该机投产算起,时间已经过去了数十年。

(六) 宽体中近程干线飞机

有消息说,2008 年年底 OAK 将签订国家合同,制定宽体中近程干线飞机研制计划的构想。据 OAK 新闻处宣布,合同竞标是由俄罗斯工业

安-124 是目前世界上投入使用的载重吨位最大的宽体运输机，是由苏联安东诺夫设计局（现乌克兰航空科技联合体）负责研制的，总共生产了 56 架。目前有一批飞机用于超大尺寸货物运输，市场前景看好，有望继续生产。图为安-124 在空运一架 BAe146 的机身。

和贸易部组织的，预计在 2009 年 12 月提交最终的技术提案和商业计划。为了筹备计划构想，OAK 必须对航空运输市场进行调研，分析对宽体中近程干线飞机的长期需求量，研究这部分市场的客运预测。此外，还将对达到预定性能的技术可行性进行调研，对项目的实施期限进行分析。

三、直升机

俄罗斯直升机工业近年来发展势头不错，2007 年生产民用、军用和出口型直升机 121 架，2008 年 169 架，2009 年达到 183 架。按照《俄罗斯直升机制造业 2015 年发展构想》，计划 2015 年将直升机的年产量提高到 500 架，其中包括让一些新型直升机，如 4.5 吨级的米-54 型、6.5 吨级的卡-62 型和 15 吨级的米-38 进入市场，使年销售额达到 4 000 亿卢布。鉴于俄罗斯直升机产业过去偏重于中型和重型，对轻型直升机重视不够，俄罗斯直升机今后几年的新型机系列将以批量生产 3.5—4 吨和 5—6 吨级别的直升机为主，这将有助于在 2015 年前将全球市场的占有份额从目前的 2%—4%提高到 15%。按计划，卡-226T、卡-62 和“安萨特”将能有效地扩展销售地域，它们打入市场后，目前偏重于重型直升机的局面将会切实改变。

俄罗斯陆军航空兵拥有数千架各种用途的直升机。目前，诸兵种合成部队的航空支援任务主要由米-24B 及 1995 年列装的白天型卡-50 直升机完成。今后几年，预计 2008 年 12 月列装的米-28H 和卡-52 全天候武装直升机将大量装备部队。

（一）对米-8、米-17 型直升机实施改进升级计划

俄罗斯直升机股份公司会同航空电子设备试验设计局等单位正在积极开展米-8/米-17 型直升机的改进升级工作，安装新型玻璃座舱的米-8/米-17 型将在近期完成第一阶段的国家飞行试验，有助于应对俄罗斯及国外客户对现有直升机的改造需求，使它们的生产稳定地保持到 2020 年。

（二）米-28H“夜间猎手”

2008 年 12 月，米-28H“夜间猎手”武装攻击直升机顺利完成了国家试验，机载系统效率达到了类似用途武装直升机要求的最高程度，实现了研制在技战术性能和战斗效能上不落后于国外最好攻击武装直升机的想法。罗斯托夫直升机股份公司负责米-28H 的批量生产，如今已有 15 架米-28H 在试用。

（三）卡-52

卡-52 为全天候使用特种直升机，装备有火力强大的导弹-火炮武器，用于杀伤敌方的装甲兵器和有生力量。卡-52 装备的机载雷达，及在改进过程中装备的夜视系统，能够保证直升机在任何气候条件下昼夜使用。截至 2009 年年中，卡-52 直升机完成了第一阶段的国家联合试验，并获得了能够批产的初步结论。卡-52 消除了卡-50 的主要缺陷，并装配了双座驾驶舱。除驾驶员外，卡-52 武装直升机增设了一名助理驾驶

员，负责在战场上搜索目标，帮助驾驶员选择武器。

（四）卡-62 直升机

卡-62 直升机是俄罗斯卡莫夫直升机科学技术联合体（原卡莫夫实验设计局）研制的中型双发多用途直升机，打破了卡莫夫设计局传统的共轴反转双旋翼布局，采用了单旋翼带涵道尾桨布局，类似欧洲直升机法国公司的“海豚”直升机。据称，卡-62 的机身结构将广泛使用复合材料，比例可能达到 60%左右。卡-62 主要用于运输、搜索与救护、公路巡逻、管道铺设、近海油田与钻井平台等。前些年由于财政困难，进展缓慢。2009 年 5 月有消息说，第一架试验型卡-62 直升机将在当年年末或次年年初于进步航空工厂制造完成。该厂与卡莫夫直升机公司具有良好的关系，将负责生产试验型和批生产型的卡-62 直升机。预计，批生产型的卡-62 将在 2012 年开始制造。俄罗斯国防部对这种飞机的军用型非常感兴趣，可能需求 300—400 架。

（五）米-38

米-38 是传统的单旋翼带尾桨直升机，能承担多种任务，如战术运输、森林灭火、建筑吊装、医疗救护、营救伤员、海上垂直补给、近海油田作业以及航摄航测等。改装成水上运输型之后，可在水上起降。米-38 第一架原型机于 2003 年 12 月 22 日首次试飞。据称米-38 原本计划全部使用加拿大普惠公司的 PW127 - T/S 涡轴发动机，但目前该计划处于长时间搁置状态。第二架和第三架原型机的机身总装已经完成，但米里设计局的总设计师萨姆森科表示，该两架机由于发动机的状态问题还不能进行飞行。萨姆森科表示，由于发动机短缺问题，该项目至少还将延期两年。目前来看，如果俄产的 TV7 - 117V 发动机能够解决问题的话，项目研发将于 2014 年完成。第一架装备 TV7 发动机的米-38 直升机预计于 2010 年首飞。

（六）卡-226

俄罗斯研制出了一系列具有发展前景的轻型直升机，卡-226 被认为是最优秀的一种，有望拓展俄罗斯直升机制造业在国际市场上轻型直升机的销售份额。基础型卡-226于1997年制造，2005年取得俄罗斯型号证书。卡-226目前装的是英国罗罗公司制造的250-C2R/2发动机，有利于拓展其出口能力。2009年12月完成了装法国透博梅卡公司的Arriu2G发动机的卡-226T飞行-技术性能评估试飞，计划在2011年完成验证试验和批量生产的准备。但业界认为，如换装克里莫夫公司在GTD-350和VK-800轻型发动机基础上设计的发动机，将有助于改善飞行技术性能和降低生产成本。

（七）米-26重型直升机

米-26是世界上载重量最大的直升机，属于第三代最优秀的直升机之一，曾创下14项世界纪录，其中包括货物提升纪录：将25吨货物提升到4 100米的高度，将20吨货物提升到4 600米，将15吨货物提升到5 600米，将10吨货物提升到6 400米。在2008年8月的南奥塞梯事件中，俄罗斯强力部门感受到了对这种大载重量直升机的需要。一旦就定购新型米-26直升机达成协议，将供应的是拥有最新型机载设备系统的米-26M型。在世界直升机市场上，对大载重量米-26直升机的需求在增长，在中国四川抗震救灾中米-26就发挥了重要作用。

米-26是双发多用途重型运输直升机，也是当今世界上最重的直升机，最大内载和外挂载荷为20吨，相当于美国洛克希德公司C-130"大力士"的载荷能力。

（八）"安萨特"直升机

"安萨特"轻型多用途直升机是喀山直升机厂出资研制的，其设计开始于20世纪90年代，1999年8月17日首飞。喀山厂在2004年还研制了"安萨特-U"军用教练型，2008年12月成功完成了国家试验。俄罗斯国防部在近几年计划订购大量“安萨特”，其中首批将于 2009 年进入空军服役。按计划，喀山厂今后还将批量生产“安萨特”直升机的运输型、搜救型、旅客型、VIP 型和医护型。

四、发动机

2007 年 9 月，俄罗斯航空发动机制造业联合会主席维克托·秋伊可在回答《西伯利亚专家》记者问时，概况了当时俄航空发动机行业的情况。他说：俄航空发动机制造至今仍没有度过 20 世纪 90 年代航空工业危机的消极影响。整个行业包括 11 家批产厂和 10 家设计局，2006 年产品和服务生产总值 695 亿卢布，比 1999 年增加了 1.77 倍，但是 90 年代的危机并没有安全度过，很多发动机的研发计划被搁浅。现在我们比国际航空发动机制造业落后 15～20 年，所以我们的产品在国际市场上没有销路。希望只能寄托在正在研制的新一代发动机上。

为制定俄罗斯 2025 年前燃气涡轮制造业发展战略，曾组织对其现状进行分析。分析表明，俄航空发动机制造业首先需要复苏，然后才是发展。譬如，40 家俄罗斯发动机制造企业年产总额约为 25 亿美元，与之相比 2006 年 4 家外国大型公司的单家产量便达 90—130 亿美元。此外，俄航空发动机制造企业人均年产值要大大低于国外的竞争对手。俄罗斯国内市场约占全球市场的 1%—1.5%，而据预测，从现在至 2025 年全球航空发动机制造业市场的总值将超过 5 500 亿美元。俄罗斯中央航空发动机制造研究所总经理斯基宾认为，只有成功解决为第五代战斗机和 MC-21 客机提供发动机的问题，才能使俄罗斯处于世界航空制造大国之列。

2010 年 4 月，秋伊可宣布，2009 年俄罗斯发动机制造业产品销售额达到 1 500 亿卢布。受经济-金融危机的影响，2008 年的发动机制造业销售额增长率仅为 1.5%，而 2009 年的增长率超过 17%。2009 年是该行业在集约化结构中运行的第一年。在集约化结构中，“联合发动机制造集团公司”产品销售增长了 16.8%，“土星”燃气涡轮制造科学生产中心增长了 39%，还有伊夫琴科科学生产联合体及其他一些企业和研究院，也都有不同程度的增长。

(一) 第五代战斗机的发动机

第五代战斗机(PAK FA)究竟选用什么发动机，至今仍是个谜。已知有两种俄罗斯国产发动机在竞争。一种是莫斯科“礼炮”企业推荐的 AL-31F 第 3 阶段的改进型 AL-31F-M3，推力达 14.5 吨，可以安装在 PAK FA 上。另一种选择是使用“土星”企业研制的 117S 发动机。117S 是对 AL-31F 进行全面改进后的产物，不但具有更大的推力和更长的使用寿命，而且经济性也大为改善。另外，该机还采用了矢量推力技术，能够使第五代战斗机具有更高的机动性。近两年来，117S 型发动机装苏-35 上接受飞行测试，以验证各项性能指标，最终将发展成为俄第五代战斗机的发动机。

(二) PS-14 项目

PS-14(亦称 ПС-14)发动机是俄罗斯未来中程干线飞机 MC-21 飞机准备采用的两种发动机之一，推力 9—18 吨，由已经进入联合发动机公司(ODK)的彼尔姆航空发动机公司负责研制。由于在最近 20 年间，俄罗斯航空发动机制造业没有制造一个“从零开始”的新产品，PS-14 被视为 ODK 优先项目或“原则性任务”，希望它成为在世界市场具有竞争力的产品。MC-21 的另一个候选发动机将进行全球招标，招标的基本条件除保证发动机性能之外还必须有俄罗斯公司参与研制。全球顶级发动机制造商都参与了这次竞争，包括普惠公司、罗罗公司、通用电气公司等。

(三) SaM146 发动机

SaM146 发动机是俄罗斯和法国合作的产品，用于“超级喷气”100 支线飞机。它是专为新一代支线喷气飞机特别研制的发动机，具有高签派可靠率、低维修成本、低油耗和符合国际民航组织现有和将来制订的环保标准等特点，将在欧洲、俄罗斯和美国适航机构取得认证。

2003 年 4 月，苏霍伊民用飞机公司开发为“超级喷气”100 选用了 SaM146 发动机，为此俄罗斯“土星”与法国赛峰集团旗下的斯奈克玛公司于 2004 年 7 月组建一家合资企业——喷气动力公司，主要负责

SaM146 项目，包括研制、生产、市场、销售、售后服务以及维修服务。2007 年 12 月 6 日，SaM146 装在伊尔-76LL 飞机上，完成了 42 小时的飞行测试试验。2008 年 5 月 19 日，装备 SaM146 发动机的“超级喷气”100 在格罗莫夫飞行试验中心成功完成了其首飞试验，历时 1 小时 5 分钟的飞行，飞机达到 4 000 英尺的高度，飞机和发动机都展示了卓越的性能。迄今共有 8 台 SaM146 发动机用于取证测试，试验仍在进行中。

图为苏霍伊民机公司研制的 SSJ100 支线客机及其动力装置——俄罗斯与法国斯奈克玛公司联合研制的 SaM146 发动机。

（四）RД-33 OVT 矢量推力发动机

米格飞机公司研制的米格-29M OVT 型，由于装备了新式的 RД-33 OVT 矢量推力发动机，使其具有极高的机动性能，在 2005 年莫斯科航展上引起轰动。RД-33 OVT 发动机由位于圣彼得堡的克里莫夫设计局研发制造，其喷嘴可向任意方向偏转 20°，能够使战斗机具备独一无二的机动性能。在演示飞行中，米格-29 OVT 曾一度将飞行速度降低到了零，并完成了在各个角度上的俯仰和转向，可以做出类似直升机的空中悬停动作，其性能令人难以置信。米格公司介绍说，目前仅有苏-30 个别型号和美国的 F/A-22 战斗机装备了类似的发动机，不过，美国用的发动机只能实现在一个平面内的偏转。在 2009 莫斯科航展上，米格-29 OVT 与苏-30MKI 这两种配备矢量推力

图为俄罗斯新一代 SSJ 支线飞机。

发动机的超机动战机再次一同进行类似直升机的下坠动作，让观众大饱眼福。

（五）АЛ－55И发动机

2007年底，俄罗斯“土星”和“乌法”两家企业使用自有资金和国外订购商的资金，在俄罗斯发动机制造史上首次制造出专门用于向印度出口的АЛ－55И发动机，推力为1 800千克力，准备装在出口印度空军的米格－AT上。

（六）扩大PC－90A系列航空发动机年产量

鉴于俄罗斯制定了民用航空技术生产前景计划，伊尔－96和图－204飞机所装配的发动机需求量将会增长若干倍，彼尔姆发动机厂的PC－90A型航空发动机自2009—2010年起产量每年将扩大到80—100台。增产将涉及推力16吨力的PC－90A及推力为17.4吨力的PC－90A1型航空发动机的批量生产，并将组织PC－90A2型航空发动机的批量生产。PC－90A2型航空发动机将用于出口伊朗的图－204CE飞机，以及图－204CM飞机。

（七）АИ－222－2.5

由扎波罗热“进步”机器制造设计局研制、俄罗斯“礼炮”发动机制造生产企业与乌克兰的西契发动机股份公司协作批量生产的АИ－222－2.5发动机于2008年初顺利完成国家试验。该发动机用于雅克－130飞机上，推力2.5吨。

第三篇

中国航空工业

第一章　艰难起步——中国早期航空工业

一、发展历程

中华人民共和国建立以前,从1910年清朝政府在北京南苑建立一个很小的航空机关开始到1949年这40年间,只有一些航空先驱或在海外学成归国的优秀航空学子为中国航空事业竭尽全力并做出了突出的成绩:1909年9月21日,旅美华侨冯如在美国奥克兰试飞了自己设计制造的飞机;1910年7月,旅美华侨谭根驾驶自己设计制造的水上飞机在飞行表演中一举夺冠;1913年10月20日,从国外学成归国的潘世忠在北京南苑试飞了自己设计制造的"枪车"飞机。但中国早期建设航空工业的步伐十分缓慢:负笈海外学成归国的航空学子加上国内的主要工业大学航空系为数不多的毕业生努力为建设中国航空工业铺路;民国政府建立了几个飞机修理厂和与国外合资的飞机制造厂,以及后来自办的飞机制造厂与发动机制造厂,承担维修从外国买来的飞机或利用国外技术制造飞机以及自行设计制造飞机任务,生产了一批国产飞机;直到1946年国

图为冯如与冯如2号飞机。

图为潘世忠自行设计的"枪车"飞机。

民党政府才成立航空工业局，领导中国航空工业、航空科研逐步发展起来，但由于中国经济落后、工业基础薄弱、航空人才短缺、政府领导不力等原因，从1910年至1949年间，航空工业没有建成独立自主的工业体系，总计制造飞机约700架，其中大约90%是仿制外国的。

二、主要厂家和产品

这一时期，航空工业的主要飞机和发动机制造厂有：

（一）福建马尾海军飞机工程处/上海海军飞机工程处

福建马尾海军飞机工程处是中国历史上第一个正规的飞机制造厂，成立于1918年，由从美国留学归来的巴玉藻、王助等领导。该厂建成1个装配车间，两个飞机库。1919年8月，马尾海军飞机工程处成功设计制造了中国国内第一架水上飞机，即甲一号。该机为双翼双桴式，即以双桴为支持体先在水面滑行，继而升空。其发动机功率为73.5千瓦，机长9.32米，翼展13.7米，机高3.88米，飞机总质量1.055千克，最大平飞速度为120千米每小时，设有双座双教练系统，可作为教练机使用。该厂以后又陆续制造了甲二、甲三、乙一、丙一、丙二、"江鹳"、

图为中国第一架水上飞机甲型一号双座教练机。

"江凫"、"江鹭"、戊三、"海鹰"、"海雕"、"江鸿"、"江雁"等14架飞机。1931年2月，福建马尾海军飞机制造处迁至上海，1933年起，陆续制造了"江鹤"、"江风"、"江鹈"、"宁海"、庚三等飞机。这些自行设计制造的水上飞机，有的是教练机，有的是侦察机，有的是轰炸机。该厂还仿制了美国弗力特式陆上双翼机14架。抗战爆发后，该厂迁往成都，成为第八飞机修理厂，结束了其制造飞机的使命。

(二) 广州飞机制造厂/韶关飞机制造厂/空军第二飞机制造厂

广州飞行制造厂由广东地方当局于1920年在广州大沙头建立，是继福建马尾海军飞机工程处之后中国第二个正规的飞机制造厂。1923年春，留美飞行家杨仙逸任广东航空局局长兼飞机制造厂厂长，当年6月制成陆上双翼教练机一架。孙中山和夫人宋庆龄参加了试飞典礼。该机以宋庆龄在美读书的名字为名，称为"乐士文第一"号。从1928年起，该厂设计生产的飞机均命名为"羊城"号，包括教练机、驱逐机、轰炸机总共60多架。1935年该厂与美国寇蒂斯·莱特公司合作，建立了韶关飞机制造厂。1936年5月，该厂自行设计的"复兴"式教练机出厂。后又制造4架"复兴"式教练机，并仿制霍克Ⅲ式飞机，至1939年为止共制造44架。1939年该厂迁往昆明，成为空军第一飞机制造厂。该厂除制造"复兴"式教练机改进型外，还仿制了苏联依-15飞机30架。该厂曾一度分迁部分人员、设施到贵阳，贵阳厂生产了研驱一驱逐机2架，研驱零驱逐机9架。

孙中山、宋庆龄主持"乐士文"号飞机试飞典礼，宋庆龄在照片上写道："这是我国制成的第一架飞机，1923年5月设计，7月制成"。

(三) 中央杭州飞机制造厂

中央杭州飞机制造厂是中国第一家中外合资飞机制造厂，于1934年2月由南京国民政府中央信托局与美国联洲公司合办，同年10月在杭州建厂开工。按双方签订的合同规定，该厂总资本300万元，中方占55%，美方占45%。全部机器设备由美方提供。工厂生产能力初期年产60架，以后发展到100架。所有产品由中方购买。该厂董事长由中方代表担任，副董事长由美方代表担任，美方派人出任经理，中方则派人出任监理(由王助担任)。该厂职工由中美双方人员组成，最盛时达1 000人左右。杭州飞机制造厂生产的产品包括仿制诺斯罗普-2E全金属轻型轰炸机25架；道格拉斯侦察机30架、轰炸教练机20架；组装霍克式、道格拉斯02M-3轻型轰炸机和寇蒂斯A-12全金属攻击机等，该厂在杭州厂址共生产(含大修)飞机235架。抗战爆发以后，工厂几经辗转，于1939年迁至云南垒允，1942年4月，由于日军从缅甸入侵云南，工厂无法生产，人员、设施都失散了。作为中美合资的第一家飞机工厂，中央杭州飞机制造厂在杭州、垒允两地共存在8年之久，约生产300架左右的各类飞机。其中包括中国首次生产的全金属作战飞机。

(四) 中央南昌飞机制造厂/空军第二飞机制造厂

中央南昌飞机制造厂由国民政府于1935年1月与意大利4家航空公司合办，中方代表任董事长，意方代表为总经理，朱霖担任监理。其中意籍员工64人。工厂于1937年2月建成，包括主厂房8座和办公楼1座，总装配厂房面积5 000多平方米，规模较大。1937年4月开始制造飞机。按照原定计划，首先制造布雷达25式教练机15架和萨伏亚S 81式双发动机轰炸机6架。这是中国首次制造双发动机大型轰炸机。机身由意大利制造运到中国，中国承担全机制造任务的20%。1937年抗战爆发后，萨伏亚机才装配3架，而29架布雷达的机身和机翼的半成品，则遭到日军轰炸，工厂被毁。意籍职工撤退回国。工厂的人员、设施几经辗转，迁至南川丛林沟，在一个天然洞穴里重新建厂。1939年2月，工厂改组为空军第二飞机制造厂。朱霖、钱昌祚、黎国培、马德树先后担任厂长。工厂职工最多时达千人左右。该厂先后仿制生产了苏联依-16(中方型号为忠28甲，有改进)33架；H－17式中级滑翔机30架；初级滑翔机6架；特别是自行设计了“中运一式”——我国第一架双发11座运输机。后来该厂还改进设计制造了“中运二式”运输机。空军第二飞机制造厂于1947年底迁回南昌，当时职工500人左右，除修理过几架L－5飞机外，再没有制造过飞机。

图为空军第二飞机制造厂员工在中运－1飞机前的合影。

(五) 空军第三飞机制造厂(成都/台中)

空军第三飞机制造厂1942年4月在成都成立，作为航空研究院的试制厂。全厂职工约400人。航空研究院院长黄光锐兼任厂长，实际工作由工务处长郑葆源负责。后来继任的厂长是向维萱和云铎。1942年和1943年，该厂仿制了美国弗力特式教练机15架，研教一式双翼木质教练机15架和“大公报号”式高级舱式滑翔机30架。1942年到1944年，以苏联SB－3式轰炸机为原型，设计并仿造双发单翼木质结构的研轰三式轰炸机。其发动机、金属螺旋桨和起落架等，均为苏联产品。比较有特色的是自行设计的机身与机翼均采用木骨架，外蒙皮却用层竹。航空研究院研制成功的层竹是胶合的，在外面包上蒙布。全机的总重是13 200千克。1944年春天，这架飞机曾在成都太平寺机场试飞三四次。抗日战争结束后，工厂奉命调查并接收日本在我国台湾的陆军工厂和航空工厂。接收的物品包括一千多台机器设备和厂房、飞机，另外还接收了其中台湾籍的员工。1946 年 4 月，该厂迁往台中。全厂员工约 1 200 人。云铎、朱家仁先后继任厂长。从 1947 年开始，该厂就仿制美国波音公司的斯特曼 PT－17 式初级教练机，命名初教一式。1948 年 2 月，第一架初教一式飞机试飞成功。到 1948 年 9 月，该厂共批量生产了 104 架初教一式，交付国民党空军航校使用。

（六）大定发动机制造厂

大定发动机制造厂是中国第一个航空发动机制造厂，于 1941 年在贵州大定建立，厂址设在大定县羊肠坝一个名为“乌鸦洞”的大山洞内。该厂吸收了一大批航空工程人才，其中不少人还被派往美国的发动机工厂实习。李柏龄、王士倬、顾光复先后担任厂长。工厂生产的第一个型号的发动机是购买美国生产专利权的塞克隆 G105B 型发动机，并准备分三步试制：第一步是用翻修发动机来训练提高员工的技术；第二步是自己制造部分零件，再加上外购的零件成品，装配成完整的发动机；第三步是用美国的材料自行制成全部发动机。但是，这三步最终并未实现。从 1943 年起，工厂开始装配赛克隆 G105B 型发动机，其中大部分零件是从美国运来的，只有小部分比较容易制造的零件，由美国运来毛坯在中国加工制造。1944 年 9 月，装出的两台发动机经过 100 小时试车，产品质量合格。到 1946 年又装成 30 台。先后装配完成的这 32 台发动机于 1948 年被运到昆明，装在 DC－3 型运输机上试用。当时全厂职工达 1 700 人，其中技术人员 200 人。抗战胜利后，大定发动制造厂在广州设立分厂，但分厂并未造出发动机。

抗战胜利后，国民党政府虽然正式成立了航空工业局，制定了发展规划并部分实施。但由于国民党政府忙于打内战，无暇顾及航空工业建设，因而这一时期的航空工业并没有获得很大进展。1949 年，随着国民党军队溃退台湾，仅存的航空工业家底，一部分迁往台湾，一部分由人民政府接收。

第二章　亮翅东方——中华人民共和国的航空工业

1949年10月1日中华人民共和国的成立，为中国航空工业的发展开辟了广阔的前景。在党中央、国务院、中央军委的领导和全国各行各业的大力支持下，1951年4月正式成立航空工业局（属重工业部），新中国的航空工业由此创立，首任局长为段子俊，后由何长工、赵尔陆兼局长。航空工业局接收了一批航空工厂和航空专业人才，领导航空工业的创建工作。中国航空工业从小到大，从修理到制造，从仿制到自行研制，逐步发展成一个门类比较齐全，科研、生产、教育都有相当规模和基础的工业体系。创建以来已生产各类飞机2万余架，航空发动机6万余台，多型空空导弹、海防导弹2万余枚，以及多种型号的机载设备。同时，对一批民用产品的研制，发展了航空产品的外贸出口，为国防建设和国民经济建设作出了贡献。

1958年2月12日毛泽东视察沈阳黎明发动机厂。

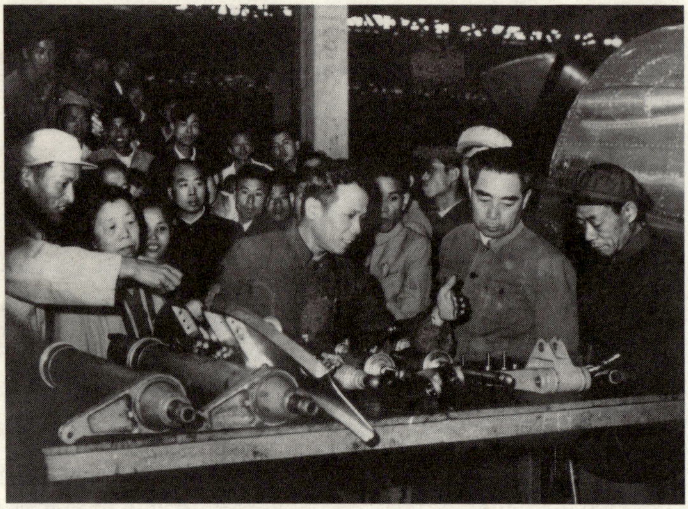

1962 年 6 月周总理视察沈阳飞机厂。

一、发展历程

新中国航空工业的发展经历了一段曲折的道路：

(一) 航空工业初创时期(1951—1957)

新中国的航空工业在抗美援朝的烽火中创建，经历了从修理到制造的发展过程。在苏联的援助下，从 1953 年开始的第一个五年计划，国家把航空工业列为国家重点建设项目，苏联提供了大量技术援助，在苏联援建的 156 项中有 13 项是航空工业项目。党中央、国务院十分重视航空工业，从各方面调集人力、物力给予大力支持，因而其建设速度迅速，先是仿制生产了初教 5(雅克-18)、歼 5(米格-17)和运 5(安-2)等 3 种飞机、4 种发动机，还试制、投产了摩托车、电动机等民用产品。到 1957 年底，全行业拥有工厂 27 个、科研单位 3 个、大学 3 所和中等专业学校 8 所，累计投资 9.6 亿元，修理各型飞机 2 476 架、发动机 9 665 台；工业总产值平均每年递增 43%。整个时期航空工业总产值达 7.996 6 亿元，利润总额 6 559 万元。

（二）"大跃进"时期（1958—1960）

航空工业的初创时期还比较顺利，总产值持续上升，1957 年达 3.0296 亿元，1958 年达 5.677 4 亿元；1957 年生产飞机 200 多架，1958 年 600 多架。其中包括仿制的几种歼击机、直升机和轰炸机。这一时期初级喷气教练机、初级教练机和强击机等航空产品的设计和研制工作也开始进行，并新建了一批工厂，民用产品生产有一定增长。但在"左"的错误思想指导下，航空工业盲目追求高指标、大计划，快速试制、快速施工，造成了严重的质量问题，飞机、直升机质量下降而出不了厂，酿成了航空工业历史上第一次质量大倒退；再加上 1960 年苏联撤走专家，使航空工业的发展遇到了重大挫折。总产值由 1958 年的 5.677 4 亿下降到 1961 年的 2.196 2 亿，飞机产量由 1958 年的 624 架下降到 1960 年的 34 架。1958 年试飞的 11 种飞机，除初教 6 成功之外，没有一种能投入使用。90 多个新建和改扩建基建项目，没有一个建成使用，全行业第一次出现亏

我国自行研制的歼教 1 完成总装。

损，1961 年亏损额达 4 783 万元。大跃进时期工业总产值为 16.822 8 亿元，利润总额为 3.285 2 亿元。以歼 6、直 5 为代表的航空产品质量下降迫使航空工业不得不推倒重来，重新试制。

（三）航空工业的调整时期（1961—1965）

这一时期航空工业坚决贯彻“调整、巩固、充实、提高”的方针，努力纠正“大跃进”中“左”的错误。首先开展了大规模的整顿产品质量和优质过关的群众运动，缩短基本建设和型号研制的周期，全面整顿和加强企业管理，使返修飞机全部出厂，生产逐步恢复，歼 6、直 5 实现优质过关，陆续定型投产；仿制成功了一批新型发动机和导弹，开始兴建一批补缺配套项目，使国内配套产品和原材料供应有很大好转。同时开始有计划地建设科研设计试验条件，使航空工业又有了发展，工业总产值由 1961 年的 2.1962 亿元回升到 1963 年的 4.2 亿元。1963 年实现利润 6 028 万元，比 1962 年增长 6 倍。到 1965 年，基本恢复并发展了“一五”时期的科学管理制度，1965 年完成歼 6 飞机 200 架、红旗地空导弹 100 发，实现利润 7 725 万元，比 1962 年增加 6.5 倍。整个调整时期总产值为 24.387 8 亿元，1962 年至 1965 年利润总额为 2.381 8 亿元。

（四）“文化大革命”时期（1966—1976）

“文化大革命”使航空工业遭受空前劫难。由于航空工业领导机关指挥不当，大铺摊子，随意上下型号，飞机产量追求过千，搞乱了质量管理，严重破坏科研与生产秩序，再一次造成严重的质量问题，仅歼 6 飞机就有 500 多架返厂返修，酿成了中国航空历史上第二次质量大倒退。11 年中，航空工业有 5 年亏损，亏损总额达 2.5 亿元，航空工业蒙受巨大损失。“文化大革命”11 年总产值共 164.281 4 亿元，除 5 年亏损外，其余 6 年共实现利润 5.495 0 亿元。

这一时期，中国航空工业型号研制保持了较快发展。1966 年试制成功 2 倍音速的歼击机歼 7；1968 年，中型轰炸机轰 6 首飞成功，1969 年我国第一架自行设计制造的高空高速歼击机歼 8 首飞成功。支线客机运 7、中型运输机运 8 也在这一时期上天。

（五）航空工业持续发展的新时期（1977—1992）

党的十一届三中全会以后，认真清除“左”的错误影响，全面实行改革开放，航空工业进入了崭新的发展时期。在此期间，航空工业提出了“量力而行、有所作为”的指导思想；实行了“科研先行、质量第一、按经济规律办事”的方针；进一步提出了产品“更新一代、研制一代、预研一代”的目标，提出了“四个转变”、“三个突破”的任务，即由单一军品结构转向军民结合的生产结构，由仿制过渡到自行研制，产品由供应国内转为内供外销结合，由单纯依靠行政手段管理转向同时采用经济手段、法律手段进行管理；从而实现了在科学研究上有所突破，在发展民品上有所突破，在扩大出口上有所突破。1988 年航空航天工业部成立后，又提出“航空航天为本，军民结合，军工第一，民品为主，走向世界”的工作指导方针，和走“军转民，内转外，坚持自力更生为主，积极引进国外先进技术”的发展路子，推动了中国航空工业协调稳定地向前发展。航空工业完成了“三个一代”的目标，产品更新换代的周期加快，民用飞机得到了发展，民品生产大幅度增长，外贸出口迅速扩大，经济效益有一定提高。1977 年至 1990 年总产值达 478.954 亿元，利润总额达 43.650 0 亿元。

（六）航空工业集团建立、迅速发展时期（1993 至今）

1993 年 6 月，第八届全国人民代表大会第一次会议通过了国务院提出的机构改革方案，撤销原航空航天部，成立中国航空工业总公司，以经济实体的形式继续发展，进行国家控股公司试点。2008 年，中国航空工业总公司划分为两个集团，重新整合组建中国航空工业集团公司，逐步发展成为在国际上有一定地位和影响的大集团。

改革开放以来，中国航空工业在“军转民、内转外”的战略转变中探索、前进，在变革中发展，在竞争中成长。在走向世界的进程中，中国航空工业实现了从一般性交流合作、技术引进、转包生产，到重大航空产品和整机技术出口，再到作为平等伙伴参与重大航空项目研发的历史性跨越，实现了从东方到西方，从民用航空到军用航空，从“引进来”到“走出去”的全方位、宽领域的开放。30 年来，中国航空工业向世界出口飞机 1 300 多架；中国航空产品的用户多达 60 多个国家；30 多家跨国公司与中国航空工业建立起了长期稳定的合作关系；累计实现进出口总额 400 多亿美元。目前，世界上运营的干线飞机中，一半以上装有中国生产的零部件。

进入 21 世纪以来，中国航空工业突破了一大批具有自主知识产权的航空工业核心技术、关键技术和前沿技术，以歼 10 飞机为代表，实现了中国军机从第二代向第三代的跨越；以“太行”发动机为代表，实现了中国军用航空发动机从第二代向第三代，从涡喷向涡扇，从中推力向大推力的跨越；空空、空地导弹实现了从第三代向第四代的跨越，重大特种飞机实现了从无到有的跨越，直升机专项研制取得重大成果的一系列历史性跨越，而民机产业发展也翻开了崭新的一页。机载设备和系统实现了升级换代。总计有几十个型号实现了首飞、鉴定和设计定型。一大批先进航空装备批量生产，使中国跻身于能够研制先进的歼击机、歼击轰炸机、直升机、教练机、特种飞机等多种航空装备的少数几个国家之列。

同时，航空工业的经济规模和效益大幅提升。销售收入由 1999 年的 384 亿元上升到 2008 年的 1 669 亿元，增长了 3.3 倍，年均增长 18%，资产总额由 1 155 亿元增加到 3 178 亿元，增长了 1.75 倍，利润总额由 −1.32 亿元到盈利 73 亿元。

二、中国航空工业管理体制的历史沿革

在 59 年的发展历程中，中国航空工业管理体制历经多次重大变革。

1951 年 4 月 17 日，中央人民政府人民革命军事委员会和政务院颁发了《关于航空工业建设的决定》，成立航空工业管理局，中国航空工业随即得以创立。

1951 年 4 月 17 日这一天，成为新中国航空工业的诞生日。

(一) 重工业部航空工业管理局(1951.4—1952.8)

1951 年 4 月 18 日，中共中央电告各中央局、分局、军区并财委：为适应空军建设，根据中央决定，在重工业部设立航空工业管理局，统一负责飞机的一切修理工作，由段子俊任局长。这一天，重工业部航空工业管理局在沈阳市民生街 63 号开始办公。7 月 16 日，中央人事部 7 月 16 日中人总字 323 号函通知：政务院 93 次政务会议通过，批准任命：何长工兼任

航空工业局局长。

（二）第二机械工业部第四局（1952.8—1958.2）

1952年8月15日，第二机械工业部根据8月7日中央人民政府委员会第17次会议决议正式成立，8月15日开始办公。赵尔陆被任命为部长，张霖之、万毅、刘鼎为副部长。原重工业部所属兵工总局、航空工业局、北京工业学院、干部学校等四单位划归二机部领导。8月19日，航空工业管理局以航办字第100号文宣布：本局划归中央第二机械工业部直接领导，并由赵尔陆部长兼任局长，本局代号为第二机械工业部第四局。

（三）第一机械工业部第四局（1958.2—1960.9）

1958年2月11日，经周恩来总理提议，全国人大一届五次会议决定，将一、二机部和机电工业部合并成立一机部。3月1日正式办公。航空工业管理局由二机部四局改称一机部四局。王西萍任局长。

（四）第三机械工业部第四总局（1960.9—1963.9）

1960年9月13日，全国人大常委29次会议决定：原第一机械工业部分为第一机械和第三机械两个部。原一机部第二、三、六、八局及其所属单位仍归一机部领导，主管民用机械工业。原一机部一、四、五、九、十局及其所属单位归三机部领导，主管国防工业。两部于1960年9月15日起分别开始办公。三机部成立之后，各局改称为管理总局。张连奎被任命为第三机械工业部部长。空军副司令员薛少卿被任命为三机部副部长兼第四总局局长。

（五）第三机械工业部（1963.9—1967.5）

1963年9月2日，中央决定将现三机部按航空、常规兵器、造船分为三个工业部，即第三、五、六机械工业部、任命孙志远为三机部部长，刘鼎、吴融锋、段子俊为副部长。新成立的三机部设在果子市四局原址。

（六）第三机械工业部军事管制委员会（1967.5—1970.7）

1967年5月25日，国务院、中央军委决定对三机部实行军事管制。

任命福州军区空军司令员陈华堂为军事管制委员会主任。中共中央、国务院、中央军委、中央文化革命小组颁发了《关于对国防工业部实行军事管制的决定(试行草案)》,规定:军管会在国务院和中央军委的领导下,对部(委)的各项工作实行统一领导。

(七) 第三机械工业部革命委员会(1970.7—1972.3)

1970 年 7 月,中共中央批准成立第三机械工业部革命委员会,周洪波任革委会主任。

(八) 第三机械工业部(1972.3—1982.4)

1972 年 3 月 4 日,中共中央、国务院以中发(1972)9 号文件通知:任命李际泰为第三机械工业部部长。

1977 年 12 月,中共中央通知:任命吕东为三机部部长。

(九) 航空工业部(1982.4—1988.4)

1982 年 4 月 9 日,中共中央发出中任(1982)27 号文《中共中央关于军工四个部机构改革后领导干部任职的通知》。有关航空工业部的任命是:部长、党组书记莫文祥。

(十) 航空航天工业部(1988.4—1993.6)

1988 年 3 月 28 日,七届人大一次会议批准成立航空航天工业部。4 月 12 日,中华人民共和国主席杨尚昆以第 2 号令任命林宗棠为航空航天工业部部长。

(十一) 中国航空工业总公司(1993.6—1999.6)

1993 年 4 月 22 日,国务院根据全国人大八届一次会议批准的国务院机构改革方案,撤销航空航天工业部,成立中国航空工业总公司,朱育理任总经理。

（十二）中国航空工业第一集团公司、中国航空工业第二集团公司（1999.7—2008.10）

1999年7月1日，中国航空工业第一、第二集团公司成立揭牌。

组建后的中国航空工业第一集团公司，有大中型工业企业53家，科研院所31个，专业公司与事业单位20个，集团公司从业人员25万人，资产总额349亿元。刘高倬担任总经理。

组建后的中国航空工业第二集团公司有大中型工业企业54家，科研院所3个，专业公司与事业单位22个，集团公司员工21万人，资产总额315亿元。张彦仲担任总经理。

2003年3月中国航空工业第二集团公司由张洪飙担任总经理。

2006年6月中国航空工业第一集团公司由林左鸣担任总经理。

（十三）重组整合后的中国航空工业集团公司正式成立（2008.11.6）

2008年5月11日中国商用飞机有限责任公司成立，原中国航空工业第一集团公司部分企事业单位划拨给了中国商飞。5月26日中国航空工业第一集团公司、中国航空工业第二集团公司开始进行了重组整合。2008年11月6日，重组整合后的中国航空工业集团公司正式成立。

三、产品发展

（一）军用飞机

中华人民共和国的航空工业建立伊始，就承担了修理军用飞机保障战争需要的紧迫任务，到1952年底共修理各型飞机473架，发动机2 627台，有力地保障了抗美援朝战争。

中国航空工业仿制、改进改型、自行设计的军用飞机门类有教练机、歼击机、强击机、轰炸机、歼击轰炸机等。

1. 教练机

中国航空工业把发展教练机放在十分重要的位置上,发展了初级教练机、歼击教练机、轰炸教练机等。

初教 5。该机是南昌飞机制造公司仿制苏联的雅克-18 飞机生产的初级教练机,是新中国制造的第一架飞机。该机具有构架式机身骨架、矩形中翼和两个梯形外翼,安装 1 台活塞式发动机和木质螺旋桨,起落架为后三点式。1954 年 7 月,初教 5 首飞成功,同年 8 月,配装初教 5 的 M-11 发动机也试制成功,初教 5 被批准成批生产。从 1954 年到 1958 年,初教 5 飞机共生产 379 架,全部交付空军、海军和民航使用,为培养、训练新中国早期飞行员作出了贡献。

图为初教 5 飞机。

歼教 1。该机是中国自行设计的第一种喷气教练机,由徐舜寿主持设计。歼教 1 飞机设计方案:具有前三点式起落架的高亚声速教练机,串列双座,全金属结构,带有机炮一门及炸弹挂架,可以进行战斗机训练,飞机最大马赫数 0.77,续航时间 2 小时 51 分,升限 14 500 米,空机重量 3 149千克。1957 年 12 月,歼教 1 进入详细设计阶段。于次年 3 月末完成生产图设计。在飞机设计的同时,歼教 1 飞机的发动机也投入设计,以沈阳发动机厂刚刚试制成功的维卡-1 爱夫(国产型号为涡喷 5)为原准机,按相似律缩小,推力 16.5 千牛,推重比 3.2,型号名为喷发 1A。发动机于 1957 年 3 月开始设计,6 月完成全部图纸,11 月投入 4 台份试制,1958 年 5 月制造出第一台喷发 1A,通过了 20 小时试车考核,1958 年 6 月底交付配装于歼教 1 飞机。7 月 26 日,歼教 1 飞机首飞成功。尽管由于空军训练体制变动的原因,使歼教 1 未能继续研制下去。但是歼教 1

的设计是成功的，并为以后的飞机设计建立了程序；摸索出一套工作方法，积累了设计、计算和试验的资料；更重要的是培育了中国第一代飞机设计师。

初教6。该机是中国自行设计制造并投入成批生产，大量装备部队的第一种飞机。随着空军训练的进一步发展，要求初级教练机升级为前三点起落架，性能要比初教5有所提高。经过反复的地面试验，1958年8月中国自行设计的初级6飞机首飞成功。之后又相继解决了改装国产发动机、尾旋试飞等一系列技术问题，到1962年1月正式定型。1979年，初教6飞机获得国家金质奖。在中国飞机设计人员自主创新、自行设计制造飞机的征途上，初教6飞机的研制周期短，只有4年半；研制费用低，只用了246万元；生产数量大，高达2 300多架；飞机质量优异，从未因飞机质量发生飞行一、二等事故，从而成为惟一获得国家质量奖金奖的飞机；其使命寿命长，至今在国内外还能见到它翱翔蓝天的身影。

图为初教6机群。

K8教练机。该机是中国与巴基斯坦合作研制的自行设计制造并投入成批生产的喷气式军用教练机。该机以基础教练机的功能为主，兼有部分高级教练机的功能。总设计师为石屏。K8的特点是从国际市场需要出发，不依靠国家计划和财政支持，由中航技公司和南昌飞机公司自筹资金和挖掘潜力，争取国际合作，坚持高标准、高起点，并获得了令人满意的成果。1983 年,中航技公司与南飞签订了合作开发的协议,后又争取到巴基斯坦出资 600 万美元参与合作,并承诺购买飞机,作为起始用户。中巴于 1986 年签署合作研制 K8 的总协议。K8 的设计努力与国际标准接轨,并利用国外资源,选择了先进的发动机、弹射坐椅、电子飞行仪表和座舱环境控制系统,更好地保证了飞机性能达到当时的国际先进水平。经过艰苦的设计、试制和试验,1990 年 10 月,第一架 K8 成功地实现了首飞。1992 年 12 月,航空航天部召开鉴定会议,认为其全部性能指标已达到或超过设计要求,准予正式投产。1993 年即向巴基斯坦交付 6 架飞机,开始率先使用。2000 年 K8 获国家科技进步一等奖。至 2005 年底,共计出口 K8 飞机 136 架,包括与埃及合作生产的 80 架 K8E。

“山鹰”。该机是一种通用型高级教练机。“山鹰”的使命和任务:装备飞行学院和训练基地,完成战斗机飞行员的高级训练任务,适应歼 10 等第三代战斗机对飞行员训练提出的训练需求,执行上述机种的改装训练和战术训练任务,“山鹰”还兼有一定的作战能力以及改进设计成轻型攻击机、侦察机、电子干扰机等军用飞机的发展潜力。“山鹰”采用高升阻比双三角翼气动布局,因而具有良好的起降性能和中低空亚跨声速性能。“山鹰”在外翼段增设了油箱,在中国歼击机中尚属首创。该机还运用国内先进的并已成熟的综合航电系统,以综合显示控制系统为核心,综合了显示控制管理、大气数据计算机、脉冲多普勒雷达、惯导/GPS 导航、武器外挂管理系统及任务计算机等先进的设备,最终连接成的一个综合航空电子系统,可与第三代战斗机较好地衔接;安装了与主飞行仪表的平视显示仪和多功能显示器,形成了与第三代战机相近的座舱布局。贵州航空工业集团公司在研制“山鹰”的过程中,从立项到首飞不到两年时间,用 8 个月的时间完成了设计发图,用 3 个月的时间完成了模具设计和工装制造,用 3 个月的时间完成了部装任务,用 3 个月的时间完成了总装和首飞。2003 年 12 月 12 日,“山鹰”高级教练机 01 架首飞成功。03 架飞机于 2004 年 4 月 3 日成功首飞。这两架飞机从 2004 年 6 月底进行鉴定试飞,截至 2005 年 11 月 25 日,两架飞机进行了 20 多项重大飞行、412 次起落,共计飞行 300 小时 54 分,已经完成试飞大纲规定的试飞科目,综合性能良好。

“猎鹰”高级教练机。该机是新一代喷气式高级教练机。2006 年 3

月 13 日，由南昌飞机制造公司研制的“猎鹰”高级教练机首飞成功。该机是性能先进、技术复杂、质量要求高，达到国际同类飞机先进水平的新一代喷气式高级教练机，体现了第三代先进战斗机的使用特点和训练要求，有良好的可靠性、维修性和综合保障性。该机可装备空军训练基地，用于基础改装训练和战术训练，衔接第三代战斗机的训练需要，并适当兼顾第四代战斗机的训练需要。它还可装备作战部队，用于部分作战改装训练和战斗训练。此外，它还能装备飞行学院进行高级驾驶技术训练和专门科目训练。“猎鹰”高教机采用大边条机翼和翼身融合体的新型气动布局，并通过合理配置机翼前缘大边条和前襟的控制规律，充分利用了边条涡能量的气动增益，增加了全机最大可用升力系数和失速迎角，使可控飞行迎角大于 30 度，提高了飞机的敏捷性和大迎角机动飞行能力；通过翼身融合体与大边条机翼的一体化综合设计，有效地减少了全机的波阻和废阻，也增大了机体的可用容积，减轻了结构重量；采用浅 S 型进气道，进一步保证了大迎角、高机动飞行中发动机稳定工作的可靠性，试验证实总压恢复系数达到 97%；国内第一个配装三轴四余度数字式电传飞控系统的教练机；高密度结构布局飞机采用结构损伤容限和优化设计，机体结构寿命达到 10000 飞行小时/30 年，各项指标均达到国际先进水平。该机目前国内机体寿命最长的一种。其可靠性高、全寿命费用低，飞机平均故障间隔飞行时间大于 4 小时，达到国内军用飞机的高指标。

2. 歼击机

中国航空工业在军用飞机的发展上确立了以歼击机为主的方针，在沈阳、成都、贵州均建立了歼击机研制生产基地。

歼 5(仿制苏联米格-17)。该机是中国第一架喷气式飞机。该机由沈阳飞机厂仿制生产。这是一种高亚声速歼击机，主要用于争夺前线制空权和国土防空，也可用于近距对地攻击，是当时世界上比较先进的喷气式歼击机。该机装备 1 台加力燃烧室的离心式涡轮喷气发动机。1956 年 7 月，歼 5 首飞成功。歼 5 飞机是中华人民共和国成立后试制成功的第一架喷气式歼击机，是中国航空工业从修理走向制造的标志性机种。它的试制成功并迅速批量生产、装备部队，实现了周恩来总理 1953 年提出的空军所需歼击机在 1956 年、1957 年两年间由国内自给的设想，结束了空军飞机来源完全依赖国外进口的历史。9 月 27 日，首批 10 架国产歼 5

飞机装备空军。歼5使中国一举跨进了喷气时代，成为继美、苏、英、法、德、瑞典之后第七个拥有喷气技术的国家。歼5试制成功之后，迅速投入优质稳定的成批生产。1956年至1959年共生产767架。其中1958年生产329架，平均月生产27架。歼5飞机改进改型主要有两种，即歼5甲和歼教5飞机。其中歼教5一共生产了1 061架。

歼6(仿制苏联米格-19)。该机是第一代超声速歼击机，平飞速度达到声速的1.4倍，采取机头进气型，装有2台涡轮喷气发动机，大后掠角的梯形机翼和全动式水平尾翼。1959年9月完成首飞。但由于生产于“大跃进”时期，该机种出现了严重的质量问题，从1961年起重新试制，1963年实现优质过关，投入批量生产。歼6飞机是中国航空工业投入大量生产的机种。通过歼6飞机的试制、生产、交付、使用的全过程，中国航空工业掌握了超声速歼击机一整套制造技术和管理经验，技术水平和管理水平有了较大提高。歼6飞机的主要改型有歼侦6、歼教6、歼6Ⅲ、歼6甲等。歼6飞机自1958年7月开始仿制，到1985年6月拆除歼6机生产线为止，仿制生产长达27年。该机种直至2006年才退役。歼6系列飞机创造了中国飞机生产数量之最(4 817架)；援外飞机数量之最(780架，占援外飞机总数的63%)；批生产时间之最(1963—1984，共21年)；服役时间之最(1964—2006，42年)；作战时间之最(1964—1989，25年)。

图为歼6巡航西沙群岛上空。

歼 7(仿制苏联米格-21)。该机是两倍声速高空高速歼击机,在飞行性能、飞行品质、救生系统、武器系统、机载电子设备和发动机功率等方面都较歼 6 有明显的改进和提高。由沈阳飞机厂仿制,1966 年 1 月首飞成功,次年 6 月被批准定型生产。歼 7 的试制周期为两年零 4 个月,比原计划提前了 1 年。歼 7 飞机后来转至成都飞机工业公司继续生产。做了多次改进改型,包括歼 7Ⅰ、歼 7Ⅱ、歼 7Ⅲ、歼 7M 等。其中歼 7M 是出口型,歼 7Ⅲ是全天候型。成都飞机工业公司成为生产歼 7 系列的主要厂家。但歼教 7 则是由贵州航空工业集团公司研制生产的。

图为歼 7 机群。

歼 8。该机是中国自行设计制造的高空高速歼击机。1961 年开始对米格-21 的技术摸透工作,为研制歼 8 提供技术借鉴。该机从 1965 年开始研制,总设计师是黄志千(后来是顾诵芬)。1969 年 7 月首飞成功,1980 年设计定型并首批交付空军使用。歼 8 飞机突出了高空、高速、增大航程、提高爬升率、加强火力等性能,选用 2 台涡喷 7 甲发动机。1985 年,歼 8 飞机获得国家科技进步特等奖。歼 8 飞机研制成功后,歼 8Ⅰ(全天候型)、歼 8Ⅱ、歼 8D 等改进型号也相继研制成功。

歼 8Ⅰ(全天候型)同白天型的主要区别:安装了新舱盖、新坐椅、新氧气系统及新的组合仪表;增装了 11 项电子设备;武器系统改装了新型航炮,携带 4 枚空空导弹和 4 组火箭。歼 8Ⅰ型飞机由顾诵芬任总设计师,1976 年开始研制。1981 年 4 月 24 日新装出的飞机试飞上天,性能全部达到战术技术指标要求。

歼 8Ⅱ型飞机比歼 8Ⅰ型机又有较大的改进。其主要改进：改机头进气为两侧进气，以便于安装新型雷达天线；换装了两台推力更大的涡喷-13AⅡ发动机；增装了两个外挂架，并装备了中程拦射导弹；配装了平视显示武器瞄准系统；增强了电子对抗能力；装备了自行研制的 KJ－12 自动驾驶仪；从而加强了作战能力。歼 8Ⅱ的研制由沈阳飞机设计研究所和沈阳飞机工业公司承担。第一架歼 8Ⅱ型飞机于 1984 年 6 月 12 日由曲学仁驾驶首飞成功。1988 年 10 月设计定型。从 1980 年到 1988 年，仅用了 8 年时间，以较少的经费研制成功性能优良、多用途的高空高速全天候歼击机，这是飞机系列化渐进改型的又一成功经验。该机已成为中国空军主要装备机种之一。

歼 8II 飞机起飞。

歼 8D 飞机是中国自行研制生产的一种高空、高速，具备受油能力的全天候歼击机，其高空加速性、超声速机动性与第三代战斗机相当。歼 8D 具有中距拦射和近距格斗能力，主要用于要地防空、空中格斗和夺取制空权，同时兼备一定的对地攻击能力。

“枭龙”/FC-1。该机是中国与巴基斯坦共同投资研制的先进多用途轻型歼击机。20世纪80年代中期，巴基斯坦空军深感其歼击机主力(例如歼6等老旧型号)已经无法适应当时的形势。于是，巴基斯坦一方面引进美国的F-16，一方面积极与中国合作，试图凭借中方的力量研制一种性能先进的歼击机。2003年8月25日，“枭龙”飞机01架在成都进行了首次试飞。这次首飞打破了试飞不挂弹的惯例，在飞机两翼下挂上了两枚导弹，飞行取得了圆满成功。2006年4月28日，“枭龙”战机04架翱翔蓝天，这标志着中国自行研制，具有国际先进水平，拥有自主知识产权的轻型战斗机以完整版状态飞行成功，为批量生产及出口奠定了基础。该飞机能与当今先进战斗机抗衡，同时具有轻小型、低成本的特点，完全适应现代战争要求和军用飞机的市场需求。2009年3月7日，中航工业与巴基斯坦签订了42架“枭龙”飞机出口合同，合同金额达10亿美元，创下中国单笔军贸合同新纪录。

歼10。该机是中国自行研制的第三代歼击机。20世纪80年代初，当国外先进的第三代战机开始装备部队并应用实战时，中国航空工业就开始计划研制歼10歼击机。经过两年多的多次论证、研究和评审，新式气动布局方案被确定为中国新一代战机的总体方案。1986年，歼10作为中国空军2000年以后作战环境的歼击机，被列为国家重大专项工程。国防科工委正式任命宋文骢为歼10飞机总设计师。歼10是中国航空工业打基础、上水平、跨时代的重要标志，飞机综合性能要求高，技术创新最突出，跨度大，难度高，是涉及100多个参研单位、20多个部委和行业的国家重点工程。为了加强组织管理，制订了一系列跨行业、跨部门的设计师系统管理文件和程序，任命了10大试验设施组建负责人。编制了10大关键试验设施研制网络计划。针对重点型号工程参研单位多、研制周期长的特点，对飞机各阶段技术状态都严格把关，保证工作按计划进行。面对新成品占全机配套成品60%的挑战，该飞机研制过程中首次将飞机的可靠性设计纳入飞机设计的专业，建立了以设计师为主线的可靠性设计网，从设计之初就开始工作，并在国内第一个推行SOW(工作说明)管理方法，规定了新成品研制的工作任务、进度和评审要求。1998年3月23日，歼10飞机在成飞首飞成功。歼10歼击机是中国自行研制的具有完全自主知识产权的第三代歼击机，作为新一代多用途飞机，分单座、双座两种，性能先进，用途广泛，实现了中国军用飞机从第二代向第三代的历史性跨越，达到了具有世界先进水平的战术技术要求，突破了以先进气动布局、数字式电传飞控系统、高度综合化航空电子系统和计算机辅助设计为代表的一系列航空关键技术。歼 10 歼击机的研制成功，对我军武器装备现代化具有重大意义，其成果已广泛应用于中国航空武器装备研制，并提前交付部队使用。

图为歼 10 起飞。

歼 11。该歼击机在中华人民共和国成立 60 周年国庆阅兵中首次亮相。歼 11 具有良好的气动外形、极佳的空中机动能力和强大的中远距打击能力，装备性能先进的机载电子设备和武器系统，能够在极为恶劣的气象条件下全天候作战。

3. 轰炸机

20 世纪 50 年代以后，航空工业就开始有计划有步骤地发展轰炸机，建立了两个研制生产轰炸机的大型企业即哈尔滨飞机工业公司（同时生产运输机和直升机）和西安飞机工业公司（同时生产运输机和歼击轰炸机）。

轰 5。该机是中国在苏联伊尔-28 基础上改进设计的轻型轰炸机。哈尔滨飞机工业公司于 1963 年投入轰 5 的试制，1966 年 9 月首飞成功，第二年 4 月正式投产。后又改进成功轰 5 核武器运载机、轰侦 5、轰教 5 等型号。轰 5 系列共生产 507 架。

轰 6。该机是中国仿制苏联图-16 的高亚声速中型轰炸机。该机型一开始由哈尔滨飞机工业公司用苏联的飞机部件装配成整机，1959 年 9 月首飞成功，当年这架飞机即交付部队。1961 年航空工业局决定将轰 6 飞机试制工作全部转到西安飞机工业公司进行。1968 年 12 月轰 6 甲型飞机首飞成功，1969 年交付部队使用。轰 6 系列有轰 6 核武器运载机、轰 6 甲改装第二代领航轰炸系统和轰 6 丁、轰 6 加油机、轰 6H 等改进型号。

1969 年 2 月，国产轰 6 飞机装备部队。

水轰 5 飞机。该机是中国自行研制的第一代水上反潜轰炸机。研制工作由水上飞机设计所和哈尔滨飞机工业公司承担。王洪章任总设计师。水轰 5 装 4 台涡浆 5 甲发动机，飞机自重 26 吨。1976 年 4 月水轰 5 首飞成功。水轰 5 共生产 6 架，其中包括 1 架森林灭火机。

图为水轰 5 进行空中洒水试验。

4. 强击机

中国的强击机是在歼击机的基础上发展起来的。强击机的起步虽然迟于歼击机，但一开始就走上了自行设计的道路。

强 5。该机是中国自行设计的强击机。强 5 从 1958 年开始进入研制阶段，由陆孝彭任总设计师。1965 年 6 月首飞成功，1969 年底设计定型转入成批生产。其改型机包括强 5 核武器运载机、强 5Ⅰ、强 5ⅠA 和强 5Ⅲ等型号。1985 年，强 5 飞机获得国家科技进步特等奖。

5. 歼击轰炸机

“飞豹”/FBC－1 飞机。该机是中国自行设计制造的双座、双发、多用途、全天候的超声速歼击轰炸机。该机由西安飞机设计研究所设计、西安飞机公司生产，陈一坚任总设计师。“飞豹”采用常规的气动布局，机翼为中等展弦比后掠式上单翼，两侧进气，蜂腰形机身，全动中下平尾，大后掠单垂尾，单腹鳍，装两台涡扇 9 涡轮风扇发动机。“飞豹”具有下列特点：作战半径大，可达 1 650 千米；攻击威力强，除机身右下侧装一门双管炮外，全机载弹量 5 000 千克，并可挂以多种姿态发射的空空导弹和 4 枚空舰导弹；中低空飞行特性好，可在夜间和复杂气象条件下飞行，中低空飞行安全性高，乘坐品质好，机动性强；有较先进的火控武器系统，能较好地执行对地/对海攻击任务，具有一定的歼击护航能力。1988 年 12 月 14 日，“飞豹”在西安首飞成功。首席试飞员是黄炳新，领航员邢彦才。1998 年 9 月，“飞豹”通过设计定型，并装备部队使用。1999 年，“飞豹”的研制获得国家科技进步特等奖。

图为“飞豹”。

歼轰 7A。该机是“飞豹”的改进型。已具备全天候的精确对地攻击能力。

6. 预警机

空警 2000。该机是一种大型、全天候、多传感器、高性能、多用途的空中预警与指挥控制飞机。第一次进入公众视野是在中华人民共和国成立 60 周年国庆阅兵中。

空警 200。一种轻型、全天候、多传感器的空中预警飞机。其机载雷达天线类似体操用的平衡木。它标志着我国具备了预警机国产化能力，并与空警 2000 配套形成了预警机体系作战和规模建设。

图为大型预警机空警 2000。

两种预警机将极大地提高中国空军对空中、海面目标，尤其是低空、超低空目标的探测能力，是中国空军掌握未来作战的制信息权和制空权，实现一体化、信息化作战，攻防兼备的重要武器装备。预警机的研制成功，打破了国外对预警机关键技术的封锁，使中国成为继美国、俄罗斯、以色列等极少数国家之后，具备预警机研制能力的国家之一。

7. 无人机

无人机包括"长空一号"系列靶机、高空无人驾驶侦察机"长虹一号"和小型遥控飞机 ASN－104 等型号。

(二) 民用飞机

1. 通用飞机

运 5。该机是新中国制造的第一架小型运输机。早在"一五"计划期间，国家就决定试制小型通用飞机运 5。该机具有较好的飞行性能和经济性，便于使用维护，安全可靠。采用普通的双翼布局，起落架是后三点式，可在简易机场上起落，装有 1 台活塞式发动机和 1 具 4 叶金属螺旋桨。1957 年 12 月运 5 飞机首飞成功，1958 年 3 月定型投入成批生产。运 5 飞机的基本型是运输机。在其成批生产过程中，根据使用部门的不同要求，相继研制生产了多种型号的改型机。1958 年起按苏联图纸运 5 被改装制成农业机，累计生产 229 架。1959 起仓运被改装为客机，累计生产 114 架，供民航地方航线使用。以后又改装成了领航轰炸教练机、跳伞机、空中摄影机等。从 1958 年至 1968 年，南昌飞机制造公司共生产各型运 5 飞机 727 架；1970 年转石家庄飞机厂生产，至 1986 年又生产 221 架，累计生产 948 架。中国民航希望能生产商载 1.5 吨的农业飞机。航空工业部遂决定对运-5 进行改型，命名为运 5B。1986 年 7 月由石家庄飞机制造厂开始研制，翌年末首飞成功。该型机在保持原型机总体气动布局基本特点的基础上，一是换装了由波兰进口的 ASZ－21R16 型发动机和 AW－2 螺旋桨；二是改善了飞机使用维护性和驾驶员的工作环境；三是改进了机载设备，换装了部分电子设备，电子设备符合美国技术标准 TSO 要求；四是新设计了农业喷洒系统。上述改进措施提高了运 5B 型机的可靠性，减轻了重量，提高了经济效益，商载由原型机的 1 200 千克提高到 1 500 千克。该机已广泛用于物探、农业、林业喷洒药品作业，实际应用反映良好。

图为为运 5 首飞剪彩。

农 5A。该机是 1987 年航空工业部确定由南昌飞机制造公司研制农 5A 型飞机，其动力装置活塞 6 庚型发动机由南方公司研制，螺旋桨由保定螺旋桨厂制造，农药喷洒设备由石家庄飞机制造厂研制。该机采用超低压轮胎，能在碾过的土跑道上或草地上起降。农 5A 型最大起飞重量 2 250 千克，超载起飞重量 2 450 千克，最大商载 960 千克，最大平飞时速 220 千米，航程 282 千米，作业续航时间 2 小时。

运 11。该机是中国自行设计的小型多用途飞机。该机于 1974 年 11 月开始研制，1975 年 12 月实现首飞，1977 年设计定型。总设计师是熊文杰。运 11 主要适用于农林，兼顾地质勘探、鱼群探测、运输、救护等作业的多用途飞机，在设计上突出了安全性和低空性能，可作超低空飞行，具有起降滑跑距离短的特点。该机装两台国产活塞6丁发动机，最大载重1.25吨。

运12。1980年，哈尔滨飞机工业公司开始研制运12Ⅰ型多用途运输机，这是为满足地质部门高精度、大比例尺航空物理探矿的需要而研制的，卢开仁为总设计师。1982年7月首飞。同年12月，该机通过航空工业部和地质矿产部的联合鉴定，投入使用。运12Ⅱ飞机是客机型，它换装了2台加拿大生产的PT6A-27发动机，座舱有17个座位。1985年5月至8月，该机在香港改装了座舱内部装饰和空调系统，降低了舱内噪声并实现了自动调温，座舱内设备采用了阻燃材料，达到了国际适航条例的标准。同年12月，中国民航局为运12Ⅱ飞机颁发了型号合格证。运12的另一种改进型运12Ⅳ型飞机分别获得英国CAA、美国FAA型号合格证和由中国民航局颁发的适航证和许可证。1986年，斯里兰卡率先购买6架运12，其中1架用做总统的座机，从此开始了中国民用飞机的出口销售。截至2005年，运12飞机已出口86架，销往亚、非、拉美和大洋洲的17个国家和地区。

2. 支线客机

运7。该机是1966年开始由西安飞机工业公司研制生产。该机采用直上单翼、低平尾气动布局，装2台涡桨5-1发动机，气密客舱载客48—52名，能在土质跑道和简易机场使用。运7飞机1970年12月首飞成功，1982年7月设计定型，1983年12月投入中国民航进行试运营，1986年4月正式投入国内航线客运，从此揭开了使用国产飞机进行民用航空客运的新篇章。运7飞机后又改进发展成运7-100、运7-200、运7-200A、运7-200B和运7H-500型等飞机。运7已经交付近百架，成为中国民航最大的支线机群。

新舟60(MA60)。该机是以现代成熟技术为基础，引进国外先进技术和经验，研制出的满足适航要求的新一代支线客机。西安飞机工业公司采取多种国际合作方式，包括向波音公司技术咨询，引进成品的技术培训，聘请乌克兰飞机设计专家咨询，特邀加拿大试飞员协助试飞等，这些措施有效地促进了MA60飞机研制水平的提高。西安飞机工业公司按照中国最新适航标准CCAR-25部要求，对MA60飞机的结构、系统和飞行性能实施了全面的地面试验、风洞试验和飞行试验，包括飞机的失速速度、失速特性、单发起飞、中断起飞、空中和地面最小操纵速度、高速特性、颤振等高风险边界科目试飞；螺旋桨应力测定、发动机舱灭火剂浓度测定、热燃油试飞、不可用燃油测定和发动机空中起动等复杂技术风险科目试飞；操稳特性、气动性能、自动驾驶仪、功能可靠性等科目的试飞。MA60 飞机的适航审查试飞，是中国民机按适航标准最严格、最全面的试飞，许多科目在中国是首次进行。到 2006 年底，西安飞机工业公司累计向国际用户交付了 9 架新舟 60 飞机，实现了批量交付。与此同时，新舟 60 已经获得国内外订单和意向订单 162 架，遍及非洲、亚洲、美洲和大洋洲四大洲的多个国家。这是中国民用飞机首次批量进入国际市场，显示了广阔的发展空间。新舟 60 在国外的运营取得了良好的效果。津巴布韦航空公司的 3 架新舟 60 自 2005 年 5 月 15 日投入运营的一年时间内，累计运载人数超过了 10 万人次，飞机的技术签派率平均达到 97.82%，最高日飞行 10.35 小时。津巴布韦的《财政公报》称，新舟 60 是一个很好的、安全可靠、高效、经济的飞机。交付老挝的两架新舟 60 最高日飞行小时达到 10 小时 33 分，日最高飞行起落达到 10 次。

图为津巴布韦航空公司的新舟 60。

新舟 600。该机是西安飞机工业公司在新舟 60 飞机（MA60）的基础上进行的改进型。在综合航电系统、结构设计和客舱内环境、舒适程度、系统的维护性和可靠性等方面进行了改进。其主要的改进项目包括：通过结构改进，提高飞机的维护性和整机疲劳寿命；采用了玻璃化座舱，由 5 个综合显示器组成的综合航电系统；通过综合航电与故障诊断系统的设计改进，提高故障快速诊断能力和飞机的出勤率；新舟 600 最大航程达到 3 000 千米，通过开发延程飞行（ETOPS）功能以满足特殊用户对跨海飞行的选装需求。对新舟600飞机机舱内装饰等方面进行了新改进，提高飞机的舒适性。其他改进项目还包括整机减重，缩短了起飞距离，增加了商载，节油性能更加好，有效提升了飞机运营的经济性。新舟600飞机商载提高7%—8%，维护成本降低10%。它可以针对不同的客户和特殊化需求，可以迅速改变飞机构型，派生出客货混装型、VIP公务机、医疗救护机和专用货机。2007年1月首架新舟600开始制造。2008年10月9日在阎良机场首飞，转入适航验证试飞阶段。2008年11月在第七届珠海航展上，中国民航飞行学院与西飞公司签订购买2架新舟600的购机合同，成为其首家用户。

3. 中型运输机

运8。该机是军民两用中型中程运输机。装有4台涡桨-6发动机，最大起飞重量61吨。机身前段和尾舱为气密舱，中段是货舱，总容积123.3立方米，可装散装货物20吨或集中货物16吨，或空运武装士兵96名，或一次空降伞兵82名，或运送两辆解放牌卡车。最大平飞时速662千米，实用升限1.04万米，最大航程5 615千米，续航时间10小时。既能空运又能空投、空降，既能重力空投又能牵引空投。

西安飞机工业公司生产的运8于1974年12月首飞成功之后，1975年由陕西飞机公司制造的运8飞机也飞上蓝天。1982年2月，该机设计定型投入批量生产。

运8原型机试制成功之后，根据国防建设和国民经济发展的多方面需要，进行了一系列的改进改型工作，取得了诸多成果，包括海上巡逻机、直升机载机以及一些民用改进型。

运8海上巡逻机。1985年在陕西飞机公司飞机总设计师徐培麟主持下，改装完成了运8海上巡逻机。该机主要改装了雷达、导航和通信设备，加装了光学照相机、红外照相机、红外搜潜仪、声呐浮标等设备。为了提高海上防腐能力，延长使用寿命，对外部蒙皮、钢制零件和所有非气密部位的镁合金件，采取了防盐雾、防湿热、防霉菌的“三防”措施。该机可对海面或水下目标进行搜索、侦察和照相，亦可用于海难救援。这种巡逻机于1985年9月通过技术鉴定。投入使用后在高温情况下，多次飞航西沙、中沙、南沙群岛，完成了预定任务。

运8A型机即“黑鹰”直升机载机。该机也是在飞机总设计师徐培麟主持下改装完成的。1984 年，中国为了国防的需要，向美国订购 24 架“黑鹰”直升机，准备运入西藏高原边远地区，急需载机来运送。陕西飞机工业公司以运 8 机改装成“黑鹰”直升机载机。于 1985 年 11 月完成装运试飞，随后装运“黑鹰”直升机进藏成功。从设计、制造、试飞、鉴定到交付使用，前后只用了 1 年左右的时间。

运 8C 型机即气密型机。1990 年 12 月 17 日首飞成功。该机具有全气密货舱，可空投、空降，并兼有用做地面装卸货物的货桥大门。气密舱长 29.3 米，货舱容积 177 立方米，不仅适用于国防、石油、地质等部门，而且可进一步改为民用货机和客机，也能供外贸出口。

运 8D 型机即民用出口型机。1986 年，斯里兰卡与中国签订购买两架运 8 型飞机的合同。翌年陕西飞机公司按照用户要求，对飞机部件和设备进行了更改和换装。同时，还为用户进行了空地勤人员的技术培训，1987 年 11 月 18 日，首架运 8D 型飞机出厂交付。

运 8E 型机即无人驾驶侦察机母机。该机于 1988 年 10 月确定设计方案，1990 年 10 月顺利完成单挂、双挂的挂飞和投放试飞，11 月 8 日通过技术鉴定。随后第一架飞机交付部队使用。

运 8F 型即民用货机(运羊机)。改革开放加快了新疆向西开放的步伐，阿拉伯国家出口活羊很有市场前景。根据国务院的指示，航空航天工业部把运 8F 型飞机的研制任务交给了陕西飞机工业公司。1988 年 11 月 19 日，181 号运 8F 飞机从陕西的城固机场起飞，装着羊笼直飞乌鲁木齐，11 月 21 日，该机载 223 只活绵羊从乌鲁木齐飞往喀什机场，成功地进行了第一次装运试飞。1989 年 12 月，第一架运 8F 飞机交付使用。1993 年 12 月，运 8F 飞机获得型号合格证(TC 证)，该型号成为中国第一个取得型号合格证的货运飞机。1994 年 12 月该机又取得生产许可证(PC)。设计定型后的飞机一次可运 550 只羊，其性能完全符合新疆至中东航线的要求。

运 8F100。该机是中国邮政航空使用的第一种飞机。该机 1995 年 7 月取得中国适航当局型号合格证(TC)，同年 11 月取得生产许可证(PC)。1996 年 5 月 11 日，3 架运 8F100 型邮政机正式交付中国邮政航空公司，1997 年 2 月 27 日，天津—上海—厦门的航线确立并正式投入运营。

运 8F200。该机是在运 8F100 飞机基础上研制改进的全气密民用货机。改进后的气密货舱利于鲜活货物的安全运输，货桥式大门更便于机动车辆的驶入以及货物装卸。该型飞机于1997年7月取得中国适航当局颁发的型号合格证和生产许可证。运8F200亦可用于军事领域，具有良好的空运、空投能力，可将大型武器装备及其它军用物资在数小时之内运往前线。另外，运8 F200型飞机还受到了国外军方用户的青睐。2003年10月，两架运8F200飞机正式交付坦桑尼亚空军，这也是运8F飞机首次飞往非洲。

运8F的改型还有运8F400、运8F600等。运8飞机目前拥有各类改进改型共计近30种，是国产飞机中发展专业机型最多、改进改型潜力最大的机种，特别是近年来多种特种专业机型的成功研制生产，填补了多项国家军事装备空白，为中国航空事业的发展和国防建设作出了重要贡献。

4. 干线客机

运10。该机是中国自行研制的大型喷气客机。1970年8月，在上海开始研制运10，1980年9月首飞成功。运10飞机起飞重量110吨，装4台涡扇发动机，客舱按旅游、混合、经济三级布局分别为149座、124座、178座，驾驶机组按5人体制设计。到1985年停飞为止，运10共进行130架次、170小时科研试飞，试飞最远的不着陆航程为3 600千米，最长留空时间为4小时49分，试飞最高机场海拔3 540米。这种飞机虽然未能设计定型和投入航线使用，但在技术上有一些突破，如首次采用美国适航条例FAR－25进行设计，首次采用尖峰式高亚声速翼型，首次采用“破损安全”和“安全寿命”概念设计飞机结构，首次制造国内最大的全翼展整体油箱和机身气密客舱。

MD－82。1985年3月，上海航空工业公司与美国麦道公司合作生产25架MD－82型飞机的合同在上海签字。其主要内容为中方向美方购买25架MD－82型飞机零部件和一架样机，由中方装配、试飞和交付出厂，约占整机工作量的8%，加上其他自制部件可达14%。美方为中方安排协议总成交额的30%(约1.5亿美元)作为补偿贸易额。1987年7月31日，首架MD－82型飞机交付出厂。经美国联邦航空局(FAA)检查批准，上海航空工业公司于同年11月7日正式获得FAA颁发的麦道公司MD－82型飞机生产许可证延伸的认可证书。1991年10月12日，25架全部交付出厂，在国内外92条航线上投入营运，累计飞行10多万小时。之后，又续签了合同，上航共生产该型飞机35架，其中5架返销美国。

MD-90-30。1988年10月30日，国务院正式批准干线飞机立项。1991年中国航空技术进出口公司与麦道公司签订中国干线飞机项目协议书，第一阶段合作生产40架MD-82、MD-82T和MD-90-30T。1994年9月29日，中方与麦道草签干线飞机修改协议，合作生产20架MD-90-30飞机，机体国产化率达到70%左右。1995年7至8月，MD-90-30干线飞机分别在成都飞机公司、上海航空工业公司、西安飞机公司和沈阳飞机公司开工生产。

1997年8月，波音公司兼并麦道公司。1998年9月16日，中国航空工业总公司上报国家计委，建议2000年2月前生产两架MD-90-30飞机。2000年5月24日，两架MD-90-30飞机由中国北方航空公司接收。

（三）直升机

中国直升机工业是从50年代后期起步的。先后经历了引进国外技术、参照设计、自行研制和进行国际合作等发展阶段；研制了轻型、中型和大型直升机；投产了直5、直9、直8和直11直升机，向部队和有关使用部门提供了各种直升机900多架，并出口了少量直升机。

1963年9月，首批直5装备空军。

直 5。1958 年 12 月，中国自行研制的第一架 7 吨级直升机直 5 在哈尔滨首飞成功，通过三年试验、试飞达到优质定型，并投入全部国产化的成批生产，填补了中国直升机工业的空白。直 5 累计生产 545 架，其中基本型 437 架、客机型 86 架、农林型 7 架、救生型 13 架、航测型 2 架，在国防建设和国民经济建设的许多领域发挥了作用。1965 年以后，中国航空工业在成批生产直 5 的基础上，开始了不同类型多种直升机的研究和探索，先后研制了轻型直升机“701”、“延安二号”和中型直升机直 6 等。

直 8。20 世纪 70 年代后期，第二个大型直升机型号直 8 的研制开始。1985 年 12 月直 8 首飞成功，1989 年 4 月通过了国家技术鉴定，开始向部队交付。直 8 飞机属于世界上第二代直升机，装有 3 台发动机，金属桨叶，水密全金属半硬壳式机身结构，最大起飞重量 13 吨，可用于运输、救护、搜索、警戒、反潜、扫雷等。直 8 的研制成功标志着中国直升机设计制造技术上升到一个新水平。

直 8 是一种多用途中型直升机。其改型有：

直 8 陆军运输直升机。该机在直 8 型机的基础上由中国直升机设计研究所、昌飞公司共同研制。1993 年开始研制，1995 年 12 月 22 日首飞成功，1999 年 2 月通过技术鉴定。该型机以改进的涡轴 6A 发动机替代涡轴 6 发动机，主旋翼桨叶的桨尖改为带尖削梯形，以构架式起落架替代浮筒短翼起落架，浮筒改为选装件，对机体结构、系统和设备实现减重。其具有较强的内装和外吊运输武器装备的能力，货舱内有效载重 4 000 千克。可用于兵员运送、武器装备、作战物资和给养运输、外吊运输、战场救护和紧急救援等任务。

直 8 通用运输直升机。该机是在直 8 陆军运输直升机的基础上由中国直升机设计研究所、昌飞公司研制的。2002 年开始研制，2004 年 8 月 28 日实现首飞，2005 年 4 月完成平原试飞任务，11 月完成高原试飞任务。该型机主要是换装性能较先进的加拿大 PT6B－67A 发动机，适应高温、高原环境的使用要求，是一种多用途、军民通用的大型运输直升机。

直 9。该机是引进法国“海豚”直升机及其发动机的制造许可权，在国内进行仿制的。“海豚”直升机是法国宇航公司 20 世纪 70 年代末研制的新型多用途直升机。具有结构重量轻、有效载荷大、性能先进等优点。全机 80％覆盖面积使用复合材料，动力装置为 2 台阿赫耶－1C 涡轴发动机，单台最大功率为515千瓦。该机最大起飞重量3 850千克，空机重量1 975千克，最大商载重量2 000千克，最大吊挂重量1 600千克。最大平飞时速306千米，实用升限6 000米，最大航程1 000千米。直9型直升机由哈尔滨飞机工业公司生产。与其配套的涡轴8发动机由株洲航空发动机公司制造，传动装置和桨毂分别由哈尔滨航空发动机厂和保定螺旋桨厂制造。1982年2月6日，中国二次组装的直9型直升机首飞成功。1985年，除尾梁、垂尾、水平安定面、侧垂尾及传动系统与机载设备由法方提供外，其他均为自行研制的直9型直升机完成交付。1988年，除机载设备外全部自制的直9型直升机完成交付。1987年6月，法方签发了直9型机制造许可权的考核证书。

直9型机装用的涡轴8型发动机，是根据法国透博梅卡公司转让的阿赫耶发动机制造许可权生产的。该机结构简单，设计裕度大，可靠性好，59%的零件采用高温合金和不锈钢制造。株洲航空发动机公司于1980年开始试制该机。1985年，全部由该公司加工的涡轴8型发动机通过了中、法双方的试车考核。1987年，法方签发了该机制造许可权考核证书，并对制造质量给予高度评价。1991年，全部国产化的该型发动机完成试验考核。

直9直升机有多种改型：

直9武装直升机。该机是中国直升机设计研究所和哈尔滨飞机公司在对直9进行反设计的基础上进行改型设计的。设计工作从1986年11月开始。该机于1988年1月首飞成功。经多年试飞、试用和改进后，于1995年通过设计定型。1996年该机装备陆军航空兵，成为部队第一代武装直升机。

直9攻击直升机。该机是在直9直升机基础上由哈飞公司改型研制的。研制工作于1998年开始，同年8月4日首飞成功，10月14日通过技术鉴定交付部队使用。

直9警用直升机。该机是哈飞公司应武警部队迫切需要，在直9直升机的基础上改型研制的。该机从2000年开始研制，2001年7月31日首飞成功，同年9月交付武警新疆总队使用。

H410A直升机。该机是在直9直升机基础上由哈飞公司改型研制的。2000年开始研制，2002年获中国民航总局颁发的型号合格证。

H410 海监直升机。该机是在直 9 基础上由哈飞公司改型研制的。2002 年开始研制，2003 年 11 月 3 日首飞成功，2004 年 1 月取得中国民航总局颁发的单机适航证，同年 8 月交付给国家海洋局使用。

H410G 公安警用型直升机。该机是在直 9 的基础上加装任务设备而来，主要满足公安部门的需要。2004 年 9 月 22 日，哈飞公司与南京市公安局签订了一架 H410G 公安警用型直升机的购销合同。2005 年 7 月 26 日，哈飞公司正式向南京市公安局交付。该机目前已经完成楼顶停机坪起降、夜航、直升机输送、空中救援、反恐和外挂等飞行训练，并在“十运会”期间，执行开幕式的交通疏导工作。

H425 直升机。该机是在直 9 的基础上由哈飞公司改型研制的。该机于 2001 年开始研制，2003 年 12 月 30 日首飞成功，2004 年 12 月 30 日取得中国民航总局颁发的型号合格证。

图为 H425 直升机。

直 9 通信直升机。该机是在直 9 基础上由哈飞公司改型研制的。1987 年开始研制，1989 年 5 月通过鉴定验收并交付部队使用。

直 11。中国自行研制的轻型直升机。该机由中国直升机设计所设计，昌河飞机工业公司研制生产。该机机体为金属、复合材料结构，装有一台涡轴 8D 发动机。最大起飞重量 2.2 吨，乘员 6 人，巡航速度每小时为240千米，最大航程为598千米，续航时间达3.7小时。该机于1991年开始研制，1994年实现首飞，1996年完成技术鉴定，1997年投入小批量生产。直11是军民通用型多用途直升机，可用于教练、侦察、通信、指挥、救护、缉私、科考等军事、准军事或民用领域，具有广阔的市场前景。2000年10月6日，直11直升机完成了试飞大纲所规定的全部设计定型试飞科目。

直11有下述改型：

直11高原型直升机。中国直升机设计研究所、昌飞公司在直11型机的基础上共同研制了直11高原型直升机（代号Z11MBl）。该机于2002年开始研制，2003年3月8日首飞，2003年12月24日获中国民航总局颁发的型号合格证，2004年12月19日，获中国民航总局颁发的生产许可证。

直11中继航拍直升机。该机是在直11基础上由中国直升机设计研究所、昌飞公司共同改型研制的。该机于2001年开始研制，2002年7月完成试飞，同年8月获得中国民航总局颁发的单机适航证，并交付给中央电视台使用。它标志着我国内地新闻媒体首次拥有了自己的新闻采访专用直升机。至2006年6月，直11中继航拍直升机累计安全飞行874小时，1 128个起落，飞行区域已达全国24个省、市、自治区，转场经过60多个军民用机场，完成40多项航拍及现场直播任务。

直11警用直升机。该机是在直11高原型直升机基础上由中国直升机设计研究所、昌飞公司改型研制的。该机于2004年开始研制，2005年10月15日首飞成功，同年12月完成技术审查。

直11武装直升机。该机是在直11基础上由中国直升机设计研究所、昌飞公司共同改型研制的。该机于2004年1月开始研制，同年12月27日首飞成功。该机属轻型武装直升机，能挂载导弹、火箭弹和机枪等武器，可在昼夜间作战，具有搜索、识别、跟踪目标及对地攻击能力。它还可以用于对地火力支援、攻击地面固定和移动目标，同时可作为教练机，用于培训专用武装直升机飞行员。

AC313。2010年3月8日，我国自主研制的HC313大型民用直升机在江西景德镇首飞成功。AC313最大起飞重量13.80吨，可一次性搭载27名乘客或运送15名伤员，最大航程900千米，具有高安全性、可靠性和舒适性，可广泛用于人员和货物运输、搜索营救、抢险救灾、城市和森林消防、石油与天然气开采、旅客运输、医疗救护、旅游观光、公务飞行等领域。

国际合作研制直升机。改革开放以后，我国直升工业在国际合作方面有了长足的发展，目前中国参加国际合作研制的直升机有 EC120/HC120 直升机、S－92 直升机、CA109E 直升机以及直 15 直升机。

EC120/HC120。该机是中国第一种参与国际合作研制的直升机。参与该型直升机研制的有：欧洲直升机公司法国分部、哈尔滨飞机工业集团公司、中国航空技术进出口总公司和新加坡科技宇航公司。三方投资份额分别为：欧洲直升机公司占 61%，中国占 24%，新加坡科技宇航公司占 15%。EC120 直升机型号研制工作于 1993 年正式开始，第一架原型机在 1996 年的 6 月份成功首飞。迄今为止，EC120 直升机一共获得了 35 个国家的适航型号合格证。2004 年 10 月，在哈尔滨飞机工业集团公司建立了第二条总装生产线，在中国总装的直升机代号为 HC120。到 2006 年年底为止，EC120/HC120 直升机已经向各类用户交付至少 440 架以上。

S－92。该机是一种双发大型运输直升机，由美国西科斯基直升机公司联合日本、巴西、西班牙以及中国等公司共同投资研制。其中西科斯基公司份额为 73%，负责旋翼系统、传动系统研制和总装试飞；日本三菱重工公司份额为 7.5%，负责座舱研制；西班牙喀梅莎公司份额为 7%，负责座舱内饰后机身、尾梁等研制；中国台湾航太中心份额为 6.5%，负责驾驶舱研制；巴西安博威公司份额为 4%，负责起落架和部分短舱研制；中国份额为 2%，负责水平尾面和尾斜梁的研制。

A109。该机是意大利阿古斯特公司在 20 世纪 60 年代末期研制的双发轻型通用直升机。为了满足国内对 3 吨左右轻型双发直升机的使用需求，昌河飞机工业集团公司和阿古斯特威斯特兰公司合作，采用转包生产加组建合资公司江西昌河阿古斯特直升机有限公司，在我国国内生产 A109E 直升机，代号 CA109E。

直 15。该机是中法合作研制的 7 吨级先进中型多用途直升机。双方各占 50%合同份额。联合研制成功后归属各自的直升机系列。中航工业将为直 15(Z15)申请中国民用航空局的型号合格证；欧洲直升机公司将为EC175申请欧洲航空安全局的型号合格证。EC175/Z15项目研制成功后，中法各自建立总装生产线，向各自负责的区域销售直升机。2009年12月17日，EC175/Z15直升机在法国马赛首飞成功。EC175/Z15目前已获北美、欧洲、亚洲及中国15家公司120余架启动订单。

（四）航空发动机

中国航空工业致力于航空发动机的基础研究、预研、型号研制、批生产及其衍生业务。研制生产发动机：活塞发动机有活塞5、活塞6、活塞7、活塞8；涡喷发动机有涡喷5、涡喷6、涡喷7、涡喷8、涡喷13；涡桨发动机有涡桨5、涡桨6；涡轴发动机有涡轴5、有涡轴6、有涡轴8；涡扇发动机有“秦岭”、“太行”发动机等。

图为正在总装中的太行发动机。

近年来，军用航空发动机实现了三大跨越：从中等推力到大推力；从涡喷到涡扇；从二代机到三代机。行业发展也从引进仿制，转变为自主创新与国际合作相互促进发展的格局。

中国航空工业建立了较为完善的航空发动机自主研发体系，自行研制了涡轮螺旋桨、涡轮喷气、涡轮风扇、涡轴等大、中、小型不同推力的航空发动机。在此基础上发展的多种燃气轮机，已居国内领先地位，为电力、船舶等行业提供了优质的动力装备。

中国航空工业已经走过了59年的历程，已跻身于能够同时自主研制生产具有国际水平的战斗机、轰炸机、空中加油机、预警机、无人机、直升机、新型空间飞行器和发动机、空空导弹等多种航空设备的少数几个国家之列。能够批量生产交付具有自主知识产权，与发达国家在役主力战机水平相当的航空武器设备，大大缩短了与国外的差距。

第三章　龙腾华夏——中国航空工业集团公司

中国航空工业从政府直接管理改为企业实体经营是从 1993 年成立中国航空工业总公司开始的。1999 年 7 月，中国航空工业总公司又改组为两个集团公司即中国航空工业第一集团公司和中国航空工业第二集团公司。

2008 年 11 月 6 日，中国航空工业集团公司（中航工业）正式成立。林左鸣任总经理。

中国航空工业集团公司是由中央管理的国有特大型企业，是国家授权投资的机构，由原中国航空工业第一、第二集团公司重组整合而成。

中航工业下辖近 200 家子公司（分公司），有 20 多家上市公司，拥有 33 家科研院所，员工约 40 万人。中国航空工业集团公司子公司（分公司），分布在北京、上海、天津、山西、陕西、四川、贵州、辽宁、吉林、黑龙江、江西、河南、安徽、江苏、湖北、湖南、山东、河北、甘肃、广东等全国 20 个省区市。

2009 年 7 月 8 日，美国《财富》杂志公布世界 500 强企业最新排名，重组整合之后的中国航空工业集团公司首次入选，以营业收入 217.38 亿美元，利润 5.68 亿美元的业绩排名第 426 位。这是中国航空制造高科技企业首次列入世界 500 强，同时中航工业也是首家进入世界 500 强的中国军工企业，并在世界航空航天与防务板块位居全球第 11 位。

集团公司设有：

中航工业防务事业部。董事长为中航工业副总经理李玉海，总经理汪亚卫。该事业部是中国航空工业集团公司直管，独立计划、独立核算的事业部制机构。事业部旗下现有沈阳飞机工业（集团）有限公司、成都飞机工业（集团）有限责任公司等 10 家成员单位，拥有洪都航空等 2 家上市公司，共有员工 6 万余人，资产规模超过 400 亿元。

中航工业飞机公司。董事长为中航工业副总经理耿汝光，总经理刘

图为中国航工业集团公司总部。

春辉。该公司是中航工业旗下的大型运输机项目及大型客机零部件制造公司，其注册资金为120亿元人民币，中航工业是控股股东，投资10亿元的陕西省政府亦是股东之一。公司主要是由中航第一飞机设计研究院、西安飞机工业集团公司、陕西飞机工业集团公司、西安航空制动科技有限公司、中航起落架有限公司等单位组成总资产335亿元，员工3.5万人。

中航工业商用发动机有限责任公司。该公司承担为大型客机装配国产发动机的中航工业商用飞机发动机有限责任公司主要从事民用飞机发动机及相关产品的设计、研制、生产、销售、维修、服务、技术开发和技术咨询等业务。该公司是中航工业与上海市政府围绕国家大型飞机重大专项确定的主要目标，在上海共同投资组建的。该公司将以航空发动机研发中心和装试基地为先导，尽快建立研发、总装、试验、市场营销、客户服务、适航取证等研制体系。其中研发中心拟选址在上海闵行紫竹地区，总装基地拟选址在上海临港重装备产业区。中航商用飞机发动机有限责任公司注册资本60亿元，中航工业占40％的股份，上海电气（集团）总公司和上海国盛（集团）有限公司各占15％的股份。

中国航空技术国际控股有限公司（简称“中航国际”）。董事长为付舒拉，总经理吴光权（法人代表）。中航国际作为中航工业的重要组成部分，由中国航空技术进出口总公司、中航供销总公司、北京瑞赛科技有限公司重组而成，是中航工业在经济全球化背景下加快国际化发展的战略举措。中航国际作为中航工业开拓国际市场、发展相关产业、扩大对外投资的主窗口、主渠道和主力军，覆盖国际航空、贸易物流、地产服务和工业投资四大业务领域。其中，国际航空包括民机销售、国际合作、转包生产、全球采购、招投标与电子商务；贸易物流包括交通运输、资源能源、成套设备、高技术产品、百货零售及现代物流；地产服务包括商业地产、住宅地产、工业地产、国际工程以及酒店与物业的连锁经营；工业投资包括天马液晶、深南印刷线路板、飞亚达手表、斯巴克音响等电子制造，以及船舶制造和钾、磷、煤等矿产资源开发。如今，中航国际的客户已遍及全球180多个国家和地区。中航国际在国内各主要城市建有全资或控股子公司10余家，拥有6家上市公司，58个海外机构，公司资产规模500多亿元，累计进出口贸易额超过400亿美元。

中国航空规划建设发展有限公司。董事长为中航工业副总经理李玉海，总经理廉大为。该公司由中国航空工业规划设计研究院、中国航空建设发展总公司、中航勘察设计研究院、中国航空工业第三设计研究院四家单位组建而成。确立了“为集团公司固定资产投资领域的规划、咨询、设计、建设全价值链服务，立足国防科技工业，提升为整个国民经济投资建设服务的能力，提高中航工业股东价值”的使命，明确了要把公司打造成“国际一流的投资咨询建设全过程服务的航母型企业”的愿景，制定了实施“整合专业板块、提升品牌影响、扩大产业规模”的总体发展战略和相应的中远期发展目标。

其他分支机构还有：中航工业发动机公司、中航工业直升机公司、中航工业机系统公司、中航工业通用飞机公司、中航工业资产管理事业部、中航工业技术基础研究院、中航工业经济技术研究院、中国飞行试验研究院、中航工业投资公司、中航工业汽车公司、中航技进出口有限责任公司、幸福航空有限责任公司、中国航空科技工业股份有限公司。

中航工业系列发展歼击机、歼击轰炸机、轰炸机、运输机、教练机、侦察机、直升机、强击机、通用飞机、无人机等飞行器，全面研发涡桨、涡轴、涡喷、涡扇等系列发动机和空空、空面、地空导弹，强力塑造歼10、“飞豹”、“枭龙”、“猎鹰”、“山鹰”等飞机品牌和“太行”、“秦岭”、“昆仑”等发动机品牌，为中国军队提供了先进航空武器装备。

中航工业大力发展军民用运输机产业，研制生产新舟60、新舟600系列涡桨支线飞机，运8飞机、运12飞机，直9直升机等多种机型，是ARJ21新支线客机的主要研制者和供应商，是C919大飞机重大专项的主力军。在世界航空工业领域进行广泛合作与交流，在开展“枭龙”飞机、K8飞机、EC120直升机、ERJ145涡扇支线客机等国际合作项目的同时，积极参与国际重大航空项目的开发，大力开展航空转包生产业务；将航空高技术融入汽车、摩托车及其发动机、零配件等领域，大力发展燃气轮机、制冷设备、电子产品、环保设备、新能源设备等机电产品，并提供飞机租赁、通用航空、交通运输、医疗服务、工程勘察设计、工程承包建设、房地产开发等第三产业服务项目。

中航工业拥有由中国航空研究院和科研院所组成的高水平科研体系；拥有一大批院士和国家级专家；拥有一批达到亚洲一流或国际领先水平的国家重点实验室和重大科研试验设施；拥有中航网联通国内所属成员单位，具备异地协同设计制造能力和现代化信息传输能力。

中航工业秉承“航空报国、强军富民”的宗旨，践行“敬业诚信、创新超越”的理念，提出了“两融、三新、五化、万亿”的发展战略。“两融”就是改变过去封闭保守的思维，树立开放合作的观念，融入世界航空产业链，融入区域发展经济圈；“三新”就是集团的核心竞争力，由传统的“资产、管理、技术”三位一体，逐步转型升级为“品牌价值、商业模式、集成网络”新的三位一体；“五化”就是推进市场化改革、专业化整合、资本化运作、国际化开拓、产业化发展，最终实现经济规模挑战一万亿的目标。

附录1
西方航空航天工业100强

名次	企业名称	国别	主要经营业务	宇航销售金额（亿美元）
1	欧洲宇航和防务公司	欧洲	飞机、导弹、电子、航天	633.08
2	波音公司	美	飞机、导弹、电子、航天	609.09
3	洛克希德·马丁公司	美	飞机、导弹、电子、航天	427.31
4	诺斯罗普·格鲁曼公司	美	飞机、导弹、电子、核潜艇	338.87
5	英国宇航系统公司	英	飞机、导弹、电子、航天	309.28
6	通用动力公司	美	飞机、信息系统	293.00
7	联合技术公司	美	发动机、直升机、控制系统	245.40
8	雷神公司	美	导弹、信息和网络系统	231.74
9	芬梅卡尼卡	意	飞机、导弹、电子、航天	230.30
10	泰雷斯公司	法	防务电子、通讯系统	185.32
11	通用电气公司	美	发动机	168.19
12	赛峰公司	法	发动机、飞机设备、通讯系统	150.79
13	埃尔珊通讯公司	美	通讯系统	149.01
14	霍尼韦尔公司	美	发动机、航空电子	126.50
15	罗尔斯·罗伊斯公司	英	发动机	113.63
16	德事隆公司	美	飞机、发动机	106.05
17	庞巴迪公司	加	飞机	99.65
18	古德里奇公司	美	起落架、短舱、电子	70.62
19	国际电话电报公司	美	防务电子	67.57
20	安博威公司	巴西	飞机	63.83

续表

名次	企业名称	国别	主要经营业务	宇航销售金额（亿美元）
21	达索公司	法	飞机	54.84
22	三菱重工(MHI)	日	飞机、发动机	50.89
23	罗克韦尔·柯林斯公司(Rockwell Collins)	美	飞机系统	47.69
24	埃里恩特技术系统公司(Alliant Techsystems)	美	武器、发射和任务系统	45.83
25	MTU航空发动机公司(MTU Aero Engines)	德	发动机	40.33
26	哈里斯公司(Harris)	美	通讯和电子系统	39.75
27	萨伯公司	瑞典	飞机、系统	39.14
28	阿尔科公司(Alcoa)	美	铝材	39.00
29	势必锐航空系统股份公司(Spirit AeroSystems Holdings)	美	飞机部件	37.72
30	精密铸件公司(Precision CastParts)	美	精密铸件、锻件	36.11
31	以色列宇航工业公司	以	飞机、系统	36.00
32	霍克·比奇飞机公司(Hawker Beechcraft)	美	飞机	35.47
33	左迪亚克公司(Zodiac)	法	安全系统、机舱内设	29.73
34	石川岛播磨重工业公司(IHI)	日	发动机、航天	28.90
35	科汉公司(Cobham)	英	航电、防务电子系统	27.55
36	埃尔比特系统公司	以	无人机、电子系统	26.38
37	阿维奥公司(Avio)	意	发动机部件	24.24
38	印度斯坦航空工业公司	印	飞机、发动机、电子系统	23.42
39	梅吉特公司(Meggitt)	英	航空传感器系统	21.56
40	BBA公司(BBA)	英	航空	21.45

续表

名次	企业名称	国别	主要经营业务	宇航销售金额（亿美元）
41	B/E宇航公司（B/E Aerospace）	美	机舱内设、坐椅	21.09
42	川崎重工	日	飞机、发动机部件	19.94
43	特立达因技术公司（Teledyne Technologies）	美	发动机、电子、通讯	18.93
44	GKN公司	英	飞机部件	18.59
45	派克－汉尼芬公司（Parker Hannifin）	美	燃油系统	18.38
46	伊顿公司（Eaton）	美	流体动力	18.11
47	沃特飞机工业公司（Vought Aircraft Industries）	美	飞机部件	17.97
48	伊斯特莱恩公司（Esterline）	美	航电、传感器、先进材料	14.83
49	CAE公司	加	飞行模拟器	14.77
50	卢阿格公司（Ruag）	瑞士	支线飞机	14.19
51	新加坡工程技术公司	新	飞机部件	13.69
52	凯旋集团（Triumph Group）	美	系统	12.43
53	轨道科学公司（Orbital Sciences）	美	发射器、卫星	11.69
54	松下电气工业公司（Matsushita Electrical Industries）	日	航电系统	11.36
55	西夸公司（Sequa）	美	发动机零件	11.32
56	沃尔伏公司（Volvo）	瑞典	发动机	11.30
57	利勃海尔公司（Liebherr）	瑞士	机舱气压控制系统、起落架等	10.21
58	赫克赛尔公司（Hexcel）	美	复合材料	10.12
59	印德拉公司（Indra）	西	防务和安全系统、运输系统	10.01

续表

名次	企业名称	国别	主要经营业务	宇航销售金额（亿美元）
60	拉特考尔(Latecoere)	法	飞机部件	9.99
61	厄尔特拉电子公司(Ultra Electronics)	英	飞机系统	9.56
62	莫格公司(Moog)	美	飞机控制系统	9.26
63	斯托克公司(Stork)	荷	飞机部件	8.74
64	劳拉尔空间和通讯公司(Loral Space and Communications)	美	卫星制造、服务	8.69
65	富士重工	日	飞机部件	8.05
66	康斯堡格公司(Kongsberg)	挪	反舰导弹、飞机部件	7.88
67	韩国宇航工业公司	韩	飞机	7.62
68	劳德公司(Lord)	美	噪声和振动控制系统	7.57
69	费斯·雷克森(Firth Rixson)	英		7.53
70	巴尔公司(Ball)	美	航电系统	7.47
71	秦公司(GenCorp)	美		7.26
72	特兰斯戴格姆集团(TransDigm Group)	美		7.14
73	涡轮推进工业公司(ITP)	西	发动机	7.07
74	优麦可公司(Umeco)	英	复合材料	7.01
75	凯姆林公司(Chemring)	英	空中防导弹设施	6.86
76	埃罗弗莱科斯公司(Aeroflex)	美		
77	克兰公司(Crane)	美	传感器、工程材料	6.39
78	派格公司(PAIG)	英	飞机内设	6.33
79	阿姆菲努尔公司(Amphenol)	美		6.15

续表

名次	企业名称	国别	主要经营业务	宇航销售金额（亿美元）
80	皮拉图斯公司(Pilatus)	瑞士	通用飞机	6.10
81	麦哲伦宇航公司(Magellan Aerospace)	加	飞机和导弹部件	6.10
82	利西公司(LISI)	法		5.98
83	海尔科公司(Helco)	美	飞行支持、电子技术	5.82
84	西尼奥公司(Senior)	英		5.80
85	费利尔系统公司(FLIR Systems)	美		5.69
86	特立弗莱科斯公司(Teleflex)	美		5.11
87	SKF 公司	瑞典	航空轴承	4.80
88	卡曼公司(Kaman)	美	直升机	4.77
89	寇梯斯·莱特公司(Curtiss Wright)	美	动作控制系统、金属处理	4.45
90	杰姆科公司(JAMCO)	日	飞机内设	4.25
91	伍德沃德调节器公司(Woodward Governor)	美	发动机调节系统	4.15
92	唐卡斯特公司(Doncasters)	英	发动机零件	4.11
93	杜科门公司(Ducommun)	美		4.04
94	莱迪希公司(Ladish)	美	航空零件	3.62
95	索纳卡公司(Sonaca)	比	飞机部件	3.60
96	阿斯柯公司(Asco)	比		3.45
97	德克兰宇航公司(DeCrane Aerospace)	美	机舱管理系统	3.31
98	麦克柯奇尼(McKechenie)	英		3.26
99	伽敏公司(Garmin)	美	航电、全球定位系统	3.23
100	迪尔宇航公司(Diehl Aerospace)	德		3.01

注：

1. 以上名单取自英国《飞行国际》周刊(Flight International)2009年9月8日至14日一期。该名单由“普华永道”会计事务所(Pricewaterhouse-Coopers)组织宇航业专家根据各公司年报等资料每年编制一次。该事务所声明对资料的准确性不承担责任。有少量该名单中缺失的数据取自有关网站。

2. 在西方航空航天工业企业100强中美国有48家；欧洲有37家，其中法国、德国、西班牙合营的1家，英国14家、法国6家、德国、意大利、西班牙和比利时各2家、瑞典和瑞士各3家、荷兰和挪威各1家；亚洲有11家，其中日本6家，以色列2家，印度、韩国和新加坡各1家；加拿大3家；巴西1家。

3. 本书第一篇对上述西方航空航天工业企业100强名单中排名前20位的企业以及另外10家虽然排名稍后但因其能研制生产整架飞机而影响显著的企业做了介绍。这30家企业的销售金额在100强企业的总销售金额中占了85%，代表了西方航空航天工业企业的主要部分。

4. 在其余企业中还有一些颇负盛名的企业，包括：

(1) 制造公务机的美国霍克·比奇公司、制造专用直升机的美国卡曼公司和制造小型飞机的瑞士皮拉图斯公司，以及制造活塞式航空发动机的特立达因技术公司等；

(2) 制造飞机结构件的公司，包括美国的势必锐航空系统公司、沃特飞机工业公司、英国的GKN公司、法国的拉特考尔公司、荷兰的斯托克公司(前福克公司)等，这些公司形成了为各主要飞机制造商提供部件的优良中心；

(3) 制造发动机部件的公司，包括德国的MTU公司、意大利的阿维奥公司、瑞典的沃尔伏公司、西班牙的ITP公司等，他们往往与各主要发动机制造商合作，在很多重要的发动机项目中参股；

(4) 提供制造飞机和发动机零部件所用的铸锻件、材料等的公司，包括提供铝材的阿尔科公司、提供碳纤维复合材料的赫克赛尔公司和优麦可公司、提供飞机和发动机铸锻件的精密铸件公司、提供航空轴承的SKF公司等。

5. 其余公司大都是为各飞机和发动机制造商提供各种系统、内设、零部件的企业，某些企业如罗克韦尔·柯林斯公司、埃里恩特技术系统公司等排名分别高居第23位和第24位；还有某些提供维修和培训服务的企业如新加坡工程技术公司和提供飞行模拟器的CAE公司也都在世界航空工业中占据重要地位。

附录 2
苏联/俄罗斯航空科研机构和设计局

十月革命前，帝俄航空工业十分落后，军队所需要的飞机主要从英、法进口。十月革命胜利后，1918 年 12 月就成立了中央空气流体动力研究院(ЦАГИ)，为苏联航空工业的发展奠定了科研基础。随着经济的发展，30 年代从 ЦАГИ 分离出来成立了发动机、航空材料、航空工艺、试飞等研究院，以及一些飞机、发动机和机载设备设计局，初步健全了科研、试制、生产三个环节。在卫国战争中，苏联航空工业为反法西斯战争的胜利作出了卓越的贡献。

战后，苏联航空工业进一步完善了科研、设计、试制、生产、销售各个环节，因而能生产出诸多高性能的产品，在东欧和第三世界国家市场上占有相当份额。60 至 80 年代是苏联航空工业发展的巅峰期，从业人员高达 160 万，在各类飞机中都不乏世界级的产品，成为世界上与美国并驾齐驱的航空强国。

但好景不长，1991 年底苏联解体，其航空工业体制随即发生变化。航空科研和生产机构分属原来所在的加盟共和国，但业务联系仍然存在。在各加盟共和国中，俄罗斯继承了苏联航空工业的最大部分。据俄罗斯航空工业协会 1994 年的统计，全行业有从业人员 100 万人，工厂、设计局和科研机构 300 多家，其中：国家级的大科研机构 12 家(5 家由国家拨款，其余 7 家自负盈亏)；飞机和直升机设计局 13 家，批生产工厂 16 家；设备设计局 25 家，批生产工厂 44 家；附件设计局 60 家，批生产工厂 3 家。

苏联解体后，新成立的俄罗斯联邦航空工业的体制也发生了急剧的变化：苏联时期那种党中央和政府对航空工业绝对集中领导，由国家计委、国家经委和国家物资委员会对航空工业部下达指令和保障供给的体制不复存在，成立国防工业委员会(后改称国防工业部)，下设各工业总局管理相应的国防工业。航空工业总局代表国家对航空工业实行职能性管理，起指导作用。局以下是科研、设计、生产等实体，根据与国家签订的合同得到拨款，但各个实体的经营、项目发展、经济效益等则由自己操心，根据国防和市场的需求上项目，自筹资金研制产品，最后把产品推向市场。

作为航空工业实体的研究院、设计局、试制工厂和批生产工厂，以及销售单位。它们可以独立存在，也可以自愿联合成为科研生产联合体或集团，按各自的投入资金或股份分配收益。在一个实体内，搞得好的单位或个人可以承包项目，也可独立成立新公司，各显其能。这种局面持续了相当长一段时间，才迎来了政府主导下的新一轮、目前还在进行中的整合。

苏联/俄罗斯主要航空研究单位

名　称	简　称	成立年代	主要业务
茹科夫斯基中央空气流体动力研究院	ЦАГИ/TsAGI	1918	气动力、结构研究和应用
西伯利亚航空研究院	/SibNIA	1941	飞机结构强度和寿命研究与试验
巴拉诺夫中央航空发动机研究院	ЦИАМ	1930	气体动力学、燃烧、热交换、结构分析和控制理论等研究和试验
全俄航空材料研究院	ВИАМ	1932	航空材料的探索、基础和应用研究
国家航空系统科学研究院	НИИАС	1946	机载武器和机载电子设备
格罗莫夫飞行试验研究院	ЛИИ	1941	航空各学科的飞行试验研究
航空工艺与生产组织研究院	НИАТ	1920	航空工业工艺研究
发动机工艺研究院	НИИД	1981	发动机工艺研究、开发和生产
航空仪表工艺研究院	НИТИ	20世纪60年代	航空仪表工艺研究
航空设备科学研究院	НИИАО	1983	新一代民用飞机航空电子系统研究

续表

名　称	简　称	成立年代	主要业务
莫斯科电气自动装置研究院	МИЭА	1934	机载导航设备研究
仪表制造研究院	НИИП	1964	火箭发射仪器仪表、电子控制系统
全俄轻合金研究院	ВИЛС	1961	轻合金、特种合金冶炼及生产工艺
降落伞科学研究院	НИИПС	1946	航空航天及民用降落伞研究
航空工业设计研究院	Гипро-НИИ	20世纪30年代	航空企业和机构的设计及改扩建

苏联/俄罗斯飞机、发动机和直升机设计局

名　称	代　号	业务范围及代表产品
苏霍伊设计局	СУ/SU	歼击、歼击轰炸机、强击机：苏-15、苏-22、苏-24、苏-25、苏-27、苏-30、苏-33、苏-37
米格(米高扬-格列维奇)设计局	МИГ/MIG	歼击、歼击轰炸机：米格-9、米格-15、米格-17、米格-21、米格-25、米格-29、米格-31
安东诺夫设计局	АН/AN	运输机：安-12、安-22、安-24、安-30、安-70、安-74、安-124、安-225
伊留申设计局	ИЛ/IL	轻型轰炸、运输机：伊尔-2、伊尔-12、伊尔-14、伊尔-18、伊尔-28、伊尔-62、伊尔-76、伊尔-86、伊尔-96
图波列夫设计局	ТУ/TU	轰炸机、运输机：图-4、图-16、图-22M、图-95、图-104、图-144、图-154、图-160、图-204
雅科夫列夫设计局	ЯК/YAK	教练机、运输机、垂直起落机、运动机：雅克-18、雅克-36、雅克-40/42、雅克-52、雅克-141、雅克-130
米亚西谢夫设计局	МЯ/MIA	轰炸机：米亚-4
别里耶夫设计局	Бе/BE	水上飞机：别-6、别-10、别-103、别-200

续表

名　称	代　号	业务范围及代表产品
拉沃什金设计局	Лa/La	歼击机，20世纪50年代后改为导弹武器设计为主：拉-5、拉-7、拉-9
卡莫夫设计局	KA/KA	共轴反转双旋翼直升机为主：卡-28、卡-32、卡-50、卡-52、卡-62
米里设计局	МИ/MI	直升机：米-2、米-4、米-6、米-8、米-10、米-17、米-24、米-26、米-28
米库林设计局		活塞、涡轮喷气发动机：AM-35、PД-9、AM-3、P-11
留利卡设计局		涡轮喷气发动机：AЛ-31Ф、AИ-25
库兹涅佐夫设计局		涡轮螺旋桨发动机、涡轮风扇发动机、火箭发动机：HK-8-4、HK-144、HK-86、P13-300、P29-300、P31、P25-300、HK-12MA
伊伏琴柯设计局		中、小型涡轮螺旋桨和涡轮风扇发动机：AЛ-7Ф、AЛ-21Ф-3、AИ-20M、AИ-24T
克里莫夫设计局		涡轮喷气发动机、涡轮轴发动机：PД-33、ГТД-350、TB2-113A、TB7-117
施维佐夫设计局		活塞式发动机：AЩ-82、-83
图曼斯基设计局		大功率涡轮喷气发动机：M-88、P-13、P-25、P-29
索洛维耶夫设计局		涡轮风扇发动机：Д-20П、Д-30-2、Д-30KУ、ПC-90A、Д-30Ф6、Д-25B
洛塔列夫设计局		涡轮风扇发动机：Д-36、Д-18T、Д-436T